·中华书局·
上海聚珍出品

论 语 讲 析

周志文 著

中华书局

图书在版编目(CIP)数据

论语讲析/周志文著. —北京:中华书局,2025.4. —ISBN 978-7-101-16752-8

Ⅰ.B222.2-49

中国国家版本馆 CIP 数据核字第 2024ZG3483 号

论语讲析

著　　者	周志文	
策划编辑	张彦武	
责任编辑	黄飞立	
装帧设计	刘　丽	
责任印制	管　斌	
出版发行	中华书局	
	(北京市丰台区太平桥西里 38 号　100073)	
	http://www.zhbc.com.cn	
	E-mail:zhbc@zhbc.com.cn	
印　　刷	北京新华印刷有限公司	
版　　次	2025 年 4 月第 1 版	
	2025 年 4 月第 1 次印刷	
规　　格	开本/920×1250 毫米　1/32	
	印张 16⅞　插页 3　字数 360 千字	
印　　数	1-6000 册	
国际书号	ISBN 978-7-101-16752-8	
定　　价	88.00 元	

　　周志文　原籍浙江天台，1942 年生于湖南辰溪。台湾大学文学博士，淡江大学、台湾大学中文系教授，捷克查理大学汉学讲座教授，荷兰莱顿大学、北京师范大学访问学者，现已退休。学术著作有《晚明学术与知识分子论丛》《汲泉室论学集》《孟子讲析》《阳明学十讲》《一本与万殊》等。

老者安之

朋友信之

少者怀之

第三〇九　颜渊第十二

第三三三　子路第十三

第三五九　宪问第十四

第三九六　卫灵公第十五

第四二七　季氏第十六

第四四五　阳货第十七

第四七三　微子第十八

第四八八　子张第十九

第五一〇　尧曰第二十

第五一九　附录　孔子年表

第五二三　后记

班固的说法最具权威，但也不是没有问题。《论语》可以说绝大多数是记载言语的"语录体"，但其中也有只记行而不记言的，如：

子之燕居，申申如也，夭夭如也。（《述而》篇7.4）

子食于有丧者之侧，未尝饱也。子于是日哭，则不歌。（《述而》篇7.9）

子之所慎：齐、战、疾。（《述而》篇7.12）

子所雅言，《诗》、《书》、执礼，皆雅言也。（《述而》篇7.17）

子钓而不纲，弋不射宿。（《述而》篇7.26）

子罕言利与命与仁。（《子罕》篇9.1）

子绝四：毋意，毋必，毋固，毋我。（《子罕》篇9.4）

子见齐衰者、冕衣裳者与瞽者，见之，虽少必作，过之必趋。（《子罕》篇9.9）

此外还有许多。以上所举，都是只记行而未记言的。更有趣的是《乡党》一篇，几乎全记孔子之行。可见《论语》虽为语录体，但也有一部分是只记行不记言的。因此《论语》的"语"字应作广义解，不专指记载语言，还记载孔子的行为。

另外，《论语》虽然以记录孔子的言行为主，但其中也记载了弟子及时人的言行，如：

子路有闻，未之能行，唯恐有闻。（《公冶长》篇5.13）

季氏使闵子骞为费宰。闵子骞曰："善为我辞焉。如

有复我者，则吾必在汶上矣。"（《雍也》篇6.7）

上面两章只记弟子言行，与孔子不见得有关，甚至《子张》全篇，记录的全是弟子的言语，证明班固之说"孔子应答弟子、时人，及弟子相与言而接闻于夫子之语"虽可信，但不可拘泥。

班固的解释，又涉及"论"字的读音问题，如依照班固的说法，《论语》是孔子死后"门人相与辑而论纂"的书，则《论语》的"论"字就该念成去声。但皇侃《论语集解义疏》则采"伦次""伦理""经纶"等义。邢昺《论语注疏》又加疏解说：

> 论者，纶也，轮也，理也，次也，撰也。以此书可以经纶世务，故曰纶也；圆转无穷，故曰轮也；蕴含万理，故曰理也；篇章有序，故曰次也；群贤集定，故曰撰也。郑玄《周礼注》云"答述曰语"，以此书所载皆仲尼应答弟子及时人之辞，故曰"语"，而在"论"下者，必经论撰，然后载之，以示非妄谬也。

邢昺的解释，更为折衷综合，是故，《论语》的"论"字如解作"纶""轮""理"的话应读为阳平，如解作"次""撰"的话则应读为去声，两种解释与读法都有理由。但在习惯上，都将论字读成阳平。

班固所说"当时弟子各有所记，夫子既卒，门人相与辑而论纂"这句话也有问题，因为照班固的说法，《论语》是孔子生前门弟子各记所见闻，孔子死后即由弟子编辑而成，端，认为六经都是孔子的作品，都是孔子为万世所定的"教科书"，所以有那么崇高的地位，《论语》由于不是孔子的所作，甚至连看都没有看过，当然从传统的经学观念看，不能算是经书。

从严格的定义上看，《论语》虽不能算是传统儒家所认定的经书，但这部书在汉代就十分重要，在汉武帝之前，政府除了立"五经博士"外，还立过"《论语》博士"，不过有别于五经博士，《论语》的博士叫作"传记博士"，在汉儒的语言习惯中，"传记"是孔子弟子叙述圣人之意的著作，地位是低于经的。

《论语》当然重要，它记载孔子一生的言行，在这方面，没有其他一本书比它更翔实、更可信。汉以后的人，有人把孔子看成"素王"，有人把他看成"至圣先师"，都视之为最崇高的圣人，孔子一言一行，都对后世产生巨大影响，因此《论语》的重要性就不言可喻了。汉代赵岐在《孟子题辞》上说："七十子之畴，会集夫子所言，以为《论语》。《论语》者，五经之辖辖，六艺之喉衿也。"辖辖是古代车辆前锁车辆的金属器具，而咽喉（喉）对人、衣领（衿）对衣服都是最重要的部分，可见《论语》虽然在汉代人的眼中不是经，但却具有甚至比六经更为积极的含义。

唐宋之后，经的范围逐渐扩大，到"十三经"的时代，就干脆把《论语》立于经部了，到此《论语》的地位当然就更加重要。赵普曾对宋太宗说："臣有《论语》一部，以半部佐太祖定天下，以半部佐陛下致太平。"（《通鉴集要》）这便是"半部《论语》治天下"成语的来源，尽管这种说法稍嫌功利，语意所涉也有不明确处，但可见传统社会对《论语》的重视。

到南宋朱熹，他将《礼记》里的两篇《大学》《中庸》拿出来，再加上《论语》与《孟子》，合成为"四书"，集合前人注疏与自己的解释成为《四书章句集注》。自《四书章句集注》一出，其地位俨然有取代"十三经"之势。而"四书"表面上有四部"书"，其实《大学》《中庸》的分量比起《论语》《孟子》显然不足，《孟子》的字数虽多过《论语》，但孟子是孔子孙子子思弟子的学生，严格说来，他与孔子比较，在儒家的地位言，是不可同日而语的，所以在"四书"中，当以《论语》为核心，殆无可疑。

假如在中国的历史上，要找一本与基督教《圣经》、伊斯兰教《古兰经》同样地位的书，《论语》可当之无愧，所以无论从哪个方面来说，《论语》绝对是一本极重要的书。

二、《论语》的编纂

班固《汉书·艺文志》说：

> 《论语》者，孔子应答弟子、时人，及弟子相与言而接闻于夫子之语也。当时弟子各有所记，夫子既卒，门人相与辑而论纂，故谓之《论语》。

班固的这一段话，有两个含义：其一，《论语》是孔子应答弟子、时人之语，由孔子的弟子直接记录下来，也有是弟子在言谈中转述孔子的话语（"接闻"），由弟子间接记录下来；其二，孔子死后，由孔子门人与弟子门人论纂、编辑而成。

· 目 录 ·

第〇〇一 《论语》这本书

第〇二四 学而第一

第〇四六 为政第二

第〇七三 八佾第三

第一〇四 里仁第四

第一二七 公冶长第五

第一五五 雍也第六

第一八五 述而第七

第二一七 泰伯第八

第二三八 子罕第九

第二六三 乡党第十

第二八三 先进第十一

我们从四个方面来谈《论语》这本书。

一、《论语》的地位

《论语》被认为是儒家乃至整个中国文化中很重要的书，古时很重要的书都被称为"经"，经原义是指直线，引申出一切标准、法式的含义。中国为经书所下的定义很早，大约在汉代初年就有了，到武帝董仲舒时大致确立，西汉时，往往把经书也叫作"艺"。但《论语》这部书在唐代之前并不被看成经，尤其在汉代，因为汉代人认为《论语》并不是圣人所作，所以不能称之为经。司马迁在《史记·太史公自序》中说：

> 周室既衰，诸侯恣行，仲尼悼礼废乐崩，追修经术，以达王道，匡乱世反之于正，见其文辞，为天下制仪法，垂六艺之统纪于后世。

文中的"六艺"指的便是"六经"。又说：

> 太史公曰：先人有言："自周公卒五百岁而有孔子，孔子卒后至于今五百岁，有能绍明世，正《易传》，继《春秋》，本《诗》《书》《礼》《乐》之际？"意在斯乎？意在斯乎？小子何敢让焉！

可见在汉儒的观念中，经必须是圣人的"作"(创作，如《春秋》)，或是圣人的"述"(叙述、引用或整理，如其余的五经)，否则绝不能算作经。《论语》由于是孔子的学生或再传弟子所记录的，既不是孔子的"作"，也没有经过孔子的"述"，所以不能算是经。清末今文派的学者皮锡瑞在他的《经学历史》中说：

> 孔子为万世师表，六经即万世教科书。……故必以经为孔子作，始可以言经学；必知孔子作经以教万世之旨，始可以言经学。

皮锡瑞对经的看法，比两千年前的司马迁更加坚决与极其实《论语》里面有相当一部分是孔子死后的事情，像《泰伯》篇两段记录曾子临死的故事：

> 曾子有疾，召门弟子曰："启予足！启予手！《诗》云：'战战兢兢，如临深渊，如履薄冰。'而今而后，吾知免夫！小子！"（《泰伯》篇8.3）

> 曾子有疾，孟敬子问之。曾子言曰："鸟之将死，其鸣也哀；人之将死，其言也善。君子所贵乎道者三：动容貌，斯远暴慢矣；正颜色，斯近信矣；出辞气，斯远鄙倍矣。笾豆之事，则有司存。"（《泰伯》篇8.4）

这两章所记是曾子临终前的事。曾子是孔门年纪最小的重要弟子（《史记·仲尼弟子列传》中记曾子少孔子四十六岁，其实孔门弟子与曾子同年的有颜幸，比曾子更少的还有冉孺、曹恤、伯虔、公孙龙等人，只是他们不如曾子重要），曾子死时当然距离孔子死后已经很久，《论语》有曾子死的详细记录，可证《论语》不是孔子死后即由弟子相与论纂而成，而是孔子死了很多年，由他的再传或三传弟子编辑整理而成的。

比较可靠的说法是：门人记孔子的言行有的记于孔子生前，有的记于孔子死后，这些材料留下来，由最后的人编辑而成书。那么最后完成《论语》的人到底是谁呢？前面引用了《论语》里记录曾子临死时的故事内容，而曾子是孔门"七十子之徒"里面年幼者之一，曾子死时，孔门的"大"弟子应该一个不剩了，所以说《论语》完成于曾子弟子之手应该最为可信。

为什么说是完成在曾子弟子手上呢？因为我们看上面

所引《论语》的两段文字，并不是曾子的自记，而是他人所记；而记录曾子死亡过程这么隐秘的事，只有亲人或随侍在旁的学生才有可能。这两段文字，当然只有曾子弟子才能记，所以《论语》这本书应该可以确定完成在曾子死后。

另一个证明是《论语》里面称孔子固以"子"或"夫子"相称，称孔子的弟子却大多只称其字，孔子呼叫他们则直呼其名。要知道古人使用称呼是很严格的事，名是自称或让辈分高的人称呼自己时用的，而字是给同辈或晚辈的人使用的，孔门的"大弟子"如颜回 (字渊或子渊)、仲由 (字子路或季路)、端木赐 (字子贡)，在《论语》里头，孔子称他们必称其名，如："赐也，尔爱其羊，我爱其礼。"(《八佾》篇3.17)"由也果，于从政乎何有？"(《雍也》篇6.6)"人不堪其忧，回也不改其乐。"(《雍也》篇6.9) 如果不是孔子的语气，《论语》记他们则必以字，譬如："子贡欲去告朔之饩羊。"(《八佾》篇3.17)"颜渊、季路侍。"(《公冶长》篇5.25) 等。然而《论语》里面记曾参与有若从不用字，而直接称他们为"曾子"或"有子"(夫子、老师)，这两人在年龄、辈分上比颜渊、子路要小要低不说，在孔门的地位也不如"前贤"远甚，何以称重要的人却用一般的字，而称比较次要者反而使用"夫子"或"老师"这种尊称呢？可见说《论语》完成在有子或曾子学生的手上是有道理的。唐代柳宗元在他的《论语辩》一文中曾说：

> 或问曰："儒者称《论语》孔子弟子所记，信乎？"曰："未然也。孔子弟子，曾子最少，少孔子四十六岁。曾子老而死，是书记曾子之死，则去孔子也远矣。曾子

之死，孔子弟子略无存者矣。吾意曾子弟子之为之也。何哉？且是书载弟子必以字，独曾子、有子不然。由是言之，弟子之号之也。""然则有子何以称子？"曰："孔子之殁也，诸弟子以有子为似夫子，立而师之，其后不能对诸子之问，乃叱避而退，则固尝有师之号矣。今所记独曾子最后死，余是以知。盖乐正子春、子思之徒与为之尔。"或曰："孔子弟子尝杂记其言，然而卒成其书者，曾氏之徒也。"

这段话说得更明确了，认为《论语》是完成于曾子弟子之手，并且解释了《论语》称有若为子的原因。柳宗元的说法是有根据的，《史记·仲尼弟子列传》里写道："孔子既没，弟子思慕，有若状似孔子，弟子相与共立为师，师之如夫子时也。"《史记》的说法并非无据，《孟子·滕文公上》也有段记载：

昔者孔子没，三年之外，门人治任将归，入揖于子贡，相向而哭，皆失声，然后归。子贡反，筑室于场，独居三年，然后归。他日，子夏、子张、子游以有若似圣人，欲以所事孔子事之，强曾子。曾子曰："不可。江汉以濯之，秋阳以暴之，皓皓乎不可尚已。"

原来《论语》尊有若为"子"，是这缘故。部分学生因有若似孔子，欲以事孔子方式来对待有若，因曾子不赞成，最后也没真正实现，但是这个理由也稍嫌牵强，我想《论语》的一部分也可能完成于有若弟子之手，最后编辑整理，还有待曾子的门人。清代的章学诚在他的《文史通义·诗教上》说:"《论语》记曾子之没。吴起尝师曾子,则曾子没于战国初年,而《论语》成于战国之时明矣。"所以《论语》这部书,最可能完成于曾子门人之手,时间应已在战国之时,距离孔子之死应该已隔了相当一段时间了。

三、《论语》的真伪问题

古书几乎都有真伪的问题,《论语》也不例外。前面说过《论语》不是成于一时一人之手,所以以体例而言是很混乱的。古代没有录音设备,老师说的一句话,几个弟子记下来,便可能有不同的内容,何况有时受书写工具的限制,不见得能随听随记,有些事放在脑中,过了许久之后才有机会记录下来,这样的记录当然容易发生错误。错误有大有小,小的只是语气把握得不准确,大的则可能根本乖离了原意。就以明代大思想家王阳明的《传习录》来说,全书分三卷,第一卷是阳明初设教时弟子徐爱等所记,当然最为可信,最后一卷则为阳明死后由弟子黄省曾等所记,其中就有些不清不楚的事,有的已明显失了真相了,这是刘宗周、黄宗羲都怀疑过的。

古人书写记录的方式十分不方便,在唐朝之前,中国所有的书本都是靠手抄的方式流传,称为"写本"。唐朝已有小规模的印刷术了,但只用在翻印局部佛经上面,还没有用于一般书籍。孔子的时代,一般书写是用毛笔蘸着颜料写在削好的竹片上,当时称削好供书写的竹片为"简"。将简片用熟牛皮制的绳子(韦)串在一块儿,就成了"册",⊞就

论语讲析

是古文的"册"，像竹片相联成册之形。这种书制作起来很费事，读起来也不方便，读时须不断翻弄册页，常会把串书的绳子弄断，绳子断了，册页不相联，就成了"错简""乱简"。古人又不像我们现代人一样会编页码，简一旦错了，往往十分麻烦，《史记·孔子世家》说孔子晚而喜《易》(《周易》)，"韦编三绝"，就是指这类的事，幸亏在孔子的时代，《易》还都是简单的卦、爻辞，竹简乱了也还可阅读。在竹简流行的初期，往往要求所记录的事情极简，记录下来的事要自成段落，最好以不超过一片竹简为原则，这样简如错了也不会造成混乱。我们看《论语》里面，多数是很简短的句子，譬如：

子曰："巧言令色，鲜矣仁！"(《学而》篇 1.3)

子不语怪、力、乱、神。(《述而》篇 7.20)

子曰："有教无类。"(《卫灵公》篇 15.38)

大约到了战国之后，古人发现把文字写在绢帛上也许更为方便。绢帛比竹简贵了许多，但在绢帛上写字，可以写比较长篇的东西，古人把写在绢帛上的文字称作"帛书"，当帛书流行之后，文章才比较能够"开阖宏肆"了。所以我们其实可以从《论语》长与短的记录，大致判断《论语》诸章所写成的年代。譬如《论语》里面最长的一章是《先进》篇11.25，全章有315字，还有《季氏》篇16.1，全章有274字，后代有很多人怀疑两章是否为《论语》之"真"。姑不论在前章中孔子称赞有道家思想的曾晳是否合理、后章季氏伐颛臾的事是否可信，单从字数上言，这两章已与《论语》里面绝大多数简单的叙述方式大异其趣。如果从"直接"与"间接"的角度来判定证据，前面所举的简短文字应该更"直接"地出于早期弟子之手，而后面两章至少是较晚期的记录，用以考证哪一个更接近孔子的本意，自然很容易看出来。

此外，从《论语》中对孔子的称呼，也可以看出先后来。《论语》共有20篇，前面大部分篇章记录孔子的话用的都是"子曰"，而《季氏》篇后，很多"孔子曰"就出现了，子曰是指"老师说"，孔子曰是指"孔老师说"，两者所指都是孔子，但称呼的些许不同，是可以看出文字早晚的。在早期，只有孔子是老师，学生之间说老师，便都知道指的是孔子，后来孔子过世了，孔门的弟子很多也从事教育，都有了自己的学生，再说老师，就有人不知道是指何人了，所以就加姓于其前称"孔子曰"，以与"曾子曰""有子曰"作区别，所以可以确定的是，《论语》中如写作"孔子曰"的，应该是较晚的记录。

前面说在孔子还在世的时候，因受书写工具的影响，文字要求简练，孔子自己就说过："辞达而已矣。"（《卫灵公》篇 15.40）意即文辞只要能达意就好，无须大事铺张，也无须拐弯抹角。我们比较下面两章：

> 子曰："由！诲女知之乎？知之为知之，不知为不知，是知也。"（《为政》篇2.17）
>
> 子曰："由也，女闻六言六蔽矣乎？"对曰："未也。"
>
> "居！吾语女。好仁不好学，其蔽也愚；好知不好学，其蔽也荡；好信不好学，其蔽也贼；好直不好学，其蔽也绞；好勇不好学，其蔽也乱；好刚不好学，其蔽也狂。"（《阳货》篇17.8）

这两章都是记孔子跟他的弟子仲由（子路）所说的话。《为政》篇2.17章是告诉子路面对知识的态度，要知道就说知道、不知道就说不知道，只有抱有这种求真的态度，才能真正求知。《阳货》篇17.8章同样是告诉子路好学深思的重要，举出"六言六蔽"以作说明。两章最大的不同是一个直接，一个间接；以文章而言，一个只求辞达，一个有意制造波澜。《阳货篇》17.8章一开始孔子就问子路听过"六言六蔽"吗，假如子路说"听过了"，那孔子就无以为继了，这章岂不就成了如梁启超所说的"闷葫芦"了吗？同样，《阳货》篇17.6章有段记弟子子张问仁的事：

> 子张问仁于孔子。孔子曰："能行五者于天下，为仁矣。"请问之。曰："恭、宽、信、敏、惠。恭则不侮，宽则得众，信则人任焉，敏则有功，惠则足以使人。"

假如子张在听孔子说"能行五者于天下，为仁矣"之后不再追问，孔子就无须继续解释，我们后人对孔子所说的"五者"就完全不了解了。我们不禁要问，孔子当年为何不直接说"恭则不侮，宽则得众，信则人任焉，敏则有功，惠则足以使人"就好了，何须在这前面再戴一顶"五者"的帽子呢？

在《论语》后面的几篇中，像这样戴帽子的事情屡屡出现。譬如"古者民有三疾"（《阳货》篇17.16），"益者三友，损者三友"，"益者三乐，损者三乐"，"侍于君子有三愆"，"君子有三戒"，"君子有三畏"（皆《季氏》篇）。这样的记录方式，在《论语》前半部几乎看不见，孔子与弟子言志，就直接说：

"老者安之，朋友信之，少者怀之。"（《公冶长》篇5.25）说："巧言令色，鲜矣仁！"（《学而》篇1.3）说："刚毅、木讷，近仁。"（《子路》篇13.27）不管有几项，开口就直接说完，让人觉得天朗气清又语出自然；反观那些戴了"帽子"的，就显得有点吞吞吐吐，不够明白畅快了。都是孔子的话，记录下来却有不同，我们可以借这些文笔上的差异，大体判断书中诸章的写成先后。

这里所说，是大概，不是必然。以文字长短来判断写成的先后，也不是没有例外。譬如《诗》（《诗经》）与《书》（《尚书》）两书成书，都比《论语》更早，却有一些比《论语》长的文字。还有西周时的"毛公鼎"，铭文就有五百字，都长过《论语》里最长的。但那些都可说是例外，如就《论语》这本书而言，说前面简短的记录比较直接、比较可信还是可以成立的。

还有一点是思想上的冲突。譬如前面所谈《先进》篇11.25章，不但有字数过长的问题，而且其中曾点的"风、浴、咏归"这段记录也有问题。清代乾嘉之间有位学者崔述写了部《考信录》，考证古史的真伪，其中的《洙泗考信录》，专门针对孔子的生平学说做了一番详实的考订。他认为此章孔子称道有道家思想的曾点，是"学老庄者之伪托而后儒误采之也"，认定此章之绝不可信。还有像《阳货》篇17.5与17.7章，都是写孔子要去参加下属的叛乱，在道理上说不过去。《季氏》篇首章，里面记子路与子贡的事都与事实不很相符。以上皆证明《论语》也有不可尽信的部分。

《论语》中还有些文字，既不是记录孔子的言行，也与弟子的言行无关。《微子》篇最后的18.9、18.10、18.11三章都是与孔子或孔门无关的记载，譬如18.11章记的是：

> 周有八士：伯达、伯适、仲突、仲忽、叔夜、叔夏、季随、季骊。

整章没头没尾地只记了八个人的名字，毫无道理。张载说："记善人之多也。"不知根据何处。朱注说："或曰成王时人，或曰宣王时人，盖一母四乳而生八子也，然不可考矣。"这种解释有点荒唐，当然就十分牵强了。《论语》中像这类的文字还有，如：

> 邦君之妻，君称之曰夫人，夫人自称曰小童；邦人称之曰君夫人，称诸异邦曰寡小君；异邦人称之亦曰君夫人。（《季氏》篇16.14）

这章只记录了对所谓国君夫人的几个称呼方式，跟后来清代的《称谓录》上所记很像，其实与孔子或儒学没任何关系，朱注此章引吴棫的话说："凡语中所载如此类者，不知何谓。或古有之，或夫子尝言之，不可考也。"可见朱熹对这样的句子同样也没办法。可能是古人为珍惜资源，往往利用书的空页，将所闻所见随时记录下来，后来书借人抄录（宋之前，书的流传多数靠手抄），不慎将这些原不是书上的文字也一并抄下，转抄几手之后，就认为是原书之旧了。以上所举的这几段不很相干的文字在《论语》中出现，可能就是这个原因，这现象不是《论语》独有，在其他古书中也常可见到。

总之，《论语》是完成于众人之手，又经后世"传抄"

了两千多年，其中当然大部分是精华，可惜有的是因为编辑者不慎，有的是后世传抄久了，免不了也有糟粕混入，还好糟粕究竟属少。崔述认为用《论语》来研究孔子的生平行谊最为合宜，因为《论语》"义理精纯，文体简质，较之《戴记》独为得真，盖皆笃实之儒谨识 (志) 师言，而不敢大有增损益于其间也"。我们在论及《论语》真伪问题时所引用的理论与证据，大致都来自他的研究。然而他认为《论语》的后五篇比较可疑，不可尽信，理由在于：

> 窃意此五篇者皆后人之所续入，如《春秋》之有续经者然，如《孟子》之有外篇者然，如以《考工记》补《周官》者然。其中义理事实之可疑者盖亦有之，今不能以遍举，学者所当精择而详考也。

此说不见得完全成立，但点出后五篇的问题，读者也不可不注意。尽管《论语》在中国的历史上一直有着极其崇高的地位，但此书流传太久，影响过大，所以我们对其中的真伪问题，要有更为审慎严格的态度，以免误读误判，也要避免将不是孔子的言论误认为是孔子的言论，与孔子无关的思想误认为是孔子的思想，这是做学问重要的态度。本书在注释与讲析中，这类问题大多注意到了，重要处都会适当点出。

四、对《论语》的重新认识

古人曾说："天不生仲尼，万古如长夜。"孟子说："自有生民以来，未有孔子也。"（《孟子·公孙丑上》）又说："孔子，圣之时者也。孔子之谓集大成。"（《孟子·万章下》）孟子的话指出两点，就是孔子对孟子之前的中国文化有着极为重要的象征与实质意义。孟子只能批评他之前的事，其实，两千多年之后再来看孟子的话，仍然觉得非常有意义。在孔子之前，中国有人，但不够文明，有历史，但缺少深厚的文化，这便是古人说的"长夜"。孔子的出现，像太阳把光带到世界上，有了光之后，"天地位"，"万物育"，世界显示了秩序，万物呈显了价值，这是"天不生仲尼，万古如长夜"的象征意义。在孔子之前，不是没有"圣人"，但圣人的言说只像一个小光点，散居在各自的历史角落，没能发挥很大的作用，孔子的伟大在于他"集大成"，他把历史的小光点聚集成大火炬，终于照亮了时代，所以又说他是"圣之时者也"——孔子不只是历史的英雄，也是时代的英雄。

举个例子来说。孔子曾说："政者，正也。子帅以正，孰敢不正？"（《颜渊》篇12.17）他用道德上的"正"来解释政治上的"政"，这是一种全新又影响深远的解释。在孔子之前，不论是铸在钟鼎彝器上的"金文"（又称钟鼎文），还是刻在龟甲兽骨上的甲骨文，其中的"正"字都写作𠙽，都当作"征伐"一词的"征"字来使用，充满了战伐与杀戮的含义。

不仅如此，中国文化中许多有特殊意义的字或词，原本比较俗浅，是到孔子时代才具有比较高的道德意涵，也在文化诠释上产生了极高的能量。譬如孔子最喜欢标举的"仁"字，在早期，原指植物种子的内部，后来引申为两层意思，譬如后来仍说的"杏仁""瓜子仁"，其实这才是"仁"字的原意，而孔子却说："巧言令色，鲜矣仁！"（《学而》篇1.3）又说："刚毅、木讷，近仁。"（《子路》篇13.27）为"仁"字赋予了全新的道德上的含义。不仅如此，孔子又说："不义而富且贵，于我如浮云。"（《述而》篇7.15）也把"义"字的含义带到极高的位置，"义"后来就代表正直、正义的意思，而其实，从造字的原理来说，"义"字并没有这层意思，从钟鼎文或甲骨文上看，"义"指的是原始部落在战争前晚的誓师仪式，"义"（義）字上部是羊首，下部的"我"字是古文"戈"的讹变，戈即钺，是一种有柄的长武器，早期"义"字是指一人头戴着有大角的羊头面具，手挥舞着长长的武器，为明天的出征所做的祈胜仪式，其实就是后来仪式"仪"的本字。跟"仁"字一样，"义"字到孔子之后，才具有我们后来熟悉的意义。

光从这几个文字的发展上看，就可以看出中国到了孔子的时代才算建立了成熟而有道德纵深的文化。当然孔子并不自居于崇高的位置，孔子心仪的对象是早他五百年的周公，认为周公"制礼作乐"，把中国带出了洪荒，为中国确立了文化上的价值意义。孔子自谦，说自己只是"述而不作"地继承了这项文化遗产而已。但周公的礼乐治国之道，如没有孔子继承发扬，五百年后，势必渐灭毁坏，孔子曾感怀自己生在"凤鸟不至，河不出图"的坏时代，而有"吾已矣夫"的感叹（见《子罕》篇9.8），但孔子从未"自弃"，他还是在不停地讲学，叙"述"出他的理想给他的学生与后世的人知道。所以孔子的"述"其实是文化价值上的大创"作"，古人以万古长夜比喻孔子生前的时代困境，孟子以"圣之时也"说明孔子应时之生的时代意义，是再恰当不过的。

《韩非子·显学》说："孔子、墨子俱道尧舜，而取舍不同，皆自谓真尧舜。尧舜不复生，将谁使定儒、墨之诚乎？"

韩非的这个疑问很好，让我们想到诠释的问题。对《论语》作重新的认识必须牵连到对孔子的重新认识，而所有"认识"的活动，都与想诠释他的人所处的时代有关。譬如在西汉今文经盛行的时候，孔子不只是所谓的"圣人"，也是为天下建立价值与法则的"素王"（与天子有同样地位只是没有统治权力的人），他的著作与教材被称为"经"，前面说过，经是直线的意思，代表一切价值之所归，又有规范、法式与标准的含义。"经"既被视为最高的典范，当然不容怀疑，任何对六经的怀疑都被当作是亵渎与不敬，是"大逆不道"的行为。

把孔子当成政治上的最高领导者，把六经当成治国的法典，在今天看来，是扭曲了孔子与六经的价值。孔子在他所处的时代，只是一个小国家（鲁国）里的一个"士"，他虽然做过官，时间并不久，在政治上的影响并不大，相传他"删《诗》《书》，订《礼》《乐》，赞《周易》，修《春秋》"，认为六经不是他的手订就是他的著作，就算所说都对，而他手订或著作六经的目的是知识的和道德的，也许与政治有些关系，但却绝不等于就是政治，这是必须厘清的。

我们现代人自然应走出古人的局限，重新评估古书与古人的价值。我们看孔子自不应再以"素王"看待他，也不能将《论语》视为治国的宝典，所以说"半部《论语》治天下"也不见得对，用"治天下"的观念，其实是看"小"了《论语》。读《论语》应该先看其中言论是否真出自孔子或孔子的弟子，然后依可信的资料来判断孔子是怎样的人。从可信的材料，我认为孔子是这样一种人：

第一，他整理了中国古代最可贵也最可信的文化材料，把这些材料流传下来，对后来的中国文化发展，产生了决定性的影响。我们不见得赞成传统的说法，认为六经是夫子的手订与手著，但孔子设教，以此教人，终使六经可以阅读流传。六经中的《易》是最古老的哲学材料，除了里面有极丰富的古代社会的史料之外，借着它，得以明白早期中国人的人生观、世界观与宇宙观；《书》是中国上古历史的可贵材料，借着它，可以明白古代政治社会的样貌以及历史的脉动与变化；《诗》是古代中国文学与音乐的材料，借着它，可以了解中国文学、音乐乃至美学的内涵；《礼》《乐》是中国古代的政治制度与礼节习俗，借着它，可以了解中国古代社会制度以及表达感情的形式，当然还有形式后面的意义。最后是《春秋》，古人都认定此书是孔子的手著，这是一部以鲁史为本，史事扩及春秋各国的历史专著，汉代以后的人都相信这部书有"微言大义"，认为孔子借修史的机会，表现了他的政治理想，这种看法尽管有的地方很穿凿，有的地方却也不见得没有理由，不由得人不信，无论如何，《春秋》是后人研究春秋历史与儒家政治哲学不可或缺的材料。

我们从孔子"述作"的六经可以看出一个特点来：这六部经书虽然性质不同，但都有一个共同的部分，就是都注重"人"的价值。在六经里面，哲学是人的哲学、历史是人的历史、文学是人的文学、政治礼俗也是供人生存的政治礼俗，这些特色在今天看来稀松平常，但在两千五百多年之前，人类社会还多被迷信烟雾所弥漫，六经坚信人的理智与价值，在很早的年代就把中国带入"人文社会"，这在世界文明史上，是极高又极难得的成就。

在欧洲，"人文主义"(Humanism) 是古希腊人反对物质主义，用了很大的力量建立起来的观念。到了十四世纪，欧洲的"文艺复兴"(Renaissance) 运动便是要恢复古希腊的人文主义，当时与人文主义相对的是宗教的禁制与迷思。文艺复兴时人常挂在口头的宣言是"人的觉醒"，人要从唯"物"主义与宗教宰制下觉醒起来，主张人的价值超过一切。要知道，这种思考所形成的观念，是经过长久的纠缠抗拒奋斗才获得的成果。而中国，在两千五百多年前的孔子时代就已达到了，而且从孔子之后，人文主义成了中国的传统，没有什么纠缠，没有什么抗拒，更无须太大的奋斗。中国文化，好像原本就是以人为根本的，从这点看，便知道孔子与六经的贡献，他的贡献不仅限于中国，更为全世界提供了极其珍贵的人性的曙光。

第二，孔子是中国最早将教育推行到一般民众身上的大教育家，这一点也十分重要。在古代，阅读与知识都极为昂贵，受教育，完全是只有几个有"国子"身份的人才负担得起的，但孔子却"有教无类"（《卫灵公》篇15.38）地在故乡推展他的教育工作，"为之不厌，诲人不倦"（《述而》篇7.33）。他又说："自行束脩以上，吾未尝无诲焉。"（《述而》篇7.7）可见他真的把教育推行到民间。他的弟子中有的富如子贡，有的贫如原宪，有的以德行见长，有的以言语见长，有的敏于政事，有的精于文学。《论语》中有段记录：

孟武伯问："子路仁乎？"子曰："不知也。"又问。子曰："由也，千乘之国，可使治其赋也，不知其仁也。"
"求也何如？"子曰："求也，千室之邑，百乘之家，可使为之宰也，不知其仁也。"
"赤也何如？"子曰："赤也，束带立于朝，可使与宾

客言也，不知其仁也。"（《公冶长》篇5.7）

孔子答客人的讯问，对自己弟子的表现当然要谦虚，这便是孔子屡说"不知其仁也"的原因，但这章说明孔门的弟子真是各有来路，各有才性，教育的目的，不是揠苗助长，而是帮他们成人，每个人都有成人的机会，受过教育的人以后走进社会，可以各自发展自己的才干，自立自强，服务大众。孔子不只推展平民教育，而且因材施教，这是西方近代教育家的最高理想，而在中国，这理想早就由两千多年前的孔子提出并具体实践了。

这样的教育方式，使得中国在很早的年代，就达到了西方后来所谓"公平社会"的理想，而在中国，每个人只要受教育，能够掌握充分的知识，就可以掌理国家大小不同事务，成为社会精英、国家的领导者。孔子死后近一百年有孟子（前372？—前289），孟子曾说：

> 舜发于畎亩之中，傅说举于版筑之间，胶鬲举于鱼盐之中，管夷吾举于士，孙叔敖举于海，百里奚举于市。（《孟子·告子下》）

请注意文中的"发"与"举"字。孟子所举的人物虽然早于孔子，但却由孟子梳理出来一个历史的缘由，这些古代的伟人，就算是出身微贱，也都不妨碍他们未来领导群伦，这想法非常特殊，却为孔子之后的中国人所共同深信。战国时代，屡见一个平日不受重视的寒士，第二天平步青云，有的竟然成为大国的宰相，苏秦、张仪就是最典型的例证。

汉代之后，地方官有"举贤良方正"之士为国服务的义务，隋、唐之后，更有开科取士以选官员的制度。中国历史中，虽然表面上有大权在握的天子，但真正掌握百姓命脉的，是成千上万出身民间，且人数千万计的官吏，他们职司天下各项事务，而且有任期，也受监督，这使得中国比同一时期的西方各国，不论从民主化还是公平性而言，都进步许多。

　　孔子的成就当然不只如此，历来的人都对他有不同的评价，像这样的讨论已太多了，我不想再延续。上面说他以六经教人，提倡人文思想，在教育中，又因材施教、有教无类，肯定每个人都有权在社会发展他的才能，社会不能抛弃任何人，而任何人也不能抛弃自己，每个人都有他独立的尊严，这是孔子对中国与世界文明历史的最大贡献。这些材料，在《论语》中都有充分的记录，所以《论语》这部书，对所有中国人甚至于整个人类都是重要的。

·学而第一·

《学而》篇，全书首篇，共十六章。朱熹谓：「此为书之首篇，故所记多务本之意，乃入道之门，积德之基、学者之先务也。」（《四书章句集注》，以下所引朱熹语出自该书者不再出注）其实有些牵强，如推广解释，《论语》大部次篇章，都有「务本」之意，不以此篇为独有（或以学习为务本，或以孝悌为务本，不一，所以独称此篇为务本，有望文生义之嫌。此篇名「学而」，并不指全篇都在强调为学之道，古人习以一篇首章之前二字作为篇名，《诗》之《关雎》章，孟子之《梁惠王》篇莫不如此，不应作过当之解释。

1.1 子曰：“学而时习之，不亦说乎？有朋自远方来，不亦乐乎？人不知而不愠，不亦君子乎？”

老师说：“学一件事如果能时时反复练习，不是很愉悦吗？有朋友远道而来，不是很快乐？别人不知道我学有所成，我也不会有任何怨怼之情，能如此，岂不是一位才德兼修的君子吗？”

1 子：“子”在甲骨文与金文中都是象小儿形，春秋之后，借为五等爵名，并用以泛称男子，故有"男子之通称"说。此处子是尊称老师、先生之代词。

2 **学**：《广雅》："学，觉也。"指因学习而觉悟。学又有效之之意，即效法也。后觉者效先觉之所为，学生效法老师，接受老师之教导，也可称之为学。

3 **时习**：时有三义，一指年岁，《说文叙》曰："周礼八岁入小学。"《礼记·内则》曰："六年教之数……十年……学书计……十有三年学乐，诵诗舞勺。"都是指依学生年龄教以学习之道。二指季节，古人常以季节时令变化学生学习内容，如春夏学诗乐，秋冬学书礼。三指时时言，即学者应不舍昼夜，时时勤学。谢良佐曰："时习者，无时而不习。坐如尸，坐时习也；立如齐，立时习也。"今从第三解。习，朱熹曰："鸟数飞也。"指小鸟在巢中振翅习飞之貌。

4 **不亦说乎**：说即悦。春秋时尚无悦字，故以说字代之。不亦，当时口语，即今"不是也""不也是"之意。

5 **有朋自远方来**：有志同道合之友人自远方来，与我同游共学。

6 **乐**：朱注引程颐曰："说在心，乐主发散在外。"悦是独自的，乐是与友人共有愉悦之情。

7 **不愠**：不生气。

8 **君子**：在孔子之前，君原多指手握权杖，以口发号令之人，亦即国家之领导者，后君子一词，慢慢引申泛指社会上的高层人士，《论语》中亦有指此言者，如《颜渊》篇12.19："君子之德风，小人之德草。草上之风，必偃。"君子，即指国家或社会之领导者言。但在《论语》中，君子绝大部分是指一个才德兼具的人。程颐解释这两句说："虽乐于及人，不见是而无闷，乃所谓君子。"

《论语》以此篇此章为首，或是偶然，或有深意。

孔子极重教学，殆无疑义，《述而》篇7.2曰："默而识之，学而不厌，诲人不倦，何有于我哉？"施教必先自学，故学比教更为首要。

此章分为三个段落，亦可谓求学的三种境界。"学而时习"，指的是初学，时习而所得益多，所知益广，自然内心欢喜。"有朋自远方来"，指学问达到一定程度，有友人自"远方"来同游共学，自己不复独学，而可收砥砺、切磋之效，在求学之境界上，可迈入更高地步，自然更为可乐。应注意句中"远方"二字，有朋自"远方"来，可证来得不易，则友人的勉励与印证，便更为珍贵。"人不知而不愠"，指的是另一种学问与生命的境界，正如钱穆言，"学而时习"乃孔子十五志于学时之自况，"有朋自远方来"，是孔子三十而立后始以当之，而"人不知而不愠"则是孔子五十而知天命之后的感受，因此钱穆说："苟非学邃行尊，达于最高境界，不宜轻言人不我知。"（《论语新解》）

"独学"时要"悦学"，有友人时要与之"乐学"，可见求学是生命中喜悦的事。这种喜悦，可以抵抗人生许多苦难折磨，可以实现自己的才性与德性之美。这两句正好说明儒家由个人而到群体的关怀方式。先是个人，后到群体，当我们发现了真理，不仅要"独善其身"，还要"兼善天下"，兼善天下是儒家的终极关怀。但万一客观条件不允许，别人并不认可我的"善"，那我又该如何？最后一句话，便是说明这个问题。假如我用整个生命证明这个善是有价值的话，这个善便值得我坚持，即使别人不认同，不愿与我同行，我也要独行其道，但即便此时，我也不会有一点怫郁、生气的样子表现出来。这一方面说明孔子对学问中真理的坚持，也说

论语讲析

明在学问路途上，也跟生命路途一样，是会遭逢许多孤独的考验的，读者于此应充分体会。

1.2　　有子曰：“其为人也孝弟，而好犯上者，鲜矣。不好犯上，而好作乱者，未之有也。君子务本，本立而道生。孝弟也者，其为仁之本与！”

　　　　有子说：“一个人在家里孝顺父母，敬爱兄长，却会去做犯上的事，必定很少。一个人不好犯上，却会在外作乱，那更是没有的事。所以君子做事，都要从根本做起，根本树立了，道德便也生成了。孝弟，岂不是为仁的根本吗？”

1 有子：名有若。《史记·仲尼弟子列传》说他“少孔子四十三岁”，为孔子晚年弟子。据《史记》所载，孔子既没，弟子思慕，有若状似孔子，弟子相与共立为师，师之如夫子时也。但因应答无由，又被弟子所废。

　　《论语》是孔子弟子和再传弟子记录孔子及其弟子言行的一本书，成于众人之手。书中记孔子弟子皆称字，孔子则直呼其名，如颜渊（回）、子路（由）、子贡（赐）虽在弟子中名高位显，莫不如此。唯独曾参与有若，书中称之为“曾子”“有子”，证明《论语》一书，或完成于二子弟子之手。（见前《〈论语〉这本书》一文）

　　即便如此，有子、曾子之言，无论从辈分还是记载年代言，均不应置于《学而》篇（1.4曾子言亦如此）。另，虽文中有“君子务本”，且朱熹谓本章章旨是“所记多务本之意”，但此章放在《学而》篇第二章位置，究竟不伦，应是后人整理或传抄时误放位置，成“定本"后又未厘清，千百年来将错就错，因成此模样。

2 **孝**：孝字原意是"子承老"，上方ᏚᏚ，为"老"之省文。意思是做子女的要继承父母的意旨，后作解释如《说文》之"善事父母者"。

3 **弟**（tì）：同悌，本意专指兄弟中弟之一方德行，兄弟虽同辈，但年纪居小，应充分尊重兄长，表示谦冲。后不仅指兄弟之道，也指在社会上与同辈人相处之道。

4 **鲜**：少。

5 **本立而道生**：根本树立了，道理才因而产生。

6 **仁之本**：有若以为"孝弟"是"仁"的根本，而此处的"仁"是所有道德的基本代称。仁字从"二人"，有与人相处的含义，郑玄《礼记注》有云："（仁者）人也，读如相人偶之人，以人意相存问之言。"所指即此。但我以为仁之具有道德的含义是孔子建立的，在孔子之前，仁最多仅指与人相处之道，而更早的仁字，是指种子的第二层内里，如"花生仁""杏仁"之类，人着厚衣，触之无甚感觉，便有"麻木不仁"之讥，与道德义无涉。是孔子建立了"仁"的全新道德观点，赋予仁最高的道德意涵。

7 **与**：通欤，疑问、赞叹词。

　　这章有子之言，不能说没有道理，但放在全书最前面，与孔子之言并列，老实说并不合理。孔子之道的最高境界，其实就是"仁"道，仁是所有道德的最高或最后的成就，所以孔子从来不轻言某事、某人"达仁"，只说某事、某人"近仁"。

　　"仁"是道德的最高成就，《孟子·尽心下》："仁也者，人也；合而言之，道也。"但这最高成就必须靠许多大节细行共建以求达成，一个人与社会接触之前先在家庭与家人共处，所以孝顺父母、恭敬长上是所有道德生活的开始，也是基础。人透过家庭生活，以完成人格实现，再将人格的实现推向更广的社会，所以此处强调孝悌的重要，不是没有理由的。朱注引程颐言："谓行仁自孝弟始，孝弟是仁之一事，谓之行仁之本则可，谓是仁之本则不可。盖仁是性也，孝弟是用也。性中只有个仁、义、礼、智四者而已，曷尝有孝弟来。然仁主于爱，爱莫大于爱亲，故曰：'孝弟也者，其为仁之本与！'"说得很正确，但有子在比喻上却以犯上、作乱相况，这使他的语言变得比较粗糙，也容易让人联想到儒家是为权威的"统治阶层"立言。其实强调孝亲、尊长，并不该只着眼在其人之是否会犯上、作乱，如果指孝悌是品德的基础，是操守的实验场，也许会有更强的说服力。孔子以执御、执射来应对达巷党人"博学而无所成名"（《子罕》篇9.2）之讥，又以浮云相况"不义而富且贵"（《述而》篇7.15），都说得很深入，也很感人，使用的况语兼具幽默与美感，有子与他老师相比，不论在道德认知还是语言精致的程度上，都相差一段距离。

1.3　子曰："巧言令色，鲜矣仁！"

> 老师说："一个人在别人面前喜欢说好听的话，喜欢装好看的脸色，这样的人，仁心是很少的。"

1 巧言令色：巧言，美好的语言。令色，好看的脸色。

2 鲜矣仁：少有仁心。仁，如1.2言，是指道德的最高成就，此处泛
  称道德。鲜，少。

　　言与色都偏向外面，当然应该注意，但不能仅在意于
此，而忘了更根本的内心。此章文字很清楚，无须过多说
明。但须注意，孔子指道德以内心涵养为重，不在表面辞色
做功夫，但也可能有道德极好的人，深具语言的能力，与人
相处，也谦恭有礼，让人喜爱又尊敬。故孔子只说鲜，不说
无，不把话说满说死，而且"鲜矣"二字有感慨的意味。

1.4　　曾子曰："吾日三省吾身：为人谋而不忠乎？与朋友交而不信乎？传不习乎？"

　　曾子说："我每天屡屡以三事反省自己：替人做事，有不
够尽心的吗？与朋友相处，有不忠诚信实的地方吗？我传授
给学生的，有不是我行之有年并深入感受的学问与知识吗？"

1 曾子：名参（shēn），《史记·仲尼弟子列传》："曾参，南武城人，字
  子舆，少孔子四十六岁。"
2 三省：省，省察、反省。三省有两说：一、三次反省；二、以三事
  反省。两说皆可。亦可一并解释，即每日三省，所省者三事。古书
  三字，有作实数解，有作多数解，此处三省如照次数解，不须拘泥
  必定是三次，可作屡次解，而三省如作三事解，则所举之事是具体
  的，就无可选择了。朱熹言："曾子以此三者日省其身。"今从朱说。
3 为人谋：为人计划，为人办事。

4　**忠**：尽己之为忠。

5　**信**：诚实无伪。

6　**传不习乎**：传有二解：一是从老师传授所得；二是指自己要传授给学生的。不习，如从一解，是反省"老师所授，我是否有做练习呢？"从二解是："我教导学生的，是否为我熟悉且力行过的事呢？"今从二解。

　　此章置于此，有些不合理，请看1.2章注。

　　曾子每日三省，强调道德须有严密的自省工夫。朱熹说："曾子以此三者日省其身，有则改之，无则加勉，其自治诚切如此，可谓得为学之本矣。而三者之序，则又以忠信为传习之本也。"随时省察，德业日进，所以不论学习或施教，都须注意反省的事。

1.5　　　子曰："道千乘之国：敬事而信，节用而爱人，使民以时。"

　　　老师说："一个领导千乘之国的人，做事要谨慎专注，真诚而信实；节省政府的用度，要爱惜人民；征调人民从事公务，必须注意季节，不要在农忙的时候扰乱人民。"

1　**道**（dǎo）**千乘之国**：道即导，领导。千乘之国，有兵车千乘的大国。也有一说，古者井田方里为井，十井为乘，百里之国适千乘，故千乘之国指有土方百里之国，见刘宝楠《论语正义》。此章千乘，或指兵车，或指面积，无须拘泥，皆指有一定位阶的诸侯大国。

2 **敬事而信**：敬，谨。敬事，做事谨慎。信，真诚不欺诈。

3 **使民以时**：征调人民从事公务，必须不违农时。

　　本章是针对国家领导者而言，主题是领导者所须注意的事项。首先提出"敬事而信"，敬谨之心是领导者对自己的要求，所为一切攸关人民福祉，故须谨慎小心，所发号令，亦言出必信，如此则有利政令推行。"节用而爱人"，指的是民脂民膏，须珍惜不浪费，这是出于爱人惜物的心态。最后标出"使民以时"，是古时以农立国，人民生活、国家经济均赖农产，施政者必须注意，万一要征用民力，不得有违农时，荒废生产，因为根本动摇，国就危了。这三项，展现了领导者高度的智慧，而基础则以爱人为本。

1.6　　子曰："弟子入则孝，出则弟，谨而信，泛爱众而亲仁。行有余力，则以学文。"

　　　　老师说："学生在家讲孝道，出门则谦逊知礼，泛爱众人，而亲近仁者。这些事都做到了，还有余力的话，就用来学习文章之类的事吧。"

1 **谨而信**：谨，敬慎。信，信实。

2 **泛爱众**：于众则广泛爱之。

3 **亲仁**：亲爱就近仁者。亲与爱同义，但爱较普遍，亲则较深切。

4 **行有余力，则以学文**：有剩下的力气，就用来学文。行，指"入则孝"至"泛爱众""亲仁"诸事。有余力，指那些事都做好了还有剩下力气。文专指文字，泛指文学、文化及其他与文字记录相关的知识等事。

本章表面上看是德行比知识重要，但学者必须小心，不能误判，孔子也说过："质胜文则野，文胜质则史。文质彬彬，然后君子。"（《雍也》篇6.16）质指人的本质朴实无华，而文是指受文化、知识熏陶而具有神采的样貌，假如只重质或只重文，各走极端的话，是有"野"或"史"的弊病的，所谓君子，须于两方力求均衡发展，也就是"文质彬彬"了。一个人本质很好，天生有好的品德，当然很不错了，但如不接受知识熏陶，充其量只能做个乡曲的善人而已，这种人见闻不广，心胸不大，是无法期许他能推善行于天下，以达至善的地步的，是故此章孔子虽说"行有余力，则以学文"，但他是说当一个人把大部分德行都做到后再来"学文"，并不是把学文当成次要，而是对"学文"的事有更大的期许。

1.7　　子夏曰："贤贤易色，事父母能竭其力，事君能致其身，与朋友交言而有信。虽曰未学，吾必谓之学矣。"

　　子夏说："看到贤人，能够肃然起敬，毫不轻慢，事父母能够尽最大力气，事君能将性命都交出去，交朋友又信实可靠，这样的人，虽然谦称自己没学过，我必说他已学过了。"

1　子夏：卜商，字子夏，孔门弟子，长于文学，少孔子四十四岁。孔子死后，曾在西河（今山西汾水附近）教授儒学，传为魏文侯师，对后世儒学张扬很有贡献。

2 **贤贤易色**：上贤字做动词用，是尊敬、崇尚的意思，下贤字则指一般贤德之人。易，改易。色，脸色仪容。易色，指见到贤人，应改变平时轻慢怠忽之性，而正色整容的意思。

3 **竭**：尽。

4 **致其身**：委致其身的意思，将身体、性命交出，以示忠诚。

5 **虽曰未学**：其人或以为未尝为学。

这章意思很明白，子夏由几件事来判断一个人有学未学之事。

历来的争议在"贤贤易色"这四字。传统的说法是指见到贤人，便该收其好色之心（例如朱注："贤人之贤，而易其好色之心。"），问题是就算一个平素轻慢的人，见到贤人在座，也不会无端引起"好色"之心的，所以子夏就没有劝他"易其好色之心"的必要。还有一种说法是此章是从夫妇、父子、君臣、朋友四伦上立论，首言夫妇之伦，要重德不重色，引《毛诗序》《周南》《召南》，正始之道，王化之基"等说法，以明"乐得淑女以配君子，忧在进贤，不淫其色"。这说法不见得无理，但硬置此间，老实说也有点牵强，夫妇之伦就算重要，不见得一开始就讨论德与色的问题。还有一种更是牵强的说法，王念孙在《广雅疏证》中引此章说："贤贤易色，易者，如也。犹言好德如好色也。"说是我们应以好色之心来尊贤了，岂不公然宣称好色心是正当的吗？这说法很危险，稍一不慎，就会铸成大错，读者不可不慎。

这句话其实跟人性是否好色无关，跟男女之间尊德斥色之说更无涉。《为政》篇2.8子夏问孝，孔子说："色难。有事弟子服其劳，有酒食先生馔，曾是以为孝乎？"文中的"色难"是指我们在孝顺父母的行为中，要在辞色上一贯保持和顺谦卑是不容易的，色难中的色字，便是指容貌辞色而言，我以为便是此处"贤贤易色"中"色"字的本义。贤贤易色，便是指见到贤人在前，便应收起轻慢之心而肃然起敬。

1.8 子曰："君子不重则不威，学则不固。主忠信。无友不如己者。过则勿惮改。"

老师说："君子不庄重，便没有威严，同时学问也不够稳固。做事当以忠诚信实为主。没有朋友是不如自己的。有了过失，不要怕改。"

1 **不重则不威，学则不固**：重，厚重。威，威严。固，坚固。朱熹言："轻乎外者，必不能坚乎内，故不厚重则无威严，而所学亦不坚固也。"

2 **主忠信**：以忠诚信实为主。

3 **无友不如己者**：指没有朋友不如自己。

4 **惮**：害怕、畏难。朱注："自治不勇，则恶日长，故有过则当速改，不可畏难而苟安也。"

本章的争议点是"无友不如己者"，历来都采"勿交不如己者为友"的说法，朱熹亦采之，曰："无、毋通，禁止辞也。友所以辅仁，不如己，则无益而有损。"这个说法如从"从善"角度言，大致没有问题，朱注引程颐言："学问之道无他也，知其不善，则速改以从善而已。"引游酢说："学之道，必以忠信为主，而以胜己者辅之。"都说得不错。但此说从逻辑方式推论，则有相当的矛盾性，我坚持不交不如自己之朋友，只交游酢所说的"胜友"，这事可以成立吗？要知道友谊是讲平等的，"胜友"也有选择的权利，照此原则，他也绝不会选不如他的人为友的，层层上推，往往世上最优秀的人，人人得想与之交游，却无一人可以为其朋友，品学最优的人竟成了世上最孤独的人了，这样的结果合理吗？

假如把这句话解释为没有一个朋友是不如自己的，这样就比较妥当了。孔子不主张对朋友过分地求全责备，《颜渊》篇12.23子贡问友，孔子说："忠告而善道之，不可则止，无自辱焉。"而朋友中优劣好坏，正可以作为自己劝善改过的依据，所以《述而》篇7.21孔子说："三人行，必有我师焉。择其善者而从之，其不善者而改之。"如将本章与孔子以上所言对照，便知道孔子真正的想法。孔子认为胜友败友，于我而言都有可资借镜的地方，所以从广义而言，不能说有朋友是不如自己的。将最后一句"过则勿惮改"与"（择）其不善者而改之"相对照，便可见其如出一辙，故本书采此说。

1.9　　曾子曰："慎终追远，民德归厚矣。"

曾子说："为死去的人办好丧事，因追念而办好祭礼，人民的风俗就会变得淳厚了。"

1 **慎终**：谨慎地处理丧礼。终，丧礼。
2 **追远**：因追念而祭祀。远，人亡后的祭礼。

3 民德归厚：上位者提倡慎终追远，在下人民的风俗便会变得淳厚。归，归向。厚，淳厚。

　　儒家肯定人之感情，并且认为这种感情向正面发展，可以形成一种极高尚且正面的力量。人有情，喜欢与人共处，喜欢祝福别人与自己一样好，有时还会把自己奉献出来，成就对方。这种舍己以成人的情操，在生物中仅为人所独有。在西方，常将此视为宗教情怀。儒家不提倡宗教（"敬鬼神而远之"，《雍也》篇6.20），也对死后的世界没兴趣（"未知生，焉知死"，《先进》篇11.11），但对有情世界非常留恋，对人的生死非常在意。孔子非常注意礼节，说过"生，事之以礼；死，葬之以礼，祭之以礼"（《为政》篇2.5）。但孔子所主张的礼节不是刻板的教条，而是发自人的至情至性，葬祭之礼，是人子行孝道的最后表现，钱穆说："对死者能尽我之真情，在死者似无实利可得，在生者亦无酬报可期，其事超于功利计较之外，乃更见其情意之真。"（《论语新解》）因为是纯真的感情，将这种感情扩而充之，便有可能达到仁心仁道的最高地步，影响社会风气，当然可使民德归于淳厚了。

1.10　　子禽问于子贡曰："夫子至于是邦也，必闻其政，求之与，抑与之与？"子贡曰："夫子温、良、恭、俭、让以得之。夫子之求之也，其诸异乎人之求之与？"

　　　　子禽问子贡："我们老师每到一国，一定参闻该国的政事，这是他有心去求来的，还是别人主动告诉老师的呢？"

子贡说："我们老师用温和、善良、庄重、节制与谦虚的品德来得到这些消息。就算是求来的，也跟其他人'求'的方式不同吧？"

1 **子禽**：姓陈，名亢。**子贡**：姓端木，名赐。皆孔子弟子。

2 **求之与，抑与之与**：求之，问人以求知晓。与之，别人主动告诉你。句末两"与"皆疑问语词，通欤。

3 **温良恭俭让**：温，温和。良，善良。恭，庄敬。俭，节制。让，谦虚。

4 **其诸异乎人之求之与**：其诸，语词。人，他人。

　　儒家把人身与家国看成一体，所以跟关心人的品德与健康一样，也关心国家政治的良窳。孔子到一国，必闻其政，主要是关心，并不见得是想"干预"其国的政治，更不是为了得利。朱注引张栻说："夫子至是邦必闻其政，而未有能委国而授之以政者。盖见圣人之仪刑而乐告之者，秉彝好德之良心也，而私欲害之，是以终不能用耳。"说得也许有道理，但如说孔子似在意"委国授政"，无疑看小了孔子。孔子遭遇不好，但从不对人世失去信心，仁是他认为的最高道德，他一直期许在人间有真正的"仁者"出，孔子关心政治不在谋官，而在寻找仁人可以找到、仁政可以施行的证据，这种努力，终生不渝。

　　子贡很幽默，会开玩笑。他说："夫子之求之也，其诸异乎人之求之与？"孔子关心政治并不在乎自己的出处，也没有太大的功利色彩，请看温、良、恭、俭、让，都是品德的表现，而且处处自然，绝无一般干求者的嘴脸，读者于此处应可会心。

1.11　　子曰：“父在，观其志；父没，观其行；三年无改于父之道，可谓孝矣。”

　　　　老师说：“父亲在世，只能观察儿子的志向；父亲死了，才能观察他的行为；在三年之内，不改父亲在世行为的方式，可以说是孝了。”

1 **父在，观其志**：父亲在世，一切以父亲为主，只能观察儿子的志向。

2 **父没，观其行**：父亲过世，则观察儿子的行为。

3 **三年无改于父之道**：父死三年之内，不改父亲行事的方法。

　　此章的争论在末句“三年无改于父之道”。朱注引尹焞说：“如其道，虽终身无改可也。如其非道，何待三年？然则三年无改者，孝子之心有所不忍故也。”所提问很合理，如果是合道理的事，应终身不改，不合理的话，不应等了三年之后才改，但此章明明说“三年无改于父之道”，使得尹焞无法解释下去，只有猜想父亲也许有不是很允当的行为，儿子有孝心，在三年内“不忍”尽去。这是很穿凿的说法。引游酢说：“三年无改，亦谓在所当改而可以未改者耳。”也是延续尹焞的说法。

　　又一说指三年无改父之道，是因为人子在三年守丧期间不可有所作为，所以行事一切遵循旧章，不作改异。此说也许可成立，但缺乏积极意义。

　　比较平实的看法是，此章所指是专对君主在位者而言。

君王在位时，王储只是备位，无权秉政，所以只能观其志，等旧王已死，新君就位，起初三年，一切率由旧章，不马上推行新政，这一方面彰显孝思，一方面也为新政酝酿时机，是必要的两全之计，下章有子曰："礼之用，和为贵。"便是此理。真要改革的话，也要等待良机，急切的改革容易引起冲突，缓和推进则比较稳当。

1.12　　有子曰："礼之用，和为贵。先王之道斯为美。小大由之，有所不行。知和而和，不以礼节之，亦不可行也。"

　　有子说："礼在实施应用时，贵在能调和。先王之道，其美处在此。但大小的事都由此来进行，光是调和也有做不到的地方。如果只知道调和，却不晓得用礼来节制，也是不行的。"

1　用：用法、使用。

2　和为贵：以调和、融洽为贵。

3　斯为美：斯，此也，指礼也指和。

4　有所不行：也有做不到的地方。

5　知和而和：知道调和的重要而只一味地调和，变成没是非。

6　以礼节之：指以礼来节制"和"的滥用。节，节度、限制。

　　此章是讲礼的应用，而不是讲礼的本质。

　　礼是源自人类天生对规则、秩序的要求，所以周敦颐有"礼,理也"的解释。当代有些学者(如李泽厚)解释儒家的礼,老说是来自巫术,我不很赞成,当然人类早期的东西部分是与巫术有关,但有的是无关的,儒家的礼可以说更多是来自人对颜色的排列、声音的节奏及行动的规律等的先天需求,涉世未深的小孩听到音乐会不自主地打拍子,看到一堆石子会把它排列成行,都不见得是大人教的,说明人有追求自由的天性,也有追求条理与规则的天性,后面这部分,应该是礼的来源。尼采将人类文化精神分成两种截然不同的特性,即太阳神式(Apollonian)的与酒神式(Dionysian)的:太阳神式的代表形式、节制与对称,又称为古典式的;酒神式的代表的是解除束缚,追求自由,又称为浪漫式的。儒家所强调的礼,很接近于尼采所说的太阳神式的,具有形式、节制与对称的平衡,更重要的是礼跟法不一样,法是规范,是外在的约束,而礼多是来自个人对规范需求的自觉。

礼先天有一种限制的作用,这种限制虽最早发自自觉,但后来在实施的时候,偶一不慎,就会变成硬邦邦的、一点都不能通融的"规矩",往往像法律一样刻板了。因此有子说"礼之用,和为贵",主张实行礼的时候,态度要温和一点,不要像法律一样过于苛刻。"和",像是一种润滑剂,可以让本来窒碍难行的事顺利实行。

但润滑剂不能取代行为,同样的,"和"只是一种态度与方法,还是不能取代更为根本的"礼"的,所以又说:"不以礼节之,亦不可行也。"

礼有时专指制度而言,如专指国家制度的制定与执行,此章的说法更为允恰。

1.13　　有子曰：“信近于义，言可复也；恭近于礼，远耻辱也；因不失其亲，亦可宗也。”

　　有子说：“许诺是合理的，便可以信守实践；对人恭敬合乎礼节，则会远离耻辱；遇有事须依靠人，则选择可亲之人依从，这样便可以之为宗主了。”

1 **信近于义**：义，原指仪式而言，《释名·释典艺》曰：“义，正也。”又同书《释言语》曰：“义，宜也。”正与宜都是义的引申义。此处的信近于义，是指所言皆为合适之言，都合乎道义。

2 **言可复**：所言可以实践。

3 **远耻辱**：远离耻辱。

4 **因不失其亲**：因，依从、依靠。亲，可亲之人。

5 **宗**：主。

　　此章谈及处世的三种方式。其一，许诺不是开空头支票，许诺的事必须合情合理，才有兑现的可能，我们不但不该随便相信开空头支票的人，也应该要求自己不随便开空头支票，必期实践诺言，诺言要能实现，必须合乎道义。其二，对人恭敬很好，但也要一切合理，过当的恭敬成了阿谀奉承，反而成了被人耻笑的缘由。其三，人是社会生物，生活上彼此紧靠，常须依循、依靠别人的帮助，当要依靠别人时，我们要选择可亲可靠的人，既已选定，不能三心二意，要充分相信他，以他的意见为主。

1.14　　子曰：“君子食无求饱，居无求安，敏于事而慎于言，就有道而正焉，可谓好学也已。”

　　　　老师说：“君子吃不求饱，住不求安，他如做事勤敏，说话谨慎，又能常向有道之人求正其非，这样可以说是好学的人了。”

1　**食无求饱，居无求安**：无，不。朱注：“不求安饱者，志有在而不暇及也。”
2　**就有道而正焉**：就有道之士，以正己之非。

　　此章所言好学，不是只指笃好学识、努力读书而已，而是指要认真学习做人。“食无求饱，居无求安”，无，并非指绝对不可、绝对不要，而是指君子以求道为尚，不在饮食、居住上多用其心。

1.15　　子贡曰：“贫而无谄，富而无骄，何如？”子曰：“可也。未若贫而乐，富而好礼者也。”

　　　　子贡曰：“《诗》云：‘如切如磋，如琢如磨。’其斯之谓与？”子曰：“赐也，始可与言《诗》已矣！告诸往而知来者。”

　　　　子贡说：“人穷，不会谄媚，人富，不会骄傲，老师以为如何？”老师说：“应该可以了。但不如穷而乐道，富而好礼呢。"

子贡说："《诗》上说：'治骨器时，切了还要磋；治玉器时，琢了还要磨。'指的是同样的意思吧？"孔子说："赐呀，可以跟你谈《诗》了！说了前面会联想到后面呢。"

1 谄：谄媚、卑屈。

2 骄：高傲、矜肆。

3 如切如磋，如琢如磨：《诗·卫风·淇奥》中句。切磋，指治骨器。切，切断。磋，磨细。琢磨，指治玉器。琢，初凿。磨，研磨。朱注："治之已精，而益求其精也。"

4 告诸往而知来者：言能联想、推想。往，已言。来，未言。

本章所言有两个重点。其一，道德的问题。任何道德都有消极一面，也有积极一面，消极一面在避免做不好的事，积极一面在求把事做得更好。譬如子贡所说的"贫而无谄，富而无骄"已经很不错了，但仅是不错而已，不能算最好，孔子所揭示的"贫而乐，富而好礼者"则有砥砺奋发、勇猛精进的含义，乐观进取、积极努力是孔门真精神之所在。

其二，孔子与子贡论及《诗》的问题。《诗》现名《诗经》，是春秋之前的一本诗歌总集，基本上是本文学的书。但孔子一直认为，文学或艺术的美与道德的美是相通的，所谓"志于道，据于德，依于仁，游于艺"（《述而》篇7.6），所以文学或艺术的素养对道德的成长很重要。文学鼓励人的想象力，文学的真实也许不是现实的真实，但文学所带来的想象，让我们的世界在现实之外，变得丰富而多元，人靠着想象力创造出许多新鲜而有趣或有用的东西，这是让人类文明进步的最大原因。要达到文学的世界，必须借重人的推想、联想力。子贡由孔子说的"贫而乐，富而好礼者"联想到《诗经》上说的"如切如磋，如琢如磨"，体悟出人生精益求精的可能，所以孔子说从现在起，可以与他谈《诗》了，因为子贡已掌握到想象的钥匙，可以让思想进入更复杂且缤纷的世界了。

《论语》有好几段谈《诗》的文字，都与孔门的成德观念有关，本章主体不是谈《诗》，但所言其实涉及《诗》的内涵、意义及欣赏的问题，十分重要，读者不可轻忽。

1.16　　　子曰："不患人之不己知，患不知人也。"

> 老师说："不担心别人不了解我，只担心自己不了解别人。"

1　患：忧、担心。
2　不己知：不知己。朱注引尹焞说："君子求在我者，故不患人之不己知。不知人，则是非邪正或不能辨，故以为患也。"

"不患人之不己知"，指君子不为外在的声名而求学进德，可与本篇首章"人不知而不愠"句对看。"不知人"，则孤陋寡闻，为学者大病。

为政第二

2.1 子曰："为政以德，譬如北辰，居其所而众星共之。"

老师说："从事国政的人要以道德为尚，譬如天上的北极星，自己安居其所，众星围拱，绕着它旋转运行。"

1 北辰：北极星。

2 众星共（gǒng）之：众星围拱，皆绕北极星而旋转运行。共，通拱，围拱。

这章是针对国家的领导者而言，有些解释说是孔子主张无为而治，政治要达到鸣琴垂拱、无言而化的道家式的境界，其实是错的。此章是指国家的领导者要关心大局、做大事，不要只看到小处、只在小事上逞强。孔子论政主德化，大局与大事，都在道德层面，主政者要在品德上做国人的示范，这叫德治。孔子认为国家领导者把最重要的道德树立好了，国政自然就会走上轨道。"居其所"就是要把自己的位置坐正了，一切都做得正确，却无大张旗鼓之必要，所以并非凡事无为的意思。《颜渊》篇12.19有："君子之德风，小人之德草。草上之风，必偃。"可以参照。

2.2　子曰：《诗》三百，一言以蔽之，曰'思无邪'。"

老师说："《诗》三百篇，用一句话可以涵盖，就是'思无邪'。"

1 《诗》：指《诗经》，共三百十一篇，其中六篇有目无辞，实际三百零五篇，称"《诗》三百"，是举其成数。

2 蔽：盖。

3 思无邪：这三字来自《诗·鲁颂·駉（jiōng）》："以车祛祛。思无邪，思马斯徂。"《駉》诗中"思无邪"的"思"字是发语词，并无意义。孔子引此"思无邪"，将发语词"思"字作实字解，表面看是有点弄错了，但经此解释，"思无邪"更具积极的含义，言《诗》三百篇，皆是心无邪念之作，《诗》来自诗人的至情至性，确实是"无邪"的。

"思无邪"三字也许来自《诗经》，但原本不是用来批评《诗经》的，这可以确定。孔子用"思无邪"三字来论点《诗经》这本书，便很有趣。《诗经》这本书，虽然包括了风、雅、颂，作者有忠臣孝子，也有旷男怨女，来源很复杂，内容有的有益"风教"，有的无益，但整体上言，这些诗都是诗人真心的创作，都是至情流露，所以从这个角度言，三百篇都是"无邪"的。这个解释有积极的意思，因为写诗的人纯真而无邪，读诗、解诗的人也要纯真，且心无邪念才可真实领会。这牵涉到一个人对艺术或文学的态度。艺术（包括文学）的目的不在道德，但好的艺术却能发挥道德的功能，就像亚里士多德说过，当一个人面对盛大的美景如日出时，心灵必定是崇高的，崇高即圣洁，这是"好"的艺术都有积极道德作用的明证，但追求道德的美善，不是艺术的最高目的，道德只是艺术的副产品。

　　文学不一定要歌颂光明，诗也不必尽在正面立论，文学上呈现的阴暗面，其实是衬托证明光明存在的必需，所以孔子判定所有文学家、诗人的艺术创作都是无邪的，而欣赏者也要以无邪之心，才能进入文学与诗的真实世界。

　　其次须说明的是，此章标明"《诗》三百"，便不由得不使人想起《史记·孔子世家》中有段记录："古者《诗》三千余篇，及至孔子，去其重，取可施于礼义……三百五篇，孔子皆弦歌之，以求合《韶》、《武》、雅、颂之音，礼乐自此可得而述。"这是在经学历史上最早的"删诗"之说。历来学者，赞成"删诗"的人很多，如欧阳修、王应麟、顾炎武等，反对的人也不少，如孔颖达、朱熹、崔述等，当然各有理由。综合而论，孔子有整理《诗经》的事实，但"删诗"

之说不可轻信。《论语》屡屡出现讨论《诗经》的篇章，除本章"《诗》三百"之外，《子路》篇尚有："诵《诗》三百，授之以政，不达；使于四方，不能专对；虽多，亦奚以为？"都以《诗》三百为成数，可见在孔子时，《诗经》一书已是三百余篇，与今天所见，差异应不大了。

2.3　　子曰："道之以政，齐之以刑，民免而无耻；道之以德，齐之以礼，有耻且格。"

> 老师说："用政令来领导人，用刑罚来整顿人，人只求免于处罚罢了，不会觉得自己犯错是可耻的；以道德来领导人，以礼节来齐一人，人人会以犯罪为耻，而且会走上正途。"

1　**道**（dǎo）**之以政**：以政令、政事领导民众。道，同导，领导。之，指百姓。

2　**齐之以刑**：以刑罚整顿、齐一民众。齐，齐一。刑，刑罚。

3　**免而无耻**：避免犯罪，却无羞耻之心。

4　**格**：一说至，一说正，皆通。

孔子重视德治，与法治比较，德治是积极的，法治是消极的，法律充其量，只能"禁制"人犯罪，而道德鼓励人向善，能让人自动朝好的地方走去。格，至也，止于至善也。朱熹解释得好，他说："政者，为治之具。刑者，辅治之法。德礼则所以出治之本，而德又礼之本也。此其相为终始，虽不可以偏废，然政刑能使民远罪而已，德礼之效，则有以使民日迁善而不自知。故治民者不可徒恃其末，又当深探其本也。"所谓以犯罪为可耻，便会自动走上善途，这便是"有耻且格"，德治鼓励人向善，是治民的正途，也是政治的根本。

2.4　子曰："吾十有五而志于学，三十而立，四十而不惑，五十而知天命，六十而耳顺，七十而从心所欲，不逾矩。"

老师说："我十五岁时，有志求学；到三十岁时，在学问上已能有所树立；到四十岁时，对一般事理，能通达而无疑惑了；到五十岁时，才知道什么是天道与命运；到六十岁时，目所见耳所闻，都明白贯通了；到七十岁时，就算放任我心之所欲，也不至于违反规矩法度了。"

1 志于学：有心向学。志，心之所至。

2 立：有所成立。

3 不惑：不疑惑。朱熹说："于事物之所当然，皆无所疑，则知之明而无所事守矣。""知之明而无所事守"是指智慧清明，不死守也不夹缠。

4 天命：天道与命运。

5 耳顺：一切耳闻，皆无不顺者。朱熹说："声入心通，无所违逆，知之之至，不思而得也。"

6 从心所欲，不逾矩：随其心之所欲，而不超过于法度。矩，量方的器具，引申为法度。

这是孔子在晚年自叙他一生的重要过程，是十分重要的一章。

孔子曾说他一生有"下学"与"上达"两阶段。(《宪问》篇14.37："不怨天，不尤人，下学而上达。知我者其天乎！")此章志学、而立、不惑，是"下学"阶段，一般人如知努力，皆易达成，韩愈说"业精于勤，荒于嬉；行成于思，毁于随"，所谓"业精""行成"，属于"下学"阶段，只要努力，是都可以做到的。而"知天命之后"，再达"耳顺""从心所欲，不逾矩"，便属于"上达"阶段了，此阶段并非尽是人力可及，即使用心，也不见得一定有成。

本章的重点在"知天命"三字，关键也在此，所谓"天命"是指天道与命运。天道是大自然运行的原则，命运则是人生命轨迹不可测的部分，二者均非人可以左右。譬如世事有消长、有枯荣，这种消长、枯荣的形势，是人无法控制的；而人的命运，如得与失、遇与不遇，也不见得能掌握在自己的手上。盗跖日杀不辜，肝人之肉，竟以寿终，而贤如颜渊，却短命而死，连司马迁都三叹道："天之报施善人，其何如哉？"(《史记·伯夷列传》)可见现存世界之外，还有一种世界，那个世界有另一种秩序，是我们穷尽一生也无法全然了解的。

到了五十岁，知道我们所见到的现象世界之外，还有另一种世界，便是"天命"的世界，孔子认为它并非操之于我，是我无法掌控的，但知道有它的存在，也算是"知道"了一部分生命的真实。

面对这无法完全明白又无法掌控的世界，我们该怎么办？在西方世界，便将这事放到宗教上去讨论，由信仰或祈祷上帝"垂怜"来帮助我们适应这种秩序。孔子则不然。他不说"信天命"或"任天命"，而说"知天命"，这是与宗教家最大的不同处。"知天命"指我知道有天命这回事，也知道我无力完全掌控它，但天既生我，也让我与闻天底下最奥秘的真理，可知我之存在也是有意义的。"知天命"的另一层含义是我知道它，但我不"相信"它会左右我的"一切"，除了天命之限外，这世界还留下了不少可供我奋斗的余地，我应努力为学，以望成人，至于最后能否有成，则不在我的预计之中。人生有限，这是天命，但有限的生命不妨碍我让它变得有丰富的含义，让它有意义，靠的是人的努力。后人常有泰山、鸿毛之喻（司马迁《报任安书》："人固有一死，或重于泰山，或轻于鸿毛，用之所趋异也。"），在儒家看来，人生意义的泰山、鸿毛之别，往往操持在自己的手上。

　　这种想法多么堂堂，多么具有"人"的光辉！孔子曾受困于匡，弟子都失志潦倒，但孔子说："文王既没，文不在兹乎？天之将丧斯文也，后死者不得与于斯文也；天之未丧斯文也，匡人其如予何？"（《子罕》篇9.5）明知有时时局不利己，凡事不顺，但仍自信饱满，认为天必不亡我，这是孔子的真精神，也是孔门力学的最高境界。王夫之说："天以此理而为天，即以此理而为命；天以为命，而吾之所志、所立、所不惑者，固皆一因乎健顺化生、品物流行之实，而非但循人事之当然，乃所以为人事之当然也。"（《四书训义》）说的是人事与天命相互搭配，才足以完成人生命的最高层意义。钱穆说："孔子为学，至于不惑之极，自信极真极坚，若已跻于人不能知，惟天知之之一境，然既道与天合，何以终不能行，到此始逼出知天命一境界。故知天命，乃立与不惑之更进一步，更高一境，是为孔子进学之第三阶段。"（《论语新解》）读者于此，可深切玩味、体会。

2.5　　孟懿子问孝。子曰："无违。"

樊迟御，子告之曰："孟孙问孝于我，我对曰'无违'。"樊迟曰："何谓也？"子曰："生，事之以礼；死，葬之以礼，祭之以礼。"

孟懿子问老师该如何实行孝道。老师说："不可违礼。"

有次樊迟为老师驾车，老师告诉他说："孟孙问我如何行孝道，我说'无违'。"樊迟问："敢问老师，是什么意思呢？"老师说："父母活着，要以礼服侍他们；死了要以礼埋葬、以礼祭祀他们。"

1 **孟懿子**：鲁大夫仲孙氏，名何忌。父孟僖子，遗命何忌学礼于孔子，算是早期孔门弟子，但后来孔子仕鲁，主张堕三都（鲁三家季孙、叔孙、孟孙专权，违法扩建其都城，孔子主张强力拆除），何忌起首抗命，是以弟子传不列其名。

2 **无违**：不违礼。

3 **樊迟**：名须，孔门弟子。

4 **孟孙**：仲孙，即孟懿子。

5 **对曰**：下位者回答上位者用"对曰"，如本篇下文 2.19："哀公问曰：

'何为则民服？'孔子对曰：'举直错诸枉，则民服；举枉错诸直，则民不服。'"按孟懿子是孔子学生，答学生问不该用"对曰"，此处可能是误植。

礼一方面是仪节，另一方面泛指合理的事，故有"礼，理也"的解释。"生，事之以礼；死，葬之以礼，祭之以礼。"一方面指一切须依据礼制，另一方面指事奉父母要尽情合理。

所有的情，不论孝亲之情、朋友之情、男女之情，都有一种热诚的成分，不是仪式的礼或合理的礼能够完全掌握、取代的。"死，葬之以礼，祭之以礼。"也许可以勉强成立，而说"生，事之以礼"，恐怕不能曲尽孝道的最大含义，因为缺乏热情。

所以此章所言应有特殊的针对性。孟孙氏是鲁国三家争权夺利的要角，三家僭礼也是后来鲁国"礼坏乐崩"的乱源之一。孟懿子问孝，孔子教之凡事以礼，除孝亲之外，看出来是有特指的警示作用的。朱熹言："人之事亲，自始至终，一于礼而不苟，其尊亲也至矣。是时三家僭礼，故夫子以是警之，然语意浑然，又若不专为三家发者，所以为圣人之言也。"

2.6　　**孟武伯问孝。子曰："父母唯其疾之忧。"**

　　　　孟武伯问孝。老师说："父母最担忧的是子女生病了。"

1　**孟武伯**：前章孟懿子之子，名彘。

2　**父母唯其疾之忧**：此句有三说：一指父母担心子女健康，子女必须维护自己健康，以免父母忧心。二指人子能使父母不担心子女不义，只以子女之疾为忧。此两说，忧者皆是指父母。三指子女孝顺过勤，反使父母不安，子女唯当以父母之疾病为忧，其他无须过分操心，忧者是子女。今采一说。

朱熹说："言父母爱子之心，无所不至，惟恐其有疾病，常以为忧也。人子体此，而以父母之心为心，则凡所以守其身者，自不容于不谨矣，岂不可以为孝乎？"说得很好。

2.7　　　子游问孝。子曰："今之孝者，是谓能养。至于犬马，皆能有养；不敬，何以别乎？"

子游问孝。老师说："现在讲孝道的人，都在饮食奉养上讲究。我们畜养犬马也都会供应饮食；假如对父母不敬，与供应犬马有什么分别呢？"

1　**子游**：姓言，名偃，孔子弟子。

2　**养**（yàng）：饮食供奉也。

朱熹以为此章主旨在"甚言不敬之罪，所以深警之也"，所言无误。引胡寅曰："世俗事亲，能养足矣。狃恩恃爱，而不知其渐流于不敬，则非小失也。子游圣门高弟，未必至此，圣人直恐其爱逾于敬，故以是深警发之也。"胡寅以为子游为孔门高弟，恐其事父母有"爱逾于敬"之嫌，便有些臆测成分，此说不见得可以成立。要知《论语》记事记言极简，弟子所记，以孔子之言为重，对弟子与时人之所问，往往不够详尽。子游也许问孔子行孝时是否要注意"敬"的问题，孔子答以如此，行文时为求简便，仅以"问孝"两字带过，这是《论语》常有的现象，说者应求平实，不可作过当解释。

2.8　　　子夏问孝。子曰："色难。有事弟子服其劳，有酒食先生馔，曾是以为孝乎？"

　　　子夏问孝。老师说："孝顺父母，和颜悦色是比较困难的。有事时，由子女操劳，有酒食，让父母吃喝，这样就算是孝顺吗？"

1 **色难**：指曲意承顺父母，要做到真正的和颜悦色是困难的，脸色虽为表面，但多为内心之真情流露。色，面色、脸色，指态度而言。

2 **弟子服其劳**：弟子为幼者，指子女。服其劳，做劳苦的事。

3 **先生馔**：先生为长者，此指父母言。馔，吃喝。

4 **曾是**：乃是、算是。

　　《礼记·祭义》说："孝子之有深爱者，必有和气；有和气者，必有愉色；有愉色者，必有婉容。"又说："严威俨恪，非所以事亲也，成人之道也。""和气""愉色""婉容"都指行孝者要有好的态度，而这种态度绝不是装腔作态，都是发自子女的真心，所以所谓"色难"，其实就是"心难"。

为什么孔子会说到"色难"？人就算有修养，也会受情绪影响，有时父母的想法或意志与我不同，我勉强顺从，会很容易碰到"色难"的问题，孔子曲尽人情，在小地方特别讲究，所以言及此事。

该篇一连四章说孝，虽因人因事而有所不同，但都可以见到孔子曲尽人情的地方。"孝"字，依《说文》的说法是："子承老也。"是"老"与"子"合并成的一个字，后来隶、楷流行，便省去了"匕"这部分，就成了目前"孝"字的模样，儒家强调孝道，就逐渐把"子承老"的原意改成"善事父母"了。

"子承老"这一层意义是说这一辈是从上一辈来的这一事实，只强调上下相承，没有其他含义，但到"善事父母"这一层面，要讲究的就多了，不论形式与内容，都有许多可讨论的地方。孝亲本是应该，但牵涉到上下二方，也牵涉到夹在里面的其他人物，所以也是很复杂的事，过分把责任放在子女一方，也会造成一些禁锢。更为严重的是，后人往往将"事君""事父"视为同一件事，这样"资于事父以事君而敬同"（《孝经》的"移孝作忠"），表面是在翼护名教，其实使名教大坏，清末提倡"冲决网罗"的谭嗣同《仁学》曾说："君臣之祸亟，而父子夫妇之伦遂各以名势相制为当然矣，此皆三纲之名之为害也。"所谓"三纲"就是以"父为子纲"为核心的。

这不是说孝道要取消，有天伦存在，孝的观念便无法消失。讲孝道，孔子讲得最好，一切都尽情又合理，孔子以后，就说得有点杂了，很多地方，说得过于僵硬，立场上又过于偏向既有权势一方。

2.9 子曰："吾与回言终日，不违如愚。退而省其私，亦足以发。回也不愚。"

老师说："我跟颜回说了一整天话，他只听不问，像个愚人一般。等他独处时，我观察他的言行，却能发挥我所说的。颜回呀，他真的不笨呢。"

1 回：颜回，字子渊，孔子弟子。

2 **不违如愚**：不违，意不相背，有听受而无问难也。如愚，像愚人般。

3 **私**：燕居独处，非进见请问之时。

4 **发**：对夫子所教有所发挥。

朱熹的老师李侗说："颜子深潜纯粹，其于圣人体段已具。其闻夫子之言，默识心融，触处洞然，自有条理。故终日言，但见其不违如愚人而已。及退省其私，则见其日用动静语默之间，皆足以发明夫子之道，坦然由之而无疑，然后知其不愚也。"说明此章所指。

钱穆以为此章是颜渊始从学时，孔子对他的称道"若相处既久，当不再为此抑扬"（《论语新解》），所言甚谛。

2.10 子曰："视其所以，观其所由，察其所安。人焉廋哉？人焉廋哉？"

老师说："从一个人为何做这件事，如何做这件事，与

论语讲析

做完后是否安心来观察这个人。这个人要怎么躲藏呢？这
个人要怎么躲藏呢？"

1 **所以**：因何而做此事。以，因。
2 **所由**：做事的方法。由，所经之路。
3 **所安**：安，安于此结果。朱注："安，所乐也。所由虽善，而心之所
　乐者不在于是，则亦伪耳，岂能久而不变哉？"
4 **焉廋**（sōu）：焉，何。廋，藏匿。

此章孔子示观人之法，观人之法就是后来的所谓"相人
术"。"视其所以"，是由动机上看；"观其所由"，是由做法上
看；而"察其所安"，则从安心之处上看。从这三方面观察
人，人的人格与心地都无所遁形，这是知人的最基本途径。

2.11　　子曰："温故而知新，可以为师矣。"

老师说："能从温习旧闻中悟出新知来，便可以做人老
师了。"

1 **温故**：温习旧有所知。
2 **知新**：有新的所得。

此章可解释为尊重历史，因为不论古今中外，人类社会
一直在不断重复着一些事，而人的心理过程，也往往相似者
较多，因此研究历史，往往得到新的领悟，形成新知，可以
用以应付现实之所需。

但提倡"温故"还有一个原因，是古代书籍极少，孔子时代书籍尚以简牍的形式存在，即便"学富五车"，其实也并不多，所以学者须熟习故籍，将旧闻与自己的生活经历相结合，以悟出另一种诠释的新意，以求知而言，这是一种不得已的方式。但这种方式也有好处，便是极重视内外融合，把客观与主观的樊篱打破，使得知识的价值没有旧与新的差异。

黄宗羲说："读书不多，无以证斯理之变化；多而不求于心，则为俗学。"（全祖望《梨洲先生神道碑文》引）当然黄宗羲生于明末，已能见到一些"知识爆炸"的结果了，当时书已极多极多，学者必须广泛阅读，否则不能穷尽变化万端的"理"。但他后来又说"不求于心，则为俗学"，"求于心"即指与心中既有的所知融合，可见"温故而知新"，并不落伍，因为温故知新是必须用心的。

2.12　子曰："君子不器。"

> 老师说："君子不像一个器具，不能以一才一艺来看他。"

1 不器：不以一才一艺视之。器，器具。

此章是《论语》中最短的一章之一（另一章是《卫灵公》篇15.38："有教无类。"），孔子只说了一句话，一句话仅四个字，但含意很深远。

器就是器具，凡器必有功用，而不器不是指无用，而是君子的价值不能以器具的功能来衡量。还有一个意思是，君子的功能无法计量，有时看似无实用，却往往具有更大的作用。

现代社会，分工日细，强调专精，常将个人视为大时代的小螺丝钉。假如这只是谦虚，尚无不可，但将人比拟成物件的小部分，其实是一种"物化"，物化的结果是人丧失了人的独立人格，人的意义也就因而荡然了。

人与世界其他物种同时存在，固然与之有相同的属性，但人还是有异于其他物种的部分，譬如人知道爱人（仁），知道推爱（义），这也就是孟子所说"人之异于禽兽者几希（同稀）"的"几希"了。人能为器不算坏，至少有用处，不是废物，不做败类，但人只以不成废物、败类自居就太消极了，也太看轻自己了，所以"君子不器"四字有更积极的、更强调人格独立的含义。此章虽简短，但分量极重，绝不可轻视。

2.13　　　子贡问君子。子曰："先行其言，而后从之。"

子贡问如何才是君子。老师说："说话之前先做，做了之后再说。"

1　先行其言：先把说的话做到。
2　而后：指言。

这段话语意很清楚，孔子认为作为一个君子，做比说重要，光说得到、说得好，都不如脚踏实地能履行实践。

但读者要记得此章是子贡问君子，孔子的回答只限于道德实践层面，所以不能扩大范围来解释，要知道世上有许多科学，在实验之前，是无法"先行其言"的，也有一些所谓的"纯知识"，是独立于实践要求之外的。

2.14   子曰："君子周而不比，小人比而不周。"

老师说："君子与人普遍亲爱，不会偏党营私；小人只晓得结党营私，却不与人普遍亲爱。"

1 周：普遍。

2 比（bì）：原意为两两相并，此喻偏党、偏私。

3 小人：一指被君子领导的平民，一指无德之人，此指无德之人。

《论语》常将君子、小人对比，以方便说明。君子、小人有以地位言，有以成德言。以地位言，君子指国家或社会的领导者，小人指被人领导的人；以成德言，便成为"好人""坏人"之分了，此处是用后者的含义。

君子的爱是大爱、博爱，小人的爱是小爱、私爱，所以君子修洁其身，公忠体国，小人只知道利己，只会结党营私了。

历来的注释，多只将此章作道德的解释，或有不止于此者。此章也可以解释大学问与小知识之间的差异。"周"是整体，"比"是指可两两相比的小技巧、小技术，大学问家看得周到些，注意的是知识的整体，不像"小儿科"的学问家只卖弄手边的饾饤之学。如果作此解的话，此章的君子与小人，又应是另一种指涉了。

2.15　子曰："学而不思则罔，思而不学则殆。"

老师说："光是学习，不晓得思考，所学的便迷惘而无用；光是猜想，不求实际验证，就会造成危险了。"

1 罔：无。只学不思，则迷惘而无所得。

2 殆：危险不安。

由此章看来，孔子主张学思并用，只学不思，则失去自我；只思不学，学问得不到验证，则会变得危险。《荀子·劝学》说："吾尝终日而思矣，不如须臾之所学也。"则主张客观的学比主观的思更为重要，其实荀子的这段话，也是从《论语》来的，孔子曾说："吾尝终日不食，终夜不寝，以思，无益，不如学也。"（《卫灵公》篇15.30）所言对象与事理不同，时空相异，容或轻重有差，读者于此应善于体会，不可过于拘泥。

2.16　子曰："攻乎异端，斯害也已！"

老师说："专向极端部分用功，就有害了。"

1 攻：治，专治，指从事或研究。

2 **异端**：理的极端部分。

　　此章传统都解作孔子视其他思想为异端而要加以排除，朱注引范祖禹说："异端，非圣人之道，而别为一端，如杨墨是也。"其实孔子人格很宽宏，孔子之道也甚博洽，《论语》很少见到对其他思想有责难、排斥之处，何况孔子之时尚未百家争鸣，一些后世儒家视为"异端"的杨、墨、佛氏都不存在，故此异端，应指事务另一方的极端而言。

　　如果把"攻"当成专治解，"攻乎异端"就是研究异端的意思。解释这句话，得看研究的目的何在，专研的目的在学习当然容易出问题，但有时要解决错误必须从研究错误入手，如专研"犯罪心理学"，目的在防止犯罪，所以"攻乎异端"也不能一概判定是有"害"的。

2.17　　子曰："由！诲女知之乎？知之为知之，不知为不知，是知也。"

　　　　老师说："仲由，我教你的事，你知道了吗？知道就是知道，不知道就是不知道，这样才是知道了。"

1 **由**：姓仲，名由，字子路，卞人，小孔子九岁，孔门重要弟子。
2 **诲女**：诲，教诲。女，同汝。

　　朱熹解释此章说："子路好勇，盖有强其所不知以为知者，故夫子告之曰：我教女以知之之道乎！但所知者则以为知，所不知者则以为不知。如此则虽或不能尽知，而无自欺之蔽，亦不害其为知矣。"所说也许不错，但一定要将"子路好勇"牵扯进来，似有解释过当之嫌。孔子对子路说这段话，与子路好不好勇完全无关。"不知"是求知的动机，人只有在承认"不知"的前提下，才会去追求真知。孔子揭示"不知为不知，是知也"，这是求知活动中的真相。

2.18　　　子张学干禄。子曰："多闻阙疑，慎言其余，则寡尤；多见阙殆，慎行其余，则寡悔。言寡尤，行寡悔，禄在其中矣。"

　　　子张问该如何求仕进。老师说："多听人说话，把有疑点的先空下来，其余要说的话也谨慎地说，这样就很少有人指责你；多看人做事，把你觉得不安的事先空在一边，其余的也很谨慎地做，自己就会少了悔恨。说话很少被人指责，做事很少后悔，求官的道理就在里面了。"

1 子张：姓颛孙，名师，陈人，少孔子四十八岁，孔子弟子。
2 干禄：求仕。干，求。禄，俸禄，做官的薪俸，此喻官位、官职。中国在孔子时代，尚未有后世的考试选举制度，但读书人之优秀者，经适当选拔，亦可进入高层贵族社会，在"官场"工作，而得俸禄，此称为"仕"，子张所欲学者在此。
3 阙：同缺，空下，放一边。
4 疑：疑惑。殆：危险。朱注引吕大临说："疑者所未信，殆者所未安。"

5 尤：罪过。**悔**：悔恨。朱注引程颐说："尤，罪自外至者也。悔，理自内出者也。"

本章是孔子跟子张讲求官或初仕时的做官之道，内容限定在求官、为官的范围之内。"干禄"指在初求职时，所得的官位也不可能甚高，没有独立自主的机会，所以一切言行均得小心翼翼，不可随便。此处孔子之言不能随便引申，而更不可视为做官或做人的最高原则。

做官必须谨慎，求官则更是。所谓"多闻阙疑，慎言其余；多见阙殆，慎行其余"就是指初求职时对不懂的话要少说，对不会的事要少做，这样让别人找不出自己的缺点，便不会让自己陷于危殆不安。

这句话跟孔子平时所言所行是很有差异的，孔子在道德上坚守立场，绝不妥协，对行道德之事，总是劝人勇猛精进，而此章只在"慎言慎行""寡尤寡悔"两层上立论，比较欠缺道德的积极性。主要这是孔子答子张"干禄"之问，立论自然主要停留在"技术"层面上，而非用以解决人生更原则性的问题。读者于此，必须分辨清楚。

2.19　哀公问曰："何为则民服？"孔子对曰："举直错诸枉，则民服；举枉错诸直，则民不服。"

　　鲁哀公问道："如何可使人民心服？"孔子对答道："举用正直的人，放在不直的人上面，人民就服了；要是举用不直的人，放在正直的人上面，那人民是不会服的。"

　　　　　　　　　　　　　　　　　　　　　　论语讲析

1 哀公：鲁君，名蒋，哀为谥号。

2 服：服从、心服。

3 错：措、置，置于其上。

4 诸：之于。于，古音乌，诸为"之于"两字之合音。

5 枉：不直。

　　此章的"服"可当心服解，也可当服从解。朱注引程颐说："举错得义，则人心服。"解作心服。引谢良佐说："好直而恶枉，天下之至情也。顺之则服，逆之则去，必然之理也。"则作服从解。服从必先心服，故也可以通。

　　章旨在谈政治上的正直与否问题，其实这问题甚为重要。儒家强调德治，德治是从一个人的修养上一路推展出去的直道，不借他道，不走弯路，如此合人心之外还最为便捷。政治当然也讲方法，有时候也须施些"手段"，但方法与手段都是技术的问题，不是施政的宗旨。

　　用人的标准也在此，儒家认为合理的政治是君子领导小人，而非小人领导君子。既是如此，就应让清流正直的人当道，所以主张要"举直错诸枉"，否则天下就大乱了，岂只是人民"服"或"不服"一事呢？

2.20　　季康子问："使民敬、忠以劝，如之何？"子曰："临之以庄则敬，孝慈则忠，举善而教不能则劝。"

　　季康子问："要使民众以敬、忠相互劝勉，应该怎么做才好？"老师说："你对他们庄重，他们便敬你；你自己做好孝长慈幼的事，他们便对你忠诚；你拔举好人来做事，并且教导能力不足的人，他们就会彼此劝勉向善了。"

1 **季康子**：鲁大夫，季孙氏，名肥，康为谥号，曾主鲁国政局。
2 **敬忠以劝**：即以敬忠与劝。以，与、而。劝，勉励。
3 **临之以庄**：以庄重的态度面对别人。临，面对，用于上对下。
4 **孝慈**：孝其老，慈其幼。
5 **举善**：拔举有善行之人。

　　季康子问得很堂皇，"使民敬、忠以劝"，要让人民既敬重又忠诚，岂不是高明的政治口号吗？敬与忠都是正面的道德，值得提倡，但孔子认为，不能要求被你统治的人民对你一味地既敬又忠。所谓的伦理，其实就是人与人之间的关系，人与人相处，是相互对待的，好与坏的结果往往是双方造成的，不能责之一方。因此要"使民敬、忠以劝"，施政的人也必须先做一些相对应的事。

　　"临之以庄""孝慈"与"举善而教不能"这三者是使人民既敬又忠的条件。临之以庄是指君主对人民的态度要庄重，不可轻浮随便；孝慈是指君主本身要既孝又慈；举善则指使贤者在任，教不能则指提高教育，让"不能"者都能得到好的教养。孔子注意到社会上最优秀的人与不算优秀的人的现实处境，希望不论贤愚，社会都有他们发展的机会。可见孔子论政，不在表象上立论，他切入的，往往是政治上最根本、最深入的问题，那便是品德与教养，而且强调，社会风气的良窳，居位者的责任比被他统治的人民更大。

2.21　　或谓孔子曰："子奚不为政?"子曰:"《书》云:'孝乎惟孝,友于兄弟,施于有政。'是亦为政,奚其为为政?"

　　有人问孔子:"先生你为何不从政呢?"孔子说:"《尚书》里这么说:'(这人)孝啊,真是孝啊!又能友爱兄弟,再把孝、友的精神发挥在施政上。'这么说来,施行孝、友,就算从政了,何必一定要做官呢?"

1　**或**:有人。

2　**奚不**:何不。

3　**《书》**:《尚书》。

4　**孝乎惟孝,友于兄弟,施于有政**:《书·周书·君陈》文,原作:"惟尔令德孝恭,惟孝友于兄弟,克施有政。"此篇本《书》逸文,东晋时有人将之列入《尚书》之中,后人称为《伪古文尚书》,《论语》此处引文,与《伪古文尚书》之文又略有出入。"孝乎惟孝",赞美大孝之词。"友于兄弟",善于兄弟。"克施有政",指将孝、友精神扩大,使之施行于政治上。

　　此章有两层含义:其一,政治源自修身,孝顺长者、友爱同辈与齐家、治国同样有价值;其二,孔子表明不愿从政。鲁哀公十一年孔子自卫反鲁后,便投身教育、述作生活,不再干预政治事务。但孔子对政治一向关心,朱熹说:"盖孔子之不仕,有难以语或人者,故托此以告之,要之至理亦不外是。"钱穆言:"此乃孔子在当时不愿从政之微意,而言之极和婉，亦极斩截，此所以为圣人之言也。"（《论语新解》）但钱穆以为此章所记，是在鲁定公初年或鲁昭公末年，此时孔子尚未正式入仕，当时鲁国政局甚乱，或是。

2.22　　子曰："人而无信，不知其可也。大车无輗，小车无軏，其何以行之哉？"

　　老师说："一个人不讲信用，不知怎么可以呀。就像大车上没有輗、小车上没有軏一样，要车如何行走呀？"

1 人而无信：人如无信。而，如。

2 大车无輗（ní）：大车，平地载重之车。輗，辕端横木，缚轭以驾牛者。

3 小车无軏（yuè）：小车，轻车。軏，辕端上曲，钩衡以驾马者。輗、軏都是车上主司连接的零件，缺少便无法令车辆运行。

　　信字原意是指人口头传达的讯息，本没有道德的含义，后解释作履行承诺的意思，更推而广之，成为真诚信实的代名词，此处用的是推广义。信字作为道德的含义解，便是相信别人，也相信自己，这种互存的"信任"感，源自人性中最珍贵的"真情"，所以信字也可作真诚、信实解。试想，假如没有这一股真情，不期其实现，所有道德岂不都成了虚情假意？所有礼节岂不都成了空文虚套？因此真情是重要的，信任也是重要的，真情与信任是所有道德得以实现的基础。

2.23　子张问："十世可知也？"子曰："殷因于夏礼，所损益，可知也；周因于殷礼，所损益，可知也。其或继周者，虽百世可知也。"

子张问："十世后的世界，可以预知吗？"老师说："殷代因袭着夏礼，有所增减，可以考证得知；周代因袭着殷礼，有所增减，也可考证得知。以后有继周而起的，即使有百世也是可以预知的啊。"

1　十世：三十年为一世，又称一代，十世约三百年。

2　殷因于夏礼：殷因袭了夏朝的制度。因，袭。礼，此指制度。

3　损益：损，减少。益，增加。

　　此章主旨在说变与不变。世事多变，这是表面看到的现象，但变中总带有不变的成分，有点像生物学中的DNA，不管多久多远，都可以之推测来源、预测未来，这不变的成分是人类历史得以发展且绵延不绝的原因。

　　其次谈到"礼"这个字。礼本指行礼的仪节，据说周朝便是以礼治国，礼便又指国家的礼制、制度而言了。此处的礼，一方面指国家制度，也可以扩而充之指社会礼俗、一代风气。不论制度、礼俗或风气，都随时代有所更迭，但其中也有不变的因素，能掌握这种特性，虽百世而可料，所以这"预言"是十分科学的，孔子依据历史事实而预测未来，不像一般的求神问卜，没有任何宗教的色彩，更没有一点迷信的成分。

2.24　　子曰:"非其鬼而祭之，谄也¹。见义不为，无勇也。"

　　老师说:"祭祀的不是自己祖先的英灵，是谄媚。知道该做的却不去做，是没勇气。"

1 鬼：古通常与神相对，神指自然神祇，鬼指祖考之英灵。

2 谄：谄媚。

　　古代祭祀大致分两种。一种是祭天地神灵，这种祭祀很讲阶级，不能躐等，譬如天子可祭五岳，诸侯就不可，要祭就算僭越。另一种是祭拜祖先 (鬼)，讲究的是亲疏远近之别，而且非其鬼不得祭，这便是本章"非其鬼而祭之，谄也"的来由。此章所言两事 (谄、无勇)，初看彼此无涉，但细究还是有关联。非其鬼本无须祭，仍祭之，表示讨好该鬼之后人，孔子判断他谄媚，主要是因为他有过分的欲求。当一个人欲求太多，就无法"刚毅"，遇事考虑周详，自然就无法成为勇者了。孔子曾批评过申枨，说:"枨也欲，焉得刚?"(《公冶长》篇5.10) 可证。

《八佾》篇，共二十六章。此篇连上篇最后二章，所论皆礼乐事。可见《论语》的编辑，也注意到依性质分类的问题。

3.1 孔子谓季氏："八佾舞于庭，是可忍也，孰不可忍也？"

孔子谈到季氏说："他是鲁国的一个大夫，祭祀时竟然在庭院大跳八佾舞，这事如可忍，那天下还有何事不可忍呢？"

1 八佾 (yì)：佾，行列。古代行礼时多有舞生列队为舞，天子八佾，共六十四人；诸侯六佾三十六人；大夫四佾十六人。

2 季氏：鲁大夫季孙氏。

3 是可忍也，孰不可忍也：是，此。孰，何。

　　此章批评季氏僭越放肆，用语十分强烈。

　　孔子最崇拜的古人便是周公，周公的功业在"制礼作乐"。礼乐之制可以说是一种生存的法度，是人伦道德规律化的一种展现，因为规律化，所以非常讲求秩序，秩序就是指前后尊卑 (空间与时间) 各有一定的位置，没有秩序的礼不能算是礼。孔子极重礼乐，认为礼有上下之分，不容僭越。季氏以大夫之位，行天子之礼，就是僭越。舞列大小，无实际影响，表面上此事甚微，不会引起周王与诸侯之间地位动摇的问题，但在孔子看来却很大，因为礼虽然只是仪式，却来自最根源的人心，人心一乱，则礼崩乐坏，天下也就大乱了。

　　孔子言礼，言极恺切。孔子认为礼是世间秩序，行之有年，不容随便更易，这看起来有些保守，而维护此秩序，当然有利于己当权的上位者，所以时至近代，多对孔子在此方之保守持相反意见，以为儒家是既有政权的维护者。其实孔子维护礼制，崇尚秩序，并不是为上者的权位计，而是为人心道理计，这是必须先明察的。

3.2　　三家者以《雍》彻。子曰："'相维辟公，天子穆穆'，奚取于三家之堂？"

　　　鲁国的孟孙、叔孙、季孙三家，行家祭时在撤祭的过程中演唱《雍》诗，孔子说："《雍》诗上说：'四方诸侯前来助祭，天子威仪，是那样庄重优美啊。'明明是天子的乐章，为何演出在三家的堂上呢？"

1 三家：指鲁大夫孟孙、叔孙、季孙三家。古时天子所有称天下，诸侯封地称国，大夫封地称家。当时三家专权于鲁国。

2 以《雍》彻：《雍》，《诗·周颂》中的一篇。彻，同撤。祭礼毕，撤祭品，乐人奏《雍》以娱乐。

3 相（xiàng）维辟公，天子穆穆：《诗·周颂·雍》中句。相维辟公，天子主祭时，诸侯助祭。相，助祭。辟公，指诸侯。穆穆，深远又优美，形容天子威仪。

4 奚：何。

　　本章与前章都是批评鲁国当时三家不合礼制的事。

　　上章谈到孔子维护礼制，不是为了替既有的权力代言。此章批评三家不合礼的行为，要知道此时鲁国之政局掌握在三家手中，而孔子所处的时代，不但周天子的大权旁落，鲁君也不是鲁国权力实际的掌握者。孔子如果投机，可以为当时乱礼的天下诸侯或鲁国三家称好，为他们找借口，因为有权力的一方是他们，但孔子却对持有权力的一方严词批评，不稍假借，可见孔子维护礼制有更高的道德意涵。

3.3　　子曰："人而不仁，如礼何？人而不仁，如乐何？"

　　老师说："一个人假如没了仁，那礼对他有什么用处呢？假如没了仁，那乐对他又有什么意义呢？"

1　人而不仁：人如不仁。而，如。

2　如礼何：礼将如之何。

　　此章是说礼、乐的根本在人心。孔子在此标举了一个"仁"字，《学而》篇1.2提及"仁"字自古就有"相人偶"的含义。所谓"相人偶"，指人与人相处的道理，不论将仁解释作"爱人"还是"亲爱"，都是指与人相处的道理，皆要发自真心，本之至诚，因为真情实意是所有道德的基础，也是所有道德的最终目的。

　　一个人失去了这"本心真意"，就成了一个虚假的人，这时再美的仪表，即使礼、乐在身，都成了虚文假套，没有意义，可见"仁"是礼乐的根本。

　　老子曾批评儒家讲礼乐说："礼者，忠信之薄而乱之首。"（《老子》三十八章）这跟他评论人间智慧说"智慧出，有大伪"（《老子》十八章）如出一辙。其实，礼如徒具形式，非发自真心真情的"仁"，老子说的"忠信之薄而乱之首"就可能发生，因此孔子才要强调说："人而不仁，如礼何？人而不仁，如乐何？"

3.4　　林放问礼之本。子曰："大哉问！礼，与其奢也，宁俭；丧，与其易也，宁戚。"

　　　林放问礼的根本。老师说："这真是个大问题呀！

所有的礼，与其过于奢华，不如质朴些好；治办丧事，与其办得过于流畅简易，不如把重点放在真情哀伤上面的好。"

1 林放：鲁人。

2 礼之本：礼的根本。

3 大哉问：赞词，谓所问极为重要。朱注："孔子以时方逐末，而放独有志于本，故大其问。盖得其本，则礼之全体无不在其中矣。"

4 奢：指礼过多文饰，显得奢华。

5 俭：质朴。

6 易：简易，指一切以现成既有形式办理，丧礼办得简易而流畅。

7 戚：同慼，哀伤。

　　此章谈礼的本质。礼有内在的部分，也有外在的部分，内在的部分是人最真的感情，而外在的部分则是形式，礼如无内在部分仅有形式，那礼就是一种虚套，而礼如缺少形式的部分，就无法表达实践了。所以最好的礼，是内外兼具，既有真情，又有适当的仪式，得以曲尽人情的好。

　　但真情才是礼的根本，就跟尽哀才是丧礼的根本一样，礼不该只追求外缘而忘了本质。朱注引范祖禹说："夫祭与其敬不足而礼有余也，不若礼不足而敬有余也。丧与其哀不足而礼有余也，不若礼不足而哀有余也。礼失之奢，丧失之易，皆不能反本，而随其末故也。礼奢而备，不若俭而不备之愈也；丧易而文，不若戚而不文之愈也。俭者物之质，戚者心之诚，故为礼之本。"范氏之说，清明周洽，是最好的解释。

3.5　　　子曰:"夷狄之有君,不如诸夏之亡也。"

　　　　老师说:"那些夷狄有君,还不如诸夏无君呢。"

1 夷狄:古人称中原之外,东为夷,西为戎,北为狄,南为蛮。
2 君:指君主。
3 亡:无。

　　此章有二说。一是夷狄有君,而诸夏竞相僭篡,等于无君,则诸夏不如夷狄。一说夷狄有君而无礼,诸夏即便无君而礼尚存,则夷狄不如诸夏。一语之所以有多说,在于记事不够详细清楚。假如孔子在此言之前,批评诸夏竞相僭篡的状况,那前说就成立了;假如文中点明有君更须文明有礼,则后说便可以确定。译文采用后说,但前说也可并存。

3.6　　　季氏旅于泰山。子谓冉有曰:"女弗能救与?"对曰:"不能。"子曰:"呜呼!曾谓泰山不如林放乎?"

　　　　鲁国的季氏竟然在泰山行旅祭,违反了为人臣的规矩。老师问冉有:"你能阻止他吗?"冉有恭谨回答道:"没办法。"老师便说:"唉,要是泰山神竟允许季氏这么胡闹的话,那它岂不是连林放都不如了吗?"

1 旅于泰山:祭于泰山,泰山依礼只有周天子与鲁国国君可祭,季氏为鲁之大夫,行旅祭于泰山,僭也。旅,祭名。泰山,在鲁境。

2 **冉有**，孔子弟子，名求，少孔子二十九岁，时为季氏家宰（主持季氏
  封地事务的大臣）。

3 **救**：止。

4 **不如林放乎**：神不享非礼，如泰山允许季氏僭礼，则不如林放之知
  礼。林放事见本篇3.4。

　　此章十分有趣，很有反讽意味，但主题是讨论很严肃的
"礼"的问题。

　　上面说过，礼是一种秩序，有一定的形式与规则，既是
秩序，当然讲求上下、远近的关系。礼上规定只有天子可以
祭五岳，诸侯也可以祭拜在他国内的五岳大山，不是天子或
诸侯祭之就算僭，现在季氏以一个鲁国大夫的身份，竟行天
子或诸侯的大礼，在孔子看来，是无法忍耐的罪行（参见本篇首
章），当时冉有任季氏家宰，所以责冉有止之。

　　但冉有回答甚妙，他不答以设法救之，救之不成方说
不能，却直接说"不能"，不只让老师的期许落空，又十分
不给面子，依一般道理言，孔子会更为生气才是。但孔子的
回应很幽默，他本可以再骂季氏一次，并指责冉有的不负
责任，但他知道这么做其实没什么作用，便把矛头对准泰山
神，说泰山如受此礼，便不如前章问"礼之本"的林放了。
语气变得轻松起来，但语意还是很坚定，行文一弛一张，使
读者玩味更深。

3.7　　　子曰："君子无所争，必也射乎！揖让而升，下
而饮，其争也君子。"

老师说:"君子不与人争,除了行大射礼的时候。两两三揖而升堂,比赛后下来,又相互敬酒,这样的争,才是君子之争呀。"

1 **射**:依《仪礼》所记,射礼分大射、宾射、燕射、乡射四种。大射是贵族选择治下善射之士前的射箭比赛仪式;宾射是贵族之间相见的礼节;燕射是贵族于饮宴间进行的娱乐活动;乡射行于平民之间,是民间健身娱乐的方式。此处的射,应指大射之礼。

2 **揖让而升**:大射之礼,双双前进,彼此三揖而升堂。揖,两拳相握作拱手状,也叫作揖,古时行礼的方式。揖让,相互作揖并示谦让之意。

3 **下而饮**(yìn):下堂相互敬酒。

　　射是指射箭的技艺,源自更早的游牧社会,后来形成一种礼节仪式,寓健身与娱乐两种含义,是古代很受欢迎的团体活动,孔门也将之列于"六艺"之一。

　　射礼两两升堂,以射较量,自然有决胜负之意,但这种胜负的较量,不是原始的赤裸裸的相搏,而是有文化意涵的竞赛,胜者讲谦让,败者显大度。朱熹说:"大射之礼,耦进(双双进场)三揖而后升堂也。下而饮,谓射毕揖降,以俟众耦皆降,胜者乃揖不胜者升,取觯(酒杯)立饮也。言君子恭逊不与人争,惟于射而后有争。然其争也,雍容揖逊乃如此。"朱熹之言,把握了儒家对射礼的真精神。其实所有礼节,都寓有雍容揖逊的精神。人因谦虚而伟大,这就是孔子崇尚礼乐的理由。

3.8   子夏问曰:"'巧笑倩兮,美目盼兮,素以为绚兮。'何谓也?"子曰:"绘事后素。"曰:"礼后乎?"子曰:"起予者商也!始可与言《诗》已矣。"

子夏问:"《诗》有'巧笑倩兮,美目盼兮,素以为绚兮'的句子,是指什么而言呢?"老师说:"你看绘画,不都是先有粉底,再把彩色画上去吗?"子夏说:"先忠信,后礼义,是同样的道理吧?"老师说:"能发明我的说法的,就是卜商你啦!从现在开始,可以与你谈《诗》了。"

1 **巧笑倩兮,美目盼兮,素以为绚兮**:画中的美女笑得很美,美目顾盼有神,都是从素白的底子画上彩色的。倩,本指人的两颊,此指笑时牵动两颊,很美好的样子。兮,语词。盼,原指眼睛黑白分明,此指眼睛转动,十分好看。素,白色,指画的底色。绚,绚丽,多彩而美丽。此三句首二句巧笑、美目来自《诗·卫风·硕人》,第三句不知来自何处,朱熹以为是"逸诗"。

2 **绘事后素**:所有绘画的事,都要在白色底子上进行。另一说先绘各种色彩,再用白色勾勒文采。《考工记》曰:"绘画之事后素功。"今不取。

3 **礼后**:礼必以忠信为质,犹绘事必以素白为先。

4 **起**:发、明。

此章表面在谈《诗》,其实在说礼。礼有内在与外在的部分,内在部分就是朱熹说的以忠信为质,外在的节度与仪式,是礼的文饰部分,属于外在的部分,礼不能没有外在的形式，但徒有形式，便往往成了不具实质意义的虚套，这跟诗里描述的美人是一样的，美人必须丽质天生，先有"天生"的本质，才可以在上面化妆以求更美。"绘事后素"指的是一切弄得很美的东西，须要先有个可以立基的地方，所以本质是最重要的，以此喻礼，可知礼与忠信的重要。

孔子要自己的儿子先学《诗》，再学礼（见《季氏》篇16.13），可见他对《诗》与礼的重视。诗与礼各涉及不同领域，但其中也有相通的地方，所以孔子在听到子夏说"礼后乎"后，便确定子夏已经知道礼的含义与作用。最重要一点是子夏又知道推想或联想，孔子判断从此之后便可以与他进一步谈《诗》了，因为文学是最重联想的。读者于此应深加玩味。

3.9　　　子曰："夏礼吾能言之，杞不足征也；殷礼吾能言之，宋不足征也。文献不足故也，足则吾能征之矣。"

　　老师说："夏代的典章制度，我是能说的，可惜夏代后人所在的杞地，不足佐证我所说的了；殷代的典章制度我也是能谈的，可惜殷人所在的宋国，也无法佐证我所谈的了。这是典籍与耆老都不足的缘故，如果足够的话，是都可以证明给你们看的。"

1 **夏礼**：夏代的礼节、礼制。

2 **杞**（qǐ）：周的封国，周封夏人之后在杞。

3 **征**：证。

4 **宋**：周的封国，周封殷人之后在宋。

　　　　　　　　　　　　　　　　　　　　论语讲析

5 文献：文，典籍。献，贤，指耆老贤人。

子张问"十世"，孔子曾说："殷因于夏礼，所损益，可知也；周因于殷礼，所损益，可知也。"（《为政》篇2.23）这是本章"夏礼吾能言之"的来源。世事有变，却也有不变的部分，假如掌握了不变的原则，便可预知未来。孔子所用的方法是合理的推测，用这种合理推测的方式，虽十世之后的世界，也大致可知，之前，当然更无问题了。

但推测的"合理性"也必须回到现实，历史、文化的推测，必须有凭有据，并充分得到现象世界的佐证，否则便是空谈，因此古籍所载资料极为可贵。除此之外，"田野调查"也十分重要。史载顾炎武"生平精力绝人，自少至老，无一刻离书。所至之地，以二骡二马载书，过边塞亭障，呼老兵卒询曲折，有与平日所闻不合，即发书对勘；或平原大野，则于鞍上默诵诸经注疏"（《清史稿·顾炎武传》）。顾氏载书自随，又呼老兵卒询曲折，都是征引文献以为佐证历史的例子。

孔子虽能言古礼之兴替，但苦于能印证的机会很少，杞国、宋国有夏、殷后人在，但那里的人已遗忘了自己的历史，要想凭他们来佐证以前发生过的事，已属空想了。所以此章有另一含义，即对历史间隔、文化断层所发出的叹息。尤其孔子是殷人之后，面对时代的动乱、文化的沉沦、归属的无依，"既痛逝者，行自念也"。他的感受比一般人更多，读此须体会孔子对历史文化的沉痛感，此章的深度也在此。

3.10　　　子曰："禘自既灌而往者，吾不欲观之矣。"

老师说:"鲁国的禘祭典礼,从灌之后,我就不想再看了。"

1 禘(dì):本是周天子的大型祭典,用在天子之丧,新天子奉其神主入庙,必先祭始祖,然后将之下的历代之祖也排列先后,一并祭拜,称为吉禘。所以古说有:禘,禘祭也,以序昭穆(长为昭,穆为幼)。又审禘字,原有次第义。除吉禘外,天子一般五年有一禘祭。与禘并称的是祫祭,《说文》:"祫,大合祭先祖亲疏远近也。"鲁国为周公的封地,地位特殊,得赐可行此大祭,但依理而言,并不合适。

2 灌:祭祀时以酒洒地的仪式,古人常将之置于礼仪之间,行禘祭时,灌之前尚有其他仪式,灌之后才将列祖列宗神主依次排列祭祀。

3 不欲观:不想再看。鲁国有禘祭,已不算合理了,但禘祭到底是流传久远的大祭典,孔子曾仕于鲁,不得不参加此一大典。禘祭特重亲疏远近,然而自灌以下,鲁对先祖的排列有违常理,鲁僖公死后,其子文公将僖公神主置于鲁闵公之前,闵、僖二公都是弑君而接位的,两人又是庶兄弟(同父异母兄弟)的关系,虽然僖公为兄,闵公为弟,但闵公毕竟比僖公先为鲁君,文公却将神主颠倒,孔子以为是"逆祀",既是逆祀,当然更不欲观了。

此章所说的禘祭,说法有很多种,彼此意见不见得相融,读者欲明全体,可参看刘宝楠《论语正义》。

本篇首章提及,孔子仰慕周公,极重礼乐,认为礼有秩序性,有上下之分,不容僭越。鲁国是周公的封地,鲁君是周公的后人,在春秋时,鲁国应该是个礼乐文化的示范国才对,但在孔子看来,其实鲁国也礼崩乐坏得厉害,如按规矩言，鲁国根本没有禘祭的资格。我们从前章"殷礼吾能言之，宋不足征也"可以看出，因为孔子是宋人之后，他对宋的败坏隳亡引以为憾，此章对鲁国的现况，他也很摇头，而他却是个生于斯长于斯的鲁国人。这证明，孔子与他的时代、他的社会，很多地方，都有些格格不入。孔子喜欢与群众在一起，但在群众中，却常是个十分孤独的人。

3.11　　　或问禘之说。子曰："不知也。知其说者之于天下也，其如示诸斯乎！"指其掌。

　　　有人问关于禘祭的说法。老师说："我不知道呀。知道这说法的人，他对天下的事一定明了得如明了这个一样。"一边说着，一边指向自己的手掌。

1 **禘之说**：有关禘祭的说法。

2 **不知也**：孔子对鲁行禘祭，当然有看法（详见前章），但因为仕于鲁，话不好直说、详说，故推说不知也。

3 **示诸斯**：示，同视。斯，此，孔子说完指其掌，斯即其手掌。

　　　此章承上章而来，都在讨论禘祭的事。上章孔子说："禘自既灌而往者，吾不欲观之矣。"已表明对鲁之行禘祭之不满，尤其既灌而后，更失秩而又草率。孔子因为是鲁臣，不得不观礼，但实在"观"不下去，而有以上的感叹。这次有人问禘祭的事，孔子不想重复，便推说不知道，又因对鲁还是有感情在，假如要说的话，也会有所忌讳。

但合不合理很明白，是非对错只有一个，孔子自指其掌，便是说明此中消息。《中庸》有言："宗庙之礼，所以祀乎其先也。明乎郊社之礼、禘尝之义，治国其如示诸掌乎！"显然从《论语》此篇而来。

3.12　　祭如在，祭神如神在。子曰："吾不与祭，如不祭。"

　　祭祖时，要当祖先就在面前，祭天地诸神时，要当天地神明也在面前。孔子说："祭祀时，我若不能亲身参与，就如同不祭吧。"

1　**祭如在**：祭祀祖先时，如祖先就在面前。此祭指祭祖先。

2　**祭神如神在**：祭天地神灵时，如天地神灵就在面前。此祭神，指祭天地之神。朱注引程颐说："祭，祭先祖也。祭神，祭外神也。祭先主于孝，祭神主于敬。"

3　**与**（yù）：参与。

　　孔子平时罕言鬼神的事，但身处在孔子那个时代，也不可能完全否认有鬼神存在，孔子之学，强调人事，他说过"敬鬼神而远之"（《雍也》篇6.20），意指对鬼神虽要敬畏，却也要保持距离。

　　这"敬"字很重要，敬的意思，除了尊敬之外，还包含了谨慎。我们对鬼神世界，不能乱下判断，所以一切行事，以敬谨为宜，这是孔子对一切祭祀所抱持的态度。朱注引范祖禹说："吾不与祭如不祭，诚为实，礼为虚也。"敬以诚为基础。其实不只对鬼神要敬要诚，人生的态度也该是诚。《中庸》说："唯天下至诚，为能尽其性；能尽其性，则能尽人之性；能尽人之性，则能尽物之性；能尽物之性，则可以赞天地之化育；可以赞天地之化育，则可以与天地参矣。"可见在儒家看来，事人与事天是一贯的，当然也是相通的。此章强调的"祭如在"，应从这个角度来看。

3.13　　王孙贾问曰："与其媚于奥，宁媚于灶，何谓也？"子曰："不然，获罪于天，无所祷也。"

王孙贾问道："俗语说：与其讨好奥神，不如讨好灶神。这是什么意思呀？"孔子说："我不这么认为。要是得罪最大的天，任你跟其他诸神祈祷交心，都没用了。"

1　王孙贾：卫大夫。

2　媚于奥：讨好奥神。奥原指大房间的西南角，为尊者所居之位。奥神则是司一屋之主，古人迷信，常设礼祭拜。

3　宁媚于灶：宁愿讨好比较小的灶神。灶神司饮食，与人的生活更有关联。

4　祷：祈求。

此章语意甚明，但所确指为何，也有争议。一种说法是王孙贾因孔子旅卫时曾见南子（卫灵公夫人，事见《雍也》篇6.26），怀疑孔子有求仕之心，因以奥、灶相比，谓南子虽然位显，但名声不好，也无实权，要孔子不如投靠自己，自己地位虽然较低，但拥有更实际的生杀予夺大权。另一种说法如朱熹言："时俗之语，因以奥有常尊，而非祭之主；灶虽卑贱，而当时用事。喻自结于君，不如阿附权臣也。贾，卫之权臣，故以此讽孔子。"有人也采用此说，但此说缺乏有效资料，无法证明是否确实如此，不如回归文本。

王孙贾引俗语问有关该讨好谁的问题，孔子对这种充满险悻意味的问话一向没兴趣，便回答说，你如做了坏事，让上天不高兴，到时讨好谁、祭拜谁都没有用了，意指人应仔细做人，确实做事，不要心存侥幸。

3.14　　子曰："周监于二代，郁郁乎文哉！吾从周。"

老师说："周朝比起前面的夏、商两朝来，文化是那样的昌盛啊！要选择追随对象的话，我当然要选择周朝了。"

1 监：视、比较。

2 二代：指周之前的夏、商。

3 郁郁乎文：文化昌盛。郁郁，文盛貌。文，指文化。

4 从：跟随、追随。

这里的"文"，是指所有文化积累的整体成就，包括社会结构、礼乐制度及其他。周朝在夏、商二朝之后，积累已厚，加上周公刻意经营，礼乐大备。而且这些礼乐中，多以人为核心，我们看近现代出土以殷商为主的"卜辞"(甲骨文)内容所记，绝大多数是帝王与鬼神交通的文字，可见殷商之前，中国尚是以鬼神为主的世界，到西周之后，才把鬼神，慢慢放到比较边缘的位置。中国历史，自周朝才算摆脱了神权思想，进入"人治"的世界，而中国文化，自周朝才开始有"人的觉醒"，才真正开始了"人"的文化。所以孔子认为在以人为核心的文化上，周朝比前面两代要灿烂且完备许多，"郁郁乎文"是个极高的赞许。

3.15　　　子入大庙，每事问。或曰："孰谓鄹人之子知礼乎？入大庙，每事问。"子闻之曰："是礼也。"

　　　　孔子到太庙助祭前，凡事皆问。有人说："谁说这个鄹人之子懂礼呀？他进了太庙，每件事都要发问。"孔子说："这正是懂礼的人应该做的呢。"

1　**子入大庙**：孔子入鲁周公庙。大，读如太。鲁为周公封地，有周公之庙。孔子初仕，曾入庙助祭。

2　**每事问**：见每件事、每样物都发问。古文"事"，通物。阎若璩《四书释地》引顾瑞屏说："每事问，当在宿齐（斋）时。若正祭，雍雍肃肃，无容得每事问也。"古大祭前，主祭、助祭须先进庙斋戒，称"宿斋"。

3　**鄹（zōu）人之子**：鄹，鲁小邑，孔子父叔梁纥曾为鄹邑大夫，孔子亦生于此。《史记·孔子世家》："孔子生鲁昌平乡陬邑。"古书陬通鄹，故时人或称孔子为鄹人之子。但如此称呼，含有轻视意味。

　　　　礼本身有敬谨的含义，每事问，是敬谨的态度，为礼的根本。朱注引尹焞说："礼者，敬而已矣。虽知亦问，谨之至也，其为敬莫大于此。"王夫之曰："以圣人之无不知，而慎犹如此，此其所以为礼，此其所以为圣人与！"（《四书训义》）这两说一人断定孔子"虽知亦问"，一人断定"以圣人之无所不知"，认为孔子即便是知，也要穷问到底，可见孔子是多么地敬谨。我以为这个推论不妥，而且如此解读，似乎没有体会出此章的真义。

重点在哪里呢？此章所记，显然是孔子较年轻时的经历，我们看到一个年轻人对所有的事都觉得好奇的态度，在他看来，凡事都有疑问，一切既有的答案都不见得正确，必须要亲自尝试，才知道结果。这章里的孔子，充满了初起生命的活力，不怕错，也不怕难，更不怕别人用有色眼光看我，这既成的事，非问到完全能说服我为止。在其中有些是孔子不知的，也有些是已知但不是知得那么"通透"的部分，对这些，孔子都一一提问。

这是一章极其珍贵的记录，我们得感谢这股年轻的生命活力，他的"每事问"，要在未来的岁月中，为中国文化，注入从未有过的活水，涓涓细流，终成大河，很多事都是由他的疑问，或而变成肯定，或而变成兴革的物件。抱着这个态度走下去，少年孔子必将展开，而未来的中国也跟着他会慢慢地展开。从此看，这是多么重要的一件事呀。

3.16　　子曰："射不主皮，为力不同科，古之道也。"

老师说："比赛射箭时，只主射中了没，不主射穿靶心，因人的体力不同，这是古人就有的道理啊。"

1 **射**：行射礼。

2 **不主皮**：不以射贯皮革靶心为优。古人设靶，张一布曰侯，中置皮制靶心曰鹄，射以观德，主中不主贯。

3 **力不同科**：每人的力量是不同的。科，等级。

孔子以六艺教人成德成才，射为六艺之一，也有德教的含义。《礼记·乐记》记录武王平定殷乱后，将所有武器包之以虎皮，称为"建橐"，以示今后不复用兵。又"散军而郊射，左射《狸首》，右射《驺虞》，而贯革之射息也"。《狸首》《驺虞》皆歌名，所谓"贯革之射息"，是指天下太平之后，射箭的目的不在制敌，而是健身或娱乐，所以就不主贯穿靶心皮革了，原来孔子说射不主皮，是有历史根据的。

但孔子之言，也有针砭时局的作用。春秋之后，兵革多兴，力射贯革之说又起，朱熹曰："周衰，礼废，列国兵争，复尚贯革，故孔子叹之。"孔子提倡射以观德，其实有呼吁和平的含义。

3.17 子贡欲去告朔之饩羊。子曰："赐也，尔爱其羊，我爱其礼。"

子贡主张把告朔的饩羊给废了。老师说："赐呀，你可惜的是那头羊，我可惜的是那个礼呀。"

1 **告朔**：每月初一，诸侯到祖庙祭祀，并宣布该月政府行事的一种活动。古代天子常在年末颁给诸侯来岁每月之朔日（即农历的初一）的历法，诸侯为表敬重，将之藏于祖庙，每月初一，开启而宣布该月政事的程序。

2 **饩**（xì）**羊**：告朔之祭所用的羊。

3 **爱**：惜。

　　告朔之礼不是大礼，但攸关天子、诸侯与百姓，也有关一般人的日常生活，孔子认为重要。朱注："鲁自文公始不视朔，而有司犹供此羊，故子贡欲去之。"可见告朔之礼在鲁早已不存。但孔子认为不废饩羊，此礼尚有恢复之可能，而废了，就永远消失了。对已消失或将消失的文明，明知恢复无大望，孔子总抱着无限珍惜怀念之思，这就叫作"有情"。

3.18　　子曰："事君尽礼，人以为谄也。"

　　　　老师说："事奉国君能尽礼的，别人还以为谄媚呢。"

1 **尽礼**：尽人臣之礼。

　　尽礼的事，可以当作谄媚，也可以当作尽责。朱注引黄祖舜说："孔子于事君之礼，非有所加也，如是而后尽尔。时人不能，反以为谄。故孔子言之，以明礼之当然也。"钱穆说："此章所言，盖为鲁发。时三家强，公室弱，人皆附三家，见孔子事君尽礼，疑其为谄也。"（《论语新解》）其实鲁君已无实权，该说为谄的，应是依附三家的投机分子。有时候做正确的事，要有不计毁誉的精神，孟子说过："自反（反省）而缩（正直），虽千万人，吾往矣！"（《孟子·公孙丑上》）

此章是否能算一般通论，不能确定。或因孔子被谗才作此"夫子自道"，也尚待考证。

3.19 定公问："君使臣，臣事君，如之何？"孔子对曰："君使臣以礼，臣事君以忠。"

定公问："君使唤臣，臣事奉君，该如何呢？"孔子礼貌回答说："君要以礼使臣的话，臣就会以忠事君了。"

1 **定公**：鲁君，名宋，哀公之父。

2 **君使臣，臣事君**：使，使唤。事，事奉。君对臣用"使"，臣对君用"事"，足见定公认为君臣关系是不平等的。

此章定公问孔子不很礼貌，但孔子仍然按住心情礼貌作答。君臣的关系，一直是不平等的，这种"心理状况"，其实到二十一世纪的今天仍然存在，在孔子的时代，当然更甚。孔子尚未发明君臣完全平等的观念，这观念要到孟子的时候才开始有（如《孟子·离娄下》，孟子告齐宣王曰："君之视臣如手足，则臣视君如腹心；君之视臣如犬马，则臣视君如国人；君之视臣如土芥，则臣视君如寇雠。"），但孔子已把君臣相对来看，也就是君虽高于臣，但不能对臣予取予求，君必须做到某种程度，臣才有忠君的必要，本章"君使臣以礼，臣事君以忠"（暗示：君如不以礼使臣的话，臣是可以不忠的），这是种隐性的相对概念，如把这个概念发挥出来，便开启了孟子而后君臣平等的论述，所以此处孔子之言，也有刚健积极的含义。

3.20　子曰：“《关雎》，乐而不淫，哀而不伤。”

老师说：“《关雎》这章诗，有快乐，但不会放荡，有悲哀，但不会变得毁伤。”

1 **《关雎》**(jū)：《诗·国风·周南》首章。此诗内容以一君子，思得淑女为配，不得则“寤寐思服，辗转反侧”，颇有悲思，得则“左右芼之，钟鼓乐之”，极有愉悦之情。

2 **不淫**：不过当、不过分。

3 **不伤**：不使自己毁伤。

本章以《关雎》为例，谈文学的内容，也谈文学欣赏所宜有的态度。

当然主题在说明《关雎》有哀有乐，但都守分中节，朱熹言：“《关雎》之诗，言后妃之德，宜配君子。求之未得，则不能无寤寐反侧之忧；求而得之，则宜其有琴瑟钟鼓之乐。盖其忧虽深而不害于和，其乐虽盛而不失其正，故夫子称之如此。”除了说是美后妃之德（从汉代以来的传统解读）之外，其余都曲尽其情，说得十分正确。

但此章还汇出一个结果，便是涉及欣赏文学的态度问题，这点很重要，也有很大的作用，读者须注意。意大利美

学家克罗齐 (Benedetto Croce, 1866—1952) 曾说，欣赏文学或艺术，必须与作品保持一段适当距离，不能太远，也不宜太近，太远没有感觉，太近则因过当的"移情作用"，会扭曲我们对作品的欣赏。譬如观赏喜剧，如果歇斯底里地狂笑到不能自已，这就是此章所说的"乐而淫"了；看悲剧，引起的悲哀到了自毁自伤的地步，这就是"哀而伤"了，像这样的人是不能欣赏艺术的。人与艺术之间，应该有一种"不即不离"的关系，克罗齐称之为"美感距离"(Aesthetic distance)。此章孔子所说的乐而不淫、哀而不伤，当然是他对《关雎》一诗的批评，因为诗所呈现的，就是这样一种内容，然而孔子的说法，也可解释成欣赏诗与艺术时该持的态度，不乐、不哀的无动于衷，当然谈不上欣赏，而过乐而淫、过哀而伤，也越过了欣赏的红线。

3.21　　哀公问社于宰我。宰我对曰："夏后氏以松，殷人以柏，周人以栗，曰使民战栗。"子闻之曰："成事不说，遂事不谏，既往不咎。"

　　　哀公问宰我关于社的问题。宰我礼貌回答道："社里的社主，夏后氏用的是松，殷人用的是柏，而周朝用的是栗。至于为什么要用栗木呢，就是要让人民害怕呀。"老师听了，说："算了算了，他把事弄成这个模样，就不要提了，也不要再谏了，事已过往，也无须追究了。"

1 社：土地神。中国以农立国，社为国家与社会的重要神祇。立社必选该地所宜之木为神主（即神位牌），称社主，也有直接以原地所生之木为神之所凭者，直接祭拜树木。《论语正义》曰：《鲁论》作问主，《古论》作问社。"

2 **宰我**：孔子弟子，名予。

3 **夏后氏以松，殷人以柏，周人以栗**：三代所用社木各有不同。以，用。松、柏、栗都是坚实的木材。

4 **战栗**：恐惧貌。此处宰我似把栗误认有战栗之意了。

5 **成事不说**：已成的事实，不再说了，因说了也无用。

6 **遂事不谏**：遂事与成事同义。不谏，不再谏说以图改进。

7 **既往不咎**：已过的事，不再追究了。咎，罪、责。

朱熹说："孔子以宰我所对，非立社之本意，又启时君杀伐之心，而其言已出，不可复救，故历言此以深责之，欲使谨其后也。"是很确当的解释。

问题是宰我答哀公问，只要陈述事实就好，却要在最后，蹦出一个荒唐无比的解释，简直把一向和煦亲善的土地神当战神看了。孔子眼看其胡闹，嘴里说"不说、不谏、不咎"，表面不想再理他，但并未放弃此学生，句句深责，促其猛省，这是教师的最高风范。

3.22　　子曰："管仲之器小哉！"或曰："管仲俭乎？"曰："管氏有三归，官事不摄，焉得俭？""然则管仲知礼乎？"曰："邦君树塞门，管氏亦树塞门；邦君为两君之好，有反坫，管氏亦有反坫。管氏而知礼，孰不知礼？"

孔子说："管仲的器量真狭窄呀。"有人问："那管仲算节俭吗？"孔子说："管仲有三个住家，每个住家都有不同的管事人员，彼此不兼职，哪算节俭呢？"又问道："那管仲算是知礼吗？"孔子说："国君大门设有屏风，管仲也有；两君会合，饮宴时在两楹之间设有回收酒爵的小几，管仲在家中也有这种陈设。要说管仲知礼，那天下还有谁是不知礼的呢？"

1 管仲：齐大夫，名夷吾，曾任齐相，桓公尝尊称仲父，故时人称之管仲。

2 器：器量、器度。

3 三归：有不同说法，俞樾《群经平议》以为："谓管仲自朝而归，其家有三处也。"今采之。三归即指家居有三处。

4 官事不摄：家居三处均有专业管理人员，彼此并不兼摄。官事，指居处的管理人员。摄，兼职。

5 树塞门：诸侯以上，所居以屏遮门，以示内外，谓塞门。树，屏。

6 两君之好：两君会合，称好会，也称好。

7 反坫（diàn）：回收用过酒杯的小几。朱注："在两楹之间，献酬饮毕，则反爵于其上。"反爵，归爵，爵即酒杯。坫，古以土制，后改木制，也是诸侯才能使用的，管仲用之，僭也。

《宪问》篇 14.18 孔子曾强力称赞管仲，子贡曰："管仲非仁者与？桓公杀公子纠，不能死，又相之。"子曰："管仲相桓公，霸诸侯，一匡天下，民到于今受其赐。微管仲，吾其被发左衽矣。岂若匹夫匹妇之为谅也，自经于沟渎而莫之知也。"对管仲其实赞扬有加，这里却指管仲器小又不俭不礼，言辞严峻，证明孔子论人论事极守分际，是则是，非则非，功过对错之间，不稍假借。

朱注引杨时说："夫子大管仲之功而小其器。盖非王佐之才，虽能合诸侯、正天下，其器不足称也。道学不明，而王霸之略混为一途。故闻管仲之器小，则疑其为俭，以不俭告之，则又疑其知礼。"这段文字论管仲功过，可说很正确，但杨时后来笔锋一转，把矛头对准向孔子发问的人，说"世方以诡遇为功，而不知为之范，则不悟其小宜矣"，这说法有些勉强，却很有趣。孔子批评管仲，是为两种不同场域的事发言，一个是历史的功过，一个是个人生活，属于比较私人领域的问题。当然人的内外，应力求一致，但很多时候，内外也不见得可混为一谈。

如果没有人问，我们当然无法知道管仲私人领域的事，深藏在孔子心中"俭"与"礼"的分际，也不得而明，所以从这个角度看提此问者，应受奖赏，而不应受到指责。

3.23 　　子语鲁大师乐，曰："乐其可知也：始作，翕如也；从之，纯如也，皦如也，绎如也，以成。"

　　孔子告诉鲁国的太师乐说："音乐进行，可以这么说吧：一开始，金鼓齐奏；跟着各项乐器加入，却也纯一和谐，后来乐器越加越多，虽众声重迭，却也能分辨声部，十分清晰，就这样不停地演绎下去，一直到音乐结束。"

1 大 (tài) 师乐：鲁主司音乐的乐官。

2 **始作**：始奏、起奏。作，起。

3 **翕如**：所有乐器一同演奏的样子。古乐起始，往往先奏金（钟），再击鼓，此指金鼓合奏。翕，合。

4 **从**（zòng）**之**：有二解：一、接下来；二、放开来。

5 **纯如**：和谐的样子。乐器逐渐增加，却彼此融合，纯一不乱。

6 **皦**（jiǎo）**如**：清楚明白的样子。虽众声重迭，但能分辨各部乐器所发之声。

7 **绎如**：相继不绝的样子。

8 **以成**：以至曲终。

　　这是中国很早的一篇讨论音乐的文献，孔子与鲁国太师乐谈音乐，由于语言过于简单，详情并不可细考，但大致而言，还是说中了一些。

　　音乐是时间的艺术，孔子用音乐三段进行的方式为主题（始之—从之—以成），来谈音乐进行中的不同内涵，完全把握了这项艺术的特殊性质，也就是时间，从这里来看，孔子对音乐应是十分内行。

　　但音乐与其他艺术比较，用的是完全相异的表现方式，素材也完全不同，用文字传达声音，本身充满了困难与险巇，所以本章用了许多形容声音的状词，如翕如、纯如、皦如、绎如等，只能用"……的样子"来勉强说明，这是不得已的，仅这些状词所代表的，就有很多可能，因而引起争议。

　　但音乐包含的，与推论文章的起—承—转—合（本章的始之—从之—以成，与西方大型音乐的呈示部exposition、展开部development、再现部recapitulation可相对比），是完全一样的道理。

此章所记录的是孔子之言，有些遗憾的是没有记录太师乐的发言，古代记录，总有疏漏，如写出他们之间的谈话，一定更为有趣。朱熹说："时音乐废缺，故孔子教之。"又把礼崩乐坏的旧文搬上来，说当时主管音乐的太师乐已经不懂音乐了，要孔子来教他，这个推论也许对，也许错，无法证明，但本章的重点似不在此。

3.24 仪封人请见，曰："君子之至于斯也，吾未尝不得见也。"从者见之。出曰："二三子，何患于丧乎？天下之无道也久矣，天将以夫子为木铎。"

卫国仪邑掌封疆的官请求会见孔子，说："从来有君子经过此地，我没有不见的。"孔子的随行便带他去会见。会见后出门，跟孔子弟子说："各位呀，你们何必担心你们老师失位去国呢？天下无道已很久了，上天正要你老师当重振人心的木铎呀。"

1 **仪封人**：仪地掌封疆之官。仪，卫国的城邑。

2 **从（zòng）者见之**：孔子随行的人带他见了孔子。从，指跟随孔子的人。

3 **二三子**：即诸位、各位。当时比较亲切的称呼。

4 **何患乎丧（sàng）**：何必担心失位去国的事呢。患，担忧、担心。丧，谓失位去国，当时孔子离开鲁国，先之卫，后至陈，所指便是此事。

5 **木铎**：一种敲击乐器，金口木舌，有点像现在的钟，常用于警示的场合。《周礼・天官・小宰》汉郑玄注曰："古者将有新令，必奋木铎以警众。"朱熹曰："施政教时所振，以警众者也。"

此章记录十分有趣。主要的人物当然是孔子，不过文中他老人家并未出现，短短一章，孔子与访客谈了什么并不知道，但访客的情绪与感触都写到了，而且跃然纸上。

孔子与仪封人谈了什么？可能是谈天下无道久矣的事，也可能谈到一些治世之方，细的事不及写也不必写，整体而言，孔子的一席话给了仪封人无比的启发、无比的希望，仪封人出来的时候，也把这启发与希望带给外面的孔子学生。

孔子虽然一时在政坛没有混好，但有抱负也有才干，仪封人以为未来必定担当救世的角色，他说的"木铎"，便是指此而言。仪封人的想象，是放在官位上或政治上的。孔子后来在政治上并没有混好，当然也没有再获实权，所以仪封人是说错了。但这件事，要从另一面来看，孔子归鲁后立志述作，又从教育入手，积极培育人才，把坠落中的文化加以整理又将之提升，以等待后代的发皇繁荣，从这角度看，则仪封人对孔子的"木铎"想象式的预言，可以说完全应验了。

3.25 子谓《韶》："尽美矣，又尽善也。"谓《武》："尽美矣，未尽善也。"

孔子论《韶》乐，说："尽美了，又尽善。"论《武》乐，说："尽美了，但未必尽善。"

1 《韶》：舜时音乐名。

2 《武》：周武王时音乐名。

朱熹讲此章，说："舜绍尧致治，武王伐纣救民，其功一也，故其乐皆尽美。然舜之德，性之也，又以揖逊而有天下；武王之德，反之也，又以征诛而得天下，故其实有不同者。"此说不见得不对，但完全以政治与道德上的建树来解说音乐，也很容易犯错。

品德与音乐的关系真是那么密不可分吗？假如真的密不可分，那么创作"尽美尽善"的音乐家必定是圣人？假如圣人与音乐家一起作曲（或演奏），圣人的音乐一定强胜过非圣人所作的吗？当然不是的，因为音乐不论创作与演奏，都有相当多的专业成分，其中与人的品德可能有关，也可能毫无关系。

从整体道德的角度论舜与武王，可能有优劣的问题，但《韶》不因为是舜时的音乐，便必然胜过《武》，更不能因为周武王"以征诛而得天下"，武王时代的音乐就必定比较"不善"。严格说来，这是两回事。

我们宁愿相信孔子批评《韶》与《武》，是纯粹从音乐角度来说的。先要确定《韶》与《武》是舜与武王时音乐，因处理音乐需专业才能，所以《韶》与《武》应不会是舜或武王所作，而是当时的音乐家作的，音乐家也许受到当时世风的影响，音乐表现了某些特质，但不见得都是受舜、武王感格之功，所以从音乐之外谈音乐，往往会错误百出。要知道光是好的品德，是无法完成艺术的，形成音乐要靠其他因素。《韶》与《武》在音乐言都算"美"与"善"的，此处的美可能是指音乐的旋律优美，也可能是指音乐整体的结构谨严又进行自然，可以让听音乐的人感觉到舒畅与美感。而"善"呢？可能指整体音乐和谐安详，听后可以让人达到人格觉醒，或达到一种超凡入圣的心理境界，这是人面对盛大的自然景象与伟大的艺术时常有的经验。孔子的音乐造诣无疑比朱熹要高，孔子所指，应在此吧。

3.26　　子曰："居上不宽，为礼不敬，临丧不哀，吾何以观之哉？"

老师说："居上位，对人不够宽厚；行礼时，不够庄重；碰到丧事，又没有哀伤之心。这样的人，我还要如何观察批评他呢？"

1 居上不宽：在上位，不够宽厚。

2 临丧：居丧，或处理丧事。

3 观：观察、批评。

居上位的人要亲民爱人，而待人宽厚是爱人的根本。礼之本在敬，丧之本在哀，所以此章在谈人的根本之道，假如人失去了根本之道，成为人的资格都没了，还需白费力气地观察与批评他吗？

·里仁第四·

《里仁》篇，共二十六章。前六章集中论仁，后则多为杂论。

4.1   子曰："里仁为美。择不处仁，焉得知？"

老师说："选择与仁者为邻是好事。不选择与仁者为邻，哪算是智慧呢？"

1 里仁：居于仁者之里。

2 择不处仁：不选择仁者之里居住。一作宅不处仁，见王应麟《困学纪闻》。宅，选择所居。

3 焉得知：如何算得智慧。知，同智。

论语讲析

君子成德，当然靠自我奋励的功夫，但如有好友切磋，相互劝勉，则得益更大。曾子曰："君子以文会友，以友辅仁。"(《颜渊》篇12.24) 可得明证。本章点出择邻，强调环境的重要。

4.2 子曰："不仁者不可以久处约，不可以长处乐。仁者安仁，知者利仁。"

　　老师说："不仁的人，不可以长处在困约之中，也不能长处在逸乐之中。仁者以仁为安，智者以仁为利。"

1 **久处约**：长久处于穷困。约，穷困、蹇迫。
2 **安仁**：以仁为安。知道行仁可安心安身。
3 **知者**：智者。知，同智。
4 **利仁**：以仁为利。知道行仁有切身的利益。

　　此章是说，一个不仁的人，假如长久处在困厄之中，会坚持不下去，很快便向困厄投降，假如长久处在逸乐之中，则会放荡骄佚，无所归止。仁是人的根本，失去根本，久约必滥，久乐必淫。仁者安仁，是以仁为安，智者利人，是以仁为利，或安或利，都是心中有本之人。

4.3 子曰："唯仁者能好人，能恶人。"

　　老师说："只有仁者，才能够喜好人、厌恶人。"

1 好人：喜好人。

2 恶人：厌恶人。

此章文字浅显，但含意深远。

与人相处，总有喜好、厌恶的情绪发生，跟自己性格接近、志趣相投的人，通常我们会喜欢，与自己性格相左、意见相反的人，我们会厌恶，这种喜好与厌恶，并不完全出于理性，假如任这种情绪发挥，就会变成党同伐异，世上争端，多生于此。

情绪是自私的，只有仁者，会克制它，仁者有更高的眼光，可以分辨世上更细的对错善恶，而且以同理心去看待不同于我的一切事务，不是同于我的都是对的善的，异于我的都是错的恶的。有这种能力，才可以将同理化为同情，把异己当成自己看，这是最高的"人道主义"精神。

"人道"即"仁道"，仁者有更好的分别人我的能力，所以孔子认为只有仁者可以好人或恶人，因为仁者一方面超越了人的自私蒙蔽，一方面将人的道德观提升到更高的层次。

4.4　子曰："苟志于仁矣，无恶也。"

老师说："一个居心为仁的人，应该不会做坏事吧。"

1 志于仁：以仁为志，犹居心向仁。志，心之所至也。

2 无恶：无为恶之事。亦说恶如厌恶之恶，无恶，不厌恶别人，今不取。

志于仁，是有志行仁，这种人还不算是仁者，所以不见得没有过恶，而是不会再存心去为恶。此处的"无恶也"，是指此而言。

4.5　子曰："富与贵，是人之所欲也，不以其道得之，不处也；贫与贱，是人之所恶也，不以其道得之，不去也。君子去仁，恶乎成名？君子无终食之间违仁，造次必于是，颠沛必于是。"

　　老师说："富与贵，是人人渴望的，但不用正当的方式，就算得到了也不会要；贫与贱，是人人厌恶的，如因坚持理想而得到贫贱，君子也不会躲过它。君子假如去掉了仁这成分，怎么能成君子之名呢？一个君子，哪怕像吃顿饭那样短的时间，也不会违反仁的，紧急匆忙的时候如此，危险困顿的时候也是如此。"

1 **富、贵、贫、贱**：富足、位高、贫穷、低下。富贵为人之所欲，贫贱是人之所恶。

2 **不以其道得之**：谓不当得而得。

3 **不处**：不居。

4 **不去**：不求去。

5 **君子去仁，恶（wū）乎成名**：如去掉仁这成分，将何以成君子之名？恶，何。

6 **终食之间**：像吃一顿饭一样短的时间。

7 造次：急遽匆忙之时。

8 颠沛：颠危困顿之时。

　　本章谈富贵观。正如文中说的，"富与贵，是人之所欲"，孔子是人，当然希望得到富裕与高贵，但孔子在"人"之外，还自居于一个要行仁道的君子，君子与一般人最大的差别在于有强烈的道德意识。何谓"不以其道得之，不处"呢？不合正道的富贵，就是凭空落在手上，我也不要。什么是"不以其道得之"的贫贱呢？要知道社会如是开放的，只要努力工作就可以避免贫贱，《泰伯》篇8.13"邦有道，贫且贱焉，耻也"可参。一般贫贱多以好吃懒做而起，而我的贫贱是因为我坚持理想，不与世俗妥协而得，我的贫贱就是"不以其道得之"的贫贱了，假如真是这样，我就安于贫贱，不作他想。

　　本章症结在仁的固守，行仁可得富贵，当然追求富贵；行仁如得贫贱，也不躲避贫贱，因为一涉躲避，就有害于仁了，这是此章的本义。

　　再者，此章文气跌宕，又有股极高的气势贯穿其间，娓娓道来，不卑不亢，自成伟岸之势，读者可讽诵再三，有利于为文与立志。

4.6　　子曰："我未见好仁者，恶不仁者。好仁者，无以尚之；恶不仁者，其为仁矣，不使不仁者加乎其身。有能一日用其力于仁矣乎？我未见力不足者。盖有之矣，我未之见也。"

　　　　　　　　　　　　　　　　　　　　　　　　　论语讲析

老师说:"我没见到真正喜好仁、厌恶不仁的人。真正好仁的人,以仁为根本,心中没有比仁更高的标准了;厌恶不仁的人,是不会让自己做出任何不仁的事的。有人能一日奋力行仁吗?我没有见过力量不足的。也许真有吧,只是我没见过。"

1 **好仁者,无以尚之**:喜好仁的人,以仁为最高标准,心中没有比仁更高价值的事。尚。崇高、崇尚。

2 **不使不仁者加乎其身**:不使自己做出任何不合乎仁、会违反仁的事。

3 **有能一日用其力于仁矣乎**:有人一旦能用力在行仁上吗?一日,犹一旦。

　　此章没有正面解释仁,只在说明仁的普及与方便性,"我欲仁,斯仁至矣"(《述而》篇7.29)。这个观念后来影响到孟子,认为人只要有心,一切都可以做到,所以孟子说:"人皆可以为尧舜。"(《孟子·告子下》)

　　仁虽然是孔门最高的道德标准,似乎无人能真正企及,从而成为一个真正的"仁者",但"行仁"(做合乎仁的事)并不困难,只要有愿力,任何人都可以"行仁",孔子说"未见好仁者""恶不仁者",是指没有见到真正努力的人。朱熹曰:"盖好仁者真知仁之可好,故天下之物无以加之。恶不仁者真知不仁之可恶,故其所以为仁者,必能绝去不仁之事,而不使少有及于其身。此皆成德之事,故难得而见之也。"朱熹的解释,好像与孔子的意思相反,孔子认为是易事,而朱熹以为是难事。孔子的易事,是从"行仁"而言,朱熹的难事,是从"成德"而言。

但此章主旨不在说难,而在指责不努力。此章还有与"我欲仁,斯仁至矣"相通的意思。孔子说:"我未见力不足者。"是说每个人都是有力气的,只是不善用也用力不尽罢了,孔子是有这个自信的,便是只要努力够了,"斯仁至矣"。从此章看,孔子很积极,又充满朝气。

4.7　　　子曰:"人之过也,各于其党。观过,斯知仁矣。"

　　老师说:"人的过失,各有其类。观察一个人的过失,往往就知道他心中仁所占的分量了。"

1 过:过失、过错。
2 党:类。

　　君子小人都有过失,正如程颐所说:"人之过也,各于其类。君子常失于厚,小人常失于薄;君子过于爱,小人过于忍。"(朱注引) 所以从过失,也可看出人格气象,也可看出一个人心中仁的成分。观过,只是观察人的一种方式,朱熹言:"此亦但言人虽有过,犹可即此而知其厚薄,非谓必俟其有过,而后贤否可知也。"说得很正确。

4.8　　　子曰:"朝闻道,夕死可矣。"

　　老师说:"早上得知道理,晚上死了也甘心啊。"

此章简单，却极有力。

道有大小，"朝闻夕可死"的道，是什么道？当然不是瞬间的价值，更不是一般的"声闻"消息。

这里的道，可想而知，是攸关生命奥秘与人类生存的大道理。包括了人与自然的关系、人活着的意义与生命的去向等等的问题。司马迁说他的人生目标在"究天人之际，通古今之变，成一家之言"，其中"究天人之际"，或即如孔子欲闻的"道"了。

人的伟大不在人能控制一切，而在思想的伟大、关怀的宽广。伟大的人不在乎一己的得失，他更在乎人类整体的处境究竟如何、该要如何，尤其是在价值的层面上，他终生覃思熟虑，却往往不得其解，这是多么艰深且重要的问题啊，所以他发愿一旦得知，立死而无憾。从另一角度看，这是形容真理(道)在人生中的价值，无可取代。

哲学的伟大往往不在解决问题，而在发现问题，人类文化的森严结构，其实是由伟大人物所发现的问题组成的。

坚定、强大又堂堂正正，是此章展现的精神面貌。孔子所言，不只传达闻道、得道的重要，更在强调人追求真理的意志力。读者应于此深思。

4.9 　　子曰："士志于道，而耻恶衣恶食者，未足与议也。"

> 老师说："一个士说是有志于道，却以恶衣恶食为耻，那就不足与之言论了。"

1 耻：以之为耻。

2 与议：与之讨论道理。

　　此章要与上章连读。上章从大处立言，此章所举虽是小事，但与"志道"有密切关联。

　　朱熹解释"朝闻道"中的"道"说："道者，事物当然之理。苟得闻之，则生顺死安，无复遗恨矣。"说得很好，但稍表面化。

　　士有两义，其一指做官的人，其一指知识分子。在孔子之前，士的含义就是仕（官吏），因为官吏管理众人之事，都得有一定的知识训练，故与知识关系甚深，而古代知识昂贵，一般人很难具备求知的能力，只有社会高层才有受教的机会，提倡"有教无类"的平民教育，是孔子之后才有的。孔子施教，门下弟子多人未仕，而孔子所教，又超越为仕该有的知识甚多，所以到孔子之时，"士"的观念也逐渐逸出为官之一途，变得有更高更大的含义在内了。

　　这里的"士志于道"的士，不指为官，而指求道，所以接近现代"知识分子"的定义了。道即真理，也就是上章所说"朝闻道，夕死可矣"的"道"。孔门最高的真理就是"仁"，孔子此处所说的道，就是指仁而言，这跟后来曾子说的"仁以为己任"是完全一样的。曾子说："士不可以不弘毅，任重而道远。仁以为己任，不亦重乎？死而后已，不亦远乎？"（《泰伯》篇8.7）曾子认为在这个世界推行仁道，是一个比做官更大的任务，而且一旦做了，就得一直做下去，是没有一般做官的退休计划的，因此他要"死而后已"。

　　士有这么大的志向，要担当世上这么伟大的任务，假如还耻恶衣恶食的话，当然不足与议。耻恶衣恶食，即生活的世俗化，不辞恶衣恶食，是不与世俗合流，甚至是与之对抗，因此士志于道，看起来又像艰困的事业了，这与前章孔子所言"有能一日用其力于仁矣乎？我未见力不足者"相对照，一艰难，一简易，其中的分际极幽微，读者应细心体会明察。

4.10　　　子曰："君子之于天下也，无适也，无莫也，义之与比。"

　　　　老师说："君子于天下事，没一定专主的，也没一定反对的，论事都与义相并相从。"

1 **无适**：不专主，不以一人一事为主。又一说谓适通敌，无适指不以人为敌，不取。

2 **无莫**：无不肯，与无适相对，即没有坚决反对的。又一说莫通慕，爱慕，与敌相反，不取。

3 **比**：并、从。

　　"无适""无莫"，历来有不同解释，譬如《论语正义》因郑玄注本"适"作"敌"，便将适与莫解为敌与慕，即对世事并无特殊之好恶，曰："无敌无慕，义之与比，是言好恶得其正也。"本书不采，因从适、莫本义解也可通，无须更字改以作他解。

　　"无适"又"无莫"，即无可无不可，岂不表示君子做事无原则吗？不然，此处的适与莫，是指一般的事务而言，而非指根本，将世俗的名利、得失均不放在心上，对于社会流行或时尚话题，也无心去判其真假是非。对君子而言，凡事与义有关的，才是大事，对此大事则毫厘之辨也不肯放松。

而且此章的重点在最后的"义之与比"，谢良佐特别把它与世俗佛老学说比较，说："无可无不可，苟无道以主之，不几于猖狂自恣乎？此佛老之学，所以自谓心无所住而能应变，而卒得罪于圣人也。圣人之学不然，于无可无不可之间，有义存焉。"（朱注引）也可参考，但须知谢氏之言在回应自己所处的当世，孔子时尚无佛学，老学也不成熟。

4.11　　子曰："君子怀德，小人怀土；君子怀刑，小人怀惠。"

老师说："君子顾念的是品德，小人顾念的是如土地般的实利；君子在乎的是刑法之施，小人在乎的是恩赏利益之所在。"

1 怀：思念、思虑、顾念。

2 怀土：思念土地。土为实利之所在，怀土指人的思虑只落在现实层面。朱熹曰："怀土，谓溺其所处之安。"

3 怀刑：想到刑法。想到有法律所限，不致妄为。

4 惠：恩惠、好处。

朱注引尹焞言："乐善恶不善，所以为君子；苟安务得，

所以为小人。"但此章也有他说：上位者如何施政，下位者便
如何生活，如君子施政以德，人民便怀念乡土，安土重迁；
君子只讲刑法，人民便设法避免刑罚，祈求恩惠。此说亦通。

4.12　　子曰："放于利而行，多怨。"

　　　　老师说："一人凡事依利而行，便会产生很多怨怼
之心。"

1 放：有二解：一、放（fàng）纵；二、仿（fǎng）效依顺。今采后说。
2 多怨：多取怨。一指人多怨己，一指自己有怨怼之心。今采后者。

　　此章有两种说法，分别在对怨字的解释。一是人怨己，
传统说法多取此说。朱注引孔安国言："放，依也。多怨，谓
多取怨。"引程颐也说："欲利于己，必害于人，故多怨。"但
孔子评伯夷、叔齐，谓："求仁而得仁，又何怨？"（《述而》篇
7.14）此怨指的是自己怨自己。
　　放于利而行，一切着眼于利益，求利不顺，便会与世多
迕，总觉得别人对不起自己，此时愤懑怨恨之心便产生了。
此章怨字作怨人解，则有反省觉悟之心，似更好。

4.13　　子曰："能以礼让为国乎？何有？不能以礼让为
国，如礼何？"

　　　　老师说："能以礼让来治国吗？会有什么困难呢？不能

以礼让来治国，徒有繁复的礼制，又有什么用呢？"

1 礼让：谦让。《论语正义》："让者，礼之实；礼者，让之文。"意即
  礼让互为表里，其实是一事。

2 何有：何难之有，言不难也。

　　此章是针对治国者而言，主题是"让"字。让就是谦
退、礼让，高位者固然位居领导，但不能对属下一切颐指气
使，必须抱谦恭之心，以平等之礼相待。而在下的官员，也
要谦恭自养，不争功、不伐善，彼此以克己礼让为先，则国
治之外，上下还是一片祥云。

4.14　　子曰："不患无位，患所以立；不患莫己知，求
为可知也。"

　　　　老师说："不担心没有官做，只担心没有做官的本事；
不担心没人知道我，只担心我有什么可让人知道的。"

1 无位：无职位，无官位。

2 所以立：立其位所应具有的才德。

3 莫己知：无人知己。

4 可知：谓可为人所知之实。

　　本章很简单，正如程颐所说："君子求其在己者而已矣。"

（朱注引）

4.15　　子曰："参乎！吾道一以贯之。"曾子曰："唯。"
子出。门人问曰："何谓也？"曾子曰："夫子之道，忠
恕而已矣。"

　　老师说："参啊，我的道理，可以用一语来贯穿。"曾
子说："是的。"老师出去了。其他门人来问曾子："是什
么意思呀？"曾子说："老师的道，用忠恕两字，就可以贯
穿了。"

1 **参**：曾子名参，字子舆。孔子直呼其名，欲有所告。

2 **一以贯之**：以一言贯通。贯，通。

3 **唯**：应词，犹是的，或知道了。

4 **门人**：孔子弟子皆称门人。一说门人指曾子弟子，按孔门高弟，以
曾子为最年少，孔子没时，曾年仅二十七，未必有弟子。

5 **忠恕**：忠，指对人忠诚。恕，指宽恕、原谅，原谅别人的过错。

　　此章是《论语》中很重要的一章，历来讨论很多。

　　《卫灵公》篇15.23有子贡问"有一言而可以终身行之
者乎"，孔子答以"其恕乎"之记。两章指涉有异，不可并
论。此章有几个问题，首先是孔子于此章说的"一以贯之"
的"一"到底指何而言？"一"可以指一个字、一个词、一
句话或一个概念，假如孔子的"一"是指一个字，如《卫
灵公》中的"一言"即指一"恕"字，那曾子此章说的"忠
恕"就不是正确的答案，因为忠恕是两个字，当然这两个字
也算不成"一句话"。

忠恕当成"词"或"概念"就没问题，但要知道当时尚无"词""概念"等名词，勉强说，只有用"一语"来解释比较合适，因为一语可以是一个字，也可以是几个字。

曾子在孔子说了"吾道一以贯之"之后，仅答以"唯"一字，也启人疑窦。孔子未明说，曾子已知道，表示曾子的悟性极高，还有弟子对老师这样说话，也有点不礼貌。宋儒于此曾大作文章，以为孔门弟子之中，唯曾子得孔子的"心传"。所谓"心传"，是只传心不传口的禅宗式顿悟，这种学习与思考的方式，是受了后世佛教的影响，恐非孔门之真。

再加上曾子在孔子死时尚未到而立之年，《论语》叙述孔子晚年最有成就的弟子，包括德行、言语、政事、文学，都没有提到曾子，更何况依《先进》篇11.17"柴也愚，参也鲁，师也辟，由也喭"所记，曾子在弟子中以鲁钝著名，曾子极笃实，极谨勉，却不是闻一知百天才型的学生，孔子如有心传之实，对象似也不应是曾子。当然心传的事如成立，也可能有偶然的成分，贤或不贤，也不是必要条件。

所以此章曾子说"夫子之道，忠恕而已矣"，也许是曾子个人的说法，并未经过孔子认可，而此说是否正确，还须审慎考证。

《中庸》有言："忠恕违道不远。"是说忠恕去正道"不远"，但要说忠恕就等于孔门正道之所止，或孔门之道就由它来"一贯"，可能就很牵强了。要解决此问题，还是要回归有关"一以贯之"的"一"的讨论。依最直接的说法，"一以贯之"的"一"，就是指"一个字"，而确实有一个字可以涵盖、贯穿孔子所说的所有的道德，那便是"仁"。

孔子曾说："人而不仁，如礼何？人而不仁，如乐何？"

（《八佾》篇3.3）这句话我们可以类推："人而不仁，如孝何？""人而不仁，如忠何？"等等，可见仁是一切道德的根本。仁的意涵包括了忠恕，但忠恕不能包括仁，因为仁的意涵更广，层次也更高。曾子的解释不能算大错，因为忠恕也有行仁的意思，但不够周洽。由此看来，曾子以忠恕来解释孔子的一贯之道，似尚未全面掌握孔子之学的精神，说起来有点可惜。

因此如曾子说的，把"忠恕"当成孔子的"一贯之道"，是有问题的，此说最多也只能算是曾子一家的解释，孔子的真意，恐怕并不全在此。

4.16　　子曰："君子喻于义，小人喻于利。"

老师说："君子对一件事，只明白义之所在，而小人，只明白利之所在。"

1 喻：晓、明。

以义、利分别君子与小人，是相当明确的判断，《论语》像这样方式的论述很多。

此章之有名，在宋淳熙八年 (1181) 二月，陆象山 (九渊) 应朱熹之邀到白鹿洞访学，朱熹请陆氏演讲，象山就讲《论语》此章。后据朱熹形容："听者莫不悚然动心焉。"可见其精彩，朱熹说"熹犹惧其久而或忘之也，复请子静 (九渊字) 笔之于简，受而藏之"，便成了传世的《白鹿洞书院论语讲义》一文。

陆文特色在于不采传统的说法，传统说法多以地位高低以喻君子、小人，如西汉董仲舒《对贤良策》说："夫皇皇求利，惟恐匮乏者，庶人之意也；皇皇求仁义，常恐不能化民者，卿大夫之意也。"好像只有君子是明义的，而小人只会追求利益。这样，君子小人如安于所习，便不会进步，而象山反过来，以为应由明义利之辨来分别君子、小人，也就是说官再大如只喻于利，实质上是个小人，地位再低，但所喻为义，也可以成为君子。在这个前提论述之下，君子可以为小人，而小人也可"翻转"为君子，端看他们在德行上的努力。

这个说法的好处，在人不分贵贱。要养成正确的义利之辨是有方法的，也就是要从立志与习染上入手，象山《白鹿洞书院论语讲义》又说："人之所喻，由其所习，所习由其所志。志乎义，则所习者必在于义；所习在义，斯喻于义矣。志乎利，则所习者必在于利；所习在利，斯喻于利矣。故学者之志，不可不辨也。"

君子、小人之辨不在地位，而在德行，这是孔子本意，由立志而砥节砺行以成为君子，是人人可望而成的，这是孔子之学的真精神。后世的朱、陆，其实都强调了这点。

4.17   子曰："见贤思齐焉，见不贤而内自省也。"

老师说："看到贤者，便想要与他同贤，看到不贤的人，要以他来反省自己。"

1 **思齐**：思与贤者同。

2 **内自省**：内心自我反省。

朱注："思齐者，冀己亦有是善；内自省者，恐己亦有是恶。"此章可与《述而》篇7.21"三人行，必有我师焉"并读，可见圣人教学取样的方式。

4.18　　　子曰："事父母几谏。见志不从，又敬不违，劳而不怨。"

老师说："子女侍奉父母，有意见要婉言、微言相劝。但如父母不领情，做子女的还是要敬谨不违抗，辛苦尽孝不发怨言。"

1 **几谏**：微言劝谏。几，轻微柔顺的语言。谏，下位者规劝上位者。

2 **志**：指子女之志。

3 **不违**：不违逆。

此章言子女侍奉父母，表面看父母高高在上，子女低低在下，父母有错，只能"几谏"，父母不依，还得敬而不违、劳而不怨，完全是不平等的。

父母与子女的关系确实是不平等的，这不平等来自"天"。人与人的关系如来自上天，我们称之为"天伦"，譬如父子与兄弟，做父兄的无法掌握子弟的优劣，做子弟的也无法要求父兄达到自己要求的条件，这种关系并不完美，会时常发生冲突的，但这层关系不能去掉，去掉这层"天伦"，就没有人类了，世上所有知识与道德，岂不是因为有人而产生的吗？所以天伦的存在是一切存在的先决条件，不可去也不可少，这个"伦"即便不完美，也还是得维护，父子之间（古时为求行文方便，言"父子"时多包括"母女"，言"兄弟"时也可类推）必有冲突，但不能让冲突毁了父子之伦，所以需要"父为子隐，子为父隐"，一切以忍让为先。而这些忍让的责任，可能要让年少的、辈分低的担当得更多，看似不公平，而确实无法回避。"天伦"的存在是绝对的，是不可逆的，有时我们对它无可奈何，但却要承担，这也是前面所说的"知天命"的一种吧！

朱熹认为读此章应与《礼记·内则》并读，或可得到更多启发。

4.19　子曰："父母在，不远游。游必有方。"

老师说："父母在世时，子女不到远地去。如只是出门，不算远的话，也要告知确定地方。"

1 **不远游**：不到远地。游，出门，到外地为游。远游，出远门。
2 **方**：指确切的地方。

朱熹谓："远游，则去亲远而为日久，定省旷而音问疏；不惟己之思亲不置，亦恐亲之念我不忘也。"说得极好。但有很多注本解说此章谓父母在以不远游为原则，如远游必须告知确处，则是忽略了"不远游"一语的精确含义，所谓不远游即是不远游，其中并无回旋的余地。

　　下一句则较缓和，言不远游而是"近游"（游指出门到外地，有远近之别）的话，也要明确告知所至，以备父母呼唤，唤即赶回。当然古代以为远，而今朝发夕至，已不觉远，今天的远近观念已与古时不同，容许调整，但孝亲就是将父母放在心上，凡事以父母为先，原则还是一样的。

4.20　　子曰："三年无改于父之道，可谓孝矣。"

　　此章已见《学而》篇1.11，省去"父在，观其志；父没，观其行"十字。

4.21　　子曰："父母之年，不可不知也。一则以喜，一则以惧。"

　　　老师说："父母之年纪，子女不可不常记在心。一方面，父母高寿让我喜悦，另一方面，想起我奉养父母的时间会越来越少了，心中不免恐惧。"

1　知：知道、记得。

　　此章表现子女对父母年龄的矛盾感情，把握得十分确切，也描写得十分精准动人。

4.22　　子曰："古者言之不出，耻躬之不逮也。"

老师说:"古人不轻易说话,是以做不到为耻呀。"

1 **言之不出**:言不轻出。

2 **躬**:指躬行。

3 **不逮**:达不到。逮,及。

此章要人讷于言而敏于行。朱注引范祖禹言:"君子之于言也,不得已而后出之,非言之难,而行之难也。人惟其不行也,是以轻言之。言之如其所行,行之如其所言,则出诸其口必不易矣。"

4.23 子曰:"以约失之者鲜矣。"

老师说:"善于检束自己的人还会犯错,总是很少见的。"

1 **约**:约束、检束。

2 **鲜**:少。

会犯知识性的错,表示智慧训练不足;会犯情绪上的错,表示不善控制情绪。一个会约束自己的人,表明他很理智又善于克制自己,这样的人确实很少会犯情绪上的错,但知识上的错就不在此限了。而善于检束自己的人,通常也比较注意为学,知识程度提高,整体而言,所犯的错较一般人便也可能少些。

4.24　　子曰：“君子欲讷于言而敏于行。”

　　　　老师说：“作为一个君子，宁愿说话迟钝点，而行动要
敏捷些。”

1 讷：言语迟钝。
2 敏：敏捷、灵敏。

　　这里是比较，如把“君子欲讷于言”单独提出，是不
能成立的。“欲”本是希望的意思，“欲讷于言”不能说是希
望自己说话迟钝，所以此处译文作宁愿解。孔子的意思应该
是：作为一个君子，与其言语敏捷，不如行为敏捷；与其行
为迟钝，不如言语迟钝。

4.25　　子曰：“德不孤，必有邻。”

　　　　老师说：“一个有德之人是不会孤独的，必然有人来亲
近他。”

1 邻：亲近。

　　此章有两种不同解释。其一指人不可独修成德，须有师
友相辅；另一说指有德之人，必有同声相应、同气相求的人
来亲近他。朱熹言：“故有德者，必有其类从之，如居之有邻
也。”是采二说。

不过也不要讲死了，一个有德的人，也许终生无遇，但德行高洁，在历史上可与他呼应的人也不少，所以这"有邻"二字，也不必拘泥在地域上讲，时间的因素，或许也可考虑在内。

4.26 子游曰："事君数，斯辱矣。朋友数，斯疏矣。"

子游说："侍奉国君时，要求太逼促、太繁琐了，便会受到侮辱。交朋友时，要求太逼促、太繁琐了，那朋友就会与我日渐疏远。"

1 **数**（shuò）：细密又繁琐。

这是子游警告说事君、交朋友时不可以正道在身而逼人太甚，至少责善的言语要宽缓些，以让对方下得了台。胡寅言："事君谏不行，则当去；导友善不纳，则当止。至于烦渎，则言者轻，听者厌矣，是以求荣而反辱，求亲而反疏也。"读者可参考《颜渊》篇12.23"忠告而善道之"章。

·公冶长第五·

《公冶长》篇，共二十七章。朱熹以为此篇皆论古今人物贤否得失，盖格物穷理之一端也。胡寅疑多子贡之徒所记。

5.1 　　子谓公冶长，"可妻也。虽在缧绁之中，非其罪也"。以其子妻之。

　　子谓南容，"邦有道，不废；邦无道，免于刑戮"。以其兄之子妻之。

　　老师评论公冶长这个人，说："是一个可以把女儿嫁给他的男子。虽然下过牢狱，但不是他的罪过。"便把自己的女儿嫁给他了。

老师又评论南容，说："他是国家有道时不会被荒废的人才；国家乱了，他也能免于刑戮。"便把自己的侄女嫁给他了。

1 **公冶长**：孔子弟子。其人《论语》中只此一见。

2 **谓**：批评、评论。

3 **可妻**（qì）：可为之妻。妻，做动词用。因为欣赏他，可以将某女嫁给他。

4 **缧**（léi）**绁**（xiè）：捆绑犯人的绳索，喻入牢狱。

5 **以其子妻之**：将女儿嫁给他。古男女都可称子。《诗·周南·桃夭》："桃之夭夭，灼灼其华。之子于归，宜其室家。"子即指女。

6 **南容**：南宫绦，字子容，居南容，故称之南容，孔子弟子孟懿子之兄。

7 **刑戮**：刑罚与杀戮。

此章也有析为两章的。

所言的公冶长，《论语》仅此一见，南容事也不可考。史上也有论为："公冶长之贤不及南容，故圣人以其子妻长，而以兄子妻容，盖厚于兄而薄于己也。"这个推论很牵强，事也无稽，被程颐评为："此以己之私心窥圣人也。"（朱注引）

5.2 子谓子贱，"君子哉若人！鲁无君子者，斯焉取斯？"

老师评价宓子贱，说："这人真是个君子呀。但假如鲁国没有君子的话，宓子贱的善是向谁取法来的呢？”

1 子贱：宓（fú）不齐，又作虙不齐，字子贱，鲁人，孔子弟子。

2 若人：此人。

3 斯焉取斯：斯，此，上斯指子贱，下斯指其所取法的品德。取，
  取法。

　　孔子称赞宓子贱，也趁机称道鲁国多君子，因为子贱之
贤，是取法他们而来。朱注引苏轼言：“称人之善，必本其父
兄师友，厚之至也。”

5.3　　子贡问曰：“赐也何如？”子曰：“女，器也。”
曰：“何器也？”曰：“瑚琏也。”

　　　子贡问说：“老师您看学生是怎样的人呀？”老师说：
“你是一个有用的器具。”又问：“是哪种器具呢？”老师说：
“就是宗庙祭祀中不可或缺的礼器瑚琏呀。”

1 器：有用之材。

2 瑚琏：宗庙祭祀时的礼器。朱熹曰：“夏曰瑚，商曰琏，周曰簠簋，
  皆宗庙盛黍稷之器而饰以玉，器之贵重而华美者也。”

　　此章称赞子贡有廊庙之才，未来足当大用。孔子有“君
子不器”之说，是指君子不必以器用来衡量，因为君子的价
值超过器用，但此处的瑚琏是重要礼器，暗示为廊庙的大

才，便不能以区区一般器用视之了。

5.4　　　或曰："雍也仁而不佞。"子曰："焉用佞？御人以口给，屡憎于人。不知其仁，焉用佞？"

　　　　　　有人批评仲弓说："冉雍这人呀，在品德上可称为仁了，但口才不好。"老师听了说："为什么要口才好呢？一个人用言辩来抵御别人，是会屡屡遭人憎恶的。至于说他是个仁者，这事我不敢说，但为什么一定要口才好方行呢？"

1　**雍**：冉雍，字仲弓，孔子弟子。

2　**佞**：有口才。

3　**御人以口给**（jǐ）：以言辩防卫自己，抵御别人。口给，口才好，应对灵便。

　　孔门所重，在德而不在佞。

　　此章孔子称道仲弓之贤，但未许以仁。朱熹言："仁道至大，非全体而不息者，不足以当之。如颜子亚圣，犹不能无违于三月之后；况仲弓虽贤，未及颜子，圣人固不得而轻许之也。"其实颜渊的"不违仁"也不等于就是"仁"。

　　孔子论道，只说"近仁"而不说"即是仁"，这是因为在孔子眼中，仁是一个至高至大的道德标准，怕一落言筌，就将意思说死，于是从不许可一个人已成为"仁者"。所以此章"不知其仁"，表面所指当然是仲弓，而究其实，任何人也都是"不知其仁"的，这当然也包括孔子对颜渊或对自己的判断。"不知其仁"是说我不知道他能不能算是仁，却也没有斩钉截铁地说这不是仁、不算仁，这一方面可见孔子性格的宽厚，一方面又可见孔子对仁字的坚持。

5.5　　子使漆雕开仕。对曰："吾斯之未能信。"子说。

老师想让漆雕开去做官。漆雕开说："学生对做官的事还不是很有自信。"孔子听了很高兴。

1 **漆雕开**：漆雕启，字子开，也称漆雕开，一字子若，孔子弟子。
2 **吾斯**：吾于此。斯指此理，有关为仕之理。弟子答夫子之言应自称名，不可称吾，此章用吾字不妥，宋翔凤《过庭录》疑为启字之讹。钱穆因之。
3 **信**：朱注："信，谓真知其如此，而无毫发之疑也。"
4 **说**：通悦。

孔子之悦，是学生自知品学不足；因知不足，故有上进奋发之意。

5.6　　子曰："道不行，乘桴浮于海。从我者其由与？"子路闻之喜。子曰："由也好勇过我，无所取材。"

老师说："我的道，眼看在世上行不通了，就干脆乘着筏飘到海外去吧，能跟随我的，恐怕只有仲由吧！"子路听了很高兴。老师说："仲由这个人，好勇胜过我，但其他方面，就无可取之材了。"

1 **乘桴**（fú）**浮于海**：乘着木筏，飘向海外。桴，筏。浮于海，指飘向海外，因道不行于中土。
2 **从我者其由与**：跟随我的只有仲由吧。子路姓仲名由。
3 **无所取材**：孔子指责子路除勇之外，并无其他可取之才。亦指尚无可供做桴之材，钱穆用之。

此章的争议多在"无所取材"一语。程、朱都以为是讥子路"不能裁度事理"，以"裁"释"材"。钱穆则以为是做桴之木材尚未备好，意指即便要走也走不成。传统说责骂子路莽撞，都可成立，但不是本章的重点。

本章的重点在说孔子不想在他所在的地方待下去了，这跟归隐是有差别的，归隐只是隐居不理世事，乘桴浮于海不是隐居，而是断然离开这里，宁愿到一个全然陌生的地方去，证明孔子说此话时情绪很低沉。

原来圣人也有消沉、消极的时候。孔子之道，也许因为曲高和寡，也许因生不逢时，在鲁国与其他各地，都没有真正实行的机会，而且诋毁之声不断，在这种状况下，有所兴怀感叹，也是人之常情。

情绪低落的时候，总想逃避，孔子的"乘桴浮于海"就是一种情绪。要到海的哪里去呢，文中并未交待，因为孔子也不知道，像这样的情绪之言，不能以一般逻辑来看。

而孔子一旦发现自己陷于情绪之中，便想要摆脱超越，但子路却被这情绪之言所牵动，因而兴奋起来。孔子只能用幽默的说法来提醒他，说你好勇过我，当然可陪我去，但逃避却不见得是最好的办法。

从这角度看，孔子说的"无所取材"，不论是指做筏的材料无着，还是说子路没有海上生活的能力，其实意都不在字面，更不是在责骂子路，而是在说自己偶尔兴起的逃避之思是不对的，个人所有的失败与困顿，只有用更积极的态度来面对。

孔子的情绪曾一度消极，但后来又转而为积极了。由消极转过来积极，才是真正的积极，这跟经过黑暗的光明，才是真正的光明一样。

5.7　　　孟武伯问："子路仁乎？"子曰："不知也。"又问。子曰："由也，千乘之国，可使治其赋也，不知其仁也。"

"求也何如？"子曰："求也，千室之邑，百乘之家，可使为之宰也，不知其仁也。"

"赤也何如？"子曰："赤也，束带立于朝，可使与宾客言也，不知其仁也。"

孟武伯问："子路是个仁者吗？"孔子说："不知道呀。"孟武伯又问。孔子说："仲由这个人，可以让他去处理一个千乘大国的军事，至于说他是不是仁呢，我就不知道了。"

"那冉求呢？"孔子说："冉求呀，一个千户之邑，或者百乘之家，可以让他去做个家宰，至于仁呢，我不知道。"

"那公西华呢？"孔子说："像赤这个人，穿着朝服立在朝廷之中，可以让他跟外国宾客交接应对，至于仁呢，我同样也不知道呀。"

1 **不知也**：仁道至高至大，孔子向不轻许可人，所以说不知。与前章称雍也"不知其仁"同义。

2 **赋**：兵。古者以田赋出兵，故谓兵为赋。

3 **千室之邑**：有民居千室之城邑，为卿大夫之邑。

4 **百乘之家**：有兵车百乘之家。古诸侯所有称国，卿大夫所有称家。

5 **宰**：官，此指卿大夫家之主管。

6 **赤**：公西赤，字子华，孔子弟子。

7 **束带立于朝**：穿着正式的朝服，立于朝廷之中。

8 **可使与宾客言**：可让他与外国宾客相应对，即主持外交礼宾诸事。

　　孔子评论自己的学生，知道他们各有优点，如发挥所长，对国家社会都有正面的贡献。但这些所长并不是道德的全部，如以整体道德之最高程度（仁）来衡量，他们都各有所偏，没法说已全然达成。曾子曾说："仁以为己任，不亦重乎？死而后已，不亦远乎？"（《泰伯》篇8.7）可见仁的境界既高且远，人之有限一生不能全数达到，也是事实。

　　孔子虽宽厚，但从不许可人已达到仁的地步，除了此章三人之外，在本篇5.4他对仲弓也说过"不知其仁"，看起来仁的境界很难达成，学者是否该就此放弃了呢？记得孔子还说过："有能一日用其力于仁矣乎？我未见力不足者。"（《里仁》篇4.6）可见行仁也不是那么不可能，存此目标，努力不懈，则至善是终可期的，所以人也无须气馁。

　　另孟武伯为孟懿子之子，孟懿子曾师事孔子，故孟武伯在孔门言，辈分较低，此章称仲由为子路可，称冉求、公西赤为求与赤皆不可 (应称冉有、公西华)，可能是记者误记。

5.8 　　子谓子贡曰："女与回也孰愈？"对曰："赐也何敢望回。回也闻一以知十，赐也闻一以知二。"子曰："弗如也！吾与女，弗如也。"

　　老师问子贡："你跟颜回比较，谁更强些？"子贡对答道："赐怎敢与颜回比较呢。颜回闻一知十，而赐闻其一只知其二。"老师听了说："你说你不如他是真的呀！我跟你一样，都不如他啊。"

1 **女**：汝。

2 **愈**：胜。

3 **闻一以知十**：知道一部分，就能推测全部。闻，包括目见耳闻。十是全数，指只需明白其事的十分之一，就知道了事的全部，喻捷悟。

4 **闻一以知二**：闻其一仅知其二，不能达到全部。

5 **弗如**：不如。

6 **吾与女**：有二义：一、我与你；二、我赞许你。译文取前解。

　　此章"吾与女，弗如也"有两种说法。传统把"与"字解释作赞许，也就是孔子赞许子贡自称不如颜渊，朱熹注："与，许也。"就是采此说法。引胡寅说："子贡平日以己方回，见其不可企及，故喻之如此。夫子以其自知之明，而又不难于自屈，故既然之，又重许之。"也采同一说法。

　　也有一说是，孔子嘉许子贡承认自己不如颜渊，便说连自己也不如颜渊，这一方面是孔子的谦虚与宽宏，另一方面是勉励子贡的手段。《论语正义》曰："夫子嘉其有自见之明，而无矜克之貌，故判之以弗如，同之以吾与女。此言我与尔虽异，而同言弗如，能与圣师齐见，所以为慰也。"

　　这说法较佳，在于把孔子之学的真精神显示出来了。自己承认不如人，不表示真不如人，孔子就是问颜渊，颜渊也会说他不如子贡的，这是谦虚的美德，也是宽宏的胸襟，还有同学之间的友爱。教育就是传播美德、扩展胸襟，而且教育的一切都要在友爱和乐的气氛中进行。依宋儒的解释，为师的孔子不可能不如弟子颜渊，这说法也许没有错，但无疑稍浅了。孔子比宋儒博大许多，也幽默许多，在深水的洋面，船可以进退自如，在浅水就搁浅了，连自己都会嘲笑戏弄的人，底子往往都是深不可测的。

5.9　　宰予昼寝。子曰："朽木不可雕也，粪土之墙不可杇也，于予与何诛！"子曰："始吾于人也，听其言而信其行；今吾于人也，听其言而观其行。于予与改是。"

　　　宰我大白天仍在睡觉。老师说："朽木无法再雕刻了，烂泥也不能再粉饰了，我对宰予啊，何须再责备呢！"老师又说："一开始我对一个人，听他说了就信他一定会做到；现在我对一个人，听他说了还要看他的行为，这全是因宰予而改的。"

1 **宰予**：即宰我，名予。按《论语》记诸弟子，不直接写名而用字，如《八佾》篇3.21"哀公问社于宰我。宰我对曰"。此处宰予或是误写。

2 **昼寝**：当昼而眠，即白天睡觉。一说昼为画之误，画寝，藻绘其居寝。

3 **朽木不可雕**：腐坏之木，不可雕刻。

4 **粪土之墙不可杇**：烂土之墙，不可修饰。粪土，秽土，俗言烂泥巴。杇（wū），镘，此言填补修饰。

5 **于予与何诛**：对宰予这样的人，何须责备呢。与，语词。诛，责。

这章有争议在于对"昼寝"的解释。朱注："昼寝，谓当昼而寐。"可见是照字面来说的，问题是白天睡觉，孔子为何用那么严厉的语言谴责呢？按朱熹的讲法，是说昼寝会使"志气昏惰，教无所施"，严格说来，此说恐怕有点牵强。

一说认为"昼"可能是"画"之误，此说有相当可能。画寝是指在所寝的房间涂饰，正巧后面"雕木""杇墙"是修饰房子的事实。《论语正义》云："春秋时，大夫、士多美其居，故土木胜而知氏亡，轮奂颂而文子惧。意宰予画寝，亦是其比。夫子以'不可雕''不可杇'讥之，正指其事。"本篇5.17章，子曰："臧文仲居蔡，山节藻棁，何如其知也？""山节藻棁"就是指藻绘藏龟的大室，孔子讥之是由于臧氏不合礼，因为居蔡与山节藻棁只是天子才该有的。宰我之"昼寝"如是"画寝"之误，他的画寝，也应不如臧式的过当，但毕竟不合礼制，所以孔子责骂他。

如是"昼寝"，孔子似有过责之嫌，王夫之说："呜呼，一昼寝也，而圣人之责之如此其严。"（《四书训义》）但照"昼寝"也非定然无法解释，只是看起来似不如"画寝"更为"合理"，读者应知此处有不同解释。

处理古代材料，应尽量尊重原文，假如原文解释得通，便应尽量以不更动原文为宜，故译文部分还是依照朱熹以来的成说，不作"画寝"解。

5.10　子曰："吾未见刚者。"或对曰："申枨。"子曰："枨也欲，焉得刚？"

老师说："我没见过刚强不屈的人。"有人说："申枨可算吧。"老师说："申枨是个多欲的人，怎么会刚强不屈呢？"

1　刚者：坚强不屈的人。

2　或对曰：或，不知名之人，由"对曰"看，应是孔子弟子或晚辈。

3　申枨（chéng）：孔子弟子。

4　欲：多嗜欲。

刚强在意志，而不在血气。多嗜欲，往往受物牵连，难得刚直。晚清名臣林则徐书联，有"海纳百川，有容乃大；壁立千仞，无欲则刚"句，实脱胎此章。

5.11　子贡曰："我不欲人之加诸我也，吾亦欲无加诸人。"子曰："赐也，非尔所及也。"

子贡说："有些事我不愿别人做在我身上，我也不希望将那些事做在别人身上。"老师说："赐啊，恐怕不是你能做到的呢。"

1 **加诸我**：加之于我。如毁我、誉我。

2 **吾亦欲无加诸人**：我希望也没做在别人身上。

"我不欲人之加诸我也，吾亦欲无加诸人"，其实就是"己所不欲，勿施于人"的意思，说起来容易，做得彻底却相当困难，因此孔子说非子贡之所能及。但要注意，孔子此言并非阻止子贡去做，而是说要做到很难，值得用很大的力气去做，要是做到，就更值得嘉许。

为什么难，假如把"我不欲人之加诸我也，吾亦欲无加诸人"分成两件事来看，"吾欲无加诸人"的主控权操在我手上，是容易做到的，而"人之加诸我"的主控权是在别人手上，我只能希望他别在我身上做，但他真做了，我也没办法，所以孔子言非尔所及。

还有句中的"无"字很重要，如解释作"不要""不可"，用禁止义，比较不严格，但"无"字用本意解，如是指我没有做任何己以为不宜的事于人身，这就难了。"勿"是不要，"无"是没有，朱熹说："无者自然而然，勿者禁止之谓，此所以为仁恕之别。"朱熹认为解作"勿"是恕，是比较容易做到的，而解作"无"就是仁了，是比较困难的，孔子对仁，是从不轻易许可的。

5.12 子贡曰："夫子之文章，可得而闻也；夫子之言性与天道，不可得而闻也。"

> 子贡说："老师的诗书礼乐之学，都是我们知道的；但
> 老师有关性与天道的言论，我们就听不太到了。"

1 **文章**：指诗书礼乐可见的知识，也指在外表现出的威仪言辞。
2 **闻**：同见。可闻，可以得知。
3 **性**：人的禀性，受之自然。
4 **天道**：天理自然之本体。

性得之于先天自然，人只有在后天环境努力，以图增进
或改变，但真正能掌握的部分还是不多，也不精确。至于天
道、天命，在孔子时代，还是很玄虚的问题，一涉入，便易
堕入迷信，孔子也许知道有关天道、天命的事，却很少向学
生提及。前《为政》篇2.4说到"五十而知天命"，只说"知
天命"(知有天命的存在)，不说"信天命"，便是同样态度。

此章子贡言"不得闻"，其实是叹夫子有关性与天道方
面的精义因孔子罕言，不可得闻。但也有异说，程颐、朱熹
就认为是子贡"始闻"孔子言性与天道后赞叹孔子此学之
美。朱注引程颐说："此子贡闻夫子之至论而叹美之言也。"
朱熹自己也说："夫子之文章，日见乎外，固学者所共闻；至
于性与天道，则夫子罕言之，而学者有不得闻者。盖圣门教
不躐等，子贡至是始得闻之，而叹其美也。"可参。

5.13　　　子路有闻，未之能行，唯恐有闻。

子路听闻到一件道理，若未能实行，便害怕又听到新的。

1 有闻：前有闻，指有所听闻；后有闻，指又有听闻。有，读如又。

在孔门重要弟子中，子路以"勇"著名，此勇不仅指勇力而言，尚有勇猛精进的含义。子路听到孔子说的，便勇于力行，唯恐没做好便又有所闻。本章所记极单纯，但在对子路的性格描述上，却甚为关键。

5.14　子贡问曰："孔文子何以谓之'文'也？"子曰："敏而好学，不耻下问，是以谓之'文'也。"

子贡问说："孔文子为何有'文'这谥号呀？"老师说："这是因为他勤敏好学，不以下问为耻，才得以'文'为谥啊。"

1 孔文子：卫大夫，名圉。

2 何以谓之文也：为何以"文"为谥号。

3 敏：勤快敏捷。

4 不耻下问：不以问不如我的人为耻。以能问于不能，以多问于寡，也可称之。

古人有功于世，死后往往改称其名，以褒嘉许。有公谥、私谥之别，公谥由政府定夺，私谥则由史家确定，无论公私，均以"文"字最高谥，有"经天纬地之谓文"的说法。据《左传》所载，孔文子私德有亏，故子贡有此问。

但"文"字作为谥号，也有比较属于一般含义的，如"勤学好问"也可得谥而为文，孔文子之文，显然为此类。孔子宽厚，不没人善，而略所不逮，于此可见一斑。

5.15　子谓子产，"有君子之道四焉：其行己也恭，其事上也敬，其养民也惠，其使民也义。"

孔子评论子产，说："子产治理郑国，有四个合乎君子之道的地方：他操持谦恭，事上礼敬，养护人民有恩泽，使唤人民有一定的规矩。"

1 子产：春秋时郑大夫公孙侨。

2 恭：谦逊。

3 敬：谨恪。

4 惠：利人。

5 使民有义：以合理的方式使唤人民。义，宜。

子产于春秋时，以事功见称，孔子此处不称其事功，而德之以君子之道，可见孔子更重视德行。

5.16　子曰："晏平仲善与人交，久而敬之。"

老师说："晏平仲这人很会与人相交，就算相交久了，仍然恭谨如恒，不失敬重之心。"

1　**晏平仲**：名婴，春秋时齐大夫。

2　**交**：交友。

3　**久而敬之**：一指人敬晏子，晏子以德待人，久而人敬之。一指晏子
　　敬人，晏子与人交久，仍不失敬重之心。今采二解。

　　朋友熟了，会因亲亵而渐失敬重之心，此章论晏子善于
人交，重点在"久"之一字。

　　以上二章，孔子评论的是外国政坛的重要人物，但都没
谈他们的功业成就，重视的是他们的品德操守。钱穆言："孔
门论人，常重其德之内蕴，尤过于其功效之外见。"(《论语新
解》) 于斯可验。

5.17　子曰："臧文仲居蔡，山节藻棁，何如其知也？"

> 老师说："臧文仲藏一巨龟在家，又为藏龟之室做了山
> 节藻棁的装饰，怎么还能说他是有智慧的人呢？"

1　**臧文仲**：鲁大夫臧孙辰，谥"文"。

2　**居蔡**：藏有蔡地出产的大龟。居，藏。蔡，蔡地所产的占卜用大
　　龟，又称灵龟、神龟。殷商时代帝王常用龟壳占卜，以决大事，周
　　代尚有此习惯。

3　**山节藻棁** (zhuó)：在房屋柱头斗栱上刻有山形的图案，在梁上短柱
　　上，又画有水藻的图式。节，指柱头斗栱，棁，梁上短柱，都是房

屋建筑上的部件。

4　知：同智。

朱熹曰："当时以文仲为知，孔子言其不务民义，而谄渎鬼神如此，安得为知？"以为孔子批评臧氏，是站在文仲谄龟邀福，不务民利这一角度。其实孔子最在乎的应该在礼这方面，文仲所藏的蔡龟，只应藏在天子祖庙，山节藻棁也应是天子龟堂所该有的装饰，一个诸侯的大夫竟然有之，当然于礼为僭了。在孔子看来，一个公然违礼的人，如何可称为智呢？

5.18　子张问曰："令尹子文三仕为令尹，无喜色；三已之，无愠色。旧令尹之政，必以告新令尹。何如？"子曰："忠矣。"曰："仁矣乎？"曰："未知，焉得仁？"

"崔子弑齐君，陈文子有马十乘，弃而违之。至于他邦，则曰：'犹吾大夫崔子也。'违之。之一邦，则又曰：'犹吾大夫崔子也。'违之。何如？"子曰："清矣。"曰："仁矣乎？"曰："未知，焉得仁？"

子张问："楚国令尹子文，三次被任命为令尹，没有得意的喜色；三次被罢免，也不见他有不高兴的愠色。他前任的旧政，必定会告诉新任令尹。这样的人如何呀？"老师说："可算是忠了。"子张问："可算仁吗？"老师说："不知道，怎能算仁呢？"

子张又问道:"齐国的大臣崔杼弑杀了齐王,大夫陈文子只有十乘兵马的力量,勤王无能为力,只有抛弃了官位而出国。到了他国,他说:'这里的大臣也跟我们齐国的崔杼一样。'便走了。到另一国,又说:'这里的大臣也跟我们齐国的崔杼一样。'便又走了。这人怎样呀?"老师说:"算是一个清洁的人了。"问:"能算仁吗?"老师说:"不知道,怎能算仁呢?"

1 令尹子文:令尹,楚官名。子文,姓斗,名穀於菟。

2 三已之:三次被罢官。已,止。

3 崔子弑齐君:指齐大夫崔杼弑庄公之事。

4 陈文子:齐大夫,名须无。

5 有马十乘:手下仅有四十匹马。古以乘计算诸侯与卿大夫地位,一乘有马四匹,十乘之数,不足发挥勤王之事。

6 弃而违之:弃其禄位而去齐。弃、违皆去意。

7 犹吾大夫崔子也:跟我国崔杼做的事一样。指其国也一样乱。

此章一方面在臧否人物,一方面在说明仁的观念凌驾于其他观念之上,忠与清都是很高、很可贵的品德,但尚未达到仁的层级。

5.19 季文子三思而后行。子闻之,曰:"再,斯可矣。"

有人称赞季文子,说他凡事三思而后行,孔子听了说:"思考两次,也就够了。"

1 **季文子**：鲁大夫，季孙行父。

2 **再**：两次。《说文》："再，一举而二也。"

3 **斯**：朱注以为语词。顾炎武《金石文字记》："唐石经'斯'作'思'。"

"三思"表示谨慎，但过于谨慎，容易变成犹豫，就算最后做了，也不够果敢，缺乏力道。而且多思则可能多私，往往害事，朱注引程颐言："再则已审，三则私意起，而反惑矣。"是同样意思。

不过也是因人因事而异的，历史有因"三思"而得利，也有因"三思"而受害的，天性莽撞的人，遇到的又是牵连到国家的大事，有时三思恐怕还不够呢。

5.20 子曰："甯武子邦有道则知，邦无道则愚。其知可及也，其愚不可及也。"

老师说："甯武子在卫国有治时，努力辅政，处处显得智慧出众，当卫国混乱时，他跟其他投机取巧的人不同，依然不计成果地努力辅政，表现得像个愚人一般。他显示智慧的时候，是常人所及的，而他当愚人的那一刻，却非常人所及了。"

1 **甯武子**：卫大夫甯俞，武为其谥号。

2 **邦有道则知，邦无道则愚**：朱注："按《春秋传》，武子仕卫，当文公、成公之时。文公有道，而武子无事可见，此其知之可及也。成公无道，至于失国，而武子周旋其间，尽心竭力，不避艰险。

凡其所处，皆智巧之士所深避而不肯为者，而能卒保其身以济其君，此其愚之不可及也。"知通智，与愚相对。也有以为"邦无道则愚"是指国乱时，与时浮沉，装出凡事不懂模样以避祸，今不采。

本章事迹不可全考，所以文义上有些争议。朱熹说："文公有道，而武子无事可见，此其知之可及也。"既无事可见，如何可判为智呢？而朱熹指出其愚的部分，则十分合理，一切"智巧之士所深避而不肯为者"，甯武子却一意为之，表面是愚者之行径，而孔子却深许之，此中应有大义存焉。

5.21　　子在陈曰："归与！归与！吾党之小子狂简，斐然成章，不知所以裁之。"

　　　　老师在陈国时说："回去吧！回去吧！我鲁国家乡的那些弟子虽然志大，却略于行事，文章都写得不错，但不太懂得剪裁（正要我回去教他们呀）。"

1 **子在陈**：鲁哀公三年孔子年六十，曾仕于陈，六年，吴伐陈，去陈，绝粮于陈、蔡之间。《史记·孔子世家》："孔子居陈三岁，会晋、楚争强，更伐陈，及吴侵陈，陈常被寇，孔子曰：'归与！归与！吾党之小子狂简，进取不忘其初。'于是孔子去陈。"

2 **吾党小子**：指在鲁的弟子。党，同乡。小子，谦指门生。

3 **狂简**：狂妄而疏简，志大而略于事，其实是谦称自己的门生。

4 **斐然成章**：文章焕发。斐然，文采焕发貌。指门人都有文学上的才干。

5 裁：剪裁、裁夺。朱注："裁，割正也。"

孔子周游列国，欲有大用而不果，道不行而思归。当然最后归鲁，是在鲁哀公十一年孔子六十八岁之时，但从说此话之一刻起，孔子便想把他一生努力的对象不再放在实际政治上，而是要放在文化与教育事业上了。孔子归鲁后校订群经，编写《春秋》，又肆力教学，为当代和后世培养了大批人才，在文化史上作出了极重要的贡献。此"归与"之思，在孔子个人而言也许是小事，在中国文化史上却有极大的作用，读者不能轻忽。

5.22　子曰："伯夷、叔齐不念旧恶，怨是用希。"

老师说："伯夷、叔齐不老记着以前发生的坏事，因而坦荡，少有怨心了。"

1 伯夷、叔齐：周初孤竹国君的两个儿子。据《史记·伯夷列传》载，孤竹君原欲立叔齐，及卒，叔齐让伯夷，伯夷以父命不受，遂逃去，叔齐亦不肯立而逃之，国人便立其中子。伯夷、叔齐闻周武王贤，欲归之，及见武王兴师伐殷，又以为不可，遂自隐首阳山，采薇而食，后皆饿死。

2 不念旧恶：不记挂别人以前犯的错。

3 怨是用希：怨恨因此而少了。"是用"同"用是"，即因是、因此。希，同稀，少。此处"怨"有两解，一指伯夷、叔齐心中之怨，二指别人对伯夷、叔齐之怨。译文从一解。

此章论及伯夷、叔齐的"怨"与"不怨"问题。《述而》篇7.14也有论及，子贡与孔子论伯夷、叔齐之事，子贡认为两人是有怨的，而孔子依然以"求仁而得仁，又何怨"来回答，简单说，孔子始终都认为他们两人是不怨的，这个讨论，到司马迁手上，展开了一篇开阖宏肆的大作品，就是《史记》里面的《伯夷列传》了。

司马迁根据《诗》所载的史料，言伯夷、叔齐临死作歌，其中有句："于嗟徂兮，命之衰矣"句，因而提问说："由此观之，怨邪非邪？"可证司马迁认为伯夷、叔齐是怨的，因为司马迁找出了他们理想与现实的冲突性。孔子认的不怨，是站在统一立场的理论，以为一生所处虽有不同面向，但以整体人生而言，却是有一致性的，一个有完美人格的人，可能与时多迕，他与别人甚至自己都有无数冲突与矛盾的可能，但当他选择一个道德为信念为依归时，那些冲突与矛盾都自然化解，冲突反而使他的道德实践充满悬荡的力量。孔子举"不念旧恶"和"求仁得仁"，看起来是两回事，其实是一回事。"不念旧恶"，是指有"旧恶"的，却不去"念"它，所以便"无怨"了，在孔子看起来，一个以选择浩荡的死来明志的人，即使平生有些小埋怨，也早已由它去了。

5.23　　子曰："孰谓微生高直？或乞醯焉，乞诸其邻而与之。"

老师说："谁说微生高直爽呢？有人跟他讨醋，（他不直说

（自己没有）却向邻居讨了给他。"

1 微生高：鲁人，姓微生，名高。

2 乞醯（xī）：讨醋。乞，求、讨。醯，即醋。

　　曲意殉物，掠美市恩，不得为直。朱注引范祖禹言："是曰是、非曰非、有谓有、无谓无，曰直。圣人观人于其一介之取予，而千驷万钟从可知焉。故以微事断之，所以教人不可不谨也。"乞醯之事至微，但足以观大。

5.24　　子曰："巧言、令色、足恭，左丘明耻之，丘亦耻之。匿怨而友其人，左丘明耻之，丘亦耻之。"

　　　　孔子说："说好听的话，装出好脸色，又对人表现出过分恭敬，这种人，左丘明认为可耻，我也认为可耻。对朋友明明有怨，却曲意隐藏，表面一副友爱的样子，这种人，左丘明认为可耻，我也认为可耻。"

1 足恭：过于恭敬。足，过。

2 左丘明：鲁人，姓左丘，名明。一说为《左传》作者，恐非。依此章所叙，孔子对左丘明崇仰甚高，如与孔子同时，年辈应高于孔子。

3 匿怨而友其人：把埋怨藏起，故意做出友爱对方的样子。友作动词。

　　倒无须去管左丘明到底是谁。本章的目的在说品德基础是真诚，《中庸》说："不诚无物。"巧言、令色、足恭都是装扮出来的，不是发自真心，而"匿怨而友其人"，更费心曲折，表里不一，都是品德的大患。

5.25　颜渊、季路侍。子曰："盍各言尔志？"

子路曰："愿车马、衣轻裘，与朋友共，敝之而无憾。"

颜渊曰："愿无伐善，无施劳。"

子路曰："愿闻子之志。"

子曰："老者安之，朋友信之，少者怀之。"

　　颜渊、季路陪侍老师。老师说："何不各谈一下自己的志向呢？"

　　子路说："我愿把自己的车马衣裳拿出来，与朋友共享，用坏了也不可惜。"

　　颜渊说："我愿做到有善不夸耀，有劳不张扬。"

　　子路说："想听听老师的志向。"

　　老师说："我希望所有的老年人都平安，所有的朋友都互信，所有的少年人都知道怀恩。"

1　**侍**：陪侍。

2　**盍**（hé）：何不。

3　**衣轻裘**：《论语正义》引阮元校勘唐石经，言石经初刻本无轻字。裘，皮衣。

4　**敝**：坏、破。

5 **憾**：恨、惜。

6 **伐善**：夸耀己善。伐，夸。

7 **施劳**：张扬己劳。施，张大。

此章叙述师生之间讨论，气氛是如此和乐，态度是如此自由与从容，而所言又是如此博大精深。

自然会想起比较的问题。比较起来，子路的思想简单，虽然他不自私，有利他的精神，但他的关怀，只在己身的四周打转，没能扩充出去，更不够深切。颜渊比较注意到道德的自省，处处想着不矜伐、不张扬的美德，都很好，但如没有孔子的言说，此章就平淡无精彩处了，所以得感谢子路的临去一问。

孔子的话，当然对子路与颜渊两人有极大的启发。孔子把道德的境界展开到了极处。老者是长辈，朋友是同辈，少者是晚辈，这三辈其实笼罩了所有人类，不只注意到四周可见的人，而是随时想到全世界，而且带有时间性，可见孔子的关怀面是如何地大。

老年人已过去人生的大半，对他们而言，风波已息，所图的是如何安享他们的余年，所以"安"字是真正的症结。而"信"是维系社会关系的基础，朋友互信，是社会稳定的表现，稳定才有发展的可能。对少年人，更要注意到他们的福利，让他们能顺利地成长，有趣的是孔子不言少年应有的福利种种，却捻出"怀"这个字来。"怀"当然是指少年要懂得怀恩，责任在少者一方，但还有一层意思是指要让少年有恩可怀，这就是担纲世界的大人的责任了。大人给了少年福利，这福利包含了抚养与教育，如果做到所有大人都会施恩于少年，所有少年得到恩惠后都知道怀恩、报恩，能做到此就不仅是一人、一家得福利，而是天下人类都得到福利了。

自由、博大又安宁，这是孔子气象。孔子崇高，却从不给弟子压力，濡染在这种气氛中久了，弟子也跟着崇高起来，这是孔子的施教。

5.26　子曰："已矣乎！吾未见能见其过而内自讼者也。"

老师说："哎呀，糟了呀！我没有看到能发现过错而内心自责的人呢。"

1 **已矣乎**：叹词，犹云完了、糟了。

2 **内自讼**：内心咎责自己。内，内心。讼，责。

人易见他人短处，难见自己缺点，如知自己缺点，又多予以宽解维护，这是自欺，也是欺人，更是自己无法进步的缘由。改过之先要知过，知过而后又能悔过，精勤努力，才可以德业日新，这是儒门极重要的修养功夫，明清之际的李颙（字二曲）以"悔过自新"为求学宗旨，实基源于此。

5.27　子曰："十室之邑，必有忠信如丘者焉，不如丘之好学也。"

老师说："一个只有十家人住的小地方，也找得出与我一般讲忠信的人，只是可能不如我好学罢了。"

1 **十室之邑**：仅有十家人的小地方。
2 **如丘者**：如我者。丘，孔子自称。

此章牵涉忠信与好学两议题。

忠信即忠诚信实，是极高贵的品德，这种品德，多来自天性，朱熹说："忠信如圣人，生质之美者也。"所谓生质之美者，便是指天生的美德。孟子道性善，似是比较注意到道德的此一层次。而好学，是指后天的精勤学习，孔子之成为圣者，固有天生之才，但后天努力向学，也极为重要。荀子主劝学，所看重的似为此点。孟、荀各有所得，也各有所失，不如孔子圆融浑厚。

人有忠信之质，犹待后来不断开发、印证，学习是最好的手段。人有忠信，可以算是一个好人，但加上知识，才知道忠信与不忠信的区分，以及人该选择忠信的理由。很多时候，知识好像让事实变得复杂，但却也因此让事实变得脉络分明，学问与知识可以把忠信之质发展成更大的事业。

圣人当然是善人，然徒善不足以为圣，必须好学以济之，因为有学问才可以经世。朱熹也说："学之至则可以为圣人，不学则不免为乡人而已。"

　　　　　　　　　　　　　　　　　　　　　论语讲析

《雍也》篇，共二十八章。前十四章，大意与前篇相同，都在评论古今人物贤否得失，之后则不仅此也。

6.1 子曰："雍也可使南面。"仲弓问子桑伯子，子曰："可也，简。"仲弓曰："居敬而行简，以临其民，不亦可乎？居简而行简，无乃大简乎？"子曰："雍之言然。"

老师说："冉雍可以当一国之君。"仲弓听了，问子桑伯子如何，老师说："也可以呀，只是稍简易了。"仲弓说："以居心谨慎、行事简要来治民，不是很可行吗？假如居心

也简、行事也简，那岂非太简了呢？"老师说："冉雍说的
很对。"

1 雍：冉雍，字仲弓，鲁人，孔子弟子。

2 南面：面向南而坐，指人君听治之位。言仲弓宽宏简重，有人君
之度。

3 子桑伯子：史传不见。胡寅怀疑即《庄子》书中之"子桑户"。仲
弓此问，是问伯子亦可南面与否。朱注："仲弓以夫子许己南面，故
问伯子如何。"

4 可也，简：可也，仅可而有所未尽之辞。简，不烦。

5 大（tài）简：太简。

6 居：指居心。

南面之位，或指天子，或指诸侯，此处孔子所言冉雍可
以为天子或诸侯是况语，是理想语，而非事实。因为古时天
子或诸侯，更讲的是血统出身，气度与才干根本不重要，孔
孟之贤，犹不得位以行其道，可为明证，但此章仲弓言施政
上的简与太简却很正确。

6.2　　哀公问："弟子孰为好学？"孔子对曰："有颜回者
好学，不迁怒，不贰过。不幸短命死矣。今也则亡，
未闻好学者也。"

　　　　哀公问孔子道："你弟子中谁最好学呢？"孔子回答道：
"有一个叫颜回的算是好学的了，他如有脾气，绝不会找无

　　　　　　　　　　　　　　　　　　　论语讲析

辜的人发泄，同样的过错也不会犯两次。不幸的是他短命
死了。今天已经没了，再也找不到像他一样好学的人了。"

1 **迁怒**：把怒气迁移到别事、别人。迁，移。

2 **贰过**：重复犯过。

3 **短命**：《史记·仲尼弟子列传》记颜渊少孔子三十岁，未记卒年，
《论语》记颜渊死后其父颜路请孔子之车以为椁事（见《先进篇》11.7），
孔子提到孔鲤已死，可见晚孔鲤而卒，孔鲤卒时，孔子已六十九岁
矣。朱熹断颜渊三十二岁而卒，如以少孔子三十岁算，颜渊死时孔
子应六十二岁，考之年谱未合，《史记》所记应有误，今从朱熹。

4 **亡**：同无。

　　此章答哀公问，在颜渊死后，颜渊死于哀公十四年，两
年后，孔子也过世了，所以是孔子在世最后两年的言论。孔
子说明"好学"的标准，不在怎么读书，而在如何做人。
"不迁怒""不贰过"都是德行的事，可见读书的目的在修
心，在为人。
　　文末感叹"今也则亡"，指的不是门下已无好学之人，
而是指已难找到如颜渊般优秀的人了，这样的话让其他弟子
听了，恐怕也是不很受用，要是平常，孔子是不会如此说
的。要知道颜渊死的前两年，孔子唯一的儿子孔鲤先死了
（颜死孔子七十一岁，鲤死孔子六十九岁），再次年，子路又横死，孔子晚
年遭遇不好，又经历了诸如儿子、学生死亡的不断打击，哀
恸逾恒，想起几个比他还年轻的逝者，自不免动了情绪，情
绪动了，说话就不见得周到。圣人是人，也有一般人的情
绪，读者于此，应特别体谅。

6.3　　　子华使于齐，冉子为其母请粟。子曰："与之釜。"请益。曰："与之庾。"冉子与之粟五秉。子曰："赤之适齐也，乘肥马，衣轻裘。吾闻之也，君子周急不继富。"

原思为之宰，与之粟九百，辞。子曰："毋！以与尔邻里乡党乎！"

公西华代表孔子出使齐国，冉求帮他母亲请米给养。老师说："就给他一釜吧。"冉求请增多些。老师说："那就给他一庾吧。"结果冉求给了他五秉的米。老师说："公西赤代表我到齐国，是乘着肥马、穿着轻裘而去的。我听说，君子遇到穷急该周济，但碰到富人，就不必去增他的富了。"

原思当老师的家宰，老师给他俸米九百，原思推辞不要。老师说："你不要推辞吧，多了可以给你邻里乡党的人！"

1 **子华**：即公西赤。

2 **使**（shì）：出使。孔子五十一岁仕鲁为中都宰，五十二岁为司空、司寇，有正式官职，可派员代表自己出使外国洽谈公事。

3 **冉子**：即冉求。有说此章为冉求弟子所记，故称冉子。但此章连记两事，先记冉求为公西华请粟，又记原思辞粟，形显了冉求之失，又不似其弟子所记。

4 **为其母请粟**：为公西华之母请小米以给养。粟，小米。

5 **釜**：六斗四升。

6 **请益**：请增多。

7 庾：十六斗。

8 秉：十六斛。

9 周急不继富：周济紧急所需，对原本富足的人，不继续增其富。

10 原思：名宪，孔子弟子。

11 为之宰：为孔子的家宰。家宰，管家。孔子时任鲁司寇。

12 粟九百：九百单位的小米，家宰常禄也。九百不言量，不可考。

13 以与尔邻里乡党：如有余，可周济邻里乡党之人。

此章分为两节，说明冉求与原宪两种不同的人。

冉求是懂得讨价还价的人，当然此处理由不见得不正当，又当事的人就是孔子本人，孔子明知其中也有不甚合理处，但并没有直言拒绝，这是孔子的宽大。冉求的性格，注定后来从政上的偏差，《先进》篇11.16就有"季氏富于周公，而求也为之聚敛而附益之"的记录。

原宪以贫困著名，但此处的作风，可当孔子所称的君子了。

计量单位，古今差异甚大，本章所记，无法尽考，读者会其大意便可。

6.4 　　子谓仲弓，曰："犁牛之子骍且角，虽欲勿用，山川其舍诸？"

老师评论仲弓说："一头杂色牛，竟生下一头毛色赤红、犄角周正的小牛，就算人不想用它来祭祀，但山川的神明会舍弃它吗？"

1 **子谓仲弓**：孔子评论仲弓（冉雍）这人。谓，评价、评论。

2 **犁牛**：杂色花纹的牛。古人以纯色牛为尚，可供牺牲（大型祭祀用的牲畜），杂色牛为下，不宜为牺牲。

3 **骍**（xīng）**且角**：颜色赤红而且犄角周正。周人尚赤，牲用骍。

　　仲弓出生在不好的家庭，但不妨碍他成为出众的人物，孔子前6.1章称他"可使南面"，现又以牛为况，称他"骍且角"，预言将来必成大器。不过《论语》"子谓某曰"往往指孔子对某说，此章虽称扬仲弓，却以"犁牛"暗刺其父之不贤，似非孔子对仲弓言者，所以此处的"谓"是评论的意思。朱熹说："然此论仲弓云尔，非与仲弓言也。"

6.5　　　　子曰："回也，其心三月不违仁，其余则日月至焉而已矣。"

　　　　老师说："颜回这个人，他的心能三月不离仁，其他的人，或者一天，或者一月，只是偶尔会做到仁罢了。"

1 **三月**：三个月，一季，言其久。

2 **违仁**：违反了仁德。朱注："仁者，心之德。心不违仁者，无私欲而有其德也。"

3 **日月至焉**：或日一至此，或月一至此。焉，于此。

　　孔子当然是称赞颜渊，但用语并不是那么精准。譬如"三月"如指三个月，那三个月多一天或少一天，算不算？

其他的人"日月至焉"，所至又算是到了哪种程度？这种比较，是一种大略式的比较，说这话时常也带着一些情绪的因素，是不能在字面深究的。三月其实不算长，但与一日或一月偶至，则可算是恒久了。朱注引程颐说："三月，天道小变之节，言其久也，过此则圣人矣。不违仁，只是无纤毫私欲。少有私欲，便是不仁。"引尹焞说："此颜子于圣人未达一间者也，若圣人则浑然无间断矣。"都是在说颜渊离圣人或仁人尚有一步之差，因为他"只能"三月不违仁，另外"不违仁"是比较消极的说法，即使更久"不违仁"，是否能算"仁者"，还是不能确定的。

太过拘泥在孔子说的"三月"上面，会造成误解。孔子说的颜子的"三月"是拿来与一般人的偶一行之作比较，却不是拿来与圣人的"浑然无间断"作比较，何况孔子也不敢承认自己行仁是"浑然无间断"的。

另外"日月至焉"指的是所存的心很片断，不如"三月不违仁"的周到，当然在"行仁"上，也比较出高低了。王夫之说："仁有不易言者。有所感，则见理于事；无所感，则见理于心；有所思，则体天理流行之大用；无所思，则存吾心虚静之本体；无非与仁而相依，而后其仁纯矣。乃以此省二三子之用心，唯回也，则前念后念相续之际，未尝离此而弛其心以之于昏昧；百为万感交集之下，未尝舍此而纵其心以逐于私利。如是者，可以至于三月之久而如一也。若其余之从事于此者，其心无能自勉于物交之蔽；而或静而至焉，觉清明之气象有可冯者，其动也，则又有人欲之相诱也；或动而至焉，其恻怛之真忱有不昧者，其静也，则又不知天理之何存也。日一至者有之矣，遂以为功之密矣。或月一至焉，亦以为有所得矣。如是以言仁，恐其不至者非仁，而至者之未能保其仁也。"（《四书训义》）王夫之以颜渊行仁"前念后念相续之际，未尝离此而弛其心以之于昏昧"，较偶一为之的其他人为高。比较之下，王夫之所论更细，读者也可从此思考。

6.6　季康子问："仲由可使从政也与？"子曰："由也果，于从政乎何有？"

日："赐也，可使从政也与？"日："赐也达，于从政乎何有？"

日："求也，可使从政也与？"日："求也艺，于从政乎何有？"

季康子问："仲由可使从政吗？"孔子说："仲由果敢，从政有何难处？"

又问："端木赐可使从政吗？"孔子说："端木赐通达，从政有何难处？"

又问："冉求可使从政吗？"孔子说："冉求多艺，从政有何难处？"

1　果：果决，有决断。

2　达：通达事理。

3　艺：多才能。

孔子因材施教，门下也因材致用。朱注引程颐说："非惟三子，人各有所长，能取其长，皆可用也。"

另一含义是，政治既是管理众人的事，则需要各方优秀人才。

6.7　季氏使闵子骞为费宰。闵子骞曰："善为我辞焉。如有复我者，则吾必在汶上矣。"

季氏派人来要请闵子骞做他费邑的主管。闵子骞说："请你好好帮我推辞吧。假如再来召我，那我必定身在汶水之上了。"

1 **季氏**：鲁大夫，不确定是季桓子还是季康子。

2 **闵子骞**：名损，孔子弟子。

3 **费**（bì）**宰**：费地的主管官。费为季氏邑。

4 **复我者**：再次召请我。复，再。

5 **在汶上**：喻去鲁至齐。汶（wèn），水名，在齐南鲁北境上。在汶上，指前往汶水北之齐也。

季氏为鲁国大夫，却专权跋扈，不臣于鲁，其邑宰也屡叛季氏，可见混乱。在季氏手下为官，正如谢良佐说的："刚则必取祸，柔则必取辱。"（朱注引）不如不就，所以闵子有汶上之叹了。

6.8　伯牛有疾，子问之，自牖执其手，曰："亡之，命矣夫！斯人也而有斯疾也！斯人也而有斯疾也！"

冉伯牛得了重病，老师去探病，从窗外握着他的手，说："万一走了，就是命吧！唉，像这样的人却有这种病啊！像这样的人却有这种病啊！"

1 **有疾**：有重病。

2 **问**：探病。

3 **牖**：指病榻旁之窗。

孔子连叹息两次，情真而意切。

此章有一说法，指伯牛 (冉耕) 即前章"子谓仲弓曰"仲弓 (冉雍) 之父 (见钱穆《论语新解》)，如成立的话，两章放在一起，可能引起争议。在前章中孔子极力称扬仲弓，却以犁牛 (杂毛牛) 相况仲弓的父亲，前章毁而此章誉，很难说其中无矛盾存在，但不能怀疑孔子在说话中所显示的真诚，假如所说是一人，则面对有疾病之苦、死亡之险的人，如有错或不周全处，也都会原谅而不予计较了。

历代争议在讨论伯牛到底得了何病，以致孔子必须"自牖执其手"，因此判断伯牛得的可能是如癞病或麻风之类的恶疾，孔子怕感染。是否真实，无法证明。另外如朱熹言："礼：病者居北牖下。君视之，则迁于南牖下，使君得以南面视己。时伯牛家以此礼尊孔子，孔子不敢当，故不入其室，而自牖执其手，盖与之永诀也。"说得很堂正，但恐也非其实，大体而言，探病或临丧，有不忍与悲痛之心，往往不拘小礼小节。自牖执其手，可能是未及入室，或室中有物阻挡，而病榻正巧临窗，应是当时之自然，而非刻意为之。

6.9　子曰："贤哉，回也！一箪食，一瓢饮，在陋巷。人不堪其忧，回也不改其乐。贤哉，回也！"

　　老师说："颜回真是贤者呀！吃竹篓里的饭，喝瓠瓢中的水，住的是简陋的居室。别人都忧愁不堪了，他却不改乐天的本性。颜回真是贤者呀！"

1 箪：盛饭的竹器。

2 瓢：取水的勺，以瓠为之。箪食瓢饮，指生活条件差，喻贫穷。

3 巷：古人称巷有二义，里中道为巷，人所居亦谓之巷，巷即室也。此采后义。

　　孔子也自况说："饭疏食饮水，曲肱而枕之，乐亦在其中矣。"（《述而》篇7.15）可见颜回与孔子同心。朱注引程颢说："颜子之乐，非乐箪瓢陋巷也，不以贫窭累其心而改其所乐也，故夫子称其贤。""箪瓢陋巷非可乐，盖自有其乐尔，其字当玩味。"又说："昔受学于周茂叔 (周敦颐)，每令寻仲尼、颜子乐处，所乐何事？"宋明儒多喜论此，其意深长，颇值探究。

　　王夫之说得较细，其曰："夫子曰：人之有得于心也，至于乐焉而止矣；而能有其乐者，至于无可改而止矣。盖人心原有此浩然自得之意，旷观之天地而无所疑也，静观之万物而无不顺也。道之无穷，即为心之无穷；理之无碍，即为情之无碍。虽然，得之者亦鲜矣。以此思之，贤哉回也，其有体备乎天地万物之理者乎！其有灼见乎天地万物之心者乎！唯其贤也，故其贫：食则一箪而已矣，饮则一瓢而已矣，所居者陋巷之中也。此人之所不堪其忧者也，乃回也，非直不忧也，吾见其乐也。其乐也，不以贫而改也。是其所为乐者，全乎心而忘乎身，全乎身而忘乎世。则使其处乎富贵福泽之中，亦乐而已矣；即使处于忧危患难之中，亦此而已矣。夫岂见贫之可安而安之也乎？以其所得，想其所存；以其所存，想其所发，何所得而非天理之固然？则何所为而非天德王道之必然者乎？"（《四书训义》）王夫之说真正贤人，内心是自足的，故所乐是道，其乐在心，不在身与世上求，当然不在乎箪瓢陋巷，也不在乎锦衣玉食了。读者可于此玩味深思。

6.10 冉求曰："非不说子之道，力不足也。"子曰："力不足者，中道而废。今女画。"

　　冉有说："并非不喜老师之道，而是力量不够。"老师说："力量不够，做了一半再停。一开始就说力量不够，就是画地自限呀。"

1 **冉求**：字子有。

2 **中道而废**：做一半而停止。中道，做一半。废，放弃、停止。

3 **女画**：女同汝。画，画地自限。

　　冉有说的不见得不是实话，孔子之道至大至广，正如颜渊所说："瞻之在前，忽焉在后。"有时候真的不好掌握。但孔子之道极重学习，认为圣贤境界都是可学而至，是有途径、有方法的，所以努力是很必要的。再有一开始就认为不能，寸步不肯进，当然永远无法达到目标。荀子说"不积跬步，无以至千里；不积小流，无以成江海"，也正是此意。

6.11 子谓子夏曰："女为君子儒，无为小人儒。"

老师对子夏说："你要做个君子儒，不要做个小人儒。"

1 子夏：名卜商，字子夏，卫人，孔子弟子，少孔子四十四岁。

2 儒：《说文》："儒，柔也。术士之称。"所谓"术士"是指一种有专业的人，而且此项专业的工作性质原在文化一类（大概指一些处理社会一般礼仪仪式的事）上，与武备或劳力的技艺相反。到孔子，儒家成为一种学派，强调文化与道德的价值，人应承担人类社会的责任，所以鼓励人精进有为，与道家主张清静无为形成对立。

3 君子儒、小人儒：此处的君子、小人是以广狭论，而非从正邪上分。君子儒指儒家之儒，小人儒指一般从事礼仪事业的专业人员。

孔子死后，子夏设学西河，西河之人，多以孔子视子夏。子夏治学严谨，尝曰："博学而笃志，切问而近思。"（《子张》篇19.6）从学者甚多，影响后世极大，汉儒传经，多源自子夏。此章孔子提醒子夏，做一儒者，学问切忌只成一专业，而应有更大理想，并有以天下国家为己任的襟抱，这是君子儒与小人儒的差别。钱穆以为："推孔子之所谓小人儒者，不出两义：一则溺情典籍，而心忘世道；一则专务章句训诂，而忽于义理。子夏之学，或谨密有余，而宏大不足，然终可

免于小人儒之讥。"（《论语新解》）

6.12 　　子游为武城宰。子曰："女得人焉尔乎？"曰："有澹台灭明者，行不由径。非公事，未尝至于偃之室也。"

　　　子游做武城城宰。老师问："你在那儿有没有发现特殊的人才呢？"子游说："有一个名叫澹台灭明的人，不走小路，不是因为公事，从不到我住处来。"

1　**子游**：名言偃，字子游，吴人，孔子弟子，少孔子四十五岁。

2　**武城**：鲁邑名。

3　**焉尔**：于此。

4　**澹**（tán）**台灭明**：姓澹台，名灭明，字子羽。后亦为孔子弟子。

5　**行不由径**：不走小路。由径，抄小路。

　　朱注引杨时说："为政以人才为先，故孔子以得人为问。如灭明者，观其二事之小，而其正大之情可见矣。后世有不由径者，人必以为迂；不至其室，人必以为简。非孔氏之徒，其孰能知而取之？"朱熹也说："持身以灭明为法，则无苟贱之羞；取人以子游为法，则无邪媚之惑。"都说得很正确，但要注意的是，孔子闻子游之言后，并没有加以评论。从陈述的材料看来，缺乏更积极的佐证，像澹台灭明这样的人说他清高正直是可以的，但光是在道德上清高正直，行为上有点过于严谨拘泥，算不算是孔子所问的人才呢？恐怕还是有问题的。

6.13　　　子曰：“孟之反不伐，奔而殿。将入门，策其马，曰：‘非敢后也，马不进也。’”

　　　　老师说：“孟子反是个不自夸的人，军队打败仗了，他在最后压阵。快进自己城门时，又策其马向前，说：‘不是我敢在后面压阵拒敌，而是我的马跑不快呀。’”

1 **孟之反**：鲁大夫，姓孟，名侧，字子反。

2 **伐**：夸功。

3 **奔而殿**：军队打败了奔逃时殿后。奔，败走。殿，军后曰殿。战败而还，以殿后为功。

4 **入门**：回国进城门。

5 **策其马**：鞭其马以向前。

　　　此章之事，《左传》哀公十一年有记：“孟之侧后入以为殿，抽矢策其马，曰：‘马不进也。’林不狃之伍曰：‘走乎？’不狃曰：‘谁不如？’曰：‘然则止乎？’不狃曰：‘恶贤？’徐步而死。”孟之侧即孟子反。颜渊说：“愿无伐善，无施劳。”（《公冶长》篇5.25）孟之反确实做到了，因此孔子称他“不伐”。

　　　“不伐”表示谦虚，一切不争功诿过，显示处处为人设想，这种人的胸怀襟抱往往是很宏大的。

6.14　　　子曰：“不有祝鮀之佞，而有宋朝之美，难乎免于今之世矣！”

老师说:"一个人没有祝鮀般善说的本事,只有宋朝的美色,恐怕在今天的世上也难以生存吧!"

1 **不有……而有**:无有此而有彼。王引之《经传释词》释"而"为"与",即无此亦无彼,本书不采。

2 **祝鮀**(tuó):卫大夫,字子鱼,有口才。祝,本是宗庙掌祭祀之官。

3 **佞**:口才。

4 **宋朝**:宋公子,出奔在卫,是美男子。古人美色不仅指女,也可指男。

5 **难乎免**:非此难免。

　　此章不甚好解,姑作以上译文。王引之《经传释词》释"而"为"与",意思是"不有"两字统摄以下两句,即"没有祝鮀般善说的本事,也没有宋朝的美色,在世上很难生存",但"而"字下有一"有"字,就不好解释了。假如说原意是"没有"祝鮀之佞,"只有"宋朝之美,当然又是一说,但是否说孔子许可美色呢?便又成了话题。朱注:"衰世好谀悦色,非此难免,盖伤之也。"将谀与色并举,似以为"而"字的"有"字应去,可见欲作合理解释,困难重重。大致而言,此章本意可能不在论鮀、朝之为人,而在感叹世俗之好佞,或者佞、色皆好,是可确定的。

6.15　子曰:"谁能出不由户?何莫由斯道也?"

　　老师说:"谁能外出时不经过门户呢?那么在人生之

途，他却为何不会走正道呢？"

1 **户**：门。《说文》："半门曰户。"古人称单扇的门为户。

2 **何莫**：为何不。

3 **斯道**：此道。道，即孔门之正德至道。

这是就近取譬的话。孔子理想高远，从高远处看，望之凛凛，但出发点都在生活的细处，只要看，都看得出，只要做，都做得到。仁的极致难以达成，但行仁可以不择处，也就是可以时时行仁、处处行仁，不必非想到仁的极致。此处以"由户"相况，正好说明孔子之道的一般处。

6.16　子曰："质胜文则野，文胜质则史。文质彬彬，然后君子。"

老师说："质朴胜过文采，就像野人一样的粗鄙；文采胜过质朴，则流于如文书官的喜文饰。要质朴与文采平均发展，才能算是君子。"

1 **质**：本质。指一个人或一件事原来的样子，没经过文饰的。

2 **胜**：超过。

3 **文**：经过文采修饰的东西，可指人，也可指事。

4 **野**：野蛮、粗鄙。

5 **史**：指在朝廷掌文书之官。朱注："多闻习事，而诚或不足也。"

6 **彬彬**：相半，引申为平均貌。朱注："彬彬，犹班班，物相杂而适均之貌。"

所有文化活动，都含有内外两部分。譬如行礼，内心必须敬诚，这是内在部分；而礼之为礼，也必须有一套规矩、仪式，这是外在部分。这个内在与外在的部分，就是本章所谈的质与文的问题。《论语正义》说："礼有质有文。质者，本也。礼无本不立，无文不行。能立能行，斯谓之中。……君子者，所以用中而达之天下者也。"简单说，君子与礼制一样，要内容与形式并重。

康有为有段话说得很好，原不是针对《论语》，是在《广艺舟双楫》中针对书法所说，但对此章文质并重之旨，作了很好的说明。他说："衣以掩体也，则短褐足蔽，何是采章之观？食以果腹也，则糗藜足饫，何取珍羞之美？垣墙以蔽风雨，何以有雕粉之璀璨？舟车以越山海，何以有几组之陆离？诗以言志，何事律则欲谐？文以载道，胡为辞则欲巧？盖凡立一义，必有精粗，凡营一室，必有深浅，此天理之自然，匪人为之好事。"读者可据此思考文化上内容与形式方面的问题。

6.17　　子曰："人之生也直，罔之生也幸而免。"

　　　老师说："人靠正直而生存，也有不正直的人能生存的，那是因别人正直而使他幸免于难。"

1　直：正直。

2 罔之：无之，指无正直之心，即不直。

3 幸而免：幸而免于难。

世上有正直的人，也有不正直的人，有善人，也有恶人。正直与善都是正道，这世界的合理运行，是靠这正道的力量，而非靠反正道的力量。恶人当道，善人无法生存，而善人当道，往往使得恶人幸免于难，也有生存的机会，这纯是善人宽厚仁爱所致。

6.18　子曰："知之者不如好之者，好之者不如乐之者。"

老师说："知道它不如爱好它，爱好它不如喜乐它。"

知之、好之、乐之都是正面的，但程度不同。

此处的所知、所好、所乐既指学，也指道。

现以道而言，知之是知道它存在，却不见得与我发生联结，在这种状况下，道是道，我是我。但好之就不同了，好之就表示我愿意主动与道接触，与道联结，慢慢地，我入道就深了。更进一步是乐之，我以得道为喜，失道为忧，那道就成为我生命的一部分了，我与道，便可能达到浑然一体的境界，至此，当然是最高的成就了。朱注引尹焞曰："知之者，知有此道也。好之者，好而未得也。乐之者，有所得而乐之也。"言之成理，但稍隔。

宋儒喜欢与人讨论"孔颜乐处"，孔颜的乐处与西方所倡"酒神"(Dionysian) 式的放纵性快乐不同，也与宗教圣徒那种崇仰上帝的喜乐不同。酒神式的快乐是狂喜、醉酒，是靠着燃烧与麻醉所得。而圣徒的喜乐则来自崇敬与荣宠之心，圣徒与上帝之间，是有层永远无法超越的障碍存在的，也就是说圣徒再伟大，也无法与上帝并列，圣徒之乐在安于为圣徒，绝不试图取代上帝。酒神式之乐，在纯为放纵自我；而圣徒式之乐，纯在崇拜上帝，放弃自我。"孔颜乐处"的乐既异于酒神，也异于圣徒，这种乐更接近天人合一的境界。在中国人看来，知识与天理也是有生命力的，而人的生命是可以跟天理结合而成为一体，所以有"天理流行"这句话。孔颜的乐处，在于人性与广大的天理结合，这个境界推到极致，便是圣人即我、我即圣人，天理即人性、人性即天理，王阳明所标榜的良知，就是天理与人性的结合状态。

6.19　　子曰："中人以上，可以语上也；中人以下，不可以语上也。"

　　　老师说："中等以上材质的人，才可以跟他讲高深的道理；中等以下材质的人，是无法与他说高深道理的。"

1 中人：中等材质的人。
2 语（yù）上：告诉其高深之道。语，告。上，指高深道理。

　　孔子并不是歧视中等以下资质的人。道有深浅，人的智慧也有高下，不是所有的人都能全然明白孔子所说的道。这纯就事实而言，并不在分人等差，故此章"不可"二字，不是禁止，而是难为之意。

孔子主张"有教无类"（《卫灵公》篇15.38），可见并不歧视资质不高的人，只是施教的方式要因而调整。朱熹在《为政》篇答诸人问孝答案不同时，引程颐言："各因其材之高下，与其所失而告之，故不同也。"王阳明也在《传习录》中说："不是圣人终不与语。圣人的心忧不得人人都做圣人。只是人的资质不同，施教不可躐等。中人以下的人，便与他说性，说命，他也不省得也，须慢慢琢磨他起来。"意思是中人以下，难以喻上，如要他明白较深的道理，必须费更多的心。

6.20 樊迟问知。子曰："务民之义，敬鬼神而远之，可谓知矣。"问仁。曰："仁者先难而后获，可谓仁矣。"

樊迟问怎样算智。老师说："做管理百姓该做的事，敬鬼神而与鬼神保持距离，可以说是智了。"樊迟又问怎样算仁。老师说："一个仁者都是先做难做的事，不计算所得多少，做到这地步，可以算仁了吧。"

1 务民之义：处理人民事务所宜者。

2 敬鬼神而远（yuàn）之：尊敬鬼神，但与鬼神保持距离。远，远离。

3 先难而后获：先做难事，而不谈或后谈所得。

此章应是樊迟要出仕，临行问所当为之事，孔子答其所问，虽有知、仁之分，而专有所指，并非泛论所有。孔子之时去古未远，民间信仰鬼神，治民不能尽止其俗，只有敬而远之（保持距离），不要弄得人鬼不分，这才叫智。仁者有高大理想，不为小得小失所困，有时必须有"明其道不计其功"的功夫，才可称之为仁。

6.21　　子曰："知者乐水，仁者乐山；知者动，仁者静；知者乐，仁者寿。"

　　老师说："智者喜欢流水，仁者喜欢高山；智者常动，仁者常静；智者常乐，仁者常寿。"

1　乐（yào）：喜爱，以之为乐。
2　知者乐（lè）：智慧者多快乐。

　　此章孔子分析知、仁两德，从不同层面相况。要注意，所说都是相况之词，所谓能近取譬，只能求意象之近，不能说必然如此。如"知者乐水，仁者乐山"，是以流水的周游变化形容智慧，但要知道，在现实世界，有智慧的人不见得一定喜爱流水，仁者乐山，也是同样意思，硬说便成为穿凿。朱熹言："知者达于事理而周流无滞，有似于水，故乐水；仁者安于义理而厚重不迁，有似于山，故乐山。"不能说没有道理，但也同样不可过分拘泥于字面，否则反不达。后面的动、静，乐、寿皆是相对比较用词，充满了象征的作用。王夫之说得好："夫智、仁各成其德，则其情殊也，其体异也，其效亦分也。而山水之乐，皆造物自然之理；动静之体，则阴阳合撰之能；乐寿之效，皆性命自然之效。则为仁为智，要以体道而成德。不然，情无固情，心无定体，而效亦不可必矣。故学者顺其性之所近，以深造之，各如其量而可矣。"（《四书训义》）

因为是相况 (形容)，因此本章充满了文学的气质。文学上的描写，不在事实的切合，而在气韵的把握。看此章的叙述，孔子的思想安宁而充满了灵动，又文采焕然，能表现难以表现的事物与感情。当然此章对知、仁的描写，也可视为孔子的自况。

6.22　　子曰："齐一变，至于鲁；鲁一变，至于道。"

老师说："齐国一经改变，就可同于鲁国；鲁国一经改变，就可达到正道了。"

1 **齐**：齐国。

2 **一变**：一经改变。

3 **至于鲁**：达到鲁国的境地。

朱熹说："孔子之时，齐俗急功利，喜夸诈，乃霸政之余习。鲁则重礼教，崇信义，犹有先王之遗风焉，但人亡政息，不能无废坠尔。道，则先王之道也。言二国之政俗有美恶，故其变而之道有难易。"此章是孔子对春秋时诸侯国的评骘，独举齐、鲁，是因为二国是西周姜太公与周公的封地，虽早已变化，但余烈犹有保存。孔子认为，多加努力，还是有望实施西周初年的王道理想的。当时齐强鲁弱，强国霸业，不是孔子的理想，他说"齐一变，至于鲁"，是期望齐能变得如鲁一样接近王道，但他对鲁的状况也并不满意，说"鲁一变，至于道"，是期望改变后的鲁，政治可达更高的理想。他厌弃霸道，在乎的是合理又和平的王道思想，希望有一天终能实现。这两句话中充满了预期，孔子对当时的现实政治十分不满，但难能可贵的是，他从来没有放弃希望。

6.23　子曰："觚不觚，觚哉！觚哉！"

> 老师说："觚已不是觚了，还称什么觚呀！还称什么觚呀！"

1 觚（gū）：棱，器之有棱者，或酒器，或木牍竹简，皆有棱。
2 不觚：当时失其制而不为棱也。

大致来说，孔子是对现实表示不满的语气，所指有很多可能。

觚的说法有很多种，解释在细节处也不统一，此处采用的是朱熹的解释。孔子感叹古制不存，当然这种感叹可以引申发挥，如朱注引程颐说："觚而失其形制，则非觚也。举一器，而天下之物莫不皆然。故君而失其君之道，则不为君；臣而失其臣之职，则为虚位。"这是引申之一例，不是必然，孔子此说，也可能有他指，硬说孔子的"觚不觚"指的是君臣失道失职，恐怕也有点穿凿。

6.24　　宰我问曰："仁者，虽告之曰：'井有仁焉。'其从之也？"子曰："何为其然也？君子可逝也，不可陷也；可欺也，不可罔也。"

　　宰我问说："有人告诉仁者说井中有人落水，请问仁者会跟着入井吗？"老师说："为什么要这样呢？君子可以过去看，但不能被陷害；他也许一时会被骗，但不能让他始终糊涂。"

1 **井有仁焉**：有人落井。仁字当作人。

2 **其从之也**：他会跟随入井吗？也同耶，疑问词。

3 **逝**：往。

4 **陷**：陷害。

5 **罔**：迷惘、迷惑。

　　此章借宰我与孔子的对话而引出君子（或仁者）的处世问题。君子是正直的，是善良的，这点毋庸怀疑，但正直与善良不表示可欺可罔，身在井上，可设法救人，一同入井，形同自陷，反而将危机加重，便是愚蠢了。知者不必是仁，而仁者必定有知，所以世上不乏愚忠愚孝，却从未听闻有愚仁者。后面说的可逝不可欺、可欺不可罔，也是同样意思。《孟子·万章上》说"君子可欺以其方，难罔以非其道"，也是同样的意思。

6.25　子曰："君子博学于文，约之以礼，亦可以弗畔矣夫。"

　　老师说："君子要博学各方面知识，并且会以礼约束行为，这样的话，就可以不背大道了。"

1 **博学于文**：扩充各方面知识。文，指诗书礼乐，一切典章制度，即文化累积的所有材料，此处不专指狭义的文学而言。

2 **约之**：约束、归纳。

3 **礼**：有二解，一指礼乐之礼，一指履行。译文从前解。

4 **弗畔**：无所违背。畔，同叛，背。

　　君子必须有广博的知识，所以要博学于文，但不可因知识超人而肆无忌惮，所以须约之以礼。明末顾炎武论学，以"博学于文，行己有耻"为宗旨，便根源于此。

6.26　子见南子，子路不说。夫子矢之曰："予所否者，天厌之！天厌之！"

　　老师见了南子，子路不高兴。老师对天发誓说："我如做了不合礼的事，天会厌弃我！天会厌弃我！"

1 **子见南子**：孔子见卫灵公夫人南子。朱熹说："南子，卫灵公之夫人，有淫行。孔子至卫，南子请见，孔子辞谢，不得已而见之。盖古者仕于其国，有见其小君之礼。"

2 **子路不说**：子路不高兴。说同悦。子路以孔子见此有淫行之人为辱，故不悦。

3 **矢**（shǐ）：誓。

4 **予所否者**：否，谓不合于礼，不由其道。

　　此章记孔子见南子而子路不悦事，本来都没问题。孔子仕卫，依情依礼，不得不见南子，子路因南子有淫行以为辱，不悦也甚合理，孔子如向子路作一番解释，应都能解决。问题在孔子见子路反应后，自己也动了情绪，对天发誓，又连说两次"天厌之"，就显得有些失态了。但《论语》存此记录甚好，假如此记录无误的话，显示仁者虽不动如山，但其实都是有血肉的人，也会有动情绪而失常的时候。

6.27　　子曰："中庸之为德也，其至矣乎！民鲜久矣。"

　　老师说："中庸作为一个德性来讲，是那样的崇高啊！可惜一般民众，少此德已很久了。"

1 **中庸**：本指一般人、一般的道理。朱熹说："中者，无过无不及之名也。庸，平常也。"如果指一般道理的话，是说为一般人所设的常道，有大与普遍的特性。

2 **至**：极。

3 **鲜久矣**：不见久矣。鲜，少，民少此德，今已久矣。

　　孔子并未说中庸之道到底是什么，依字面解释，中庸是普遍存在的常道，所谓普遍，只指面积广大（如是人，便是多数人），常道中的常，就是指经常、恒常，有长时间的意思，一个道理经过长时间检验，适合大多数人实行，便叫作常道，合乎孔子所谓"至"的定义。

孔子可能发觉一个可行之久远的"至道"不再流行，社会流行的不是"小道"就是"左道"，显然有一种日趋偏狭的走势，因而发出"民鲜久矣"之叹。

6.28　　子贡曰："如有博施于民而能济众，何如？可谓仁乎？"子曰："何事于仁，必也圣乎！尧舜其犹病诸！夫仁者，己欲立而立人，己欲达而达人。能近取譬，可谓仁之方也已。"

　　子贡问说："一个人能广博施爱民众，又能救民于水火，这人怎样呢？可以算是仁了吧？"老师说："这哪是仁者能做到的，要做到，必定是有德有位的圣人吧！就是要尧舜来做，恐怕也做不周全呢！一个仁者，自己想建立，也会帮助别人建立，自己求成功，也帮助别人求得成功。能从近处取得譬喻，可以说是行仁的方向了。"

1　**博施**：广博施予。

2　**济众**：拯救众人。济，救济、拯救。

3　**何事于仁**：朱注："何止于仁。"意思是如此的话，那何止是仁呢。

4　**必也圣乎**：必定是圣人始能为之。

5　**尧舜其犹病诸**：指有德有位的尧与舜，也不见得能真做得到。

6 **能近取譬**：能在近处取得譬喻。

7 **仁之方**：行仁的方向。

"仁"为孔子学说的核心，但"仁"字并不好解说。在孔子之前，仁字并没有太丰富的含义，只作"果仁"解，引申为感觉，有"麻木不仁"之说，直到孔子，才赋予其极高的道德意义，是故朱注引程颐言："医书以手足痿痹为不仁，此言最善名状。仁者以天地万物为一体，莫非己也。认得为己，何所不至；若不属己，自与己不相干。如手足之不仁，气已不贯，皆不属己。故博施济众，乃圣人之功用。"可以说是将仁字从本义推广成引申义的最好解释了。

王夫之对此章"己欲立而立人，己欲达而达人"解释得很好，读者可自参酌。他说："一情之起，即有一情之用；一念之发，即有一念之真；一理之在，即天下之理所自得，而仁之体可得而见矣。此求仁以其方，而仁之为仁，自深切而著明也。无念非欲，无欲非立达，譬之譬之，而心不敢自逸，因而立之达之，而事各尽其所可为，知仁之体，识仁之用，无终食之间可违也，则四海之大，兆民之象，吉凶利病之无穷，待吾博济之功用者，且以实心循实理，而徐俟其成能。若德盛化神之所为，早已系吾心，而反疏其当念，盖徒有其虚愿，而仁者亦何事此哉！盖子贡之言，迹也，而非心也；如以此为心，则又心也，而非理也。圣人之仁，一实之理生于心，非一心之想成乎理，学者乌可以不辨哉！"（《四书训义》）

此章子贡本欲问仁，却引出孔子跟他说仁、圣之别来。孔子之前的圣人，指有德有位的人，如尧、舜、文、武之类，有其位，才能充分实现"济民"之举，里巷的"仁人"，因无其位，是无法做到的。但里巷的仁人仍可做到"己欲立而立人，己欲达而达人"，个人也可发挥道德的极限，只是施仁的范围也许小些，然也无须因此而自馁。

《述而》篇，共三十七章。朱熹以为此篇多记圣人谦己诲人之辞，及其容貌行事之实。

7.1 子曰："述而不作，信而好古，窃比于我老彭。"

老师说："我的学问只传述旧闻，不能算是新作，我相信古人也喜好古人，私下把自己比拟成古人老彭。"

1 **述**：传述旧闻。

2 **作**：创作。

3 **信而好古**：信古又好古。

4 **窃比于我**：于我窃比。窃比，谦辞。

5 **老彭**：一说指商贤大夫，其名见《大戴礼》，但细行不详。一说指老子与彭祖二人，不采。

此章主旨，是孔子自表谦虚。

朱熹说："孔子删《诗》《书》，定《礼》《乐》，赞《周易》，修《春秋》，皆传先王之旧，而未尝有所作也，故其自言如此。盖不惟不敢当作者之圣，而亦不敢显然自附于古之贤人；盖其德愈盛而心愈下，不自知其辞之谦也。"当然后人也有不赞成孔子有"删《诗》《书》，定《礼》《乐》，赞《周易》"之说的，指出孔子并未"删、定"六经，但六经因孔子流传而发达也是事实。朱熹又说："夫子盖集群圣之大成而折衷之，其事虽述，而功则倍于作矣。"

其实孔子的"述"远超过了一般"作"的贡献，在他的"述"中，也包括许多创"作"的成分。

至于孔子心仪的老彭究竟是谁，因缺乏记载，便只好存疑了。

7.2　　子曰："默而识之，学而不厌，诲人不倦，何有于我哉？"

老师说："默默地记下来，学习从不厌倦，教人也从不放弃，这些对我来说，有什么困难呢？"

1 **识**（zhì）：记。

2 **何有于我**：于我有何难，意即我已做到了。亦言何者能有于我也，即皆我所不能。朱熹采之，曰："三者已非圣人之极至，而犹不敢当，则谦而又谦之辞也。"本书不采。

本章所说三事，对孔子而言都很寻常，也确实都做到了，孔子真诚直道，言语皆自性情流出，非自伐之言，但也非谦辞。

7.3　子曰："德之不修，学之不讲，闻义不能徙，不善不能改，是吾忧也。"

老师说："德不知修，学不知讲，知道合理的事不能随着做，有不善的地方不能改，是我担忧的地方。"

1　**德之不修，学之不讲**：朱注引尹焞曰："德必修而后成，学必讲而后明。"

2　**徙**：迁徙、改从。

此四者，都是修德进业最基本的事，孔子以之自勉，亦以之勉人。

7.4　子之燕居，申申如也，夭夭如也。

孔子平居时，总是神态舒畅、颜色和悦的样子。

1　**燕居**：平居，指日常生活。

2 **申申如**：伸展舒张的样子。

3 **夭夭如**：颜色温婉和缓。

"申申如也"，令人想到小树舒展枝叶，在和煦的春阳中滋长的样子。《诗》有"桃之夭夭，灼灼其华"句，"夭夭如也"，令人想到如桃花一般的美丽颜色，正春色和暖，世界一切欣欣向荣。

此章说明孔子平居生活的样子，极平实，又刻画深刻。归本溯源，心中坦荡，压力自减，神态故能申申如；志趣高妙，所乐在道，颜色自能夭夭如。读者可于此会心。

7.5 子曰："甚矣吾衰也！久矣吾不复梦见周公！"

老师说："我真年老又衰弱了吧！已好久不再梦见周公了！"

1 **衰**：年老体衰。

2 **梦见周公**：孔子盛年，志欲行周公之道，故梦寐之间，如或见之。

日有所思，夜有所梦。一天孔子突然惊觉，自己是否已衰老了，或是意志不够坚强了呢，否则年轻时的梦想为何不再？用反问的语句，更凸显了孔子对年龄的恐惧与志道之不行的忧虑。

感到时不我与，觉得一生的志向没有完成，是所有伟大心灵很自然的感受，因为本想做得更大、更好，没能做成，

　　　　　　　　　　　　　　　　　　　　论语讲析

似是一种遗憾。但假如没有那种企图心，人类的文化就停滞了，所以读者读此章，应想到孔子从年轻到年老日日思念完成周公事业的样子。

没有做成，当然有失落感，但这种失落感不是自怜，起心动念都极为高贵。

7.6　　子曰："志于道，据于德，依于仁，游于艺。"

老师说："一个人要志于道，要坚守品德，还要不违仁心，更要有六艺的涵养。"

1 据：坚守。

2 依：不违。

3 游：玩物适情，即涵养、涵咏。

4 艺：即六艺，指礼、乐、射、御、书、数，包括艺术与技能。朱熹说："艺，则礼乐之文，射、御、书、数之法，皆至理所寓，而日用之不可阙者也。朝夕游焉，以博其义理之趣，则应务有余，而心亦无所放矣。"

此章教人为学之道。朱熹言："盖学莫先于立志，志道，则心存于正而不他；据德，则道得于心而不失；依仁，则德性常用而物欲不行；游艺，则小物不遗而动息有养。"

所举四端，前三项都是德行面，后一项捻出"艺"来，显得十分特别。艺依朱熹说指六艺，其实艺还有技艺、技术的含义，也可专指艺术而言。假如把艺解释成谋生的技艺，那表明孔子是很重视生活技艺的训练的，因为生活技艺是生活的手段，有了它，一般人才能安居乐业。假如把艺当成艺术来讲，则孔子的生活中充满的艺术意涵，也是不可忽视的。尤其重要的在"游"这字。游从水，有活动、周行不止的含义，艺术鼓动人的活动力；游也表示有艺术的涵养，人变得更为灵动，言行具有美感，这样的人生，便不会僵化了。

7.7　　　子曰："自行束脩以上，吾未尝无诲焉。"

　　　　老师说："要是带来一束干肉做求师的见面礼，我是从没有不教诲他的。"

1 束脩：一束干肉。一束十脡，即十条。古者相见，尤其见长者须执贽（礼物），束脩为较薄者。

2 未尝：不曾。

3 无诲：不教。诲，教。

　　对老师须有一定的敬意，所以求师问道须执礼。礼薄无妨，但须持敬，学生持敬始能虚心向学。

7.8　　　子曰："不愤不启，不悱不发，举一隅不以三隅反，则不复也。"

　　　　老师说："心不求通，我不会启示他。不是口欲言而不达，我不教他如何开口。我已举一隅为例了，他却不晓得推想其他三隅的道理，像这样的人，我就不再教他了。"

1 **愤**：心求通而未得。

2 **启**：开启。

3 **悱**（fěi）：口欲言而未能。

4 **发**：开发以达其辞。

5 **举一隅**：物有四角，举一角示之。

6 **反**：反省、推想。

7 **复**：再告、再教。

此章在说明教学活动中学生一方的条件。

孔子有教无类，但学生先要有求知的欲望，老师才能因材施教，教育讲求互动，绝非一方面的独施。朱注引程颐说："待其诚至而后告之。"将此章章旨归之于受教者应诚心受教，当然有道理，不过并非全然。学生求教，必须有受教的动机，愤与悱，是最大的动机。愤是求通而不能，悱是求言而不得，这是学生的困局，倒不是程颐说的诚或不诚的问题。学生知道了自己的困局所在，一心求通，一心求言，老师才可趁势利导，为之指点迷津。

孔子其实完全掌握了教学的心理，而且运用得十分熟练。"举一隅不以三隅反，则不复也"说得很坚决，因为推测与联想，还有自身的努力，是求知不可或缺的手段。"则不复也"四字，听起来有点绝情，其实目的在强调学生务须努力，万一努力了还跟不上，也不要担心，老师其实是会暗助他一把的。

7.9　　子食于有丧者之侧，未尝饱也。子于是日哭，则不歌。

　　　　　孔子在丧家吃饭，从未饱食。孔子当天吊过丧，就不唱歌了。

1 **未尝饱**：未曾饱食。
2 **哭**：吊丧。

　　这章讲的不是礼制，没有礼法规定在丧家吃饭不能吃饱，也没有礼法规定吊丧过后不得唱歌，朱注于"未尝饱"下说："临丧哀，不能甘也。"朱熹说"不能"，不是规定不能，而是指当人太过悲伤，则口已无法辨味之意。孔子的"未尝饱"，指个人未曾饱食，是自己的事，不是别人强加规定的，自己因哀痛吃不下，丧家劝餐，只得勉强进食，因而未饱；"不歌"也是自然，并非勉强遵于礼制而来。

　　孔子虽强调礼制重要，要学生"博文约礼"，但从不要求以礼来扭曲人的感情。人的感情偏向直觉，孔子对人这方面的直觉，是充分尊重的，所以孔子的道德，绝大部分来自内心的自觉，而非他律。读此章，要体会孔子的"自然而然"，因真哀痛，所以"吃不下"（不是刻意"不吃下"）；吊丧后有余悲，所以"唱不出歌"（而非刻意"不唱歌"），这是最关紧处。

7.10　　子谓颜渊曰："用之则行，舍之则藏，唯我与尔有是夫！"子路曰："子行三军，则谁与？"子曰："暴虎冯河，死而无悔者，吾不与也。必也临事而惧，好谋而成者也。"

老师跟颜渊说："有用世的机会，便将此道周行于天下，无用世的机会，便把此道深藏在身，恐怕只有我与你有这本事呢！"子路说："老师您有机会率领三军时，要谁跟在你身边呢？"老师说："要是一个人徒手搏虎、徒步涉河，到死都不后悔，我是不会跟他一起的。我要的必是临事而惧、好谋而定的人。"

1 用之则行：得以用世，则行此道于天下。

2 舍之则藏：不用，则藏此道于其身。

3 唯我与尔：只我与你。尔，汝、你。

4 行：率领。

5 三军：万二千五百人为军，大国有三军。

6 暴虎冯（píng）河：暴虎，徒手与虎搏斗。冯河，徒步涉河。

7 成：定。

颜渊与子路是孔子的高弟，不幸都比孔子早死。颜渊死时，孔子曾呼曰："天丧予！天丧予！"可见哀痛之深。子路死后，竟有"仲尼覆醢于子路"的传说，是源于孔子对两人十分钟爱，而且都是发乎至情的。

此章孔子对颜渊显示欣赏与赞同的态度，但对子路的表现，却不留余地地批评，用词严厉。同门争胜，是很自然的现象，子路的反应当然是因为他"好勇"而直接，但也有吃醋拈酸的成分，他举出"子行三军"的例子，确实太强烈了些，所以孔子也不很留情面地指责他。孔子对子路，往往是不留情面地面责，语言不转圜，不假借，与对其他弟子不同，因此孔子的指责，也有点"因材施责"的成分。不过此处孔子所说的"暴虎冯河"，也有一些动了意气，因为子路所举的"行三军"，也不见得必然全是有勇无谋式的。

此章显示出师生的性情面貌，颜渊真是个"终日不违如愚"的人，是个默默承受一切的好学生，在此章中颜渊始终没有说话，也没写他表情，就是证据。子路不改他直率又有点莽撞的性格，孔子呢，会帮学生指出大道理、大方向，是个既有言教也会身教的好老师。但他有时也是会动一些情绪的，这才显示出孔子的真，这样的记录很可贵。

7.11　　　子曰："富而可求也，虽执鞭之士，吾亦为之。如不可求，从吾所好。"

　　　　老师说："富贵要是可求，要我去做驾车之类的事，我也愿意去做。如不可求，那就做我喜好的事吧。"

1 **富而可求**：富如可求。而，如。
2 **执鞭**：手执鞭策，为人驾车。喻较低贱之事。

　　　这章有点愤激，说富贵可求，再低下的事自己都愿意做，便是所谓的动了"意气"，见出孔子倔强一面的性格，可与《里仁》篇"富与贵，是人之所欲也"章 (4.5) 同看。

7.12 子之所慎：齐、战、疾。

孔子所慎有三事：斋戒、战事、疾病。

1 慎：谨慎。

2 齐（zhāi）：同斋，齐一精神思虑以事神明。古人祭神前必行斋戒，以为诚之至与不至，神之飨与不飨，皆决于此。

3 战：战争。

4 疾：疾病。

其实孔子对所有事都抱着谨慎的态度，但也有轻重之分。朱注引尹焞说："夫子无所不谨，弟子记其大者耳。"但斋、战、疾三事，前二事牵动福祸，后一事牵动人的存亡生死，都有无法预知的成分，不是人可以充分掌握的，所以更要谨慎从事，重视其中细节。

7.13 子在齐闻《韶》，三月不知肉味，曰："不图为乐之至于斯也！"

孔子在齐国听到了舜时的《韶》乐，竟然有三个月吃肉都不辨滋味，说："从没料到音乐的作用能达到这个地步啊！"

1 在齐闻《韶》：在齐国听到《韶》乐。《韶》，舜时乐名。鲁昭公二十五年，鲁国发生内乱，昭公奔齐，孔子也于是年适齐。

2 **三月不知肉味**：喻《韶》乐至美，影响所及，三月之内，食肉不知其味之美。

3 **不图**：没想到。

4 **为乐之至于斯**：音乐能达到这样的境界。

　　这一方面是《韶》确实极美，另一方面是孔子知乐极深，二者缺一不可。艺术往往有一种奇特的魅力，沉醉其中，能让人忘记目前所处的真实环境，说之迷惑也好，说之超拔也好。孔子曾在本篇"叶公问孔子于子路"章自述他是"发愤忘食，乐以忘忧，不知老之将至云尔"，忘食就是忘记饮食，与此处的三月不知肉味同义；忘忧是指原有忧愁，却忘记了；不知老之将至，是指明明老了却不"觉"老，在心理学上，都是超拔的现象，而造成此超拔现象的，往往靠艺术。

　　此章的重点不在讨论孔子三月不知肉味是不是"凝滞于物"的问题，《大学》说："心不在焉……食而不知其味。"有人说，圣人怎么可能"心不在焉"？其实本章的重点是点出孔子的艺术涵养，让他超拔了实际生活的一切苦难。没有美学的道德只是制约，有美学的道德便是生活，既是生活，才可无限地延续下去。

7.14　　冉有曰："夫子为卫君乎？"子贡曰："诺。吾将问之。"

　　入，曰："伯夷、叔齐何人也？"曰："古之贤人也。"曰："怨乎？"曰："求仁而得仁，又何怨？"

出，曰："夫子不为也。"

　　冉有问："我们老师会帮助卫君吗？"子贡说："好吧。我去问问看。"

　　子贡进了房内，问道："伯夷、叔齐是哪种人？"老师说："是古代的贤人。"子贡问："他们会埋怨吗？"老师说："他们求仁而得仁，有什么好埋怨的呢？"

　　子贡出来，对冉有说："老师不会去帮助卫君的。"

1 **夫子为**（wèi）**卫君乎**：老师会帮助卫君吗。为，助。卫君指当时卫出公辄。起初，出公的祖父灵公逐其世子蒯聩，灵公薨，国人立蒯聩之子辄，晋人纳蒯聩，而卫人拒之。当时孔子居卫，弟子不知孔子是否助卫君以子拒父，故有此问。

2 **伯夷、叔齐**：孤竹君二子，已见前章。孤竹君将死，遗命立叔齐，伯夷遵父命逃去，叔齐也不立而逃之，国人立其仲子。

3 **求仁而得仁**：追求行仁而终得行仁。在伯夷，仁即孝，在叔齐，仁即弟。

4 **夫子不为**：老师不会帮助卫君。因为伯夷、叔齐兄弟互让，而卫君却是父子相争。

　　此章甚曲折，冉有问孔子是否会帮助卫君的事，首先他不自己去问孔子，而去问子贡，已有些奇怪。子贡答以去向孔子请教，又不直问，却举伯夷、叔齐的事兜圈子，等孔子说他们求仁而得仁的"不怨"之后，也不在孔子面前点破此问的原因，便出去告诉同学孔子是不会帮助卫君的。子贡的判断是否一定正确，其实有讨论的余地，伯夷、叔齐与卫君的事有同的部分，也有异的部分，不见得可以一概而论。问答在不很确定的情况下进行，引起了读者的好奇心，以文章而言，是有起伏、有曲折的好文章，可以引人入胜。其中最重要的人物是子贡，幸好他的预测后来证明是正确的，孔子确实没助卫君，但这推论也冒了一些险。

7.15 子曰："饭疏食饮水，曲肱而枕之，乐亦在其中矣。不义而富且贵，于我如浮云。"

老师说："吃粗食、饮清水，弯起手臂当枕头，乐是在其中的。不该得的富贵，对我而言像浮云一样。"

1 饭：吃。

2 疏食：粗粝之食物。

3 曲肱：曲臂。

4 枕之：以之为枕。

王夫之解释此章甚好，他以"天不我违，而何不适？物皆我备，而何不遂"来解释圣人之心的饱满，因饱满而无处不自得之况，十分能把握此章之真精神。他说："圣人之心，浑然天理，有天下而若固有之，处困穷而无不自得，盖有其乐存焉。此其心体之安于仁而顺于天，有不可名言者；而以情言之，则谓之乐。夫子欲以示人，而托之境遇以自言曰：夫人亦安往而不有其乐焉者在乎？以今言之，饭疏食可也，饮水可也，无求饱也；曲肱而枕之可也，无求安也。即此想之，乐亦在其中矣。天不我违，而何不适？物皆我备，而何不遂？心之自得，而何自逆吾心？道之不远，而何所疑于道？诚乐矣。若夫富贵，则以义为取舍矣。使不义而富且贵，如太虚之中忽而有浮云焉，非太虚之所有，而必不终有也，其于我何哉？此吾之所以自得于心，而可以与天下共信之者也。呜呼！人能知吾性之所有，则能知吾性之所无。然能知吾性之所无，或不能全吾性之所有。性之所不全，而情以生。圣人尽性，而其心不易言。谓之曰乐，抑岂乐之所能尽也哉！"（《四书训义》）

又，此章所记如疏食饮水、曲肱而枕，均十分具体，不凭空立论。后举浮云为况，只说不义之富贵与自己无关，并不带有任何愤嫉之心，极真实又极优美。可见孔子之道德与美学结合，天衣无缝，已达至境。

7.16 子曰："加我数年，五十以学《易》，可以无大过矣。"

老师说："天如再给我几年，让我晚年可以学《易》，那我就不会犯大错了。"

1 **加**（jiǎ）**我数年**：天如让我多活几年。加，假，假即借。《史记·孔子世家》："假我数年，若是，我于《易》则彬彬矣。"

2 **五十**：五十岁。一本作"卒"，指晚年。朱注："刘聘君（刘勉之）见元城刘忠定公（刘安世）自言尝读他《论》，'加'作假，'五十'作卒。"认为"卒"与"五十"是字相似而误分。本书采此。

3 学《易》：朱熹曰："学《易》则明乎吉凶消长之理，进退存亡之道，故可以无大过。"

此章有不同解说，有认为是孔子五十岁之前说的，但《史记·孔子世家》载："孔子晚而喜《易》。"又说："读《易》，韦编三绝。"此说与晚年喜《易》似有不同。朱熹认为"五十"作"卒"字解较通，今采朱注。也有认为五十以学为一读，"易"字应作"亦"字，连下句。皆不采。

《易》原为古时占卜之书，后世解释，多附益天道人伦之大义于其中，故孔子言学《易》可以无大过。

7.17　　　子所雅言，《诗》、《书》、执礼，皆雅言也。

孔子平日用雅言的是，诵《诗》、读《书》、执行礼节，都用雅言。

1 雅言：正式的语言，犹今之国语，这里用作动词。雅，正、常。
2 执礼：行礼。执，执行。

言有方言、雅言之分。方言为地方语言，用在日常生活，雅言是较正式的语言，用在正式而公开的场合。孔子为鲁人，平居说鲁语，乡音姁姁，可以与乡里民众打成一片，但书本上或礼仪上用的，多数是雅言，所以在从事学术或政治活动中，就必须用雅言了。采用何种语言，全因需要而定。

7.18　　叶公问孔子于子路，子路不对。子曰："女奚不日，其为人也，发愤忘食，乐以忘忧，不知老之将至云尔。"

　　叶公问子路孔子究竟如何，子路没回答。孔子知道后说："你为什么不告诉他说，孔子这个人啊，发愤起来会忘了饮食，快乐起来会忘了忧愁，是个连自己将老了也不知道的人罢了。"

1　叶（shè）公：楚叶县尹沈诸梁，字子高，僭称公。

2　不对：没有回答。

3　女奚不日：你何不说。奚，何。

4　云尔：如此罢了。

　　此章含义，在本篇7.13说过。孔子终身好学，所以知识广被，广大的知识，让他看见世界的真相，不值得为无谓的小事烦恼；孔子又有很高的艺术涵养，艺术涵养让他超拔苦难，可以在生活中到处找得到乐源。他心中当然有更高的理想，他也知道这理想实施起来困难重重，但退一步想，能发现这个理想，便是获得一生最大的宝藏，死而无憾了（"朝闻道，夕死可矣"）。

　　此章最紧要一字是"忘"。发愤"忘"食，乐以"忘"忧，都有一忘字，不知老之将至，其实就是"忘年"，也暗藏了忘字在。"忘"并不是消极的忘却，而是有更励志性的超越，也就是人在更大的喜悦之下，不会再计较那些令人烦恼的小事。吃什么、喝什么是小事，忧愁也是小事，就连逼迫我不得不就范的年岁也是小事，这样说来，对孔子而言，什么才是真正的"大事"呢？就值得读者想象了。

7.19 子曰："我非生而知之者，好古，敏以求之者也。"

老师说："我不是个天生就知道一切的人，我的知识，是喜好学习古代，又勤勉追求得来的。"

1 **生而知之**：不待学而知。
2 **敏**：勤勉迅速。

孔子屡言好学。好学须从实学入手，"好古，敏以求之"就是不蹈空。

7.20 子不语怪、力、乱、神。

孔子不讲有关怪异、勇力、悖乱与鬼神的事。

1 **怪**：怪异。
2 **力**：勇力。
3 **乱**：悖乱。
4 **神**：鬼神。

怪、力、乱在于此三者非理之正，故孔子不语。鬼神虽不见得不正，但并非一般推理可明，更非常理可穷者，一言及，容易蹈空，故孔子也不轻易语人。

7.21 子曰："三人行，必有我师焉。择其善者而从之，其不善者而改之。"

老师说："三人同行，必定有我老师在。好的可供我学习，不好的可供我改正错误。"

1 三人行：三人同行。朱熹以为"其一我也，彼二人者，一善一恶，则我从其善而改其恶焉，是二人者皆我师也"。另一说，"三人"不见得其一为我，指任何三人，三人同行，其中如无胜我者，当必有不如我者，两者皆可为我师。二说皆可。

朱注引尹焞说："见贤思齐，见不贤而内自省，则善恶皆我之师，进善其有穷乎？"说得都不错，但文中"三人行"，也不见得如朱熹硬要解释作其一为我，另一善一恶，古人举三，常表多数，意指在任何人群中，都可能有善有恶，都存有值得我取法或改过取镜的地方。

7.22 子曰："天生德于予，桓魋其如予何？"

老师说："天生此德给了我，像桓魋这样的人，能把我怎样呢？"

1 天生德于予：上天生下我，给了我的这种特质。德，指的是德性，即人的本质特性，包括先天的天性与后天培养出的特质。

2 桓魋（tuí）：宋司马向魋，出于桓公，又称桓氏。《史记·孔子世家》："孔子去曹适宋，与弟子习礼大树下。宋司马桓魋欲杀孔子，拔其树。孔子去。弟子曰：'可以速矣。'孔子曰：'天生德于予，桓魋其如予何？'"桓魋视孔子为仇，必去之而后快。

　　孔子于宋遭难，几有杀身之祸，原想离开，而弟子急呼"可以速矣"，意指应该更快离开宋国，但孔子又想到，自己在教弟子习礼，是正当的事，做正当的事有天护佑，像桓魋是奈何不了我的。这牵涉到"天道"的解释问题。孔子说"五十而知天命"，在孔子而言大自然的秩序便是"天"，也就是如近人所说，天是一个更大却并无神性的秩序，即使有神性，孔子也说"知"它，却并不"信"它，更不崇拜它。此章孔子说的天好像有意志，能对善人护佑，便能对恶人施罚，意义比较接近宗教所言的天了。孔子的解释究竟是否如此，不能确定，但孔子（或儒家）之"天"即使有宗教的色彩，也总是与"人"相应，所谓"天视自我民视，天听自我民听"（《书·周书·泰誓中》），即天道是人道的集合，在人间不允许作恶猖狂，那么从天道而言，推想也该如此，故孔子有斯言。

7.23　　子曰："二三子以我为隐乎？吾无隐乎尔。吾无行而不与二三子者，是丘也。"

　　老师说："各位以为我在你们面前有什么隐藏吗？我没

有隐藏啊。我的所有行为都是你们亲见的，这就是我啊。"

1 二三子：即诸位，当时习语，指诸弟子。

2 隐乎尔：在你们面前有所隐匿。尔，你们。

3 行：行事。

孔子学博道深，学者难企，便以为有隐。再加上孔子说过"中人以下，不可以语上也"（《雍也》篇6.19），更相信孔子与学生讲习时有所保留。此章孔子表明无隐，朱注引吕大临说："圣人体道无隐，与天象昭然，莫非至教。常以示人，而人自不察。"举天象以喻，十分正确。"不可语上"，也类此说，其实天道无私，只是常人不察罢了。

7.24　子以四教：文、行、忠、信。

孔子以四项教人：一是典籍文章，二是道德与学问的实践，三与四是个人的忠信与诚实。

1 文：指《诗》《书》《礼》《乐》等先代之遗文。

2 行：德行、实践。如是实践，包括道德与学问的实践。

3 忠：发自真心，即忠诚。

4 信：真实不欺。

此章明白通晓，须与《论语》书中其他言教习者同读，以知孔子设教之意旨。

7.25　　　子曰：“圣人，吾不得而见之矣；得见君子者，斯可矣。”

　　　子曰：“善人，吾不得而见之矣；得见有恒者，斯可矣。亡而为有，虚而为盈，约而为泰，难乎有恒矣。”

　　　老师说：“圣人，我见不到了；能见君子，也算可以了。”

　　　又说：“善人我是看不到了；能看到有恒的人，也可以了。世上的人，总把没有当成有，把虚的当成满，把少的当成多，这样子，难怪有恒的人难以见到了。”

1 **圣人**：人格成就最高的人。在孔子之前，有关圣人的观念多与历代圣君相附会，成了极高的品德与权力结合的一种人，而古人认为君权是“天”所授，便又带有一些“天”的不可测，总之孔子之前的圣人，往往会有些神秘的色彩，故朱熹言：“圣人，神明不测之号。”

2 **君子**：原指站高位的领导，后指才德均善之人。

3 **亡而为有**：把无当成有。亡，同无。

4 **约而为泰**：把少的当成多的。约，少。泰，同太，多。

　　　此章有两“子曰”，有疑为二章，也有以为后“子曰”为衍文。也许是两段可以互相解释的文字，记者将其放在一处。

　　　本章牵涉四个名词的界定，即圣人、君子、善人与有恒者。当然在地位上，圣人胜过君子，善人胜过有恒者，这从文句比较中便看得出来。圣人由于太过崇高，又牵涉到某些神秘色彩，故孔子叹息见不到是很正常的事，但君子与善人都见不到，甚至于连有恒者都见不到或难以见到，就有些牵强了。孔子曾言："十室之邑，必有忠信如丘者焉，不如丘之好学也。"（《公冶长》篇5.27）忠信也者，难道不能算君子或善人吗？

所以此章不能从这个角度来解释。孔子看到当时社会许多败象，如"亡而为有，虚而为盈，约而为泰"，因十分感慨而发出了上述的情绪式的感叹语言，情绪语言用来传达意念，是不可以完全用逻辑的法则去深究的。

但本章所示的情绪语言是宝贵的，忧国忧民，其实是一种情绪，救国救民是一种策略、一种方法，采取行为之前，必须先有那种情绪，却也不是只任情绪迸发，发了情绪之后，什么都没有、什么都不做的那一种。所以有些情绪是很高贵的，而孔子当时所有的，就是这一种。

7.26　　**子钓而不纲，弋不射宿。**

　　　　孔子垂钓，但不用大网网鱼，也射鸟，但不射在巢中的鸟。

1 钓：一线一钩钓鱼，即垂钓。

2 纲：网之大绳，喻以网网鱼。朱注："大绳属网，绝流而渔者也。"

3 弋：以生丝系矢而射，射中可取回。

4 宿：在巢之鸟。

　　孔子去古未远，当时社会，尚保留不少渔猎时代余习，捕鱼逐兽，是生活中的重要部分。但孔子在渔猎之中，也显示仁道，对生灵不做过度的杀害。此章所述，启发了孟子"数罟不入洿池，鱼鳖不可胜食也；斧斤以时入山林，材木不可胜用也"（《孟子·梁惠王上》）的思想，也深合当代环保原则。

7.27　　子曰："盖有不知而作之者，我无是也。多闻，择其善者而从之，多见而识之，知之次也。"

　　　老师说："恐怕有人是不知而妄作吧，我不是这样子的。多听人家说的，选择好的来做，也多看，将好的都记下来，（我要算知的话，只是学习得来的知）是次一等的知吧。"

1 **不知而作**：不知其理而妄作。孔子说自己"述而不作"，故此处作不指创作，应指作为。

2 **多见而识**（zhì）**之**：增多见识而记住。识，记。

3 **知之次也**：孔子曾说："生而知之者，上也；学而知之者，次也；困而学之，又其次也；困而不学，民斯为下矣。"（《季氏》篇16.9）

　　此章孔子说自己的知是次等的知，当然有自谦的成分，但也不能全从自谦来看，因为孔子曾在本篇7.19章说过"我非生而知之者，好古，敏以求之者也"。"生而知之"虽然是"上"知，但天才非人力可致，也不好把握（失常的机会很大），所以孔子从不嘉许天才，只勉人如己的好古敏求，做所谓"次等"的知了，因为好古敏求的知是能把握，而且有进阶且可期的。

7.28　　　互乡难与言，童子见，门人惑。子曰："与其进也，不与其退也，唯何甚！人洁己以进，与其洁也，不保其往也。"

　　　　互乡之地的人，多习不善，难以言语，该地的一个童子竟蒙老师接见，弟子十分疑惑。老师说："我是赞许他进步，而非赞许他退步，唉，你们的反应也太过分了吧！一个人把自己弄干净了来见你，应该赞赏他现在的干净，不是要你担保他以前是否犯了错呀。"

1 **互乡**：乡名。何处不可考。

2 **难与言**：朱注："其人习于不善，难与言善。"

3 **童子见**：童子得孔子接见。人未成年称童子。

4 **与其进**：赞许他进步。与，赞许、赞赏。

5 **唯何甚**：唯，发语词。何甚，何必如此过分。

6 **不保其往**：不担保他以往的过恶。朱注："但许其能自洁耳，固不能保其前日所为之善恶也。"

　　　有些错是习染所造成，责任不在个人，对曾犯错的人，应嘉许他知错能改的上进心，而且他因犯错，更须接受教育。"与其进也，不与其退也"，可见孔子"有教无类"的伟大。

7.29　　子曰：“仁远乎哉？我欲仁，斯仁至矣。”

　　　　老师说：“仁这道理离我远吗？我一想到仁，仁就到眼前了呀。”

　　从一个角度讲，要到达仁的境地很难，但从另一个角度讲，要到达仁的境地也很容易，因为仁道出于人心，反求诸己就可得到。这源于自知，也有自许的豪气，真正儒门人物，都应有此豪气，如此对己则能负责，对人对世则有担当，绝非以做一区区的自了汉为满足。

　　如将此文中的“仁”字替换成“尧舜”试试，便成为“尧舜远乎哉？我欲尧舜，斯尧舜至矣”，就接近孟子“人皆可以为尧舜”的说法了。王夫之把此章之意发挥得淋漓尽致，他说：“道不在法象之高深，理不在圣贤之论说。有其心即有此一真无妄之则，有其心即有此广生大生之几。夫仁也而远乎哉？以故见吾心之不可违于自安也，见吾心之不可损其所有也，见吾心之不可增其所无也。于是而欲仁焉，则见欲之不可拘，而宁静之体自存也；见私之不可锢，而公道之量自显也；见中心之有其必尽者，而顺事恕施之用自行也；见此理之不可遏者，而含弘笃爱之情自生也。仁之至也，无留也，无待也。何也？仁原不远也，求仁者尚念之哉！”（《四书训义》）析理甚细，告诫至诚，读者于此可玩味再三。

7.30　　陈司败问昭公知礼乎？孔子曰：“知礼。”孔子退，揖巫马期而进之，曰：“吾闻君子不党，君子亦

党乎？君取于吴，为同姓，谓之吴孟子。君而知礼，
孰不知礼？"巫马期以告。子曰："丘也幸，苟有过，
人必知之。"

陈国的司寇问孔子鲁昭公知礼吗？孔子说："知礼。"
孔子走了后，司寇向孔子弟子巫马期作揖，请他前来说：
"我听说君子不会偏私，君子会吗？当年鲁昭公娶了吴国的
同姓女，就是当时人称为吴孟子的。假如昭公知礼的话，
那还有谁不知礼呢？"巫马期把这事告诉了孔子。孔子说：
"我是多么幸运啊，假如有了过错，别人都会知道的。"

1 **陈司败**：陈国的官名，即别国的司寇。

2 **昭公**：鲁昭公。

3 **巫马期**：字子期，孔子弟子。

4 **党**：偏私。

5 **君取于吴，为同姓，谓之吴孟子**：昭公尝娶吴女，鲁、吴皆姬姓，
故为同姓。礼：同姓不婚。昭公讳之，称曰孟子，但世人皆知，称
之吴孟子。

6 **以告**：以上事告诉。

史载鲁昭公习于威仪之节，当时以为知礼。孔子不知陈
司败所问的目的与居心，便答以昭公知礼，并不知司败所问
为另一事，所以前面的回答，其实是一场误会。但孔子心胸
广大，不以司败所疑为忤，却说："丘也幸，苟有过，人必知
之。"极见风度。

平心而论，陈司败此问相当莽撞不得体，明知孔子为鲁人，鲁君有过，也不应在孔子面前张扬，况鲁昭公的历史定位与功过，也并不在其娶了同姓女，以小事便断定昭公无礼，其实只是彰显了自己的无知。

7.31　　子与人歌而善，必使反之，而后和之。

孔子赞赏有人善于唱歌，听到了一定请他再唱一次，自己也跟在一旁和声而唱。

1　与（yù）：赞赏。
2　反之：反复歌唱。
3　和（hè）：和声而歌。

孔子喜爱音乐，此章描写爱乐者的习惯极入神。朱熹言："此见圣人气象从容，诚意恳至，而其谦逊审密，不掩人善又如此。盖一事之微，而众善之集，有不可胜既者焉，读者宜详味之。"说得不错，但把此章主旨说成是孔子不掩人善，也有点不切实际，我认为此章主要在写孔子喜乐，已将音乐融于生活之中，此章所言歌者为寻常人，唱歌为寻常事，孔子言行都极为自然，又从容不迫，不是刻意显示嘉许人的品德。

7.32　　子曰："文，莫吾犹人也。躬行君子，则吾未之有得。"

老师说:"一般文学典故的知识,我或许赶得上人家。至于躬行实践君子之道,我到现在还未有所得。"

1 莫:莫非是。

2 躬行:身体力行。

此章两句,朱熹认为皆孔子自谦之辞,钱穆怀疑孔子绝不该如此自谦,因采他说,以为首句应断为"文莫,吾犹人也",文莫乃忞慔二字之假借。忞慔,即黾勉,指孔子谓与一般人一样知努力,但在躬行君子方面仍有所未及。此说或可存,但译文仍采旧说。

7.33 子曰:"若圣与仁,则吾岂敢?抑为之不厌,诲人不倦,则可谓云尔已矣。"公西华曰:"正唯弟子不能学也。"

老师说:"如果说到圣与仁,我岂敢说做到了呢?假如说到为之不厌,诲之不倦,就大概可说是做到了吧。"公西华说:"这正是我们弟子做不到的啊。"

1 为之不厌:努力作为,不知厌倦。

2 可谓云尔已矣:这些事可说已做到了吧。云尔,指以上诸事。已,已至。

3 正唯:正是。

孔子在世时,已有人视其为圣与仁者了,由此章可证。

此章孔子说话也很谦虚，但与上章比较，谦虚的程度不是那么强烈，但两章所言，都是实话。《论语》所记，往往只记要点，对孔门弟子而言，夫子的话最为重要，而其他的记录，譬如言语的环境与所对的人物，往往没有详细记载。上两章如放在一起，表面上看有些矛盾，如前章孔子说自己"躬行君子，则吾未之有得"，而此章却说"为之不厌，诲人不倦，则可谓云尔已矣"，请问"为之不厌，诲人不倦"岂非"躬行君子"吗？此章说已至，上章云未得，以逻辑相责，当然是有问题的。

这是由所答对象不同，与言谈环境差异所致。常见同一件事，拿来与两件事作比较，一超过，一不及，此处的谦与过谦，或应用此方式寻得答案。

7.34　　子疾病，子路请祷。子曰："有诸？"子路对曰："有之。诔曰：'祷尔于上下神祇。'"子曰："丘之祷久矣。"

老师得重病，子路请求祈祷。老师问："有这事吗？"子路恭谨回答说："有的。以前诔文上有这样的句子：'替你祷告于天地神明。'"老师说："我自己已祷告很久了啊。"

1 **请祷**：请求祈祷。

2 **诔**（lěi）：一说应作讄。《说文》："讄，祷也。累功德以求福。"讄，为生人祈福；诔，用于死者，哀其死，诔以谥之。

3 **祷尔于上下神祇**（qí）：为你向天地神明祈祷。尔，汝。上下，天地。

古代有许多除病安身的仪式，向神明祈祷是其中之一。子路见夫子生病，为老师祈祷，这是很自然的事。孔子说："丘之祷久矣。"并非指孔子也从俗，而是说祈祷不见得有用，有病不如采用更积极的方法医治，万一命尽，也是自然。孔子曾说过："获罪于天，无所祷也。"（《八佾》篇3.13）也是同样意思。但此处他并未直斥鬼神之非，毕竟子路为之祈祷，完全出于好意。

7.35 子曰："奢则不孙，俭则固。与其不孙也，宁固。"

老师说："奢侈就不够谦逊，节俭则显得简陋。与其不谦逊，还不如简陋一点。"

1 **奢则不孙**：奢侈就不够谦逊。孙，即逊。
2 **俭则固**：节省则固陋。以上二者，皆指礼而言。

此章是针对礼节仪式而言。礼节仪式，过奢过简都不好，但过于繁复奢华，反而失去设礼的原意，倒不如俭省一点的礼节，还有设礼之初的真诚在内，所以朱熹说："奢俭俱失中，而奢之害大。"

7.36 子曰："君子坦荡荡，小人长戚戚。"

老师说："君子日常总是一副坦荡舒畅的样子，而小人则总是一副忧愁悲伤的样子。"

1 **坦荡荡**：平坦舒泰貌。

2 **戚戚**：戚同慽，忧伤貌。

君子俯仰无愧，其心坦然，小人多欲有私，得之不足，失之神伤，故面多忧戚之色。

7.37　子温而厉，威而不猛，恭而安。

孔子温和而严肃，有威仪却不猛暴，恭敬之中又带着安定的神色。

1 **温而厉**：温和之中带着严肃。厉，严肃。

2 **猛**：猛烈粗暴。

3 **恭而安**：恭敬端凝带着安定的神色。

此章恐是弟子或时人对孔子神情的描述。请注意其中用了六个两两相反的形容词，即：温／厉，威／不猛，恭／安。一般而言，态度随和的人往往不够庄重，有威仪的人往往令人觉得强猛，恭谨的人因太过小心而常让人不安，想不到孔子把这些相反的特质都融合到了一起，却不让人觉得冲突矛盾，所谓中庸之德，斯之谓乎？

朱熹说："人之德性本无不备，而气质所赋，鲜有不偏，惟圣人全体浑然，阴阳合德，故其中和之气见于容貌之间者如此。门人熟察而详记之，亦可见其用心之密矣。"

8.1　　子曰："泰伯，其可谓至德也已矣！三以天下让，民无得而称焉。"

老师说："泰伯可称为至德了吧！他再三地把天下让人，却让人民无法称道他。"

1 泰伯：周太王（也作周大王，《史记》称古公）生三子，长子泰伯（也作太伯），次子仲雍，三子季历。季历有贤德，太王意立之，会太王疾，泰伯奔吴，仲雍随之逃亡，遂立季历为君。季历生子昌，是为文王，昌生子发，是为武王，后灭商。

2 三以天下让：武王伐商，得天下。一说泰伯让给季历，才使文王、武王终得天下，故称"三让"，此说如成立，则为何不算到成王而为"四让"乎？故三让天下为概称，古人三字有实有虚，此处当作再三谦让之意。

3 民无得而称焉：人民无从称道泰伯。因为泰伯不与人见，亦不欲人知。《史记·周本纪》："乃二人（指泰伯、仲雍）亡如荆蛮，文身断发。"可见与有意与中土人群隔离，人民因而无由称道他了。

　　朱熹说："夫以泰伯之德，当商周之际，固足以朝诸侯有天下矣，乃弃不取而又泯其迹焉，则其德之至极为何如哉！"这是说孔子赞美的是泰伯的让德。但朱熹又说："大王之时，商道寖衰，而周日强大。季历又生子昌，有圣德。大王因有翦商之志，而泰伯不从，大王遂欲传位季历以及昌，泰伯知之，即与仲雍逃之荆蛮。"可见泰伯之逃逸，也有与父太王"政见"不合的成分。则泰伯之让国，恐怕不全是谦让之含义，其行为与后来的伯夷、叔齐不赞成伐纣，对武王"叩马而谏"，最后"义不食周粟，隐于首阳山"的事迹（见《史记·伯夷列传》）似有异曲同功之效。孔子称道泰伯，也称道伯夷、叔齐，而且用字极为强烈（称泰伯为"至德"，称伯夷、叔齐为"求仁而得仁"），用意是否在此，也值得留意。

8.2　　子曰："恭而无礼则劳，慎而无礼则葸，勇而无礼则乱，直而无礼则绞。君子笃于亲，则民兴于仁；故旧不遗，则民不偷。"

老师说:"恭敬没有礼来节制就会劳苦,谨慎没有礼来节制就会畏惧,勇敢没有礼来节制就会乱事,正直没有礼来节制就会急切。一个在位的君子会厚待自己的亲长,则人民也会兴起行仁之心;如果对以前的老友会不弃不忘,则人民就不会做偷薄的事了。"

1 葸(xǐ):畏惧。

2 绞:急切。

3 笃于亲:厚待其亲长。笃,厚。

4 故旧不遗:不遗忘以前所交的朋友。遗,忘弃。

5 偷:偷薄。

　　此章上半段在说明礼的重要。礼,理也,礼指做一切合理的事,恭、慎、勇、直都是正面的,但也要合理合度,不及当然不足,过度也会引出弊病。下半段则说明上位者对社会风俗的影响,这与"风行草偃"的说法相呼应。

　　有说以为前后应是两章。朱注引吴棫说:"'君子'以下,当自为一章,乃曾子之言也。"朱熹同意此说:"此一节与上文不相蒙,而与首篇慎终追远之意相类,吴说近是。"但一人同时说两件不同的事,也非绝不可能。

8.3　　曾子有疾,召门弟子曰:"启予足!启予手!《诗》云:'战战兢兢,如临深渊,如履薄冰。'而今而后,吾知免夫!小子!"

曾子病重，召见弟子前来，说："打开衾被看看我的脚吧！看看我的手吧！《诗》上说：'我恐惧又谨慎，就像临渊恐坠、履冰恐陷的样子。'大约死了之后，我才会免于这些毁伤手脚的惊恐吧！各位呀！"

1 **启予足，启予手**：打开衾被，看我足与手。启，开启。曾子病危，无力自视。

2 **《诗》**：《诗·小雅·小旻》中诗句。

3 **战战兢兢**：即颤抖，恐惧、谨慎貌。

4 **而今而后**：指死后。

5 **免**：免于刑戮。刑戮必致身体毁伤。孔子说："君子怀刑，小人怀惠。"（《里仁》篇4.11）也可作免于恐惧，指对身体万一毁伤的恐惧。其实二者是相通的。

6 **小子**：称弟子。朱熹说："语毕而又呼之，以致反复丁宁之意，其警之也深矣。"

孔子曾批评曾子"参也鲁"（《先进》篇11.17），朱注："鲁，钝也。"曾子一生戒惧，担心遭到刑戮之辱，有碍德誉，恐怕也是"鲁"的一部分。朱注引尹焞说："父母全而生之，子全而归之。"似言曾子临终担心是否"全归"的问题，当然《孝经》有"身体发肤，受之父母，不敢毁伤"之言，保全好身体，是尽孝的基础，因为"父母唯其疾之忧"，但过于把不毁伤身体放在孝上立言，也让孝道思想变得过于狭隘。此章显示曾子性格，相当传神，但主旨可以言孝，也可以不止于言孝。

8.4　　　曾子有疾，孟敬子问之。曾子言曰："鸟之将死，其鸣也哀；人之将死，其言也善。君子所贵乎道者三：动容貌，斯远暴慢矣；正颜色，斯近信矣；出辞气，斯远鄙倍矣。笾豆之事，则有司存。"

　　　　　曾子病重，孟敬子来探视。曾子说道："鸟将死时，所鸣哀戚；人将死时，所言良善。有为的君子，应该要注意三件事：要注意自己的动作、容貌，这样别人便不会以暴慢待我；要注意自己随时端正颜色，别人就会对我有信任感；自己说话要注意用词与语气，别人就不会对我说不礼貌或背乱的话了。至于像笾豆祭祀的小事，是有主管的官员管的（就无须你过于费心了）。"

1 **孟敬子问之**：孟敬子，鲁大夫仲孙捷。问，问病、探病。

2 **言**：朱注："言，自言也。"孟敬之问病，曾子之言应对问病者所发，径作曾子曰即可，加一言字，似强调曾子不说己病，只告以君子修身之要，记者强调曾子临终之言，故特加一言字。

3 **人之将死，其言也善**：将死的人，所言都是出于善意，即使为恶人，也无暇作恶了。

4 **君子所贵者三**：君子要重视的有三事。君子指有位者言。

5 **动容貌，斯远暴慢矣**：注意自己的动作容貌，就会远离别人的急躁怠慢。暴，急躁。

6 **正颜色，斯近信矣**：以正色待人，人则对我信任。正颜色，即端正颜色，端正颜色易启人信。

7 **出辞气，斯远鄙倍矣**：言语讲究辞令与语气，人则待我以礼，不会发出鄙俗背乱之言。鄙，粗俗。倍，背弃、背叛。

8 笾豆之事：祭祀礼节之事。笾豆，盛祭品的礼器。笾，竹制。豆，木制。

9 有司存：有主管官员管理。有司，专司官员。

曾子临终叮咛来问病的孟敬子，从政者应注意自己的态度，从容貌、态度到言语的方式，都要端己笃敬，所谓修辞立其诚，儒家的政治学，其实是将修己之学发挥到极致。笾豆的事是礼的一部分，对儒家而言，当然重要，但与安身立命的修己及人之学比较，反而成了小事，还是人性更为重要些。曾子于此，似掌握了儒学的某些根本，但临死叮嘱，都在比较细节的问题打转，如只以此章判断，曾子之学不免稍琐碎了些。

8.5 曾子曰："以能问于不能，以多问于寡；有若无，实若虚，犯而不校，昔者吾友尝从事于斯矣。"

曾子说："自己有能却去问不能的人，自己知道的多却去问知道的少的人；这样一个把有当成没有、把实当成虚，别人冒犯他，他也不去计较的人，以前我有朋友曾在这上面用过功夫。"

1 犯而不校：别人冒犯我，我不计较。校，同较，计较。

2 吾友：我的朋友。一说指颜渊。

一种说法认为"吾友"可能指颜渊。但曾子与颜渊都是孔子弟子，颜渊大曾子十六岁，在孔门的辈分还是有别的，严格说来，颜称曾为"吾友"可以，而曾称颜则有些不宜，所以此处说的"吾友"指其他人的可能性更高些，何况其中所说的"以能问不能""犯而不校"也很一般，不见得必是颜渊所独有。但不论所指何人，对曾子而言，均表示谦虚，但都是过去的事了，曾子为孔子最幼的学生辈人，曾子晚年，孔门第一代弟子凋零殆尽，其余则多星散，盛况早已不再，此章曾子之言，似有追忆似水年华之叹。

8.6　　　曾子曰："可以托六尺之孤，可以寄百里之命，临大节而不可夺也。君子人与？君子人也。"

　　曾子说："已死的国君可以将未成年的幼君托他照顾，可以把方百里之国交给他治理，碰到大考验，他也不会夺志动摇。这样的人能算君子吗？这样的人真是君子呢。"

1　**托六尺之孤**：古以"七尺之躯"称成年，六尺，喻未成年。孤，父死曰孤。托孤，通常指照顾未成年的幼君。

2　**寄百里之命**：将百里大国的命运寄托于他，指摄大国之政。百里，方百里，指大国。

3　**临大节而不可夺**：遇到大关节考验，而志不可夺。

4　**君子人**：即君子。

　　此章讲在政治上有所作为的君子，应有担当也应有操守，重点在第三句："临大节而不可夺也。"君子为何临大节而不可夺？因为他的志是道义所出，曾子说的"不可夺"，其实就是孟子所说的"不馁"。孟子说："其为气也，配义与道，无是，馁也。是集义所生者，非义袭而取之也。行有不慊于心，则馁矣。"（《孟子·公孙丑上》）从这一点可以看出，曾子此语实开启了孟子的浩大意志。"临大节而不可夺也"之语，又有一种雄健奇伟的气势，也与孟子前后呼应。康有为说过："昔尝编《论语》孔门诸子学案，曾子之言皆守身谨约之说，惟此章最有力，真孔子之学也。"（《论语注》）

读到此章，读者对曾子的判断应该有所调整吧。

8.7 　　曾子曰："士不可以不弘毅，任重而道远。仁以为己任，不亦重乎？死而后已，不亦远乎？"

　　　　曾子说："一个读书人，不可不有广大的胸襟与坚强的意志，因为他的责任重，加上道路又悠远。以行仁为己任，他的责任不是很重吗？要做到死了才不得不止，他的道路不是很远吗？"

1 **士**：这里指有知识的人，参见《里仁》篇4.9讲析。
2 **弘毅**：弘，宽广。毅，强忍，强而有坚持力。
3 **仁以为己任**：以行仁为己任。

　　连续五章都记曾子之言。前两章记曾子将死，对弟子与探病者作谆谆之言，言辞恺切，真诚动人。其后缅怀孔门当年盛况，佳景不再，又令人不胜欷歔。最后两章，一言君子，一言士的志向与抱负，以任重道远相勉，人读至此，心中波澜已起，不感动便很难了。曾子志高而情切，钱穆言曾子之学说："心弥小而德弥恢，行弥谨而守弥固。以临深履薄为基，以仁为己任为量。曾子之学，大体如是。"（《论语新解》）所言极是。后两章所言，就不只是临渊履薄了，有大气象在其中，可以说直逼后起的孟子，可见曾子之学，不仅在守成，也有开启之功，是儒学之意气与血脉之所在，尤须注意。

8.8　　　　子曰："兴于诗，立于礼。成于乐。"

老师说："兴起于诗，立身于礼，完成于乐。"

1　兴：起头。

2　立：树立。

3　成：完成。

这是极重要的三句话。

兴指起头，立指树立，是人站立于世的条件，成指完成。这三句话可以指人格的树立与完成。

为什么要兴于诗呢？这里的诗不是专指一本书如《诗经》，或一首特定的诗。诗是一种不排斥性情，甚至以性情为要件的文学，此处的诗就是指性情而言。人有静躁不同，起步自异，但静躁各有美处，善于触发，便可有好的开始，这是孔子讲兴于诗的理由，首先谈到兴于诗，是强调人格性情的主体性。续谈立于礼，礼即理。礼与诗比较，一个讲理性，一个讲情感，一个比较客观，一个比较主观，好的情感可启人向上，但人的立身，不能全依靠情感，这也是一个有秩序的理性世界，理性世界是由"理"撑持起来的，因此说立于礼。

兴于诗、立于礼，人既不丧失个性，又能与人群合作，人的基本条件已经有了，但孔子以为，距离理想人生的完成还差了一步，所以拈出"成于乐"的这个概念。所谓乐，不是专指哪一种音乐，而是指好的音乐所达到的和善优美的境界，简单说就是美化或艺术化。在孔子看来，道德不是禁制，更不是他律，而是个人人格的完成，道德是发自人性的美善，其目的也就是美善，与音乐所达目的相仿，所以以音乐为喻。

音乐是艺术，孔子认为道德的最高成就，便是达到与艺术接合、美善兼具的境界。他曾说"不义而富且贵，于我如浮云"（《述而》篇7.15），孔子在面对真理时，并不高亢，更不义愤填膺，因为他想到，我认为的"不义"，在别人身上也许不是，可见孔子不独断，时时为别人设想，他举浮云为况，让所说的道德不只不僵化，更具有了美感，这就是艺术化了的"成于乐"的境界。读者于此，应深体会。

8.9　　子曰："民可使由之，不可使知之。"

老师说："一般百姓只能让他照着政令去做，是不能让人民都明白施政的理由的。"

1 由之：被动依循。

　　此章常被现代人怀疑孔子不民主，其实"民主"此名词是近代人发明，孔子时代并无此观念。古时知识不发达，教育不普及，信息也缺乏，要让人民知道施政上的种种的理由，确实是难事，这与"中人以下，不可以语上"是同样的道理。孟子也说："行之而不著焉，习矣而不察焉，终身由之而不知其道者众也。"（《孟子·尽心上》）可见在"民智"未开的时代，那是不得已的状况。民初有学者建议此章采用新标点，即："民可，使由之；不可，使知之。"意即人民赞同即使民由之，不赞同，便使民知之。立意甚佳，然绝非孔子当时之原意。

8.10　　子曰："好勇疾贫，乱也。人而不仁，疾之已甚，乱也。"

　　　　　老师说："人民好勇恶贫，易于作乱。对不仁之人厌恶过甚，也会形成乱事。"

1 疾贫：厌恶贫穷。疾，恶。
2 人而不仁：人如不知行仁，即不仁之人。
3 已甚：过甚。

　　此章与上章同是言治道。"有勇知方"是美德，但好勇而不安分，则可能作乱。孔子也说过："我未见好仁者，恶不仁者。好仁者，无以尚之；恶不仁者，其为仁矣，不使不仁者加乎其身。"（《里仁》篇4.6）可见疾恶不仁，也是君子的表现。但此章所说，是另一场景，居上者应善体人情，导之以渐，有时稍一偏激，恶不仁过甚，使对方一无所容，也易生乱。处处应为对方设想，这是孔子的宽博与同情，主持政治，必须照顾到全体。

8.11　　　子曰："如有周公之才之美，使骄且吝，其余不足观也已。"

　　　老师说："一个人就是如周公一样有才与美，假使他高傲又悭吝，剩下的才与美，就不足观了。"

1　**周公之才之美**：周公才美兼具。
2　**骄**：矜夸，即高傲。
3　**吝**：鄙啬，即吝啬。

　　周公之才是识人，之美是谦虚，传言周公"一沐三捉发，一饭三吐哺，起以待士，犹恐失天下之贤人"（《史记·鲁周公世家》)，是极谦恭的表现。高傲的人往往恃才傲物，悭吝者往往不肯分人以惠，两者都极端自私，才美即使如周公，如只用心在自私方面，则一切皆不足观矣。

8.12　　　子曰："三年学，不至于谷，不易得也。"

老师说:"一个人求学三年了,却一直没想到求禄做官的事,这真是不易得的啊。"

1 三年学:求学三年。三不见得是实数,三年可指多年。

2 谷:求官得俸禄。谷,禄,古人以谷计禄。

孔子之前,读书的目的在做官取禄,孔子之后,逐渐有了变化,读书在明理,而明理的目的,不全放在做官上面了。知识分子对自己有更高的期许,就是如曾子说的"仁以为己任"与"死而后已",但这是最高知识分子才做得到的,一般读书人,能短期摆脱利禄之途的,恐怕也算难得。王夫之言:"苟能于三年之中,无名利以分其心,则心渐清而道味渐出,由是而之焉,可期以造乎高明广大之域……乃当世之不至谷者,期之三年而不易得。道其将隐,而学其将废也乎?是可叹也夫!"(《四书训义》)所以此章整体,是感叹之言。

8.13　子曰:"笃信好学,守死善道。危邦不入,乱邦不居。天下有道则见,无道则隐。邦有道,贫且贱焉,耻也;邦无道,富且贵焉,耻也。"

老师说:"一个人应笃信好学,至死坚守正道。要记得危邦不可入,乱邦不可居。也要记得天下有道则现、无道则隐的道理。国家治理得好时,君子该出头,这时贫且贱是耻辱;国家无道时,小人当权,这时既富且贵的,就是耻辱了。"

1 笃信：深信。

2 死守善道：坚守善道，至死不渝。

3 见：现。

　　此章可分三段，可能答人所问各有不同，不见得能一体视之。

　　"危邦不入，乱邦不居"看似权谋，"天下有道则见，无道则隐"，则似有消极退缩之意，与前面"守死善道"之语相冲突。天下无道，正需君子力挽狂澜，岂能自隐焉？

　　朱熹似亦不能善其说，曰："不守死，则不能以善其道；然守死而不足以善其道，则亦徒死而已。"又说："君子见危授命，则仕危邦者无可去之义，在外则不入可也。乱邦未危，而刑政纪纲紊矣，故洁其身而去之。"其实有些牵强。

　　这三段话，立意各异，不见得密切关联，应视为孔子针对不同提问所答。

8.14　　子曰："不在其位，不谋其政。"

　　　老师说："没有官职，对官职的事就不主动问讯。"

1 不在其位：不在官职上。

2 不谋其政：对官职所守，不主动问讯。谋，问。

　　这是对主管官员最起码的尊重，但用得不好，就可能有守成退缩之意。朱注引程颐说："不在其位，则不任其事也，若君大夫问而告者则有矣。"上司主动询问，也是他责任所在，则应不在此限。还有，此处的"不谋其政"的政，是指政治上比较属于技术层面的问题，政治方向的大问题，攸关文化之断续，生民之苦乐，应是随时可过问的。

8.15　子曰："师挚之始，《关雎》之乱，洋洋乎！盈耳哉。"

　　老师说："像师挚开始演奏，又像《关雎》的终段乐章，音乐是那样盛大饱满啊！总是充盈在我的耳中。"

1 **师挚之始**：师挚，鲁乐师名挚。之始，之始奏。

2 **《关雎**(jū)**》之乱**：《关雎》乐章的最后部分。《关雎》，《诗·周南》之首篇。乱，乐曲最后一章。

3 **洋洋**：如海洋之盛大。

　　此章记孔子赞叹音乐之盛美，师挚以始，《关雎》以终，是举例而言，并非如《论语正义》强调"正声"既失，师挚独能识之。孔子极喜音乐，言及音乐，往往情不自禁，此章可证。

8.16　子曰："狂而不直，侗而不愿，悾悾而不信，吾不知之矣。"

　　老师说："一个人粗狂而不正直，无知而不谨厚，无能而又不讲信用，这样的人，我真对他无可奈何了。"

1 **侗**（tóng）：无知貌。

2 **愿**：谨厚。

3 **悾**（kōng）**悾**：无能貌。

4 **吾不知之矣**：我不知该怎么办，我也无可奈何。朱注："甚绝之之
　　辞，亦不屑之教诲也。"

　　狂者而正直，狂是病，而正直犹有可取，但狂而不直就
一无可取了。同样，"侗而不愿，悾悾而不信"，都兼具双重
缺点，个性与品格都有问题，孔子虽倡有教无类，但对此种
人都放弃教诲，因为无从教诲起。朱注引苏轼说："天之生
物，气质不齐。其中材以下，有是德则有是病，有是病必有
是德，故马之蹄啮者必善走，其不善者必驯。有是病而无是
德，则天下之弃才也。"说得很对。

8.17　　子曰："学如不及，犹恐失之。"

　　　老师说："求学总觉得力气不够，无法尽学。好不容易
　　学到的一点东西，又担心一下子都失去了。"

1 **不及**：不逮。一指时间不够，无法在有限时间学尽所有；一指才力
　　不足，无法尽学。

2 **失之**：既学恐失之。

此章最重要一字是"失"，"学如不及"既指力气不够，也可指时间不足，都解释得通。说自己学如不及，一方面是谦虚，一方面是实情。人在时间压力之下，总有无法把握所有的感觉，原能把握住的，也担心随时会失掉，这种对失落的恐惧，非有深入学习经验者不能道。

"犹恐失之"，不是指学之易失就该放弃学习，而是指知道学之易失，就要更加珍惜知识，且加倍努力。

8.18　　子曰："巍巍乎！舜禹之有天下也，而不与焉。"

　　老师说："多么伟盛啊！舜与禹以德治理天下，却不汲汲于小事，看起来好像有天下与自己无关的样子。"

1 **巍巍乎**：高大之貌，本用以形容山高。

2 **不与**：以圣德治天下，不汲汲于小事，若不参与焉。朱注："不与，犹言不相关，言其不以位为乐也。"此说易引起误解，"不相关"有有意无为之含义，"无为而治"为魏晋之士所乐道，但与孔门治天下之旨恐不相侔。

　　一般人看不见大为，便以为无为，这是儒家之治道与道家之治道不同之处。董仲舒说"明其道不计其功"，明道并非不为，而是有大为，但大为却不是为己。

8.19　　子曰："大哉尧之为君也！巍巍乎！唯天为大，唯尧则之。荡荡乎！民无能名焉。巍巍乎其有成功也，焕乎其有文章！"

　　孔子说："伟大啊，尧之为君！崇高啊！世上只有天是高的，而尧所取法的就是天。他是那样深远啊！深远得连民众都无由称颂他。他真是崇高，确有所成，他还光彩夺目，因为他留下了礼乐法度啊！"

1　**唯**：独，犹言只以。

2　**则**：取法。

3　**荡荡**：广远。

4　**名**：称之、道之。

5　**文章**：指礼乐法度所形成的光彩。

　　尧取法于天，并不是一般人说的"无为"，孔子曾言："天何言哉？四时行焉，百物生焉，天何言哉？"《阳货》篇17.19)"四时行焉，百物生焉"即本章所说的"其有成功也"。天是有所作为的，只是"无言"罢了。天之所为太大，影响太远，这种远与大，非一般人感觉所及，所以"民无能名焉"。圣人取法于天，不求现而自现，唯有识之士，犹可见其文章焕然。"则天""成功""文章"皆有为之证。

8.20　　舜有臣五人而天下治。武王曰："予有乱臣十人。"孔子曰："才难，不其然乎？唐虞之际，于斯为盛。有妇人焉，九人而已。三分天下有其二，以服事殷。周之德，其可谓至德也已矣。"

舜有贤臣五人而天下治。周武王说："我有治臣十人。"孔子说："人才难得，不是吗？唐尧、虞舜人才很盛，到周初，又盛极一时。其实武王说的十人中，有一人是妇人，真能算的，也才九人而已。天下三分，周初时周有其二，却还是服事殷朝。周朝的德，可以说是至德了吧。"

1 **五人**：禹、稷、契、皋陶、伯益。

2 **乱臣十人**：可以辅佐平乱之臣十人。此处的乱字当作治字解，是古文中很特殊的一种训诂方式，叫作"反训"，语出《书·周书·泰誓中》："予有乱臣十人，同心同德。"朱注十人为周公旦、召公奭、太公望、毕公、容公、太颠、闳夭、散宜生、南宫适及一女性。

3 **唐虞**：唐指尧，虞指舜。

4 **于斯**：指文武之际的周初。

5 **有妇人焉，九人而已**：十人之中有一妇人，并不能算是武王之臣，所以真正可称为乱（治）臣的是九人。此女性或认为是文王母太姒，或认为是武王妻邑姜，后者可能较大。

6 **三分天下有其二，以服事殷**：指在文王时，天下九州已有三分之二的六州归顺周，而周仍服事于殷。六州为荆、梁、雍、豫、徐、扬，唯有青、兖、冀三州尚属殷。

此章"三分天下有其二"以下可列另一章，因为所谈的事不同。前面谈的是人才难觅的问题，后面是赞叹周朝初年的盛德。但放在一起，也无不可，因为已说到武王，便想起周初，也不见得不合理。但文中"有妇人焉，九人而已"，不以女子为"人"，孔子不经意之间，似有轻视女性之嫌，但当时尚无现代两性平等看法，圣人于此似也无法超越。

8.21　　子曰："禹，吾无间然矣。菲饮食，而致孝乎鬼神；恶衣服，而致美乎黻冕；卑宫室，而尽力乎沟洫。禹，吾无间然矣。"

　　老师说："禹，对他我是没批评的了。他饮食简单，而祭祀鬼神时却很丰厚；自己穿的衣服很差，祭祀时的衣冠却很讲究；他居住简陋，却尽力疏通天下河川水道 (使人民可以安居)。禹啊，我真没一句话可批评的了。"

1　**无间然**：无可批评了。间指间隙、缝隙，即成语"无懈可击"之懈。

2　**菲**：薄。

3　**致孝乎鬼神**：谓享祀丰洁。禹时去古未远，治国不废鬼神。

4　**恶衣服**：平日不着好衣。

5　**致美乎黻**（fú）**冕**：致祭时之衣冠则求精美。黻，祭祀时穿的大衣。冕，冠。

6　**尽力乎沟洫**：尽力疏通河流，以免水患，使人得安居。

　　这是孔子对古代圣君大禹的评价。无间，是找不到间隙可以说他，间隙便是缺点。三件事有两件谈的是祭祀，这是因为在大禹的时候，还是一个"神道设教"的时代，神权的力量超过君权，所以祭祀等事在当时的政治活动中十分重要，必须先讲。但就算在那个时代，大禹仍不以神君自居，他不忘尽力乎沟洫，消除天下的水患，以实际行动来福民利民，最主要的是，禹与舜一样，都是有天下而不"与"焉，意指虽把天下治好，却不将天下视为自己的私产，都以得天下为责任，不以得天下为享乐。

本篇后四章，都在论尧、舜、禹三人之成就，应一并视之。

9.1　　　子罕言利与命与仁。

　　　　孔子很少说利，也很少说命与仁的事。

1 罕言：少说。

2 与：这个字有多种解释，今取连词，详见讲析。

　　"与"字一般有三种解释。一作连词，即孔子罕言利、
命与仁三事；二作赞同解，谓孔子罕言利，却赞同命与仁；

三说孔子罕言利，如言利，一定与命与仁一起讲。朱熹采用第一说，引程颐曰："计利则害义，命之理微，仁之道大，皆夫子所罕言也。"孔子罕言利、命，都能成立，言仁则甚多，但却未为仁确定含义，也甚少嘉许人之成仁。如说是罕言仁，当作此解。

9.2 　达巷党人曰："大哉孔子！博学而无所成名。"子闻之，谓门弟子曰："吾何执？执御乎？执射乎？吾执御矣。"

　　　　一个达巷乡的人说："伟大的孔子啊！他真是博学，却没有一项专长能够让他成名。"老师听了，跟学生说："我要做哪一项专长好呢？是去驾车呢，还是去射箭？我想，还是去驾车吧。"

1 **达巷党人**：此四字历来有争议，《史记·孔子世家》作"达巷党人童子"，遂以为党人为童子矣。也有人以为童子即项橐，传说项橐为早慧的人，七岁而为孔子师。这些说法在汉代曾流行一时，但苦无具体证据，恐怕不能成立。党，即乡，《论语·公冶长》5.21"吾党之小子狂简，斐然成章，不知所以裁之"可证。朱注："达巷，党名。"指达巷乡之某人。

2 **博学而无所成名**：朱注："盖美其学之博而惜其不成一艺之名也。"

3 **执**：专执一技。

4 **射**：射箭。

5 **御**：驾车。

在"专家"挂帅的现代，社会注意的是一个人专业上的成就（尤其与时尚或现实的利益有关），"博学"不但不受重视，反而成了一个具有讽刺意味的词语，想不到在孔子的时代，也会碰到这个问题。达巷党人并没有瞧不起孔子，只是觉得孔子可惜了。这里孔子的反应很值得玩味，一般人碰到这事会生气，会大骂批评他的人没有见识，但孔子却不如此，他不仅博学，而且心胸广大，面对别人的批评，他用的是非常幽默的态度。所谓幽默是不反击，是顺着别人的话来开自己的玩笑，有时候也会讽刺自己一下："执御乎？执射乎？吾执御矣。"是很轻松又很反讽的话，但这是极有智慧又极有涵养的人才能说得出的。

孔子并非瞧不起御者或射者，而是顺着问者之言举此例说明而已，用的是调侃自己的方式。

9.3 子曰："麻冕，礼也；今也纯，俭。吾从众。拜下，礼也；今拜乎上，泰也。虽违众，吾从下。"

老师说："麻冕是古礼，现在改用黑丝为冕，比以前节省了，我便从众用黑丝冕。臣与君行礼，当先拜于堂下，现在都直接升堂拜了，我觉得这样太傲慢了。虽然与众人相违，我还是先拜于堂下。"

1 **麻冕**：绩麻为冠冕。
2 **纯**：以黑丝为冠冕，工较麻冕为粗，故较俭。
3 **拜下**：指臣之于君行礼者，下拜而后升成礼。

　　　　　　　　　　　　　　　　论语讲析

4 **今拜乎上**：指今天臣都直接升堂而拜。

5 **泰**：骄慢。

　　此章主旨在教俭戒骄，说明有的事可从众，有的事不可从，所谓"守经""达变"之分。朱注引程颐说："君子处世，事之无害于义者，从俗可也；害于义，则不可从也。"应是确解。

9.4　　子绝四：毋意，毋必，毋固，毋我。

　　　　孔子有四件绝对不做的事：一是不做臆测，二是不期必然，三是不固执，四是无私心。

1 **绝**：无之尽者，即一点都不可有。

2 **毋**：无，不可。

3 **意**：私意，也作臆测解。

4 **必**：期必，预料、期许必定如此。

5 **固**：固执。

6 **我**：私己。

　　前三项毋意、毋必、毋固是做人处世的方法，第四项毋我，则是说孔子的修养怀抱。毋我的含义一是如《正义》所说："述古而不自作，处群萃而不自异，唯道是从，故不有其身。"一是指世事成败不以我计，如是这样，就显示出更大的胸襟了。

9.5　　　子畏于匡，曰："文王既没，文不在兹乎？天之将丧斯文也，后死者不得与于斯文也；天之未丧斯文也，匡人其如予何？"

　　　　　老师曾被拘于匡地，但他说："文王已死，他的道不就在我身上吗？假如上天想让此道沦丧，那后死的我，一定不会得闻此道的；我已闻得此道了，可见上天不想让此道沦亡，既然如此，那匡人又能把我怎么样呢？"

1　**子畏于匡**：孔子曾受威胁于匡地。史载鲁定公十四年，孔子去卫过匡。昔阳虎尝暴于匡人，匡人恶之。孔子貌似阳虎，匡人见孔子以为阳虎，拘孔子五日，事见《史记·孔子世家》，畏于匡指此。俞樾《群经平议》以为："畏于匡者，拘于匡也。"

2　**文不在兹乎**：朱注："道之显者谓之文，盖礼乐制度之谓。"意即文王已死，但他留下的文化精华岂不在区区身上吗？在兹，在此。孔子此处极展现自信，但谓文不谓道，还是有谦虚的成分。

3　**后死者**：此处孔子自指。

　　此章很特殊，孔子陷入危机，自信有道在身，天自庇佑，匡人对之将无可奈何，这个说法有些迷信。其实这不是重点，重点是，孔子自认是文王之道的继承者、发扬者，而且坚信文王之道的价值可以永恒。但他又很谦虚，认为大道之发扬并非靠他一己的努力，而是天意如此。

9.6　　　大宰问于子贡曰："夫子圣者与？何其多能也？"

子贡曰："固天纵之将圣，又多能也。"

子闻之，曰："大宰知我乎？吾少也贱，故多能鄙事。君子多乎哉？不多也。"

牢曰："子云：'吾不试，故艺。'"

太宰问子贡说："你们老师孔子，应该是个圣人吧？否则怎么有那么多才艺呢？"子贡说："这固然是上天要使他为圣人，又使他多能吧。"

孔子听了后，说："太宰真知道我吗？我年轻时贫贱，所以很多粗鄙的事我都能做。对一个君子而言，这点才能算多吗？我认为不多呀。"

后来牢说："老师曾说过：'我因为没被世所重用，所以学得了多种才艺。'"

1 **大宰**：即太宰，大音太。春秋时有大宰名者甚多，不能确指。

2 **夫子圣者与？何其多能也**：孔子之前，圣人含义甚广，不专指德之最高者。大宰此问，即以多能为圣。

3 **天纵之将圣，又多能也**：天使之为圣又多能。纵之，犹使之。将圣，接近圣。将，殆。子贡与人论夫子，有为夫子谦虚之意，故不言圣而言将圣。子贡所言之圣，已接近儒家对圣人的定义。

4 **鄙事**：粗鄙的小事。自谦之辞。

5 **君子多乎哉？不多也**：此句有二解。一是说君子须具备多方才艺吗？无须。二是说我这点才艺，对君子而言算多吗？不算。译文取后者，是因为此章孔子有言："吾少也贱，故多能鄙事。"

6 **牢**：孔子弟子，一说即子张，姓琴，一字子开。不确定。

7 **不试**：不用于世。试，通用。

8 **故艺**：以故多艺能。

前章达巷党人还说孔子"博学而无所成名"，引起孔子"执御、执射"之叹，此章则以为孔子多能，使得孔子以"吾少也贱"来解释，可见别人的批评，向来都不准确。

太宰问孔子多能，其实是曲解了"圣人"一词的含义，孔子不以为圣人须多能，也不认为自己的一些才能够得上称君子的条件，但对太宰之所问不以为忤，反而顺其意而开起玩笑来，把主题改成讨论"多能"，一方面可见孔子之谦虚，另一方面可见圣人之开朗又不拘泥。或认为"牢曰"之后应另起一章，其实牢语为补充印证用，附于此并无不宜。

9.7　　子曰："吾有知乎哉？无知也。有鄙夫问于我，空空如也，我叩其两端而竭焉。"

老师说："我算是有知吗？其实我是无知的呢。有个村夫来问我，他内心一无所知，我只能详细叩问他那件事的首尾，等我知道原委后再尽所能地告诉他。"

1 **鄙夫**：犹言乡野无文之人。

2 **空空然**：指鄙夫心空空，一无所知。

3 **扣其两端而竭焉**：叩问事之首尾两端，知其所由后，竭尽所能地告诉他事之原理。

说自己无知，有谦虚的含义，但往往也有想推脱的意味，孔子此处说无知，并不是推诿，而是真认为自己于此事无知。孔子在承认自己无知之后，面对这位"鄙夫"的提问，还是详细地叩问他，把事情的始末弄清楚，以便帮他解决。任何人都不可能是全知，而求得知识或解决问题是有途径与方法的，"叩其两端"便是方法之一，扣其两端就是细问那件事的始末，等自己充分弄清楚之后，再尽力设法帮助对方，这是一个教育家对自己与对别人的基本态度，孔子充分地显示出来了。

9.8   子曰："凤鸟不至，河不出图，吾已矣夫！"

老师说："这是个凤鸟不至、河不出图的时代，（我还有什么所求呢）就一切算了吧！"

1 凤鸟：灵鸟。据传舜时曾出现，是时代祥瑞的象征。
2 河出图：传说黄河有龙马负图而出，也是世有圣王的瑞相。古代河多专指黄河。
3 已：止，犹口语说的算了吧。

"凤鸟不至，河不出图"只是两个象征，并不是孔子迷信，此章主旨在孔子说："吾已矣夫！"表示孔子看到此时代时心情极度忧伤，这时的态度也十分消沉。

此章情绪好像不怎么正面，《论语》偶有这类很忧伤、沉痛的描写。

圣人不是一向主张刚健自强的吗？任何事都要努力担

当，时代不好，有我就会变好，道德萎缩，有我就可以复振，《论语》中到处弥漫着这种"仁以为己任"的精神。

但假如完全忽视了社会的真实面，那种刚健与乐观其实也是一种幼稚的表现。孔子所处的，确实是一个礼坏乐崩、阢陧难安的时代，孔子是有血性的人，偶尔表现出消极或沮丧的心情，其实也是人情之常，却究竟不是常态。"道不行，乘桴浮于海"《公冶长》篇5.6）与此章，应作此看。

9.9 　　子见齐衰者、冕衣裳者与瞽者，见之，虽少必作，过之必趋。

　　孔子遇到穿着丧服的人，不论是重丧还是轻丧，还有盲者，只要来见他，就算比他年轻，他也会站起来接待，假如路过这些人，他一定快步走过（以免造成妨碍）。

1 **齐**（zī）**衰**（cuī）**者**：穿着丧服的人。

2 **冕衣裳**：《鲁论》冕作絻，丧服，本书采之。另一说指衣冠整齐、着盛服之贵者。《乡党》篇10.16有："见齐衰者，虽狎，必变。见冕者与瞽者，虽亵，必以貌。"所说为近。冕，冠，上身为衣，下身为裳。不取。

3 **瞽者**：盲者。

4 **作**：起，即起身。

5 **趋**：疾行，快步走过。

　　西方人观察社会之良窳，往往视人对不幸者之态度以决

定之，此亦《礼运·大同》所指，要使"鳏寡孤独废疾者皆
有所养"，所给养的对象，便是社会不幸的人。

朱注将冕衣裳当成盛服之贵者，孔子见之必作必趋，以
为应尊其位。但审之全章，前后皆对不幸者言，则此处插一
贵者，似有不恰，故不采此说。孔子对居丧者与盲者，因哀
而生敬，而且特别注意细节，朱注引尹焞言："此圣人之诚
心，内外一者也。"

9.10　　颜渊喟然叹曰："仰之弥高，钻之弥坚；瞻之在
前，忽焉在后。夫子循循然善诱人，博我以文，约
我以礼。欲罢不能，既竭吾才，如有所立卓尔。虽
欲从之，末由也已。"

　　　　颜渊喟然叹道："我越仰望他，他显得越高耸，越钻研
他，他显得越坚实；眼看就在我面前，忽然之间，觉得他
又在我后方。我们老师真懂得用循序渐进的方式诱导我们
啊，他以文学扩充我的知识，他以礼节约束我的行为。我
跟老师学习，真是欲罢不能啊，用尽了我的才干，才见到
老师的道理高峻地耸立在前。但我在设法跟踪追随的时候，
却发现自己一点办法都没有似的无路可走啊。"

1　**喟**（kuì）**然**：叹息声。

2　**仰之弥高**：仰望他，越觉得他高。之，指孔子。弥，更。

3　**钻之弥坚**：越往里钻，越觉坚实。

4　**瞻之在前，忽焉在后**：往前看他在前面，一下子，他又在我后了。

形容孔子之道的广大，智浅才小者无法捉摸掌握。瞻，往前看。

5　**循循然**：有秩序的样子。

6　**博我以文**：以文学广博充实我。

7　**约我以礼**：以礼之节文来约束我。

8　**既竭吾才**：已用尽我的才能力气。

9　**卓尔**：高立貌。

10　**末由**：无路可由。末，无。

　　这是孔子的大弟子对孔子的赞叹之词，句句发自真心，而所说虽多况词，但所况都极为真实，皆非泛泛之语，可见孔子之道的博大精深，为颜子所折服而深契。至道涵盖至大，无法具体模拟，只有诉诸如"仰之弥高，钻之弥坚；瞻之在前，忽焉在后"来形容，但孔子讲学，从不故作玄虚，善学者，也有把握之途，故又有"博我以文，约我以礼"之说。但后来语锋一转，孔门最为好学的颜子竟说"虽欲从之，末由也已"，看起来有点绝望，一方面谦称自己无能，一方面赞誉圣人之道无穷。细体全文，也含有学者既努力于此途，便绝不可懈怠之意。

9.11　　　子疾病，子路使门人为臣。病间，曰："久矣哉！由之行诈也，无臣而为有臣。吾谁欺？欺天乎？且予与其死于臣之手也，无宁死于二三子之手乎？且予纵不得大葬，予死于道路乎？"

　　老师病重，子路指派门人做老师的家臣（以准备料理后事）。老师病稍好，（知道此事之后）说："很久了吧，仲由在行骗呢，我明明没家臣，却要装出有家臣。我要骗谁呢？骗天吗？何况我与其死在家臣手上，不是宁愿死在你们这些学生手里吗？就算得不到大国重臣的礼葬，难道我会死在路上吗？"

1 **疾病**：病重。疾，病甚。

2 **使门人为臣**：派使门人为家臣，以筹备丧事。大夫有丧事，由家臣统筹处理，然时孔子已去位，无家臣。子路欲以家臣治其丧，意欲尊孔子。

3 **病间**：病情稍好。

4 **行诈**：欺骗，行诈道。

5 **无臣而为有臣**：没有家臣却装出有家臣来。

6 **无宁**：不如。

7 **大葬**：如国君、大臣的礼葬。

8 **死于道路**：喻无人收尸埋葬。

　　子路考虑的一点是，在当时几乎所有的礼节仪式都是为大夫以上的人所设，孔子此时无官职，已是平民身份，万一孔子死了，并无适宜的礼节来处理，所以想出派孔子的门弟子为家臣，希望能以大夫之礼来临丧，这是子路的想法，纯粹出于好心与细心。但对孔子而言，却是很大的冒犯，因为这不合礼，礼最讲究的是分际。以无为有，以虚为实，就是诈骗，焉有一面倡言君子之道，一面却居心行骗的呢？所以此处孔子对子路责之深切，而且毫不留情面。这是大义之下，不得顾念私情了。

9.12 子贡曰：“有美玉于斯，韫椟而藏诸？求善贾而沽诸？”子曰：“沽之哉！沽之哉！我待贾者也。”

子贡说：“这里有块美玉，是藏在柜子里好，还是求有出高价的把它卖了好呢？”老师说：“卖了它吧！卖了它吧！我在等出高价的人啊。”

1 **韫**（yùn）**椟而藏诸**：藏于椟中乎？韫，藏。

2 **求善贾而沽**：求出高价者卖之。善贾，出高价者，贾读如价。一说善于买卖之商人，贾读如估。估，卖。不从。

子贡以孔子有道不仕，故有此问。但孔子未尝不欲仕，只是担心不能行其道，故有待人之应许，最好是可仕又可行其道。此章重点在“求”与“待”两字，有美玉之才不“求”售，但也无须韫于椟而自宝，可等待有眼光之人来而售之，此之谓“待”。朱熹说得好：“孔子言固当卖之，但当待贾，而不当求之耳。”

9.13 子欲居九夷。或曰：“陋，如之何！”子曰：“君子居之，何陋之有？”

孔子想居住到九夷这地方去。有人问：“那里文明落后，怎能去住啊！”孔子说：“君子去住，怎么还会落后呢？”

1 **九夷**：九夷所居之地。传说中国东方有夷人九种。

2 陋：指文化落后。

3 君子居之，何陋之有：指君子居之，可化简陋为文明。

　　此章与《公冶长》篇5.6一样，都是孔子失志时的语言。但圣人纵失志，也不放弃化民之责，说"君子居之，何陋之有"，依然气象可见。

9.14　　子曰："吾自卫反鲁，然后乐正，《雅》《颂》各得其所。"

　　　　老师说："我从卫国回到鲁国之后，就考定乐章，使《诗》中《雅》《颂》各安其位。"

1 自卫反鲁：从卫国回到鲁国。鲁哀公十一年冬，孔子自卫返鲁，时六十八岁。

2 乐正：一指正其乐音，一指正其乐章，均可。朱注："是时周礼在鲁，然诗乐亦颇残缺失次。孔子周流四方，参互考订，以知其说。晚知道终不行，故归而正之。"

3 《雅》《颂》各得其所：把《诗》中《雅》《颂》的音乐放在合适的位置，令各安其所。

　　《诗》有《风》《雅》《颂》三种，《风》是各地民歌，《雅》是朝廷正乐，《颂》是宗庙祭祀所用的音乐，用处不同，其形式与内容也都各异。《诗》皆可歌，应是必然，可能到孔子时，已有音乐与《诗》的内容不合的混乱状况，所以才需要"正乐"。《史记·孔子世家》说:"古者诗三千余篇,及至孔子,去其重,取可施于礼义,上采契后稷,中述殷周之盛,至幽厉之缺,始于衽席,故曰'《关雎》之乱以为《风》始,《鹿鸣》为《小雅》始,《文王》为《大雅》始,《清庙》为《颂》始'。三百五篇孔子皆弦歌之,以求合《韶》《武》《雅》《颂》之音。礼乐自此可得而述,以备王道,成六艺。"其中删《诗》之说,历来便有争议,其余言孔子正乐,以使《雅》《颂》各得其所,则应无误。

9.15　　子曰:"出则事公卿,入则事父兄,丧事不敢不勉,不为酒困,何有于我哉?"

　　　　老师说:"出外服事公卿,入门服事父兄,碰到丧事不敢不勤勉将事,不受酒醉所困,这些事对我而言有何困难呢?"

1 **不敢不勉**:不敢不努力。

　　都是很平常的事,从平凡越见伟大。此章与"默而识之,学而不厌,诲人不倦,何有于我哉"(《述而》篇7.2)语式一模一样,朱熹曰:"然此则其事愈卑而意愈切矣。"
　　这类的记载,多数是因为有人问及,否则无端自言,有些唐突。另这里说"不为酒困",可见孔子的酒量不小,可与《乡党》篇10.8"惟酒无量,不及乱"相对照。

9.16　　子在川上,曰:"逝者如斯夫!不舍昼夜。"

孔子在河川上，说："时间跟它一样地流逝啊！一刻都没有停止过。"

1 **逝者**：过去之事物。此指时间。

2 **如斯**：如此。指水。

3 **不舍昼夜**：犹昼夜不停。舍，弃。

人常以逝水比喻时间的流逝，觉得时间不等人，老是过得很快而无法掌握，这种兴叹，几乎是所有人都有过的。当然也可引申如程颐所说："此道体也。天运而不已，日往则月来，寒往则暑来，水流而不息，物生而不穷，皆与道为体，运乎昼夜，未尝已也。是以君子法之，自强不息。及其至也，纯亦不已焉。"(朱注引) 说得当然不错，一方面以时间不待人为警惕，一方面以大自然"不舍昼夜"之动能自励，除此之外，能发挥之处尚多。

但究其实，此章所写其实是寻常的感叹，自然而然，不是有意说教，要知道寻常事也有可观、可兴者，不搬出"天运""道体"这类的话题，也许更切合生命的脉动，对寻常人也能产生共鸣的作用。

9.17　　子曰："吾未见好德如好色者也。"

老师说："我没见过一个好德如好色的人啊。"

也许社会中好德者真的不如好色者多，也许不是，这种判断没有经过严格统计，大体上言，好色为所有生物所必有，是求生命延续，是种族生存的必要条件，说好色者比好德者多，也许可以成立，只是不够准确，而要说从未见到好德如好色者，不论程度或数量，都有点夸大了。

此章是感慨世上好德的人少了，可能是答人所问，也可能是孔子看到某些败象所兴起的感叹，感叹之词不以准确与否为尚。《史记》载：孔子"居卫月余，灵公与夫人同车，宦者雍渠参乘出，使孔子为次乘，招摇市过之"。朱熹认为孔子丑之，故有此言。这是因为此章谈到好色者多所作的推想，也许是，也许不是，以特定之事来解释平常之言，除非证据确切，否则易生穿凿。

9.18　子曰："譬如为山，未成一篑，止，吾止也；譬如平地，虽覆一篑，进，吾往也。"

> 老师说："譬如堆一座山，只差一笼土就堆成了，却停下了，是我停下来的呀；譬如填平一块地，地上虽只一笼土，而我只要不停地填下去，这进步，也是我做出来的呀。"

1 为山：人工堆筑一座山。
2 篑：置土之竹笼。

半途而废，前功尽弃；自强不息，则积久事成。此章是说不管成功失败，一切都操纵在自己的手中，人该努力还是懈怠，就很容易明白了。

此章劝人及时努力，有后世"莫等闲，白了少年头，空悲切"(传岳飞《满江红·写怀》)的意味，勉人积健为雄，要从小处做起，儒家一直有一种特殊的刚健精神，于此可见。

9.19　　子曰："语之而不惰者，其回也与！"

　　　　老师说："跟他说过的话，能遵行不逾又行之不怠的，恐怕只有颜回吧。"

1　**语之**：告之。

2　**不惰**：不懈怠。

　　朱注引范祖禹说："颜子闻夫子之言，而心解力行，造次颠沛未尝违之。如万物得时雨之润，发荣滋长，何有于惰，此群弟子所不及也。"钱穆说："读者易于重视'不惰'二字，而忽了'语之'二字。盖答问多因其所疑，语则教其所未至。闻所语而不得于心，故惰。独颜子于孔子之言，触类旁通，心解力行，自然不懈。此见颜子之高。"(《论语新解》)皆可参考。

9.20　　子谓颜渊，曰："惜乎！吾见其进也，未见其止也。"

　　　　老师说到颜渊，道："可惜死了呀！这人我只见他往前进，从未见他停止过。"

1 惜乎：颜渊既死而孔子惜之。

　　此章是综合前两章，一说譬如平地，虽覆一篑，进，吾往也；一说颜渊不惰，知进不知退，惜其不寿。

9.21　　子曰："苗而不秀者有矣夫！秀而不实者有矣夫！"

　　　老师说："植物中，抽了苗不开花的是有的吧，开了花而结不出实的也是有的吧。"

1 苗：谷之始生。
2 秀：吐花。草花曰秀。
3 实：成谷、结实。

　　此章如连上章，以植物为例，可以说是哀颜渊不寿无成，如不连上章，可以说是对世事的一般感叹。世上有很多人不及成年，成年又不及学问或事业有成，可叹者甚多，不必为一人而发也。
　　此章还有一层意思。世上苗而不秀、秀而不实的例子很多，所以我目前如果是平安的，应特别珍惜，我要努力追求成德，以无忝所生。

9.22　　子曰："后生可畏，焉知来者之不如今也？四十、五十而无闻焉，斯亦不足畏也已。"

老师说:"少年人是可畏的啊,怎么知道那些后生晚辈不如今天的人成就大呢?但一个人到了四五十岁还无声闻于世,大概也就无足畏了。"

1 后生可畏:年少的人可畏。因其来日方长,不可预期。

2 来者:即后生。

3 四十、五十而无闻焉:到四十、五十岁犹默默无闻。无闻,无所闻于世,可见学问、德行并不杰出。

少年之可畏在青春正盛,一切都不可预期,但蹉跎岁月,一事无成,到了四五十岁依然无声闻于世,大约就不足畏了。但此判断也不可视为必然,世上也有不少晚成之人,最后一句可视为对成年之后不再求进的人所作的警诫。

9.23 　　子曰:"法语之言,能无从乎?改之为贵。巽与之言,能无说乎?绎之为贵。说而不绎,从而不改,吾末如之何也已矣。"

老师说:"别人用正言告诫我,我能不听从吗?改了才是好的。别人用和婉的语言劝告我,我会不喜悦地接纳吗?但一定要仔细寻思他的言外之意才对。要是光喜悦,不知寻思,光是言从,却行为不改,那我对之也无法可想了。"

1 法语:有法则意味之言,正言。

2 巽(xùn)与之言:娓委劝善之言。巽,恭顺。

3 **绎之**：寻绎，仔细找寻并推想。

4 **说而不绎**：只是喜欢，却不寻思其理。朱注："不绎，则又不足以知其微意之所在也。"

5 **从而不改**：言从而行不改。

　　法语之言严正，巽与之言委婉。本章教人听人意见，也要寻思别人的言外之意，不可盲从。善学者须知判断，有善必从，有过必改。

9.24　　子曰："主忠信，毋友不如己者，过则勿惮改。"

　　此章重出而逸其半，见《学而》篇1.8。

9.25　　子曰："三军可夺帅也，匹夫不可夺志也。"

　　　　老师说："三军可夺其将帅，匹夫不可夺其意志。"

1 **三军**：一说上、中、下三军，一说左、中、右三军。指编制完整的大国之军。

2 **夺帅**：夺其主帅。

3 **匹夫**：喻一般人。

　　三军之帅由人所命，故可夺，匹夫之志在己所立，故人不可夺。言个人意志之重要。

9.26　　子曰："衣敝缊袍，与衣狐貉者立，而不耻者，

其由也与？'不忮不求，何用不臧？'"子路终身诵
之。子曰："是道也，何足以臧？"

　　老师说："穿着破烂的袍子，与穿着狐裘的贵人站在一
起，一点都不觉羞耻的，恐怕只有仲由做得到吧。'不去害
人，也不贪求，这样哪里不好呢？'"子路听了，一生常诵
此诗。老师说："光做到这个，怎能算是好呢？"

1　**衣敝缊**（yùn）**袍**：穿着破缊袍。缊，以絮为里的袍子，袍之
　　贱者。
2　**衣狐貉者**：穿着狐裘者。狐貉，以狐貉之皮为裘，衣之尊者。
3　**不忮**（zhì）**不求，何用不臧**：《诗·卫风·雄雉》中句。忮，
　　害。求，贪。臧，善。
4　**终身诵之**：一生常诵此章。有沾沾自喜之意。

　　子路刚毅正直，所以孔子以"不忮不求"赞誉他，想不
到子路却因而自得，所以引起了孔子后面的批评。这是因为
孔子认为子路之贤，宜不止于此，故激而进之也。

9.27　　子曰："岁寒，然后知松柏之后凋也。"

　　老师说："经过大寒，才知道松柏是最后凋零的。"

1　**岁寒**：岁经大寒。
2　**后凋**：凋于其他林木之后。

这是个极饱满之短句。

"岁寒"指时间，"松柏"为主词，"后"为副词，"凋"为动词，是个完整的句子。表面是对自然现象的描述，但此句却不徒是描述大自然而已，其中有个"知"字。谁知？"我"（包括你我）知，因有我知，所以这大自然的景象便与"我"发生关联了，这小小的关联，使得松柏后凋产生了意义。

岁寒喻坏的时代，松柏喻君子，后凋指坚持节操。承平之日，君子与小人无异，临大节，才能辨别忠义。王夫之说："夫子此言，可以表志士仁人之节，可以示知人任重之方，可以著君子畜德立本之学，可以通天下吉凶险阻之故。"（《四书训义》）钱穆说："道之将废，虽圣贤不能回天而易命，然能守道，不与时俗同流，则其绪有传，其风有继。"（《论语新解》）都说得很好。

9.28   子曰："知者不惑，仁者不忧，勇者不惧。"

老师说："智者心无疑惑，仁者心无忧虑，勇者心无恐惧。"

1 **知者不惑**：智者之明足以烛理，故不惑。

2 **仁者不忧**：仁者之理足以胜私，故不忧。

3 **勇者不惧**：勇者之气足以配道义，故不惧。

智、仁、勇称"三达德"。朱熹认为是"学之序也"，其实是一个人的人格境界，智以明之，仁以守之，勇以行之。可一分为三，也可合三为一，有体有用，既外且内，可谓学者为学立身之宗旨。

9.29　子曰："可与共学，未可与适道；可与适道，未可与立；可与立，未可与权。"

老师说："有人可以与他共学，但无法跟他一同奔向正道；可以与他一同向道，但不见得能跟他一起坚守；可以与他一起坚守，但又不见得能跟他一起权衡一件事物的轻重。"

1 可与：言可与共为此事。
2 适道：走向正道。适，往。
3 立：立身行道，确立不摇。
4 权：权衡轻重，原指测轻重之量器，犹秤之秤锤、天平之砝码。

世上之人千万种，有一项优点往往缺另一项，全人只能自我要求，但也不见得能要求得成。人应知道人格中的欠缺，而思多方补救。

9.30　"唐棣之华，偏其反而。岂不尔思？室是远而。"子曰："未之思也，夫何远之有？"

"唐棣花呀，翩翩翻转。我怎会不想你呢？只因为我们离得远罢了。"老师说："一定没有尽力去思念吧，真的思念起来，还会远吗？"

1 **唐棣四句**：逸《诗》中句。

2 **唐棣**：郁李，植物名。

3 **偏其反而**：花摇动貌。偏可作翩，反，翻。

4 **室**：指所居。

　　孔子不仅会解诗，而且是心理学家，知道思念或感情可以超越距离，因此"但愿人长久，千里共婵娟"之想才能成立。但宋儒不作此思，多以道德解之，朱注："夫子借其言而反之，盖前篇'仁远乎哉'之意。"可能是对的，也可能是错的。引程颐说："此言极涵蓄，意思深远。"其实意思深远之外，还有智慧与幽默在其中。

·乡党第十·

此篇原不分章，朱熹分为十七章。也有分为十八章者，钱穆采之。

本书分十八章。

本篇所记，皆孔子生活中容止之细节，朱注引杨时说：「圣人之所谓道者，不离乎日用之间也。故夫子之平日，一动一静，门人皆审视而详记之。」引尹焞说：「甚矣孔门诸子之嗜学也，于圣人之容色言动，无不谨书而备录之，以贻后世。今读其书，即其事，宛然如圣人之在目也。虽然，圣人岂拘拘而为之者哉？盖盛德之至，动容周旋，自中乎礼耳。学者欲潜心于圣人，宜于此求焉。」

10.1 　孔子于乡党，恂恂如也，似不能言者。其在宗庙朝廷，便便言，唯谨尔。

　　孔子在乡下平居时，恭谨谦逊，像不会说话一样。他在宗庙朝廷时，言语清晰明辨，却极谨恰。

1 于乡党：居乡。

2 恂（xún）恂如：信实之貌。

3 在宗庙朝廷：在朝廷任官。

4 **便**（pián）**便言**：言语辩给。善言貌。

5 **谨**：谨慎恰当。

　　此章记孔子于乡里、宗庙朝廷言貌各不相同。《宪问》篇14.14记："夫子时然后言，人不厌其言。"什么场合说什么话，与何种人相处说何种话，便叫作"时然后言"。

10.2　　朝，与下大夫言，侃侃如也；与上大夫言，訚訚如也。君在，踧踖如也，与与如也。

　　　　孔子于朝廷，当国君尚未临朝时，与下大夫说话，态度和乐，言语轻缓；与上大夫说话，态度中正，言语清楚。国君视朝时，态度恭敬又威仪适中。

1 **朝**：于朝廷，君尚未视朝时。

2 **与下大夫言**：与比自己低阶之大夫言语。

3 **侃侃如**：和乐貌。

4 **訚**（yín）**訚如**：中正貌。《说文》："侃侃，刚直也。""訚訚，和悦而诤也。"此处宜如刘宝楠、钱穆分别采和乐貌、中正貌解。

5 **君在**：君视朝时。

6 **踧**（cù）**踖**（jí）：恭敬貌。

7 **与与如**：犹徐徐，威仪适中之貌。朱注引张载说："与与，不忘向君也。"也通。

　　接上与接下，态度言辞各有不同。与国君相见相言，自须遵守一定的礼节规范。而下大夫较畏惧，与之相对，故态度要和乐，言语要轻缓。上大夫官阶职守均高于我，对之须有礼，但不可谄媚，故言语訚訚，不失中正。

10.3　君召使摈，色勃如也，足躩如也。揖所与立，左右手，衣前后，襜如也。趋进，翼如也。宾退，必复命曰："宾不顾矣。"

　　国君召孔子作傧相迎宾，孔子容色行止必十分庄敬。与同为傧相的相互作揖，左右之间，挥张双手，衣服随之整齐摆动。须快步行走时，如鸟舒翼般的从容美好。国宾退了，一定向国君复命说："宾客走远已不再回头了。"

1　**君召使摈**：被国君指派去迎接国宾。摈同傧，迎宾。

2　**勃如**：本指变色，此指色庄矜。

3　**躩**（jué）**如**：盘辟逡巡貌，有庄重之意。

4　**揖所与立，左右手**：所与立指同为摈者。古礼迎宾者数人，行礼时也左右互揖拜。

5　**衣前后，襜**（chān）**如也**：向左右揖拜时，衣随动作前后整齐地摆动。襜如，整齐貌。

6　**趋进**：快步向前进。趋，快步。

7　**翼如**：如鸟张翼，言舒缓愉悦又具美感。

8　**宾不顾矣**：国宾已不回头望了，表示来访国宾已确定离开。朱注："舒君敬也。"意思是宾客已走远，国君可放松礼仪了。

此章记孔子被召为傧相的细节。周到的礼节要注意细处，这里连衣服摆动的小地方都写出来了。

10.4 入公门，鞠躬如也，如不容。立不中门，行不履阈。过位，色勃如也，足躩如也，其言似不足者。摄齐升堂，鞠躬如也，屏气似不息者。出，降一等，逞颜色，怡怡如也。没阶趋，翼如也。复其位，踧踖如也。

孔子进入诸侯的公门，必定敛身敬谨，像无处容身的样子。绝不在中门位置站立，也不把脚踏在门槛上。经过国君之位，变色正容，举足庄矜，说起话来，轻声细语，好像让人听不清楚的样子。牵衣升堂时，躬着身体，屏气似没有呼吸。等出来，降下一阶，才展开颜色，便又怡怡如初了。很快地走到没有阶梯的地方，就像鸟展翼一般的愉快。但要再过君位时，又会恭敬如前。

1　**鞠躬如**：如鞠躬般的敬重。

2　**立不中门**：如站立，绝不在中门位置。

3　**行不履阈**（yù）：走过门限必跨过，不脚踏。履，踩踏。阈，门限、门槛。

4　**过位**：经过国君之位，此指虚位。

5　**其言似不足者**：不足指放低音量，一指用词简约，都表极为礼貌。

6　**摄齐**（zī）**升堂**：提起衣下摆以升堂。古人正式服装都很长，行动时须用手拉起衣摆。齐，衣的边缘与地齐的部分。

7 **不息**：屏息貌。

8 **降一等**：下了一阶之后。等，阶。

9 **逞颜色**：放开脸色，不再紧张。

10 **没阶趋**：很快走完阶梯。没，走完。趋，快步。

此章记孔子在朝廷的容貌举止，也是极注意细节。

10.5　　执圭，鞠躬如也，如不胜。上如揖，下如授。勃如战色，足蹜蹜，如有循。

享礼，有容色。私觌，愉愉如也。

孔子为聘使出访，弯腰执圭，如不胜其重的样子。所执的圭与心等齐，再高不高于揖，再低不低于授。脸孔敬矜如在颤抖，举步维艰，像脚在循物而行。

等呈献礼物给国君时，面容就展开，不再有戒慎恐惧之色了。等私下与国君相见时，就更和悦自然了。

1 **执圭**：古时代表国君出访，必带国君的圭以示信。朱注："圭，诸侯命圭。聘问邻国，则使大夫执以通信。"圭，玉制礼器。

2 **如不胜**：执圭如不胜其重，敬谨之至也。

3 **上如揖，下如授**：将所执圭放在大约与心等高的位置，上不过揖，下不过授。揖与授均指手的位置。揖，作揖。授，给人物品时手的高度。

4 **勃如战色**：庄矜如恐惧颤抖。战，同颤。

5 足蹜(suō)蹜，如有循：不迈大步，如足有阶可循。蹜蹜，举足促狭。

6 享礼，有容色：代表国君呈献礼品时，态度和悦，就不再有戒慎恐惧之神色了。享，献。有容色，和。

7 私觌(dí)，愉愉如：行礼已毕，与该国国君私下会面时，颜色和悦，又胜献礼时。觌，见。

本篇所写孔子与国君、外宾相接 (如10.3) 及此处写代表国君出使报聘外国等，考诸历史，都不见得孔子实有此事，朱注引晁说之说："孔子，定公九年仕鲁至十三年适齐，其间绝无朝聘往来之事。疑使摈、执圭两条，但孔子尝言其礼当如此尔。"也许是孔子平日以礼教学，要求注意事项，弟子所记，便置于此。《史记·孔子世家》："孔子去曹适宋，与弟子习礼大树下。"孔子随时教习礼仪，此记录可证。

10.6　　君子不以绀緅饰。红紫不以为亵服。当暑，袗絺绤，必表而出之。缁衣羔裘，素衣麑裘，黄衣狐裘。亵裘长，短右袂。必有寝衣，长一身有半。狐貉之厚以居。去丧，无所不佩。非帷裳，必杀之。羔裘玄冠不以吊。吉月，必朝服而朝。

君子不以青紫与暗红作衣领与衣袖的边饰。也不把粉红与紫色作为居家的服装。天热时，穿葛布衫，外出必内着衣。天冷穿黑外套时，里面必定是黑色的羔裘，穿素色外套时，里面穿的一定是白色的麑裘，穿黄外套时，里面

穿的必定是狐裘。居家所穿的裘比较长，为方便做事，右
袖挽上来看起来比较短。晚上睡觉，一定穿睡衣，长度是
超过从颈到股身长的一半。冬天用厚的狐貉皮做坐垫。不
居丧时，所有的玉饰都可佩戴。除非朝祭时穿的帷裳，其
余下身所穿都是有接缝的。吊丧不穿黑羔裘，不戴黑色冠。
每年正月岁首，一定穿着朝服上朝去。

1　**不以绀（gàn）緅（zōu）饰**：不以绀与緅为衣饰。绀，青中泛赤的
　　颜色。緅，绛色，深红。绀与緅色古多为丧服。饰，衣的边缘。

2　**红紫不以为亵服**：不以红紫色为家居之私服。朱注："间色不正，
　　且近于妇人女子之服也。"古人称大红为赤，赤与黄、青、白皆为
　　正色，两种以上颜色相混为间色。故此红，接近赤与白的混色粉
　　红，紫是青赤两色所杂，故朱熹称之为"间色不正"。亵服，一般
　　家居之私服。

3　**当暑，袗（zhěn）绤（chī）绤（xì）**：热天，穿葛布缝制的单衣绤或
　　绤。袗，单衣。绤，精葛。绤，粗葛。

4　**必表而出之**：朱注："谓先着里衣，表绤绤而出之于外，欲其不见
　　体也。"意即绤绤过薄，外出须着内衣。

5　**缁衣羔裘，素衣麑裘，黄衣狐裘**：此指冬天穿皮裘，皮裘毛色须
　　与罩衫颜色相似，以免混乱。古人习将皮毛衣正穿，即毛在外皮
　　在内，皮裘外另着罩衫为衣。缁为黑色，羊裘为黑羊皮，素为白
　　色，麑为小鹿，色白，狐色黄，故着黄衫为衣。

6　**亵裘长**：居家时穿的裘比较长，长是为了保暖。

7　**短右袂（mèi）**：右袖常挽起，以便做事。袂，衣袖。

8　**必有寝衣，长一身有半**：寝衣即睡衣。古人上衣为衣，下衣为裳，
　　身指颈以下股以上，寝衣长一身有半，可以覆至膝。程颐以为此

句应置下章，置此为错简，朱熹以为在此章亦无不可。

9　**狐貉之厚以居**：狐貉有厚毛，保暖，可做座垫。居，坐。

10　**去丧，无所不佩**：不居丧时，身上都可佩戴玉器。古人有佩玉的习惯，朱注："君子无故，玉不去身。"

11　**非帷裳，必杀**（shài）**之**：不是上朝或祭祀时所着的帷裳，必定选有接缝的那一种。帷裳，朝祭时下身所着的。杀，指衣裳接缝处。朝祭时所着裳为整片布做成，无接缝，取其严整而与腰间的襞积相连。襞积，指衣服在腰部位的褶绺，是礼服上的一种装饰，而一般家居服没有襞积，多采有接缝的下裳，比较宽松舒适。

12　**羔裘玄冠不以吊**：穿羔裘、着玄冠时不去祭吊。古人丧主素，吉主玄。素，原指未经染色之丝，后多指白色。玄，黑色。

13　**吉月，必朝服而朝**：每月初一，必穿着朝服上朝。吉月，月之始。也有训为一年之始月，即正月。此句似专指孔子而言。如不曾居官，当然无须"朝服而朝"，居官中，则上朝不择吉月。孔子曾仕鲁，吉月应上朝贺年，故朱注曰："孔子在鲁致仕时如此。"

　　此章可以看出孔子时代许多特殊的事物与后世尤其近世不同者，譬如服装式样、崇尚的颜色等，是极珍贵的社会史资料。朱熹以为是专记孔子穿衣之规则。当然章首"君子"可泛指，也可专指孔子，但最后一句"吉月，必朝服而朝"，如指不曾居官的一般君子，似不宜，故专指孔子是合理的。

10.7　　齐，必有明衣，布。齐必变食，居必迁坐。

　　　斋戒时必先沐浴，浴后穿干净的浴衣，是布做的。守斋的时候要改变饮食，也要搬到不同的居室。

1 **齐**：同斋，古人临祭必有斋。斋，齐一身心之仪式。朱注："齐，必沐浴，浴竟，即着明衣。"

2 **明衣**：贴身的浴衣，取其明洁也。

3 **布**：以布所制。

4 **变食**：改变饮食方式，如不饮酒、不茹荤腥等。

5 **居必迁坐**：易地而居。朱注："迁坐，易常处也。"古人一般居内寝，是为正寝，有斋疾，居外寝，以与家人隔离。外寝指内寝之外可居之室。

此章讲守斋的规矩，斋戒是祭祀鬼神之前的预备工作，仪式越大，斋期越长也越严格，古人脱神权时代未远，特别重视祭神与祭神之前的筹备工作。朱注引杨时说："齐所以交神，故致洁变常以尽敬。"

10.8 食不厌精，脍不厌细。食饐而餲，鱼馁而肉败，不食。色恶，不食。臭恶，不食。失饪，不食。不时，不食。割不正，不食。不得其酱，不食。肉虽多，不使胜食气。惟酒无量，不及乱。沽酒市脯不食。不撤姜食。不多食。祭于公，不宿肉。祭肉不出三日。出三日，不食之矣。食不语，寝不言。虽疏食菜羹，瓜祭，必齐如也。

饭吃精致点的，肉吃切得细的，都是好的。饮食因湿热而变味了，鱼馁肉败了，不吃。颜色不好，不吃。气味不好，不吃。生熟失度，不吃。不是时令的东西，不吃。切割不正确的，不吃。没有适合的调料酱汁，不吃。肉虽然很多，但不能比五谷主食吃得多。只有酒没限量，不要醉了乱了就好。在市场买的酒与肉干不吃。等饮食已毕所有食物都撤走了，姜还不撤。所有食物都不多吃。陪国君祭祀，分得的胙肉，一回家就分给人，不让它隔夜。家祭的祭肉，不出三天，也分完吃完。出了三天，就不吃了。吃东西时不说话，睡觉时也不说话。虽吃很一般的食物如菜羹瓜果，也会做一种谢食礼敬的举动，做这举动时，也很庄重恭谨。

1　**食不厌精，脍**（kuài）**不厌细**：此语有两说。一是指食以求精，脍以求细为善。朱熹说："食精则能养人，脍粗则能害人。不厌，言以是为善，非谓必欲如是也。"一是举孔子"疏食饮水，乐在其中"言，以为不因食脍之精细而特饱食。采前说，厌作弃解，食不厌精，即食不弃精美意；采后说，厌作足解，食不厌精，则食不因精而多食。审此章所言，见孔子于饮食细节皆极讲究，即所谓精也，以朱说为胜，今采朱说。

2　**食饐**（yì）**而餲**（ài）：食物因湿热而变味。饐，馊臭。餲，变味。

3　**鱼馁而肉败**：鱼烂曰馁，肉腐曰败。

4　**臭**（xiù）**恶**：气味变坏。

5　**失饪**：没把食物的生熟掌握好，以致烹调不善。

6　**不时**：非时令之食物。

7　**割不正**：非指割肉不够方正，乃指切割食物的方式不正确，如切肉应逆其纹理，菜蔬亦然，如顺纹理切，则烹不易烂，不利吞咽，可谓割不正。

8　**肉虽多，不使胜食气**：肉虽多，也不超过吃五谷的量。中国人以谷物为主食。气，一作饩，饭料。

9　**惟酒无量，不及乱**：朱注："酒以为人合欢，故不为量，但以醉为节而不及乱耳。"

10　**沽酒市脯不食**：酒与肉干皆自制，不购于市，恐不洁。沽、市，皆买。沽同酤。脯，肉干。

11　**不撤姜食**：食完，诸食皆撤，唯姜不撤。朱注："姜，通神明，去秽恶，故不撤。"

12　**祭于公，不宿肉**：助祭于君，所得胙肉，回家即分食予人，不隔夜。

13　**祭肉不出三日**：家中祭祀之祭肉，不过三日，皆已分赐完毕，以免肉败不可食。家祭与公祭有重要性之差异，故迟速有别。

14　**虽疏食菜羹，瓜祭**：虽吃最简单的食物如菜羹、瓜果，都有小小的含有祭礼意义的举动，朱注引陆德明说："《鲁论》瓜作必。"朱注："古人饮食，每种各出少许，置之豆（盛食物之小容器）间之地，以祭先代始为饮食之人，不忘本也。"就是对最早发明餐食的先人，表示谢意的一种礼节仪式。此仪式有点像现代人在餐桌以二指轻扣桌面，表示对布菜施茶者之谢意。

15　**齐如**：像正式斋戒般的敬谨。齐，同斋。

　　此章记孔子饮食的细节，也是研究古代饮食历史的珍贵材料。

　　大体而言，跟现在的饮食习惯也相差不多，譬如鱼馁肉败、色恶、恶臭、失饪、不时、割不正，现代人也不吃。"割不正"令人联想起"食德"的问题，认为食品不正会影响人的品德，这种推论不是不可以有，但也不能过于拘泥，因为前面肉败、色恶、恶臭、失饪、不时的描述，都是卫生健康因素，与人品德无关。又现在已很少有祭肉了，当时的"祭于公，不宿肉"，与"祭肉不出三日"，其实是因为古时无适当的冷藏设备，肉类易腐，也都是为了卫生的缘故。"惟酒无量，不及乱"，因各人的酒量不同，这句话到今天也还成立。倒是孔子不饮沽酒，不食市脯，自有他特殊的条件，别人也不见得全做得到。不撤姜食是比较特殊的例子，这是当时或当地的吃食习惯，可能与健康或某些"食德"有关，可能不是，朱熹言姜能"通神明"，恐有点穿凿，不见得必信。每食都不忘祭，也是当时的一种特殊习惯，后代已很少见到了。

10.9 席不正，不坐。

座位不正，不坐。

1 **席**：座位。上古无椅，均席地而坐，下有坐垫，夏为席，冬为袵。

朱注引谢良佐说："圣人心安于正，故于位之不正者，虽小不处。"不过正字至少有两层意思，一指座位的朝向，一指座位的秩序，孔子于此应都是讲究的。有版本将此章与下章相连成一章，朱熹《论语集注》采之。

10.10 乡人饮酒，杖者出，斯出矣。乡人傩，朝服而立于阼阶。

孔子在乡饮酒礼上与乡人同饮，结束后一定等老人离开了，自己才敢离席。碰上乡人行驱鬼逐疫仪式时，自己一定穿着正式服装，肃立在家庙的东阶上。

1 乡人饮酒：《仪礼》有《乡饮酒礼》，共分四种：一则三年宾贤能，二则乡大夫饮国中贤者，三则州长习饮酒，四则党正蜡祭。蜡（zhà），年终祭百神。此章饮酒，当指蜡祭，《乡饮酒礼》记蜡礼有"乐正与立者皆荐以齿"句，可见其中有敬老之意。

2 杖者出：年齿高的老人走出了。杖，拐杖，又称扶老，老年人所用。

3 傩（nuó）：古人驱逐疫疠之仪式。朱注："傩，所以逐疫，周礼方相氏掌之。"

4 朝服：上朝时所穿的衣服，喻正式的服装。

5 立于阼（zuò）阶：站在庙的东阶上。朱注："傩虽古礼而近于戏，亦必朝服而临之者，无所不用其诚敬也。"

此章记孔子居乡与礼有关之事。

10.11 问人于他邦，再拜而送之。康子馈药，拜而受之，曰："丘未达，不敢尝。"

孔子请人到外邦向友人问好，必再拜而亲送之。季康子送药来问疾，孔子拜而受之，但却说："我还不知道药性如何，暂时不敢尝。"

1 问人于他邦，再拜而送之：请人到外邦向友人问好，要再拜并亲送他，以示礼敬。朱注："拜送使者，如亲见之，敬也。"

2 **康子馈药**：康子指季康子。馈药，孔子或有疾，故赠药。赠食曰馈，药可服食，故用馈。

3 **未达，不敢尝**：未知药性，暂不敢尝药。或指自己致病之由不明，不敢轻易吃药。皆可，一般用前说。朱注引杨时说："大夫有赐，拜而受之，礼也。未达不敢尝，谨疾也。必告之，直也。"

两件事，彼此无关联，但都说明孔子的恭与谨。

10.12　厩焚。子退朝，曰："伤人乎？"不问马。

孔子家的养马处着火了。孔子退朝回家听闻此事，问："有没有伤了人呢？"当时没有问马。

1 **厩焚**：养马的地方着火了。厩，养马处。

2 **子退朝**：指孔子退朝回家。则此厩为孔子家厩。

3 **不问马**：没问马的生死。

人的人道关怀，也有亲疏远近的差别，孔子非"不"问马，而是仓促之下，"不及"问马，这是人之常情。朱熹说："非不爱马，然恐伤人之意多，故未暇问。盖贵人贱畜，理当如此。"钱穆以为"不问马"三字应为后门人记者所加。

朱熹如不补"贵人贱畜，理当如此"，可能更好些。孔子问"伤人乎"是出于人道的关怀，人道关怀起源在人，但关怀的终极，不见得必限定在人身上，也可以扩及其他。所以此章的"不问"不是限制词，而是匆忙之间未及问之意。

10.13 君赐食，必正席先尝之；君赐腥，必熟而荐之；君赐生，必畜之。侍食于君，君祭，先饭。疾，君视之，东首，加朝服，拖绅。君命召，不俟驾行矣。

君赐食物，必端坐正席先尝；君赐生肉，必煮熟先奉荐祖先；君赐活牲，必先畜养之。侍奉国君饮食，在国君行祭祀仪节时，自己就像为君尝食一样地先吃。遇疾病，君来探病，一定东边卧，以便国君西边问询，身上还加披朝服大带。国君有命召见，不等车驾好就立刻动身前去。

1 **君赐食，必正席先尝之**：国君赐食物，必定端坐正席先尝，以示敬君之赐。

2 **君赐腥，必熟而荐之**：国君赐生肉，必先煮熟，荐之祖考，荣君赐也。

3 **侍食于君，君祭，先饭**：侍奉国君进餐，当国君还在做祭祀动作时，自己先动餐。朱注："《周礼》：'王日一举，膳夫授祭，品尝食，王乃食。'故侍食者，君祭，则己不祭而先饭。若为君尝食然，不敢当客礼也。"可见侍君之食，臣先饭是礼。

4 **东首**：病人坐东朝西，以便利国君闻问。古人贵西，君入室，背西朝东。

5 **加朝服，拖绅**：身上穿着上朝的服装，曳着大带。朱注："病卧不能着衣束带，又不可以亵服见君，故加朝服于身，又引大带于上也。"

6 **君命召，不俟驾行矣**：国君有命召见，不等车驾好即行。

此章专写孔子事君之礼。

10.14　入太庙，每事问。

此章与《八佾》篇3.15重出。

10.15　朋友死，无所归，曰："于我殡。"朋友之馈，虽车马，非祭肉，不拜。

朋友来访死于我处，一时无法归葬，便说："就暂殡我处吧。"朋友送东西，虽是车马一般的贵重之物，只要不是祭肉，都不拜谢。

1　**于我殡**：在我处暂停柩以待葬。殡，柩，谓以宾遇之。

此章记孔子交友之义。《礼记·檀弓上》有记："宾客至，无所馆，夫子曰：'生于我乎馆，死于我乎殡。'"与此章所记相同，此章只记"于我殡"，未记"于我馆"，又有宾客与朋友之别，但大意相同，可参读。本章记朋友死一段，钱穆以为如是事实，也出于偶然，非孔子时时作此言，不可据此作扩大解释。至于"非祭肉不拜"，朱熹说得很好："朋友有通财之义，故虽车马之重不拜。祭肉则拜者，敬其祖考，同于己亲也。"

10.16　寝不尸，居不容。见齐衰者，虽狎，必变。见冕者与瞽者，虽亵，必以貌。凶服者式之。式负版者。有盛馔，必变色而作。迅雷风烈，必变。

睡觉时，不散开四肢如死人，居家时，不刻意整修仪容。看到人穿着丧服，虽是平日亲狎的人，也必改变容色以致哀。见到重丧在身的人与盲人，虽然平常都熟悉，也要尽力礼貌。路上看到穿着丧服的人，或负着国家重要图籍的人，一定手扶着车轼站起来向他们致哀或致敬。主人设盛馔招待，必变色起身以示不敢。遇到疾雷暴风，必变色不安。

1 寝不尸：睡觉时不僵卧如死人，即一般所说睡有睡相。

2 虽亵，必以貌：亵，朱注："谓燕见。"指平时相见。貌，礼貌。

3 凶服者式之：见有服丧者在前，必扶车前横木起立致敬。凶服，丧服。式通轼，车前横木，以便立者扶手。

4 式负版者：见负版者亦式。负版者有二说，一指负邦国图籍者，一亦指丧服，乃丧服之最重者。

5 有盛馔，必变色而作：主人设盛馔，表示礼重，客人变色起立以示不敢，此敬主人之礼，非为馔。作，起。

6 迅雷风烈，必变：变，变色。朱注："必变者，所以敬天之怒。"

此章引人注目的是连用了几个"变"字，所谓变，指与平时常态相比有所变易，是在一个特殊状况之下才发生的。平常是与我亲密的人，现在居丧，我就得收敛起平时对他亲狎的态度，改以庄敬临之，其他的变，也多类此，言圣人平居有常，但遇到特殊情况，也会改变。

文中"负版者"之"版"，如亦采丧服解，与前"凶服"重复，如采邦国图籍解，又显得突兀，怀疑"式负版者"四字可能是误植。

10.17　升车，必正立执绥。车中，不内顾，不疾言，不亲指。

登车时，必先站正了才拉紧挽绳上车。在车上，不回头张望，不大声说话，也不随便指东指西。

1　升车：登车。

2　正立执绥：站正并抓紧车上之挽绳，为安全故。绥，挽以上车之索。

3　不内顾：不在车内回头张望。顾，回头。

4　不亲指：亲字无解。《礼记·曲礼上》有"车上不广欬，不妄指"之句，疑为"不妄指"。

宋儒的解释有些可笑，如朱注引范祖禹说："正立执绥，则心体无不正，而诚意肃恭矣。盖君子庄敬无所不在，升车则见于此也。"想得太多了些，其实都与"诚意""庄敬"无关。此章记孔子登车与在车上的作为，都十分实际。登车时不立正执绥，就如今天上车不站好又不扶车门把手，是容易跌倒的，上车后"不内顾，不疾言，不亲指"，一方面不影响驾驶，一方面行车有噪声，人也不辨所言所指，不如安详坐定的好。

10.18　色斯举矣，翔而后集。曰："山梁雌雉，时哉！时哉！"子路共之，三嗅而作。

　　鸟只要见人颜色稍有不善，便举翅高飞而去，在空中盘旋一阵后才停于树头。孔子说："你看那山梁上的雌雉，也懂得时机啊！也懂得时机啊！"子路听了老师的赞叹，便朝着雌鸟拱手作揖，但那雌鸟却振一振翅膀飞走了。

1　**色斯举矣**：由后文知，此处省略之主语为鸟。色斯举，言鸟见人之颜色不善，便举身飞去。举，飞去。

2　**翔而后集**：飞翔一段时候，又下来停在树木上。集，鸟停木上。

3　**曰**：此处指孔子曰。

4　**子路共之**："共"有二解。一作拱手之拱。子路见老师称赞此雉，举手上拱以致敬意。一作供应之供，言子路见孔子美雉，便投粮以供。

5　**三嗅（xiù）而作**："嗅"也有二解。朱注引晁公武言："石经'嗅'作戛，谓雉鸣也。"又引刘勉之言："嗅当作㚒（jù），古阒反，张两翅也，见《尔雅》。"朱熹说："则共字当为拱执之义。然此必有阙文，不可强为之说。"

　　此章"色斯举矣"，言鸟对人之不信任，而孔子却赞许其识得时宜。子路闻孔子之言，以为鸟值得崇拜，便朝之拱手，其实是不明孔子之所指，最后鸟也不明子路之所为，终于高飞远去，可以说全文充满了不确定性。

　　以文学而言，这种写法充满隐喻，又有悬荡的效果。

《乡党》一篇都在谈孔子的生活，孔子的生活以"礼"为重，礼本身有规矩法式之意，让人觉得严肃呆板，一成不变。但前章强调变，此章强调不确定，都与礼字的意涵相去颇远。但有此章甚好，使《论语》所言有了更广阔解释之可能。朱熹以为此章不好作解，认为"必有阙文"，但置此不可解之章于一篇之末，也可能是有寓意的。钱穆以为此章为"千古妙文"，说："得此一章，画龙点睛，竟体灵活，真可谓神而化之也。"（《论语新解》）有理其实无理，无解其实有解，读者可参酌思考。

　　　　　　　　　　　　论语讲析

·先进第十一·

《先进》篇，共二十五章。此篇多评弟子贤否。朱注引胡寅曰："此篇记闵子骞言行者四，而其一直称闵子，疑闵氏门人所记也。"

11.1　　子曰："先进于礼乐，野人也；后进于礼乐，君子也。如用之，则吾从先进。"

　　老师说："先进一辈，在礼乐方面质朴无文，看起来像野人；后进一辈，在礼乐上文质彬彬，就像全德的君子了。不过我若有机会来做礼乐的事，还是比较想跟随先进一辈的。"

1　**先进、后进**：先进，指孔子之前辈；后进，指孔子之晚辈。

2 **野人**：喻质朴无文。

3 **君子**：指文质彬彬。《雍也》篇6.16："质胜文则野，文胜质则史。文质彬彬，然后君子。"

　　此先进、后进何所指，历来说法纷纭。有指三皇和五帝说的，有指殷以前和周初说的，也有指周初与春秋说的，都不允恰。朱熹言："先进后进，犹言前辈后辈。"不限定时间，反而比较说得通。可指孔子的先辈或后辈，亦可指孔门弟子中的先辈与后辈。《先进》篇记录孔门弟子者多，谓此章专指孔子先后弟子在礼乐认识上的差异，亦无不可。但从文末"吾从先进"看，此章所谓先进，宜指孔子之前辈，后进指孔子之晚辈。孔子对时贤虽无负面批评，但似觉得虚文过多，已不如野人之质朴可爱，故有此感叹。程颐于此说得极好："先进于礼乐，文质得宜，今反谓之质朴，而以为野人。后进之于礼乐，文过其质，今反谓之彬彬，而以为君子。盖周末文胜，故时人之言如此，不自知其过于文也。"（朱注引）

11.2　子曰："从我于陈、蔡者，皆不及门也。"德行：颜渊，闵子骞，冉伯牛，仲弓。言语：宰我，子贡。政事：冉有，季路。文学：子游，子夏。

　　老师说："当年跟我在陈、蔡一起落难的那群学生，现在都不在门下了。"以德行著称的有：颜渊，闵子骞，冉伯牛，仲弓。以言语辞令著称的有：宰我，子贡。以熟于政事著称的有：冉有，季路。以娴雅文学著称的有：子游，子夏。

1 **从我于陈、蔡者，皆不及门也**：孔子在鲁哀公六年时，曾在陈、蔡"绝粮"，过了一段苦日子，当时跟随左右的，大多是孔门前辈弟子。

2 **德行：颜渊，闵子骞，冉伯牛，仲弓**：德行杰出的有颜渊、闵子骞等四人。此语以下，非孔子亲言，为弟子所附记，若孔子所言，当直呼其名，不当称字。

3 **言语**：辞令之属。

4 **政事**：政治事务。

5 **文学**：诗礼文章皆属，包括今天说的文学，比较接近习惯所说的学问。

　　此章孔子言，是晚年归鲁之后所说。而"四科"德行、言语、政事、文学应为后记者所补。但其中亦有问题，譬如子游、子夏确实长于文学，但孔门之中属于后进，也未从夫子于陈、蔡，置此似有不宜（子游少孔子四十五岁，子夏少四十四岁，困于陈、蔡时，孔子六十三岁，而二子仅十五六岁，自不能有文学之称誉）。假如孔门"四科"不以随夫子于陈、蔡者为限，孔门之贤，尚不止此数人，可见有所遗漏，朱注引程颢说："四科乃从夫子陈、蔡者尔，门人之贤者固不止此。曾子传道而不与焉，故知'十哲'世俗论也。"其实如上述，游、夏当时即未及门。

　　王夫之于《四书训义》中对此章有很深的感怀，以为此章不及门之叹，孔子实为斯道伤，亦为诸子伤也："夫子于归鲁之后，思已事而叹曰：吾向者厄于陈、蔡矣，其遇虽穷，而从我偕游者犹盛也。道穷于天下，而不穷于吾徒，吾奚病哉！乃今则夭者夭矣，仕者适于他国，而学者各归以分教，皆不及门也。吾将谁与为徒，而二三子得无有离群索居而道不进者乎？呜呼！死者已矣，其存者能勿眷眷予怀乎？逮其后两楹之梦，唯子贡闻之，而诸子三年筑室，徒依依于丘陇，而鲜能裁成其偏至之学，以归于美大。则夫子之叹，非但自伤，亦为二三子伤也。"可供参考。

11.3　子曰："回也非助我者也，于吾言无所不说。"

老师说："颜回对我而言没有什么帮助，我说的话他几乎无所不悦地诚心接受。"

1 **非助我者**：对我无所助。一般人因疑问而有以相长，而颜回闻言即解，默识心通，无所疑问，故亦无可启发增益于己。
2 **无所不说**：说同悦。

孔子言颜回无助于己，其辞若有憾，实乃深喜。

11.4　子曰："孝哉闵子骞！人不间于其父母昆弟之言。"

老师说："闵损真是个孝顺的人啊！他父母兄弟都称他孝友，大家对此一点异辞都没有。"

1 **孝哉闵子骞**：闵损，字子骞，孔子弟子。《论语》记孔子言及门弟子皆直呼其名，此处称其字，更有一章称之为闵子，明显是记者之误。胡寅因以为此篇为闵子骞弟子所记。

2 间：无异辞。

此章评论闵子骞之孝。但孔子称其字而不称其名，显然不合理，是否出自孔子亲言，或弟子所记有误，都有疑问。

11.5 　南容三复白圭，孔子以其兄之子妻之。

南容屡次诵读白圭之篇，孔子便做主将侄女嫁给了他。

1 三复白圭：再三诵读"白圭之玷，尚可磨也；斯言之玷，不可为也"之诗。可见洁身自爱又谨言慎行如此，诗见《诗·大雅·抑》。
2 以其兄之子妻之：事亦见《公冶长》篇5.1。

《公冶长》篇5.1记"子谓南容，'邦有道，不废；邦无道，免于刑戮'"，能见其用于治朝，又免祸于乱世，可见谨慎，此章则强调南容不容"斯言之玷"，可见道德操守也极高，孔子许之，是有道理的。

11.6 　季康子问："弟子孰为好学？"孔子对曰："有颜回者好学，不幸短命死矣，今也则亡。"

季康子问："你弟子之中，哪个是好学的呀？"孔子恭谨回答说："有颜回是好学的，不幸短命死了，现在就没了。"

此章与《雍也》篇6.2答哀公问相似，但一稍详，一稍简。朱注引范祖禹说："哀公、康子问同而对有详略者，臣之告君，不可不尽。若康子者，必待其能问乃告之，此教诲之道也。"言之有理，但也不可尽信。问者与记者不同，容或有差异。

依《论语》前十篇体例，孔子答定公、哀公之问，皆用"孔子对曰"，答季康子、孟懿子、孟武伯，但用"子曰"。本章答季康子问，竟用"孔子对曰"，后《颜渊》篇12.17等也有答季康子问，亦用"对曰"，显然体例有变，其实前面是对的，后面的错了。"后论"（《论语》的后十篇）在体例上确实有点乱。

11.7　　颜渊死，颜路请子之车以为之椁。子曰："才不才，亦各言其子也。鲤也死，有棺而无椁。吾不徒行以为之椁。以吾从大夫之后，不可徒行也。"

　　颜渊死了，他父亲颜路请求孔子卖了车子帮颜渊做棺外之椁。孔子说："我们就不论死者的才与不才吧，都是我们亲生的儿子。我儿子孔鲤死时，也只有棺而无椁，我并没有卖了车徒行来替他做椁。因为我也是从大夫之后，依礼出门是不可徒步而行的啊。"

1　**颜路**：颜回父，少孔子六岁，亦孔门弟子。

2　**椁**（guǒ）：外棺。古代考究的埋葬，讲求内棺外椁。

3　**才不才，亦各言其子也**：才，指颜回。不才，只指自己的儿子孔鲤。言不论才与不才，两人都是你我的儿子，都该一样重视。

4　**鲤**：孔子儿子，字伯鱼，先颜回两年而死。

　　　　　　　　　　　　　　　　　　　论语讲析

5 **徒行以为之椁**：以车换椁，则只有徒行了。

6 **吾从大夫之后**：孔子是时已致仕，不在位，但依然得循大夫之礼，不可徒行。从大夫之后，谦辞。

　　此章颜路请孔子卖车事，历来颇有争议，事实真相，也难还原。孔子拒绝的理由是自己为大夫之后不可无车徒行，这是礼，再加上孔子的车子是诸侯所赐之"命车"，朱注引胡寅说："命车不可以与人而鬻诸市也。"当然都是理由，但也许只是推托之词，最大的理由，可能是反对后世丧事弄得越来越铺张，已失去设礼的原意。孔子尝言："礼，与其奢也，宁俭；丧，与其易也，宁戚。"（《八佾》篇3.4）孔鲤死后是徒棺而无椁的，就是明证。

11.8　　颜渊死。子曰："噫！天丧予！天丧予！"

　　　　颜渊死了。老师说："啊！是天要我死了吧！是天要我死了吧！"

1 **噫**：伤痛声。

2 **天丧予**：上天让我死。此丧是悼己之道无传，如天丧己也。

　　颜渊死，孔子极其沉痛，甚至到了哀毁失态的地步，此记可以看出。

11.9　　颜渊死，子哭之恸。从者曰："子恸矣。"曰："有恸乎？非夫人之为恸而谁为！"

　　颜渊死了，老师吊丧时哭得很伤心。跟随的人说："老师过哀了。"老师说："真过哀吗？不为这个人，还有谁值得我过哀呢？"

1 恸：过度哀伤。

2 夫（fú）人：此人，指死者。

　　此章的描写极传神，传神在细节。人陷于最大的哀痛之中，往往是觉察不到的，觉察到的常是他人，所以此章有"从者"的出现。等到别人提醒，自己起初还怀疑，故有"有恸乎"三字，最后才猛然惊觉。"非夫人之为恸而谁为"，一方面说给别人听，一方面说给自己听，好让这明显有些失态的行为有个可以自信的理由。短短几个字，却有三个转折，描写情动于衷而不可已之态，十分感人。仅以文学而言，此章所记，已是极高成就。

11.10　　颜渊死，门人欲厚葬之，子曰："不可。"门人厚葬之。子曰："回也视予犹父也，予不得视犹子也。非我也，夫二三子也。"

　　颜渊死了，门人同学想厚葬他，老师说："不行的。"但门人还是厚葬了颜渊。老师说："颜回啊，他视我如父，而我却不得视他为子。这不是我主张要做的，是他们几个人要做的啊。"

1 **门人**：孔子门人。

2 **不可**：朱注："丧具称家之有无，贫而厚葬，不循理也，故夫子止之。"

3 **回也视予犹父也，予不得视犹子也**：颜回视我若父，但我不得视之为子。言孔子不能以葬自己儿子孔鲤的方式阻止其门人厚葬颜回。

4 **夫二三子也**：是他们的缘故。二三子，指主张厚葬的门人，应该也包括颜渊的父亲颜路。

　　颜家贫穷，人死虽悲哀，但厚葬极耗人力与钱财，必须靠借贷以谋 (见此章11.7"颜路请子之车以为之椁")，不切实际，也不合人情。孔子曾说："礼，与其奢也，宁俭；丧，与其易也，宁戚。"(《八佾》篇3.4) 由此数章看来，孔子虽崇礼，却不过分，更不主张厚葬。但有趣的是孔子已坚决地说"不可"了，门人却不听孔子的，还是厚葬了颜渊，可见门人虽尊敬孔子，却不见得对孔子言听计从，也不知道买椁的钱最后是由谁出的。

　　还有一问题须讨论。此篇连续五章言及颜渊死事，如以事情发展先后，应以11.8孔子初闻颜回死讯哀恸逾恒，不禁动情绪地说"天丧予"为最先，然后为11.9"颜渊死，子哭之恸"，哭为吊丧，吊丧自在初闻之后。接下来应是11.7"颜渊死，颜路请子之车以为之椁"所记，颜路与孔子商量请孔子卖车以为颜渊置椁，但遭孔子拒绝，再后为11.10记门人欲厚葬颜渊，孔子虽强烈表明不可后仍然厚葬了他。事情沉淀一段时日后，一天季康子问孔子"弟子孰为好学"，孔子答以颜回已死"今也则亡"，所以11.6虽排在最前，以事实言，应为最后。

还有前面明明颜渊已死，却同样在《先进》篇的11.22有"子畏于匡，颜渊后"的记录，颜渊还活得好好的。像这样的事，《论语》多次出现，由此可以看出《论语》的篇章次第其实是有很大问题的。古人并非没有察觉，只是过于"崇圣"（其实也是一种偶像崇拜），对有《圣经》地位的《论语》不敢轻言怀疑，明知有问题，却也不谈它，更不敢改它，即便只是前后次序的问题。

11.11 季路问事鬼神。子曰："未能事人，焉能事鬼？""敢问死。"曰："未知生，焉知死？"

子路问要如何服事鬼神。老师说："没能把人服事好，怎么能去服事鬼呢？""敢问死是怎么一回事。"老师说："生都还没弄清楚，怎么会懂得死呢？"

1 敢问：鼓起勇气以提问。通常晚辈提问，表示礼貌时用。

鬼神的事，其实是依据人的行为与想象，所以要知鬼神的事，得先从了解人事开始。本章另一个含义是：人能将事人之事做得周全，才能谈事鬼神的事。也就是视幽明死生为一体，就如昼夜晨昏是一体一样，但要紧的是先将事人与生的道理弄清楚。朱注引程颐说："昼夜者，死生之道也。知生之道，则知死之道，尽事人之道，则尽事鬼之道。死生人鬼，一而二，二而一者也。或言夫子不告子路，不知此乃所以深告之也。"或可补充。

另一层意义是，生死是两回事，生活中有许多未解的问题，应好好设法去解决，根本无暇去思考死后之事，鬼神的事则更为绵邈，思之无益，不如不思。

11.12 闵子侍侧，訚訚如也；子路，行行如也；冉有、子贡，侃侃如也。子乐。"若由也，不得其死然。"

闵子骞侍奉在侧时，一派中正和平的气象；子路则一副刚强之气；冉有、子贡就和乐许多。老师都很高兴。（但却忧心地说：）"像仲由这样，不得善终呢。"

1 闵子侍侧：闵子与其他同学陪在一旁。或说闵子下脱一骞字。也有一说，是此章为闵氏弟子所记，故直称闵子。

2 訚訚如：中正貌。

3 行（hàng）行如：刚强貌。

4 侃侃如：和乐貌。

5 子乐：皇侃《论语义疏》本乐下有曰字，应补。洪兴祖更认为此乐字乃曰字之误。

孔子与弟子在一起，气氛和乐愉悦，可用"子乐"两字涵括，但子路就是在最该轻松的时刻也不改紧张，依然显示其刚强之貌，孔子也深以为忧，最后一句，乃孔子深忧，绝不是诅咒之语。后子路卒死于卫孔悝之难，可谓不幸言中。

11.13 　鲁人为长府。闵子骞曰："仍旧贯，如之何？何必改作？"子曰："夫人不言，言必有中。"

　　　　鲁人想改建长府。闵子骞说："照旧使用有什么不好，何必改建呢？"老师说："这个人不说话便罢了，一说就说中道理。"

1 **为长府**：改建长府。长府，府名，藏货财之所曰府。

2 **仍旧贯**：照旧制。仍，因。贯，事。

3 **夫人**：此人。

4 **言必有中**：言必中乎道。

　　　　鲁已有藏宝之长府，无论何种理由改建，都是劳民伤财的事，闵子骞认为是不急之务，孔子嘉许他言必有中，表明自己也不赞成改建。

11.14 　子曰："由之瑟奚为于丘之门？"门人不敬子路。子曰："由也升堂矣，未入于室也。"

　　　　老师说："像仲由这种鼓瑟方式，怎么会在我门下呢？"门人听了老师批评，就不尊敬子路了。老师又说："仲由已升堂了，只不过还没入室罢了。"

1 **瑟**：古弹拨乐器，有弦有柱，似琴。

2 **升堂、入室**：喻入道有深有浅，但都算入道了。堂指大厅，室指大厅后的内室。

子路鼓瑟，依然不改其刚强之声，不能达到中和之境，孔子想用激语纠正他，门人因而不敬子路。其实在孔子眼中，子路可取处多过不可取处，是他极爱惜的弟子。升堂入室，指的是入道的次第与程度，在孔子眼中，子路之学，已达到正大高明之域，只是尚未进入精微幽深之地步，是不可因此而抹煞一切的。

11.15　子贡问："师与商也孰贤？"子曰："师也过，商也不及。"曰："然则师愈与？"子曰："过犹不及。"

子贡问："颛孙师与卜商二人谁更贤呀？"老师说："颛孙师往往超过，而卜商往往不及。"子贡说："这么说来，该是颛孙师稍胜了。"老师说："过与不及是一样的。"

1　**师**：颛孙师，字子张。

2　**商**：即子夏。

3　**愈**：胜。

譬如射箭，以中鹄的为准，过与不及都有偏失。

11.16　季氏富于周公，而求也为之聚敛而附益之。子曰："非吾徒也。小子鸣鼓而攻之，可也。"

季氏比周公还富，而冉求还为他急赋税而增其富。老师说："他已不是我的学生了。各位可以对他鸣鼓攻击了。"

1 **季氏富于周公**：朱注："周公以王室至亲，有大功，位冢宰，其富宜矣。季氏以诸侯之卿，而富过之，非攘夺其君、刻剥其民，何以得此？"

2 **求也为之聚敛**：冉有时为季氏宰。

3 **小子鸣鼓而攻之**：诸同学可声其罪而讨之。小子，称亲近之晚辈。鸣鼓，击鼓扬声，表示攻击，古代军队进攻时多击鼓。攻，攻击讨伐。

　　孔子对冉求说"非吾徒也"是最重的话，等于江湖上割袍断义，有决绝的含义了。义利之辨、君子小人之别、天下治乱之讲究，是大事中的大事，不得稍作含糊，正道于此不可须臾离也。

11.17　柴也愚，参也鲁，师也辟，由也喭。

　　　　高柴愚直，曾参鲁钝，颛孙师偏激，仲由刚猛。

1 **柴也愚**：柴，高柴，字子高，孔子弟子。愚，智不足而厚有余。

2 **鲁**：鲁钝。

3 **辟**（pì）：便辟，言高而流于偏激。

4 **喭**（yàn）：刚猛、粗俗。

　　此章无"子曰"二字，但看直呼其名，应是孔子对他四个弟子的批评，说的都是他们的缺点，朱注引杨时说："四者性之偏，语之使知自励也。"吴棫指出脱"子曰"二字，或疑应与下章并为一章。

11.18　子曰：“回也其庶乎，屡空。赐不受命，而货殖焉，亿则屡中。”

老师说：“颜回已差不多接近他所追寻的道了吧，但他生活屡屡困乏。端木赐不受天命摆布，自己去做生意，他预测物价贵贱总不失准头。”

1　**其庶乎**：接近道了吧。庶，几、近。

2　**屡空**：数次至于空匮。

3　**不受命**：不受天命摆布。命指天命。一指不受官命任公职。

4　**货殖**：以货财生殖也。指经商做买卖。

5　**亿则屡中**：预测物价贵贱，往往被他说中，不失准头。亿同臆，猜测、测度。

从上章与本章所记来看，孔子门下十分“多元”，各具特色，有优点也有缺点，可以说是“良莠不齐”，而孔子犹乐于施教且有成，真可谓“有教无类”了。

11.19　子张问善人之道。子曰：“不践迹，亦不入于室。”

子张问善人之道。老师说：“善人不跟人脚步走，但也因不学而无法进入圣人堂奥。”

1　**善人**：朱注：“质美而未学者。”

2　**不践迹**：不依照前人所订规矩行事。

3 **不入于室**：无法进入圣人之堂奥。

　　这里的善人，指的是质美而未学的人，一个人质美而未学，就兼有未学的好处与坏处，一片天然的"不践迹"是未学的好处，但又因为无人纠正提领，学行便无法进入更高明的境地。

11.20　　子曰："论笃是与，君子者乎？色庄者乎？"

　　　　老师说："听他议论笃实，便赞许他，哪晓得他是否是个真君子呢？或仅是个表面上庄重的人呢？"

1 **论笃**：议论笃实。

2 **是与**：因此而赞许他。与，赞许。

3 **色庄**：颜色庄重。

　　朱熹说此章主旨在不可以言貌取人，真正观察人，须从人的行为着手。但也有另一含义，指一般人总惑于言貌，故君子可欺之以方。

11.21　　子路问："闻斯行诸？"子曰："有父兄在，如之何其闻斯行之？"冉有问："闻斯行诸？"子曰："闻斯行之。"公西华曰："由也问闻斯行诸，子曰'有父兄在'；求也问闻斯行诸，子曰'闻斯行之'。赤也

惑，敢问。"子曰："求也退，故进之；由也兼人，故
退之。"

　　子路问："知道一件事的道理之后，是不是就立刻做
呢？"老师说："还有父兄在，怎能说做就做呢？"冉有问：
"知道一件事的道理之后，是不是就立刻做呢？"老师说：
"知道了就做吧。"公西华说："仲由问该马上做吗，老师说
'有父兄在'；冉求问该马上做吗，老师说'知道了就做'。
学生赤很感疑惑，想请问老师道理何在。"老师说："冉求
退缩，所以鼓励他前进；仲由脚步往往过快，所以要他退
一步。"

1 闻斯行：知道一事道理后就立刻做，有见义勇为之意。

2 进之、退之：鼓励他前进、要求他谦退。

3 兼人：一人兼两人用，脚步比人要快。朱注："谓胜人也。"

　　文中已说得很清楚了。朱注引张栻说："圣人一进之，一
退之，所以约之于义理之中，而使之无过不及之患也。"这
就叫作"因材施教"。

11.22　　子畏于匡，颜渊后。子曰："吾以女为死矣。"
曰："子在，回何敢死？"

　　老师在匡被围，颜渊落后没跟上。（后来见着了，）老师说：
"我还以为你死了呢。"颜渊说："老师在，回怎敢死呢？"

1 子畏于匡：鲁定公十四年，孔子五十六岁，孔子去卫将适陈，路过匡地，被当地人误认为阳虎，拘留了五日，受了折磨。《史记·孔子世家》曰："匡人闻之，以为鲁之阳虎，阳虎尝暴匡人，匡人于是遂止孔子。孔子状类阳虎，拘焉五日。"原来匡人误认仇家，只因孔子长得很像阳虎。钱穆引《礼记·檀弓上》："死而不吊者三，畏、厌、溺。"指畏乃民间私斗。

2 颜渊后：颜渊未跟上，相失在后。

3 吾以女为死矣：孔子与颜渊走失，以为颜渊被匡人所害。

师生之间言语甚妙。孔子言"吾以女为死矣"，听起来不吉，却是经大难而发的真心话。"子在，回何敢死"，也很直白，发自真心。一个担忧，一个坚持，毫无掩饰，可见师生情义相接，关系密切。

11.23 季子然问："仲由、冉求可谓大臣与？"子曰："吾以子为异之问，曾由与求之问。所谓大臣者：以道事君，不可则止。今由与求也，可谓具臣矣。"曰："然则从之者与？"子曰："弑父与君，亦不从也。"

季子然问："仲由、冉求可以说是大臣了吧？"孔子说："我还以为你会问其他问题，原来是问由与求两人呀。所谓大臣，是以正道来事君的，不让他行正道，就要走人的。现在我看这两人，只是备位充数的臣子罢了。"季子然问："可以让他们听命做任何事吗？"孔子说："要他们去杀父与君，也不会听命的。"

1 **季子然**：季氏子弟。子路、冉有曾为季氏服务，故季子然有此问。

2 **曾**：乃。

3 **具臣**：谓充数之臣而已。一方面不满意二人为季氏服务，一方面为学生谦虚。

4 **从之**：指一切听命。

这段记事很有趣。孔子对季氏的专权一直不满，对弟子子路、冉有曾在季氏家为官也有些不满，因而对季氏家的子弟也显得不耐烦。这里以"具臣"等字样贬抑自己的弟子，其实是用来表示对季氏的瞧不起。朱熹说："言二子虽不足于大臣之道，然君臣之义则闻之熟矣，弑逆大故必不从之。盖深许二子以死难不可夺之节，而又以阴折季氏不臣之心也。"引尹焞说："季氏专权僭窃，二子仕其家而不能正也，知其不可而不能止也，可谓具臣矣。是时季氏已有无君之心，故自多其得人，意其可使从己也，故曰弑父与君亦不从也，其庶乎二子可免矣。"

11.24　子路使子羔为费宰。子曰："贼夫人之子。"子路曰："有民人焉，有社稷焉。何必读书，然后为学？"子曰："是故恶夫佞者。"

子路推举子羔去做费地的主管。老师说："这样就害了别人的孩子了。"子路说："那里有人民，有社稷（治民事神的事都可学习到的）。何必读书，才可以叫作有学呢？"老师说："这是为什么我讨厌那些伶牙俐齿的人了。"

1 **子路使子羔为费宰**：子路为季氏宰时，要推举子羔去做费地的主管官。子路使子羔费宰时，子羔尚年少，又所学未成。

2 **佞者**：利于口舌的人。

子路说的"有民人焉，有社稷焉。何必读书，然后为学"，其实是随口答辩，不见得发自真心，孔子当然知道，便说"恶夫佞者"。子路的这段话，其实是很多人的看法，也是他们的"心声"，但这说法，导引出对学问的轻视，其实有很大的弊害，王夫之曾痛斥之，说："呜呼，嬴政之焚书，韩侂胄之禁伪学，张居正之革书院，三途并进而吏食人，皆此言启之。其下流之委，乃至下劣子矜以读书明理为干禄之具，而贼人之子，可不痛夫！"（《四书训义》）也许说得有点过激，但读书目的应有更崇高一面的，读者于此应明辨。

11.25　　子路、曾皙、冉有、公西华侍坐。子曰："以吾一日长乎尔，毋吾以也。居则曰：'不吾知也！'如或知尔，则何以哉？"

子路率尔而对曰："千乘之国，摄乎大国之间，加之以师旅，因之以饥馑，由也为之，比及三年，可使有勇，且知方也。"夫子哂之。

子路、曾皙、冉有、公西华陪侍孔子坐。老师说："我虚长各位一些，你们不要在意。平时你们常说：'没人知道我啊！'假如今天有人知道你们有本领，你们要怎么办呀？"

子路连忙说:"有个千乘的国家,夹在两个更大的国家之间,外有战争压迫,内又连年饥荒,若由我去治理,只要三年,就可使百姓有勇气来保卫国家,而且还知道义理。"孔子听了微微一笑。

1 曾皙:名点,曾参父,亦孔子弟子。

2 侍坐:孔子坐,弟子侍。

3 居:平时。

4 率尔:轻率、仓促。

5 摄乎:夹于。

6 加之以师旅,因之以饥馑:加上军旅、饥馑之祸。

7 方:向。

8 哂(shěn):微笑,有讥嘲之意。

　　"求!尔何如?"对曰:"方六七十,如五六十,求也为之,比及三年,可使足民。如其礼乐,以俟君子。"

　　"赤!尔何如?"对曰:"非曰能之,愿学焉。宗庙之事,如会同,端章甫,愿为小相焉。"

　　"点!尔何如?"鼓瑟希,铿尔,舍瑟而作。对曰:"异乎三子者之撰。"子曰:"何伤乎?亦各言其志也。"

　　曰:"莫春者,春服既成,冠者五六人,童子六七人,浴乎沂,风乎舞雩,咏而归。"夫子喟然叹日：“吾与点也！”

接下来问冉有：“求，你怎样呢？”冉有恭谨回答说：“一个六七十平方里，或五六十平方里的地方，由求来治理，只要三年，可使人民丰足。至于礼乐教化，只有等更高明的君子来了。”

老师又问：“赤呀，你如何呢？”公西华恭谨答道：“不能说我有本事，只愿尝试学着做吧。像宗庙祭祀、诸侯会同的时候，身披着玄端衣，头戴着章甫帽，我希望能在旁边做个行礼的助理。”

老师又问：“点，你怎么样呢？”这时曾晳正在鼓瑟，瑟声已慢慢稀落了，就铿的一声推瑟而起，说：“我不能像他们三人说得那般好啊。”老师说：“有什么关系呢？也不过是各言其志罢了。”

曾晳说：“暮春三月，春服既成，约了五六个成人，六七个童子，在沂水边盥手濯足，到舞雩的地方吹风乘凉，然后唱着歌走回家去。”老师听了喟然而叹说：“我赞成曾点说的啊！”

1 方六七十，如五六十：面积六七十或五六十平方里的小国。如，或。

2 以俟君子：等待更高明的君子，自谦之辞。俟，等待、等候。

3 宗庙之事，如会同：宗庙之事，指祭祀。诸侯相见为会，见众人曰同。

4 端章甫：端，玄端，礼服名。章甫，礼冠。

5 **小相**：相，赞礼者，助主人行礼者。小，谦辞。

6 **鼓瑟希，铿尔**：希，同稀。铿尔，推瑟声。

7 **舍瑟而作**：放下瑟而起身。作，起。

8 **撰**：所有，具也。

9 **莫春**：即暮春。

10 **浴乎沂**：浴，盥濯，洗手濯足。沂，水名。

11 **风乎舞雩**（yú）：风，乘凉。舞雩，祭天祷雨之高台。

12 **吾与点也**：与，赞许、赞同。

　　三子者出，曾皙后。曾皙曰："夫三子者之言何如？"子曰："亦各言其志也已矣。"曰："夫子何哂由也？"曰："为国以礼，其言不让，是故哂之。""唯求则非邦也与？""安见方六七十如五六十而非邦也者？""唯赤则非邦也与？""宗庙会同，非诸侯而何？赤也为之小，孰能为之大？"

　　子路等三人走了，曾皙留在最后。曾皙问："请问老师，他们三人说得怎么样呢？"老师说："也只是各言其志而已。"曾皙问："老师为什么笑仲由呢？"老师说："治国该用礼，仲由说得不很谦让，所以笑了他。"曾皙问："冉求说的不算是国吗？"老师说："哪能说有六七十或五六十平方里的地方还不算一个国呢？"曾皙又问道："那公西赤说的不是国吗？"老师说："说到宗庙祭祀、诸侯会同，不都是诸侯国的事吗？像公西赤这样的才求为小相，那谁又能当大相呢？"

1 **为国以礼**：治国以礼为要。

2 **不让**：不谦让。

3 **"唯求则非邦也与"后四句**：曾点与孔子一问一答，为求简洁，语首皆省一曰字。

4 **赤也为之小，孰能为之大**：冉有、公西华相对于子路而言都太过谦虚，孔子此处有奖掖鼓励之意。

此章是《论语》最长的一章，与前面文字简短的风格相比很特殊，以体例言，应是《论语》最晚写成的一部分。崔述《考信录》便认为此章文字太长，不类《论语》，再加上文中孔子褒扬有道家思想的曾皙，对倾向治国、治事的子路、冉有、公西华的赞许反而不算高，因而高度怀疑此章的"正确性"。

文字过长确实须考虑，但《论语》不成于一时一人之手，行文风格自有不同，孔子前后，书写工具没有后世发达，不宜开阖宏肆，但看孔子之前的《诗》《书》，其中也都有较长的篇章，故长篇亦非绝不可能。

再说孔子嘉许曾皙事，首先是此章所记是孔子与弟子之间的"偶尔"闲谈，并不料后来有人写成"文献"。闲谈是指在很自由的状态下进行的谈话，有话直说，语意不求周延，落词不求严谨，这正是闲谈的特色。孔子劝弟子放轻松，说"何伤乎"，又两次说"亦各言其志也"，都是要求弟子不要拘谨，要自由甚至"任性"一点。因孔子一次称赞了曾皙，便以为孔子落于道家避世的窠臼，这是一个不小的误会。

其次孔子虽被视为圣人，但却有一般人的感情，《论语》里记孔子动感情的地方很多。除了感情，圣人也有情绪，情绪是发自于情，却比感情更不受理智的控制，如孔子对伯牛之疾连叹"斯人也而有斯疾也！斯人也而有斯疾也"（《雍也》篇6.8)，又对子路说"道不行，乘桴浮于海"（《公冶长》篇5.6)，都是有情绪的话语。情绪式的语言，要体会发言的实际状况，而不能在语意上作过度的深究，如孔子发伯牛之疾之叹，便判断孔子对伯牛有所偏爱；又因孔子说了"道不行，乘桴浮于海"，便说孔子有避世之想，这些都是以偏概全的错误。

回到此章，上面说过此章记录的是闲话，因而无须在字词上作过当之解释。而曾晳事后也发现有点不对，因而屡问孔子，孔子答以"亦各言其志也已矣"，表示要轻松看待。以实际情况言，也许正好是暮春三月的好天气，自由逍遥的气息在四处流转，三子的话都没错，只是在此环境之下，稍嫌严肃了，此时曾晳之言，便能深契夫子当时的心情。要知道孔子虽强调入世，却也有顺应自然的思想，"天何言哉？四时行焉，百物生焉，天何言哉？"（《阳货》篇17.19）这套与天地共生的思想，在先秦也不见得是道家的专利。所以此章所记，并不违背孔子一贯的思想，也无须对之过度怀疑。

孔子欣赏曾点的狂态，正是儒学的包容与自由。王阳明认为孔子此处赞许曾点，正见出圣人的"宽洪包含气象"。《传习录》中有段记录："王汝中、省曾侍坐。先生握扇命曰：'你们用扇。'省曾起对曰：'不敢。'先生曰：'圣人之学，不是这等捆缚苦楚的，不是妆做道学的模样。'汝中曰：'观"仲尼与曾点言志"一章略见。'先生曰：'然。以此章观之，圣人何等宽洪包含气象！且为师者问志于群弟子，三子皆整顿以对。至于曾点飘飘然不看那三子在眼，自去鼓起瑟来，何等狂态！及至言志，又不对师之问目，都是狂言。设在伊川，或斥骂起来了。圣人乃复称许他，何等气象！圣人教人，不是个束缚他通做一般，只如狂者便从狂处成就他，狷者便从狷处成就他。人之才气如何同得？'"

　　阳明说的"狂者便从狂处成就他，狷者便从狷处成就他"，似乎特别强调孔子的教育哲学。狂与狷是人的个性，有此个性，不妨于得道，但狂与狷不是为学的目的，王阳明又说："昔者孔子在陈，思鲁之狂士。世之学者，没溺于富贵声利之场，如拘如囚，而莫之省脱。及闻孔子之教，始知一切俗缘，皆非性体，乃豁然脱落。但见得此意，不加实践以入于精微，则渐有轻灭世故，阔略伦物之病。虽比世之庸庸琐琐者不同，其为未得于道一也。故孔子在陈思归，以裁之使入于道耳。诸君讲学，但患未得此意，今幸见此，正好精诣力造，以求至于道。无以一见自足而终止于狂也。"

　　孔子的教育哲学就是因材施教，不拘一格，而教育的方式是灵动的，如鸢飞鱼跃般的充满生机，学习的气氛又是自由与快乐的，这跟"捆缚苦楚"的装模作样正好相反。读者于此，应多体会。

颜渊第十二

《颜渊》篇,共二十四章。

12.1 颜渊问仁。子曰:"克己复礼为仁。一日克己复礼,天下归仁焉。为仁由己,而由人乎哉?"颜渊曰:"请问其目。"子曰:"非礼勿视,非礼勿听,非礼勿言,非礼勿动。"颜渊曰:"回虽不敏,请事斯语矣。"

颜渊问如何行仁。老师说:"如能约束自己以行礼,就是仁了。我下定决心克己复礼,不断做下去,终可使天下人与我都归于仁境。要想行仁,一切得从自己做起,

颜渊第十二　309

难道要从别人做起吗？"颜渊问："请问该做的细目。"老师说："非礼的不看，非礼的不听，非礼的不说，非礼的不动。"颜渊说："我虽不够聪敏，也会按照老师说的这些来做。"

1　克己：依朱熹意，指克制自己的私欲。克字原指肩负，《说文》："克，肩也。"引申有负荷、胜任之意，《书·尧典》有"克明俊德，以亲九族"之说，故克字不仅有"胜"意，也有能够之意，克己如解释为能够出自自己之真心，则此章之说法就大不同了，参下，但译文仍依朱说。

2　复礼：恢复内心原有的道德秩序感。儒家认为人有一种天生既有的秩序感，觉得井井有条比紊乱更好，更有美感，这便是礼的起源（见1.12"礼之用，和为贵"章讲析）。孟子认为道德起源有"四端"，其中"辞让之心，礼之端也"（《孟子·公孙丑上》），又说："恻隐之心，人皆有之；羞恶之心，人皆有之；恭敬之心，人皆有之；是非之心，人皆有之。恻隐之心，仁也；羞恶之心，义也；恭敬之心，礼也；是非之心，智也。仁义礼智，非由外铄我也，我固有之也，弗思耳矣。故曰：'求则得之，舍则失之。'"（《孟子·告子上》）礼为我心之既有，自然可用"复"这一字。

3　为仁：是为仁。一说为仁即行仁，不从。

4　天下归仁焉：天下之人与我皆归于仁之境界。一说人君能克己复礼，则天下尽归其仁政，不采。

5　为仁由己：行仁靠自己。

6　请问其目：请问有哪些可做的细目。目，条目、项目。

7　非礼勿视，非礼勿听，非礼勿言，非礼勿动：此即为答颜渊之"目"，要求生活细节如视、听、言、动皆合乎礼。

这是《论语》中很重要的一章，也引出很多争议。

朱熹言："仁者，本心之全德。克，胜也。己，谓身之私欲也。复，反也。礼者，天理之节文也。为仁者，所以全其心之德也。盖心之全德，莫非天理，而亦不能不坏于人欲。故为仁者必有以胜私欲而复于礼，则事皆天理，而本心之德复全于我矣。归，犹与也。又言一日克己复礼，则天下之人皆与其仁，极言其效之甚速而至大也。又言为仁由己而非他人所能预，又见其机之在我而无难也。日日克之，不以为难，则私欲净尽，天理流行，而仁不可胜用矣。"朱熹集合了宋儒的说法，说得很细，但还是有不清楚处，首先是"克己复礼"是何意？如果是指克服自己以达到礼，便表示原本的"己"是不善的，这便跟荀子的"性恶"说接近了，孔子是持性恶说的吗？有趣的是孔子又说的是"复礼"，而非说"得礼"或"达礼"，礼如可"复"，表示礼原本就在心中，又比较接近孟子的性善说了。

"一日克己复礼，天下归仁焉"也有问题。克己复礼是个人的事，一人复礼，如何让天下都归之于仁呢？难道是陆、王心学所言"我心即宇宙"吗？所以此章所论开启了许多中国哲史上争论的话题。

这些论述在此处其实都还没有展开，但颜渊的问仁还是有贡献的。从此章孔子教颜渊"四勿"，与《中庸》中的"戒慎、恐惧"之训，可以见到儒家严肃整饬之一面，将之与宋儒教人寻"孔颜乐处、所乐何事"等简易亲和的一面相对照辅翼，方知儒学真与全之面目。

12.2　　仲弓问仁。子曰："出门如见大宾，使民如承大祭。己所不欲，勿施于人。在邦无怨，在家无怨。"
仲弓曰："雍虽不敏，请事斯语矣。"

　　仲弓问如何仁。老师说："出门像要见王侯一般的敬
　重，使民要像重大祭典般的谨慎。自己不想要的，不要施
　之于人。无论在国在家做事，都不要埋怨。"仲弓说："我
　虽不够聪敏，也会按照老师说的这些来做。"

1　大宾：公侯般的高贵宾客。

2　大祭：重要祭典。

3　在邦无怨，在家无怨：在邦指在诸侯国，在家指在士大夫家。"无
　　怨"有二解，一指不受人怨；二指自己无怨无悔。本书采后说。

　　此章所言，着重三项，一是敬谨，二是行恕道，三是无
怨，与前章颜渊所问有相通之处，但由"在国""在家"看，
似指出仕为官而言，比前章似稍浅下。朱熹说："克己复礼，
乾道也；主敬行恕，坤道也。颜、冉之学，其高下深浅，于
此可见。然学者诚能从事于敬恕之间而有得焉，亦将无己之
可克矣。"但如说两章不同是因为颜、冉之学有深浅，孔子
为之分别立论，亦不见得能成立，"乾道"与"坤道"之别
也甚穿凿，上章所言"四目"即是从浅处立论，可见孔子对
颜渊也会说浅下的话。

12.3　　司马牛问仁。子曰："仁者其言也讱。"曰："其言也
讱，斯谓之仁已乎？"子曰："为之难，言之得无讱乎？"

司马牛问如何才能仁。老师说:"仁者说话比较迟疑。"司马牛说:"说话迟疑,就算是仁了吗?"老师说:"要是知道做起来是困难的,说话时能不忍一忍吗?"

1 司马牛:孔子弟子,名犁。《史记·仲尼弟子列传》作司马耕,字子牛。

2 讱(rèn):难言貌,或指忍言,不轻易说出口。《史记·仲尼弟子列传》言"牛多言而躁",故戒之。

3 为之难,言之得无讱乎:言易行难,故言时须多经思考。

朱熹说:"仁者心存而不放,故其言若有所忍而不易发,盖其德之一端也。夫子以牛多言而躁,故告之以此。使其于此而谨之,则所以为仁之方,不外是矣。"孔子施教,十分注意受教者的个别差异。朱熹又说:"盖圣人之言,虽有高下大小之不同,然其切于学者之身,而皆为入德之要,则又初不异也。"

12.4　司马牛问君子。子曰:"君子不忧不惧。"曰:"不忧不惧,斯谓之君子已乎?"子曰:"内省不疚,夫何忧何惧?"

司马牛问怎样才算君子。老师说:"君子是不忧又不惧的。"司马牛说:"不忧不惧,就算得上君子吗?"老师说:"要会反省,不觉有愧,这时哪会忧惧呢?"

1 内省不疚:反省而无愧于心。疚,病。

司马牛第二次问，是问不忧不惧是否能算君子，并不是问忧惧从何而来，孔子似乎答非所问。但孔子此答也有道理，不忧不惧是表面，实际要做到"内省不疚"，重点在内心清朗，一无愧疚，至此境界，方可谓君子，但真要达此，并不容易。朱注引晁说之言："不忧不惧，由乎德全而无疵。故无入而不自得，非实有忧惧而强排遣之也。"

孔子又说过："仁者不忧，勇者不惧。"（《子罕》篇9.28）由孔子答司马牛之问，可见仁与勇之间的关系。

12.5　司马牛忧曰："人皆有兄弟，我独亡。"子夏曰："商闻之矣：'死生有命，富贵在天。君子敬而无失，与人恭而有礼。四海之内，皆兄弟也。'君子何患乎无兄弟也？"

　　　司马牛忧愁地说："别人都有兄弟，而我独无。"子夏说："我曾听老师说过：'死生有命，富贵在天。君子如能敬谨无差错，对人恭敬有礼，那四海之内的人都是兄弟啊。'君子怎怕没有兄弟呢？"

1　**人皆有兄弟，我独亡**（wú）：别人都有兄弟，只我没有。亡，无。司马牛有兄名向魋（也作桓魋）、巢，有弟心颀、子车，不可谓无兄弟。但向魋仕于宋，有作乱不轨之行，魋、巢等或奔或死，司马牛因有所感而曰"我独亡"。"我独亡"有两种解释：一是兄弟已死，钱穆言桓魋死时，孔子已逝二年，所以由子夏引孔子的话来安慰司马牛；一说是桓魋未死，但司马牛"忧其为乱而将死"，而有所感触，今采钱说。

2 四海之内：即天下。古人四海之内、天下、中国往往不分。

朱熹以为子夏之言是"欲以宽牛之忧，故为是不得已之辞"，而胡寅则认为子夏之言"意圆而语滞"，又讥子夏心口不一，说："且子夏知此而以哭子丧明，则以蔽于爱而昧于理。"（朱注引）其实都有过度诠释之病。

子夏也算孔门重要弟子，《史记·仲尼弟子列传》载："孔子既没，子夏居西河教授，为魏文侯师。其子死，哭之失明。"孔子死后，子夏对张扬孔学实有贡献，但因子死丧明，自《礼记·檀弓》记曾子曾骂过他之后，历史每提子夏，都不忘数落他一顿。怎么是"不得已之辞"又怎么是"蔽于爱而昧于理"呢？对一个丧兄（不论已死或将死）的人而言，要消除他目前的悲伤，将兄弟的定义从宽解释，其实是比较好的方法，这种安慰鼓励之语，是不能以自己能否践行来讥嘲的。何况此章所记，孔子虽已逝，但丧明事件尚未发生，将两事夹缠已是错误，即使子夏已哭子丧明，也不可说以此言语安慰司马牛是错的。

中国不是四周环海，但天下在"四海之内"的观念在《山海经》中就可以见到。子夏说他接闻于夫子的"四海之内，皆兄弟也"的观念很好，将世界人类不分畛域（种族、男女、贫富阶级等）一律当作兄弟看待，摆脱一切不平等的约束禁制，说这话也是需要极大的胸襟与气魄的，这句话看似简单，却是人类观念史上的极大突破，读者尤须注意。

12.6　　子张问明。子曰："浸润之谮，肤受之诉，不行焉，可谓明也已矣。浸润之谮，肤受之诉，不行焉，可谓远也已矣。"

　　　子张问明。老师说："像水慢慢渗透的坏话，像肤受般急切的指控，在他面前都行不通，就可以说是明了。像水慢慢渗透的坏话，像肤受般急切的指控，在他面前都行不通，就可以说是远大了。"

1 **明**：日月相照，光明清楚之貌。

2 **浸润之谮**（zèn）：像水慢慢浸湿的毁谤性的话。浸润，如水之浸灌滋润，渐渍而不骤。谮，毁人之行。

3 **肤受之诉**：感同身受的诉愿。肤受，指如肌肤亲受，急切迫身。诉，即诉愿、指控。

4 **不行焉**：施展不开、无法实行。

5 **远**：远大。

　　子张问明，却得到明与远的两个答案，其实两者是相通的。朱熹言："毁人者渐渍而不骤，则听者不觉其入，而信之深矣。诉冤者急迫而切身，则听者不及致详，而发之暴矣。二者难察而能察之，则可见其心之明，而不蔽于近矣。"说得很好，但判断孔子此说"必因子张之失而告之"，则有些穿凿，因欠缺具体证据。

12.7　　子贡问政。子曰："足食，足兵，民信之矣。"子贡曰："必不得已而去，于斯三者何先?"曰："去兵。"
子贡曰："必不得已而去，于斯二者何先?"曰："去
食。自古皆有死，民无信不立。"

　　子贡问为政之道。老师说："让人都吃饱了，讲究武
备，让政府与人民互信。"子贡问："如不得已要去掉一个，
三个该先去掉哪个?"老师说："去掉武备吧。"子贡又问：
"如不得已还要去掉一个，这两个要先去掉哪个呢?"老师
说："去掉粮食吧。自古以来人都是会死的，但如果没有互
信的话，人的一切便都荡然无存了。"

1 足食：仓廪实，人民有饭吃。
2 足兵：武备修，国家能防卫。
3 民信之：教化行，人民信任政府也彼此信任。
4 自古皆有死，民无信不立：民无食则死，但无信则必涣散斗乱，同
　　至败亡。如使群众彼此有信，一时有困，终必有食。

　　此章非常重要，在子贡层层逼问之下，孔子透露出自己
最高的政治意见。
　　此章是子贡问为政之道，主要是如何应对国家经济、国
防与国民对国家自信的危机。"自古皆有死，民无信不立"
不是轻视民命，而是强调教化与信实的重要。足食、足兵所
达，顶多是原始社会最好的生活方式，而人民要是有信，则
人除了生存之外，还注意到了生活的价值，到此境界，则人
已进入文明社会。另一点，则是加强了政府在教化与道德上

的责任，要想有个足食足兵的国家，政府必须先建立信用，施政必发于诚信，让人民愿意与国家和衷共济，至死不渝。此章可与《子路》篇13.9"富之教之"章参看。

12.8　　棘子成曰："君子质而已矣，何以文为？"子贡曰："惜乎，夫子之说君子也！驷不及舌。文犹质也，质犹文也。虎豹之鞟犹犬羊之鞟。"

　　棘子成说："君子只要本质好就够了，何必要文采？"子贡说："可惜啊，先生您这样解释君子！就是有驷马的车来追赶，也追不回你的失言了。其实文就是质，质就是文。虎豹的皮，假如除掉有文采的毛，就跟犬羊的皮没两样了。"

1　**棘子成**：卫大夫。

2　**夫子之说君子也**：你所说的君子呀。夫子，此人，指棘子成。

3　**驷不及舌**：言出于舌，驷马不及追之，惜其失言。驷，四马所拉之车，是古时极快的行具。

4　**鞟**（kuò）：去毛之皮。

　　棘子成似对孔子说过的"文质彬彬，然后君子"（《雍也》篇6.16）表示怀疑，以为对君子而言，质比文重要。子贡强调文质不能偏废，重申孔子的君子含义。其中用"驷不及舌""虎豹之鞟"相况，十分生动，子贡于孔门，确实长于语言。

12.9　哀公问于有若曰："年饥，用不足，如之何？"有若对曰："盍彻乎？"曰："二，吾犹不足，如之何其彻也？"对曰："百姓足，君孰与不足？百姓不足，君孰与足？"

　　鲁哀公问有若说："现在我们闹饥荒，国用不足，该怎么办？"有若恭谨回答说："何不采用十分之一的田税呢？"哀公说："就是收十分之二，我都觉得不够，怎能实施十分之一的税法呢？"有若说："百姓足了，国君怎会不足？百姓不足了，国君要如何足？"

1 年饥，用不足：《左传》哀公十二年有"春，用田赋""冬十有二月，螽"之记录，应指此事。螽，蝗灾。

2 盍彻乎：盍，何不。彻，是民取其九、公取其一的税制。朱熹说："周制：一夫受田百亩，而与同沟共井之人通力合作，计亩均收。大率民得其九，公取其一，故谓之彻。"

3 二：指二成。彻制公取其一，今取二，犹觉不足。

4 百姓足，君孰与不足：朱注："民富，则君不致独贫；民贫，则君不能独富。有若深言君民一体之意，以止公之厚敛，为人上者所宜深念也。"

　　据《左传》所载，鲁哀公十二年时鲁国确实有很多考验须渡过，已连续几年因螽（蝗虫）害而闹饥荒，又好几年用兵于邾，与北方的齐国关系也不好，随时有警，以致国用不足，用彻制，恐怕真无法应急。假如哀公所问是因此而发，也许不是朱熹所说的想"厚敛"，而是被现实所迫。有若说的当然合乎儒家之道，是正道，也是常道，最主要是用于一般时候的，如要应付紧迫的危机，往往需要"权变"，国家在兴亡关头，死守十一之彻不敢作任何调整，也可能有点迂阔。

12.10　　子张问崇德、辨惑。子曰："主忠信，徙义，崇德也。爱之欲其生，恶之欲其死。既欲其生，又欲其死，是惑也。'诚不以富，亦祇以异。'"

　　　　子张问要如何崇德、辨惑。老师说："心中以忠信为主，闻义所在，迁而从之，这就是崇德了。喜欢这个人，希望他活着，讨厌这个人，希望他死了好。同样一个人，既希望他活着，又希望他死了，这就是疑惑呀。《诗经》有诗说：'不是因为新人比我富，而是你变了心。'（写的就是这种情况）"

1 **崇德**：以德为崇，即崇扬品德。

2 **辨惑**：辨别、解决疑惑。

3 **徙义**：文义即从之，犹言迁善。

4 **爱之欲其生，恶之欲其死**：指人世许多矛盾的事。

5 **诚不以富，亦祇以异**：不是因为新人比我富，而是你变了心。原见《诗·小雅·我行其野》，前有"不思旧姻，求尔新特"，意即你不再思及旧有的婚姻，而去追求新人。诗写弃妇之怨。两句与前文无涉，可能是误置。

这章孔子答子张问，有点让人出乎意料。子张问的是如何崇德与辨惑，孔子教以如何崇德，却没有教他该如何辨惑，只以"爱之欲其生，恶之欲其死"为例，说明人生有不少疑惑存在，至于该如何解决，好像并无答案。

本章最后"诚不以富，亦祇以异"八字，钱穆以为与本文无涉，可能为误置，认为应置于《季氏篇》16.12章，见后。

12.11　　齐景公问政于孔子。孔子对曰："君君，臣臣，父父，子子。"公曰："善哉！信如君不君，臣不臣，父不父，子不子，虽有粟，吾得而食诸？"

齐景公问为政之道于孔子。孔子礼貌回答说："君要像个君，臣要像个臣，父要像个父，子要像个子。"景公说："说得对极了！假如真的弄到君不君，臣不臣，父不父，子不子，就是有粮食在，我哪能吃得到啊！"

1　**齐景公**：名杵臼。鲁昭公末年，孔子适齐，有此问答。

2　**君君**：国君像国君。后臣臣、父父、子子皆如此。时景公失政，大夫陈氏专国，景公又多内嬖，不立太子，其君臣父子之间，皆失其道，故孔子告之如此。

3　**信**：诚、真的。

4　**有粟**：有食物。

5　**得而食诸**：得而食乎？

说的是为政之道，其实是为人之道。

孔子此处言君臣父子，是说让世上每人各安其位，并非言君臣之道如同父子之道，后世导出"以孝事君则忠，以敬事长则顺"（《孝经·士章》）之说，绝非孔子之意。

12.12　子曰："片言可以折狱者，其由也与？"子路无宿诺。

老师说："无须听完双方全面陈述，就能断狱的，恐怕只有仲由了吧？"子路答应人的事不会留一晚再做的。

1 片言：片段的言语，无须听完双方全面陈述。

2 折狱：断狱，解决争端。

3 无宿诺：没有延迟实践诺言的事，指子路急于践言。宿，留过一晚。

"片言"如指争讼时一方之言，而仅听一方之言就可以断狱，是绝对不可的，因为在基本上就不公平了，所以本书不取，而作无须听完两造全面的陈述解。"片言可以折狱"有两讲：一是指子路聪明，不须听完所有陈述就可断人是非曲直；一是指子路明快，往往可以快刀斩乱麻，不纠葛在杂事杂物之间。两个解释都证明子路长于政事 (见11.2)。后一句"子路无宿诺"其实与前文无关，可能是编者因孔子言而附记及此。

12.13　子曰："听讼，吾犹人也，必也使无讼乎！"

老师说:"听讼判案,我与别人也相差不多,一定要让人不会兴讼才好!"

1 **听讼**:听人讼词,以判曲直。

读此章可知儒家是重人治轻法治的。重人治也可说是重德治,"必也无讼",希望人不轻易进入法庭。朱注引范祖禹说:"听讼者,治其末,塞其流也。正其本,清其源,则无讼矣。"德行教化为先,是止讼的最好方法。古时人少事简,社会单纯,重德轻法也许行得通,但后世人口增加,社会组织日益细密,法治可备德治之不足,也是很有必要的。

12.14 　　子张问政。子曰:"居之无倦,行之以忠。"

子张问要如何为政。老师说:"居官要对政事不知倦怠,做任何事都要忠诚。"

1 **居之无倦**:身处官场,服务人民,不知倦怠。
2 **行之以忠**:政事以忠诚为主。以忠,则表里如一。

此章可能针对子张的性格而说,有因材而施教的作用,但也不能确定。朱注引程颐谓:"子张少仁。无诚心爱民,则必倦而不尽心,故告之以此。"或可参考,但对子张的推断则草率了些,爱民对任何从政的人都很重要,要他爱民,不见得是因他少仁心、不爱民。

12.15　子曰："博学于文，约之以礼，亦可以弗畔矣夫。"

此章重出，见《雍也》篇6.25。

12.16　子曰："君子成人之美，不成人之恶。小人反是。"

老师说："君子想成就一个人的好处，是不会促人为恶的。小人则正相反。"

1　成人之美：成就人的好处。
2　反是：与此相反。

此章以助人为善为恶，来说明君子小人之别。

12.17　季康子问政于孔子。孔子对曰："政者，正也。子帅以正，孰敢不正？"

季康子问孔子为政之道，孔子对答道："政治是正直的事。你在上面做正直的事，那又有谁敢不正直呢？"

1　政者，正也：政治是正直的事。正，正道、正直。
2　子：称季康子。

朱注引胡寅说："鲁自中叶，政由大夫，家臣效尤，据邑背叛，不正甚矣。故孔子以是告之，欲康子以正自克，而改三家之故。惜乎康子之溺于利欲而不能也。"孔子此言，有针砭时局之意，但更重要的是，从事政治要做正直的事，本当如此，是否专对三家而说，并不重要。

12.18　季康子患盗，问于孔子。孔子对曰："苟子之不欲，虽赏之不窃。"

　　季康子担心鲁国多窃贼，问孔子该怎么办。孔子对答道："假如你没有贪欲，就是奖赏别人去为盗也不会去做的。"

1 盗：窃贼、偷窃。

2 不欲：不贪。

　　盗窃如非生活所迫，则多是嗜欲过多引起，所以孔子劝谕上位者应节制私欲，以影响人民。朱注引胡寅说："季氏窃柄，康子夺嫡，民之为盗，固其所也。盍亦反其本耶？孔子以不欲启之，其旨深矣。"

　　孔子也许趁季康子问，针对季康子缺点答以如此，但也许不是。过多推论，其实是有危险的。

12.19　季康子问政于孔子曰："如杀无道，以就有道，何如？"孔子对曰："子为政，焉用杀？子欲善而民善矣。君子之德风，小人之德草。草上之风，必偃。"

　　季康子问孔子为政之道，说："假如杀了无道来成就有

道，如何呢？"孔子对答说："你从事政治，何必用杀戮的
方式呢？你如一心向善，而民心也就归之于善了啊。负责
领导的君子，性质很像风，而被领导的人民，性质很像草，
当草上有风吹过，草就会倒向一边。"

1 **杀无道，以就有道**：杀了无道之人，以成就有道者之善行，即除恶
道以就善道之意。

2 **君子之德风，小人之德草**：君子的性质像风，小人的性质像草。
德，犹言性质。此处君子、小人指在位与否而言，不指才德。

3 **草上之风，必偃**：有风吹过，草必偃倒，喻君子对小人有一定的影
响与作用。

　　以上三章都是孔子答季康子之问，而季康子所问，都是
有关政治与领导上的问题。孔子认为，居领导地位的一方，
应对所领导者的一切负绝对之责任，所以必须正直，"子帅
之正，孰敢不正"正是从此观点出发。领导又须对风俗之善
恶作出正面的影响，所谓"苟子之不欲，虽赏之不窃"，又
"草上之风，必偃"，都是同样的道理。道德是一切的根本，
当然也是政治的根本。道德必须深植人心，是逐渐建立的，
不求快速，"杀无道，以就有道"，就算合法，也是一时的治
标方法，不是永久的治本之道。孔子于此，恳恳再三，可见
分量之重。

12.20　　子张问："士何如斯可谓之达矣？"子曰："何哉，
尔所谓达者？"子张对曰："在邦必闻，在家必闻。"

子曰："是闻也，非达也。夫达也者，质直而好义，察言而观色，虑以下人。在邦必达，在家必达。夫闻也者，色取仁而行违，居之不疑。在邦必闻，在家必闻。"

　　子张问："一个士，要如何才算是'达'了呢？"老师说："你所说的'达'是什么意思？"子张对答说："在国内很有名声，在卿大夫家中也很有名声。"老师说："那是有名，不是真的达啊。一个真的达者，必须是禀性正直又心志好义的人，又能察人言语、辨人容色，存心谦退，以下人自居。像这样的人，不论在国、在家，都能算是达人了。要说一个有名的人，他以仁来装饰门面，实际却不行仁，而且安于虚假，并不自疑。像这种人，不论在国、在家，也会混得名声的。"

1　达：显达、通达。朱熹云："达者，德孚于人而行无不得之谓。"

2　何哉，尔所谓达者：朱熹认为："子张务外，夫子盖已知其发问之意，故反诘之，将以发其病而药之也。"

3　闻：有名。

4　质直而好义：禀性正直又好行义事。质直，内主忠信，不事矫饰。

5　察言而观色：对别人的言语、神色作仔细的观察。王夫之言："察人之言，以审是非之定论；观人之色，以辨心志之从违。"（《四书训义》）

6　虑以下人：思虑皆下于人，言谦退。

7　色取仁而行违：朱熹说："善其颜色以取于仁，而行实背之。"

8　居之不疑：安于虚伪，并不自疑。

此章对名与实有所辨正，"达"指德行贯彻的人，而"闻"只指一个有名无实的人。朱注引程颐说："学者须是务实，不要近名。有意近名，大本已失。更学何事？为名而学，则是伪也，今之学者，大抵为名。为名与为利虽清浊不同，然其利心则一也。"王夫之言："达者不必闻，而闻者不必达，此君子小人虚名实行之大别也。不知辨此，而学术何由正乎？"（《四书训义》）

文中的"察言而观色，虑以下人"，会让人感觉若伺颜色、承意旨以求媚者。所以"察言而观色"必须与上文"质直而好义"相连，正如钱穆言："既内守以义，又能心存谦退，故能谦尊而光，卑而不可逾，此圣人处世之道，即仁道。"（《论语新解》）为何要"察言而观色，虑以下人"呢？就是为了做到"达"字。所谓达是指达于他人，达于社会，要将道推达广大久远，个人谦退可能也是必要的手段。

12.21　樊迟从游于舞雩之下，曰："敢问崇德、修慝、辨惑。"子曰："善哉问！先事后得，非崇德与？攻其恶，无攻人之恶，非修慝与？一朝之忿，忘其身，以及其亲，非惑与？"

　　樊迟跟随老师游于舞雩之下，问："敢问要怎么崇德、修慝、辨惑呢？"老师说："你问得好！先做事，后有所得，不是崇德吗？批评自己的过失，不去批评别人的过错，不是修慝吗？忍不住一时的忿恨，忘记了自身与亲人的安危，不是惑之所在吗？"

1 **舞雩**：古祭天祷雨之处，有坛有树，故可游。

2 **修慝**（tè）：去掉心中之恶。慝，恶之匿于心者。修，治、除。

3 **辨惑**：明辨疑惑所在以至无惑。

4 **一朝之忿，忘其身，以及其亲**：为了一点忿恨，而忘了自身与自己的亲人。一朝，犹一夕，指短时间内发生的小事。

　　此章孔子用了三次"非……与"的句式来回答樊迟所问，换用现在的语言就是"不是……吗"，当然是一种语言的变化。"不是……吗"与"是……"相比较，在意义上是有差异的。语气上一委婉，一决断，意义上"不是……吗"表示有此种含义，也可能有他种含义，而"是……"就更坚定些，所指也全然些。因此此章的"先事后得"应是崇德的一部分，而非崇德的全部，其他修慝、辨惑也都如此。这三事，不能说相关，也不能说必然无关，孔子对樊迟如此说，应是因材而施教、因病而开方的一种方式，不见得是所有的必然，而语言委婉，态度亲和，更是本章的特色。

12.22　　樊迟问仁。子曰："爱人。"问知。子曰："知人。"樊迟未达。子曰："举直错诸枉，能使枉者直。"樊迟退，见子夏，曰："乡也吾见于夫子而问知，子曰，'举直错诸枉，能使枉者直'，何谓也？"子夏曰："富哉言乎！舜有天下，选于众，举皋陶，不仁者远矣。汤有天下，选于众，举伊尹，不仁者远矣。"

樊迟问什么是仁。老师说:"爱人。"又问何谓智。老师说:"知人。"樊迟听了不明白。老师说:"举用正直的人,放在不正直人的上面,那不正直的人也会变得正直了。"樊迟退下,见到子夏,说:"刚才我见老师请问智的事,老师答以'举用正直的人,放在不正直人的上面,那不正直的人也会变得正直了',是什么意思呀?"子夏说:"老师这话含义多丰富啊!舜有了天下,在众人中挑选人才,结果选出皋陶来,那些不仁的人都远离了。汤有了天下,推举伊尹出来,不仁的人也都远离了。"

1 **未达**:不明。未达有二意:一是未达夫子何以言爱人即仁、知人即智;二是不知两者之关系。此章有些问题,樊迟确实问了夫子仁与智的问题,但后来又问子夏说:"乡也吾见于夫子而问知",好像只记得自己问智之事,而孔子答以"举直错诸枉,能使枉者直",确实也未言及仁,樊迟未达,可能在不知彼此的关系。

2 **举直错诸枉,能使枉者直**:举,推举。错,置、放。直,正直。枉,曲、不直。

3 **乡**:向,指不久前、刚才。

4 **富哉**:指含义丰富。

5 **选于众**:在众人中选才。

6 **皋陶**:舜时相。

7 **汤**:商汤。

8 **伊尹**:汤时相。

此章问仁问智,孔子答以爱人、知人为重。由孔子所言看来,樊迟所问可能是与从政有关。"举直错诸枉,能使枉者直"，是指推举正直的人居高位，风教所及，会使枉曲的人也归乎正道。为何要知人？其实与爱人有关。王夫之认为孔子强调要知人爱人并用，才能完成至高的王道理想："盖爱人者，圣人之全体，而其用在知人。故仁以智为先务，而智非独用，并于仁而见功。此性中合同一致之理，而天德王道所以并行而不悖也。"（《四书训义》）

12.23　　子贡问友。子曰："忠告而善道之，不可则止，无自辱焉。"

　　　　子贡问交友之道。老师说："（朋友犯错）应尽忠直告，又要善于引导，但他如表明不愿听从，就得停止，不要自取其辱。"

1　**忠告**：本忠心以告之。

2　**道**：同导。

3　**不可则止**：遇到对方不以为然、不表同意则止。不可，指朋友不以为可。止，指我停止忠告善道。

4　**无自辱**：勿自取其辱。无，禁止词，同勿。

　　朱熹说："友所以辅仁，故尽其心以告之，善其说以道之。然以义合者也，故不可则止。若以数（数其罪）而见疏，则自辱矣。"说得很有道理。朋友与我的关系，是平等的关系，没有主从上下之别，一方无须对一方绝对服从，这便是朱熹所谓的"以义合"，所谓"以义合"，就是以合理的理由结合，这理由不是必然的，也不是永久的，当一方对"义"的解释与我不相同时，就没有"合"的关系存在了，因此朋友的关系是自由的，开放的，因为自由开放，所以朋友一伦就不是禁锢了。

另此章钱穆以为必是子贡之问有专指，而记者略之，否则孔子当不专以此为说，亦可参考。

12.24　曾子曰："君子以文会友，以友辅仁。"

曾子说："君子以礼乐文章来交友，良友相辅相勉以行仁。"

1　文：指礼乐文章。

上言共学，下言适道，其乐融融。朱熹说："讲学以会友，则道易明；取善以辅仁，则德日进。"读此章，知儒者群聚辅仁之景象。王夫之说："夫人苟为君子而有志于仁，则未有不以诗、书、礼、乐为静修之业矣。故一时之意气不足取，枯寂之意见不足尚，必以文会之，而陶淑于雅正之途，以成乎儒者之素业。于是而相与求之于文者，即以相与求之于道。言有物也，行有则也，不徒习其度数文章，而以治吾性情之疵累，心日醇矣，皆友之辅矣。若孤行己意而自许以仁，博爱泛交而不以其道，其何足以为君子哉！"（《四书训义》）王夫之此处的"文"指的不是专门的学问，而是足以调节身心的艺术，因为艺术"不徒习其度数文章"，才能如他说的达到"陶淑于雅正之途"，此说真能把握孔子的真精神。

13.1 子路问政。子曰："先之，劳之。"请益。曰："无倦。"

子路问为政之道。老师说："要人民做前，自己先做；要人民劳苦前，自己先劳苦。"子路请老师多说一些。老师说："照着做，不倦怠就好了。"

1 先之：凡事自己先做。

2 劳之：先劳苦自己。朱注引苏轼说："凡民之行，以身先之，则不令而行。凡民之事，以身劳之，则虽勤不怨。"

3 **请益**：子路以为太简，故请夫子增益。

4 **无倦**：勿倦。

以子路个性言，孔子教的先之、劳之，也许都能做到，但是否有恒，就不能确定了，这是逞一时之勇者的通病，所以最后还要他无倦。朱注引吴棫言："勇者喜于有为而不能持久，故以此告之。"但如果子路听了夫子之言后不再"请益"，这重要讯息就无法点出了。

13.2　　仲弓为季氏宰，问政。子曰："先有司，赦小过，举贤才。"曰："焉知贤才而举之？"曰："举尔所知。尔所不知，人其舍诸？"

仲弓做季氏宰，请问为政之道。老师说："先责成下面的有司负起责任来，他们如有小过，当宽赦，还要多推举贤才来做事。"仲弓说："怎么知道谁是贤才而推举呢？"老师说："只推举你所知道的人就行了。你不知道的，别人会舍弃他而不向你推举吗？"

1 **先有司**：有二解，一指先任命有司，二指让有司先做。今从二解。有司，朱熹说："众职也。"指在宰官之下的各专业主管官员。

此章重点，在说明处理政事时须勇于负责外，更须注意分层有司，各司其职，上下合作，以成众人之事。所以须先举人才，以使各安其位。朱注引范祖禹说："不先有司，则君行臣职矣；不赦小过，则下无全人矣；不举贤才，则百职废矣。失此三者，不可以为季氏宰，况天下乎？"

13.3　　　子路曰："卫君待子而为政，子将奚先？"子曰："必也正名乎！"子路曰："有是哉，子之迂也！奚其正？"子曰："野哉由也！君子于其所不知，盖阙如也。名不正，则言不顺；言不顺，则事不成；事不成，则礼乐不兴；礼乐不兴，则刑罚不中；刑罚不中，则民无所措手足。故君子名之必可言也，言之必可行也。君子于其言，无所苟而已矣。"

　　　子路问："卫君有意请老师来主政，老师最先做什么？"老师说："必须先正名吧！"子路说："有这么扯吗，老师真迂到这种程度了！干吗要正名啊？"老师说："仲由真是个粗野的汉子！要做个君子的话，不知道的事，至少不会乱说。一个人的名假如不正，说起话来就不顺当；说话不顺当，就做不成事；做不成事，则礼乐不兴；礼乐不兴的话，光靠刑罚也无济于事；等到刑罚都无济于事的时候，人民就手足无措了。所以君子要确定名目，一定要说得出道理，说得出道理，又都能做得到。君子对任何一句话，总要不苟且才好。"

1 卫君待子而为政：卫国的国君想请夫子来主政。鲁哀公十年，孔子自楚反卫，子路以为，卫正处于乱局之中，也许卫君有意请孔子出面解决，故有此问。朱注引胡安国言："卫世子蒯聩耻其母南子之淫乱，欲杀之，不果而出奔。灵公欲立公子郢，郢辞。公卒，夫人立之，又辞。乃立蒯聩之子辄，以拒蒯聩。夫蒯聩欲杀母，得罪于父，而辄据国以拒父，皆无父之人也，其不可有国也明矣。"

2 **奚先**：何者为先。

3 **正名**：名实相符。君君臣臣、父父子子即属。

4 **迂**：迂阔不符现实。

5 **阙如**：空下来，存而不论。

6 **苟**：苟且随便。

　　孔子这段话当然是在教训子路，但对当时卫国的局势，也作了一些背景的说明，正如文中所说的"名不正""事不成""礼乐不兴""刑罚不中"，正是当时卫国的写照，所以孔子认为当时卫国的政事，得从"正名"入手，所谓"正名"，就是国君得像个国君，臣子得像个臣子，之后才能谈家是家、国是国的事来，这是治理国家的根本，其他手段，相较反而是余事了。

　　此章尚有特殊点，是子路公然与孔子"顶嘴"，在孔门中，可以公开向老师顶嘴的恐怕只有子路与宰予了，当然弟子犯错，老师也指出他们的错误，不稍假借，可见孔门之亲之严。胡安国推论说："夫子告之之详如此，而子路终不喻也。故事辄不去，卒死其难。"(朱注引) 子路对此章孔子之言是否"终不喻"，并无证据，而胡安国以为此章子路的表现，与他后来死难有关，也不尽合理，其实孔子正名之说与子路后来的遭遇，应分作两回事来看，不应混为一谈。但子路与孔子相谈时的表情、气氛都跃然纸上，此章以描写而论，十分高明。

13.4　　樊迟请学稼。子曰："吾不如老农。"请学为圃。曰："吾不如老圃。"樊迟出。子曰："小人哉，樊须也！上好礼，则民莫敢不敬；上好义，则民莫敢不服；上好信，则民莫敢不用情。夫如是，则四方之民襁负其子而至矣，焉用稼？"

　　　　樊迟请学稼穑农事。老师说："这一点我不如老农。"又请学治园圃。老师说："我不如老圃。"樊迟出去后，老师说："樊须真是个不明事理的小人啊！施政时，上面的人好礼，下面的人民莫不会敬的；上面的人好义，下面的人民莫不会不服的；上面的人好信，下面的人民莫不以真情相待的。政治如做到此地步，四方人民便会背着孩子来归顺，哪里用自己学种庄稼呢！"

1　学稼：学习农事。种五谷曰稼。

2　圃：种蔬菜曰圃。

3　小人：此指见识浅的一般人，而非品德不好之人。

4　用情：以真情相待。

5　襁负其子而至矣：背着孩子投奔而来。襁，包小儿之布。

　　此章樊迟所问，记者可能有所减省，否则孔子对他的批评就有点过当。朱注引杨时说："樊须游圣人之门，而问稼圃，志则陋矣。"这说法并不正确，其实问稼圃之事并不陋，只是如问孔子此事显然不当，因为孔子恐怕真如自己所说"吾不如老农"的。而樊迟所问，可能提到从政是否应从自己亲习稼圃入手，当时持此意见者确实有人，《孟子》书中所载"有为神农之言者许行"，就属此类。孔、孟都认为，要政务官去务农不切实际，因为社会已发展到分工合作的阶段了，从事政治的人，应把政治的专业做好，以德治感格人民，这才是为政的正途。

13.5　子曰："诵《诗》三百，授之以政，不达；使于四方，不能专对；虽多，亦奚以为？"

> 老师说："任他把《诗经》三百篇背得烂熟，把政事交给他，不能通达；派他出使四方，连单独应对都做不到；就这样学得虽多，又有何用？"

1 《诗》三百：《诗经》有三百零五篇，言三百，举其成数。

2 不达：不能有所达成。

3 专对：单独应对。专，独。

此章是在谈为政，不是谈文学或学问。

古人习《诗》，不仅专为文学掌故而已，须广其义类，通其正变，以润德润身，始可学《诗》。除此之外，王夫之以为："三百之中，于《风》而得十五国治乱之原，于《雅》而得朝廷治教得失之故，于《颂》而得先王先公功德之实。

且其为言也，博依而善譬，和至而能感，则以之从政而政在此，以之奉使而对主君者在此。"（《四书训义》）所以学《诗》也有功能性的，但要能够感通，仅能讽诵，距离孔门的"诗教"尚远，故夫子言："虽多，亦奚以为？"

但举《诗》也可能只是以《诗》为例，说明学问再多，知识再高，如不懂为政的道理，娴雅为政的方法，在施政上也可能一筹莫展。

13.6　　子曰："其身正，不令而行；其身不正，虽令不从。"

　　　　老师说："领导者要是操守正直，民众无须命令也会做得很好；操守不正的话，下再大的命令民众也不会听从。"

1　**其身**：指领导者本身。

本篇13.13有"苟正其身矣，于从政乎何有"，又《颜渊》篇12.17有"政者，正也。子帅以正，孰敢不正"，"正"这个字含义丰富，品德上讲正直、讲中正，方法上讲走正道。"正"这个字，多指为政者操守正直，为孔子论政时所常言，几乎已为孔门论政宗旨，必须注意。

13.7　　子曰："鲁卫之政，兄弟也。"

　　　　老师说："鲁国与卫国两国的政治情势，有如兄弟一般啊。"

1 **鲁卫之政**：鲁国与卫国的政治情势。鲁，周公之后，卫，康叔之后，本为兄弟之国，政也相似。

说鲁卫为兄弟，一方面指两国的政治文化水平优于其他诸国，是值得骄傲的。但说这话也有感叹。两国于孔子时，都不约而同地陷于混乱之中，政治与文化的态势已不复当年，所以说这话也有叹息的意思。朱熹说："本兄弟之国，而是时衰乱，政亦相似，故孔子叹之。"

13.8　　子谓卫公子荆，"善居室。始有，曰'苟合矣'。少有，曰'苟完矣'。富有，曰'苟美矣'。"

老师称道卫国的公子荆说："他善于处理居室的事。刚有房子时，说'凑合着用吧'。后来有了更好一点的，说'凑合着，也可说完备了吧'。后来有了很富丽堂皇的房子，说'凑合着，算是完美了吧'。"

1 **谓**：称道。
2 **卫公子荆**：公子荆，卫大夫。因鲁亦有公子荆，故此处加一卫字。
3 **善居室**：善于处理居室之事。此处倒不是指善于经营居室，而是公子荆宽居能容，不以物累，在处理居室上可以看出。
4 **始有、少有、富有**：指刚开始具有时一切粗备、已有时却不富足与已富足拥有这三个层次。
5 **苟**：暂且凑合。

此章的重点在"苟"字。"苟"字通常有不专心、凡事苟且的含义，但此处却是好义，指不黏着、不以外物为心。自居平淡，不以富贵肆志骄人，是道德与修养的自然呈现。

13.9　　子适卫，冉有仆。子曰："庶矣哉！"冉有曰："既庶矣，又何加焉？"曰："富之。"曰："既富矣，又何加焉？"曰："教之。"

　　　　老师到卫国，冉有为他驾车。老师说："卫国的人口真多啊！"冉有问："人多了，要再加些什么吗？"老师说："让他们富足。"冉有再问："富足了，还要加些什么吗？"老师说："教育他们。"

1 仆：御车。

2 庶：众，人多。

　　人口稳定、民生富足之后就需要教育了，教育让人知道人与其他生物不同，这不同就是孟子所说的"人之异于禽兽者几希矣"那个"几希"的部分，是唯独人所有的价值意义，人如缺少这层价值意义，就与其他禽兽无异了。举例而言，吃饱了，便是此章"富"的观念，一般生物多能达到，而自己吃饱了，却能想到别人或许没得吃，便想办法去帮人家，让别人也有得吃，这就是推己及人的道德行为了，是一般生物做不到的，所谓"己欲立而立人，己欲达而达人"，得靠教育才能把这层价值意义推展出去，所以孔子强调要"教之"，这是人才有的高贵处。

此章宜与《颜渊》篇12.7"足食，足兵，民信之矣"章同看。

13.10　子曰："苟有用我者，期月而已可也，三年有成。"

　　　　老师说："假如有人请我来治国，大概一年可使国政上轨道，三年之后就有具体成果了。"

1 期（jī）月：周一年之月，即满一年。
2 可：大致上轨道。朱注："可者，仅辞，言纲纪布也。"

　　此章孔子自述其治国能力，《史记》以为是因卫灵公不能用而发。孔子对治国一直有兴趣，也认为有能力，但他遭遇不好，并没有机会一展长才，对当时的政治与孔子自己而言，都是可惜的事。

13.11　子曰："'善人为邦百年，亦可以胜残去杀矣。'诚哉是言也！"

　　　　老师说："（古人说过：）'由善人来主持国政达百年之久，残暴的地方都可以变得不再残暴，而施政者也无须用杀戮来让人恐惧了。'这话说得真好！"

1 善人为邦百年，亦可以胜残去杀：胜残，化残暴之人，使不为恶。去杀，民化于善，可以不用杀戮。整句话是古语，朱注："盖古有是言，而夫子称之。”

　　与上章“三年有成”比较，显然有差距。此章是孔子称赞古谚语，不见得是自己的意见，但孔子的意思是，移风易俗，须花长时间、大功夫，谚语中之百年，应是比喻，而非精确时间，与下章所言“必世而后仁”是同样的指涉。

13.12　　子曰：“如有王者，必世而后仁。”

　　老师说：“如有王者兴，治世三十年后，可使仁道普及。”

1　王者：能实施王道思想的政治领袖。
2　世而后仁：世，三十年。仁，教化普遍。朱注引程颢说：“周自文、武至于成王，而后礼乐兴，即其效也。”

　　前三章都提到时限的问题，13.10言“苟有用我，三年有成”，13.11引古谚谓“善人为邦百年，亦可以胜残去杀”，此章则言“必世而后仁”，都说到所需时间。要知道古人在应用数字的时候，并不如现代人严格，用数字时，往往视之为一种比喻或象征，并不是“实数”。前章“三年有成”，喻施政须长期，不能只抄短线、走短途。后面的“百年”“世而后仁”都是指施政目标在化民成俗，必须长期经营，不能贪图快速。当然，“三年有成”所指自不能与“世而后仁”的仁境相提并论，仁的境界当然高于一般有成的境界，所以需要的时间也相对更长。

13.13　子曰："苟正其身矣，于从政乎何有？不能正其身，如正人何？"

　　老师说："如果自己身正，那么从事政治有何难处？己身不正，又该如何正人呢？"

1　于从政乎何有：指从事政治有何难处。
2　如正人何：如何正人。

　　与前章13.6"其身正，不令而行；其身不正，虽令不从"含义相同，强调一地政事之良窳，责在施政或当事者。此意孔子屡言之，可见重要。

13.14　冉子退朝。子曰："何晏也？"对曰："有政。"子曰："其事也。如有政，虽不吾以，吾其与闻之。"

　　冉有从季氏的私朝退下。老师说："怎么这样晚啊？"冉有对答说："有政事。"老师说："你说的是有'事'（不应该说是有'政事'）。如有国政的事，我虽然已不在职位上了，但照规矩还是与闻得到的。"

1　**冉子退朝**：冉有时为季氏宰。朝，季氏之私朝。此处称冉子，似为冉有弟子所记，但观后文冉有被斥责，又不似。
2　**晏**：晚。
3　**有政**：有政事，故迟归。

4 其事：这只能称为事。季氏宰非当国，不能称之为有政，只能称有事。朱注："政，国政。事，家事。"

5 如有政，虽不吾以，吾其与闻之：如是国政，我虽已不理国政，但还是得以闻知的。朱注："以，用也。礼：大夫虽不治事，犹得与闻国政。"

这便是孔子主张的"正名"说。所谓正名，就是一切按名分做事，无不及，也不超越，以求至当。照这原则看，家事与国事应分别看，季氏之所以可以"乱政"，是季氏与别人都不知道正名的重要，把家与国的事都混淆了。王夫之说："上下之乱也，先窃其实，而犹存其名；窃之已久，则并其名而窃之。至于并窃其名而不忌，而大乱遂不可解。"（《四书训义》）

13.15 定公问："一言而可以兴邦，有诸？"

孔子对曰："言不可以若是其几也。人之言曰：'为君难，为臣不易。'如知为君之难也，不几乎一言而兴邦乎？"

曰："一言而丧邦，有诸？"

孔子对曰："言不可以若是其几也。人之言曰：'予无乐乎为君，唯其言而莫予违也。'如其善而莫之违也，不亦善乎？如不善而莫之违也，不几乎一言而丧邦乎？"

定公问："一句话可以兴邦，有吗？"

孔子对答说："是不能期望一句话来兴国的。不过我听人说过：'为君难，为臣不易。'假如为君的真知道为君不易（从此战战兢兢努力国事），几乎也可算是一言而兴邦了吧？"

定公又问："一句话可以丧邦，有吗？"

孔子对答道："也是不能这样期望的。我听人说过：'做国君对我来说没有什么乐事可言，不过只要是我说的，是没什么人敢违抗的。'如果是好事没人违抗，不是很好吗？假如是坏事人家也不敢违抗，不几乎就是一言而丧邦了吗？"

---

1 言不可以若是其几也：不可期望一句话能达到如此。几，期望。

此章孔子答定公问，是专指国君而言，朱熹解前段兴邦之言说："因此言而知为君之难，则必战战兢兢，临深履薄，而无一事之敢忽。然则此言也，岂不可以必期于兴邦乎？为定公言，故不及臣也。"后段言权力高度集中，而国君陶醉于此，是足以丧邦亡国的。权力高度集中，一是缺少制衡，二是过度自满与自信，容易形成缺失，造成腐化，以致丧家亡国。十九世纪英国历史学家阿克顿（Lord John Acton, 1834—1902）说过："权力使人腐化，绝对的权力使人绝对地腐化。"（Power tends to corrupt, and absolute power corrupts absolutely.）国君主持权力游戏，以为人不敢违抗，其实根基已遭腐蚀，如此下去必至沉沦，国必不保，此理孔子在两千多年前便已点出，可见其智慧。

13.16 叶公问政。子曰："近者说，远者来。"

叶公问为政之道。孔子说："让治下的人民都很喜悦，不在治下的远人都想来归。"

1 说：同悦。

这是观民意之风向。朱熹说："被其泽则悦，闻其风则来。然必近者悦，而后远者来也。"让民被其泽，不是用骗术骗取人民，也不是专投民之所好，示近惠而忽远利的作为，而是有真正好的施政。可与下章"无欲速，无见小利"之语相参。

13.17　子夏为莒父宰，问政。子曰："无欲速，无见小利。欲速，则不达；见小利，则大事不成。"

子夏做莒父宰，问为政之道。老师说："不要求速成，不要只见小利。求速成，则无法达到目的；只见小利，则不能成就大事。"

1 莒父（fǔ）：鲁邑名。
2 无：同勿。

孔子答人问政，往往各有所答，并不统一。朱注引程颢言："子张问政，子曰：'居之无倦，行之以忠。'子夏问政，子曰：'无欲速，无见小利。'子张常过高而未仁，子夏之病常在近小，故各以切己之事告之。"当然说得有理，但由此判断二人个性缺失，一个未仁，一个近小，也可能有以偏概全之误。子张、子夏可能在问题中都各有所指，记录者往往略于所问，而详记孔子之所答，便形成了这类误解，读者应知分辨。

13.18　叶公语孔子曰："吾党有直躬者，其父攘羊，而子证之。"孔子曰："吾党之直者异于是。父为子隐，子为父隐，直在其中矣。"

　　　　叶公告诉孔子说："在我乡有个直身而行的正直人，他父亲偷了羊，他会挺身而出来做证的。"孔子说："我乡人的正直观念跟你们不一样。父亲为儿子隐藏，儿子为父亲隐藏，正直就在里面啊。"

1 **吾党**：犹言吾乡。

2 **直躬者**：直身而行者。

3 **攘羊**：窃取人羊。

4 **证之**：出面证实。

5 **隐**：隐藏。

　　此章主题在谈"直"，所谓直，就是正直，所谓正直，就是一是一，二是二，对即对，错即错，不躲避，不回护。明明父亲攘羊，孔子却主张"父为子隐，子为父隐"，而且说"直在其中"，究竟有何道理？
　　这是因为"直"是一种道德，而这项道德是于父子这层关系建立后才有的，所以"直"这道德是后设的。假如把"直"与"父子之亲"作一比较，父子之亲显然比"直"更为重要，因为如没有父子(就没有家庭)，社会就无法形成，没有一种道德是能以丧失了父子之亲而仍可以存在的，所以孔子认为所有道德都应巩固父子之亲，而非伤害父子之亲，两者相权，宁失表面的"直"而取实质的"亲"，这是不得已的，但却是必要的。所说的"直在其中"，就是这道理，因为丧失了父子之亲，父子之间的"直道"便没有成立的机会。

但不是说攘羊不是罪，此章只是说父子不可因此相互揭发，以伤天伦，并没说攘羊之事该怎样处理。其实假如父亲真攘了羊，法律与社会正义都可治其罪，但孔子认为这项正义不能由儿子出面主持，假如儿子不以父之所为为然，他可以多方设法以"弥补"父罪，以尽孝道。在父亲一边，亦然。"大义灭亲"在孔子这里是无法成立的，因为当天伦破灭之后，任何"大义"或者"小义"都无法存在了。

13.19　　樊迟问仁。子曰："居处恭，执事敬，与人忠。虽之夷狄，不可弃也。"

　　　　樊迟问要如何行仁。老师说："平时居处容颜要恭谦，做起事来要敬谨小心，与人相处要真心相待。这几件事，即使到了夷狄地方，也不可抛弃。"

1 居处恭，执事敬：朱注："恭主容，敬主事。恭见于外，敬主乎中。"

2 之：至。

《卫灵公》篇15.5章子曰："言忠信，行笃敬，虽蛮貊之邦行矣；言不忠信，行不笃敬，虽州里行乎哉？"与此章含义及行文有类似处，一问仁，一问行，其实相通。又《论语》有樊迟问仁三处，朱注引胡寅说："樊迟问仁者三：此最先，'先难'次之，'爱人'其最后乎？"此先后应指仁的境界高下，而非提问时间。

13.20　　子贡问曰："何如斯可谓之士矣？"子曰："行己有耻，使于四方，不辱君命，可谓士矣。"曰："敢问其次。"曰："宗族称孝焉，乡党称弟焉。"曰："敢问其次。"曰："言必信，行必果，硁硁然小人哉！抑亦可以为次矣。"曰："今之从政者何如？"子曰："噫！斗筲之人，何足算也。"

　　子贡问："如何才能算个士呢？"老师说："自己能知耻，不做坏事，出使四方，不会辱没君命，就可以算是士了。"子贡说："敢问次一等呢？"老师说："宗族的人都称赞他孝顺，乡里的人都称道他敬爱长上。"又问："敢问再次一等的。"老师说："说话实在，做事一定要得到结果，就像石头般坚硬不知权变的人，大概可算再次一等的。"子贡又问："现在从政的人如何呢？"老师说："唉！都是斗筲一般的细人小人，能算得上什么啊！"

　　　　　　　　　　　　　　　　　　　　　　　　论语讲析

1 **士**：依《论语正义》之说：" '士'谓已仕者也。聘使之事，士为傧相，故言'使于四方'。又子贡问今之从政，从政者，士之从仕于大夫而为政也。"此说正确，但孔子所答的两个"其次"，似不专指做官者言，可见孔子心中之士，含义已较广了。

2 **行己有耻**：知耻之所在，则有所不为。耻原是指耳闻而心知，即觉悟之意，故有反省、醒觉之意。

3 **乡党**：乡里。

4 **硁硁然小人哉**：像一块石头般坚毅的小人物。硁硁，小石坚确貌，指小人物见识虽浅，但往往坚决又顽固。

5 **斗筲**（shāo）**之人**：喻斤斤计较的细人、小人，现常以"小鼻子、小眼睛"况之。斗，量名，容十升。筲，竹器，朱熹言容斗二升，刘宝楠《论语正义》以为容五升。

　　如前说，士的定义有两种，此处子贡所问，比较偏向做官一方，想引出孔子对当时官场的评价，但"宗族称孝焉，乡党称弟焉"与"言必信，行必果"似不专指官吏而言，但二者也是为官者的必要条件。

　　此章之特别，在于假如子贡在问了第一道题就停了，也就算寻常之一章，不料孔子说完子贡又问，不但问，还连问了三次，有点直逼老师"交心"的味道。子贡的意思，是想听老师对当时施政做官的人的评价，前面的话，只是引子。后来越说越下，"斗筲之人，何足算也"，不算正面回答，但他对时下政客低劣的评价，跃然纸上，尤其前面"噫"的发语词，充满了鄙夷的语气与神色。《论语》记孔子言行，往往和平中正，观此章，可知孔子生命中也带有某些"带性负气"的成分。在文章而言，这种波磔起伏十分可贵，也是最真实的描写，对人性而言，明暗对照，才算曲尽人生。

13.21　子曰：“不得中行而与之，必也狂狷乎！狂者进取，狷者有所不为也。”

老师说：“无法与谨守中道的人在一起，那只好选择与狂狷者相处了。狂者是进取的，而狷者介守，很多事往往是不会去做的。”

1 中行：即中道。
2 狂：志行极高而不在乎别人批评的人。
3 狷：清高自持、不随众与世俯仰的人。

“中行”指不偏不倚以执守中道，但一般人往往把重点放在不偏不倚上面，很少明白必须执守“中道”。

只把重点放在不偏不倚上面，就跟“乡愿”没什么两样，凡事以调和为目的，就是所谓“和事佬”之类的了。而中道指的是合理，坚持理性，两方如有争议，不偏向一方，因此中行是最高的选择，万一无从，便选择狂或狷。与中道相比，狂者稍逾，狷者稍不及，但都有坚守善道的意志，所以中道在狂狷之间，不在狂狷之外，孔子嘉许他们，认为他们远胜不讲道理只讲关系的乡愿之流。

13.22　子曰：“南人有言曰：‘人而无恒，不可以作巫医。’善夫！‘不恒其德，或承之羞。’”子曰：“不占而已矣。"

老师说："南方人有句话说：'人如无恒，不能去做巫者和医生。'说得真好啊！'其德不恒的，可能会得到羞辱。'"老师又说："只有不占卜罢了。"

1 **南人**：南方之人。孔子时代所说的南，应是楚国所属的长江一带，当时是与中原文化比较有别的地方。

2 **人而无恒，不可以作巫医**：朱注："巫，所以交鬼神。医，所以寄死生。故虽贱役，而犹不可以无常，孔子称其言而善之。"其实《周礼》有司巫司医之官，皆由士大夫为之，可见并不以巫医为贱。

3 **不恒其德，或承之羞**：此为《易·恒》九三爻辞。承，继、进。

4 **不占而已矣**：若无恒，巫亦不予占卜。因其无恒无心，占卜问凶吉，亦或不准。此语稍觉突兀。

此章之意在强调有恒的重要。文后复加子曰，大约有别于前文，但为何有此需要，连朱熹也不明白，只好说"其义未详"了。至于"不占而已矣"一语，也因主词不清，含义也就不明了，朱注引杨时说："君子于《易》苟玩其占，则知无常之取羞矣。其为无常也，盖亦不占而已矣。"大约只能如此解释。

13.23　　子曰："君子和而不同，小人同而不和。"

老师说："君子求和不求同，小人求同不求和。"

1 和：与人和平相处，不尽求同。

2 同：相同、齐一。

"和"指与人和平相处，仍然不伤人格独立。"同"指要人人相同，以求齐一之效。所以尚和是尊重个人的，而尚同讲到极处往往是会泯灭个性的，在政治上，极权与非极权的差异也在此，读者应可依类推演，获知孔子之真意所在。

13.24　子贡问曰："乡人皆好之，何如?"子曰："未可也。""乡人皆恶之，何如?"子曰："未可也。不如乡人之善者好之，其不善者恶之。"

子贡问道："一乡的人都喜欢他，怎么样?"老师说："不能轻言许可。"又问："一乡的人都讨厌他，怎么样?"老师说："也不能轻言许可。不如一乡的好人都喜欢他，不好的人都讨厌他 (再作许可吧)。"

1 乡人：一乡之人。

2 可：许可、认可。

学问上的真理，道德上的善恶，是不能用统计来验算、确定的，不是赞同多的就是真理、就是善了。这让我们联想到，民主制度虽好于独裁，但如果处处以选票计算真理与正义，也是行不通的，所以强调多数的民主，也不是没有困窘之处的。

13.25　子曰："君子易事而难说也。说之不以道，不说也；及其使人也，器之。小人难事而易说也。说之虽不以道，说也；及其使人也，求备焉。"

老师说："君子易于与他共事，却难以讨他欢喜。想用不正当方法讨他欢喜，他是不会接受的；但他用人没私心，因才用人。小人难于与他共事，却容易被人讨好。即使不以正当方法讨好他，他也会很欢喜；但他用起人来，总是求全责备。"

1 说：同悦。

2 器之：以其材器之性而用之。

3 求备：吹毛求疵、求全责备。

朱熹说："君子之心公而恕，小人之心私而刻。天理人欲之间，每相反而已矣。"所说近似。

13.26　子曰："君子泰而不骄，小人骄而不泰。"

老师说："君子的神色总是舒泰而不高傲的，而小人的神色总是高傲而不舒泰的。"

1 泰：宽容又安舒之态。

2 骄：高傲。

神态代表心境，君子心地坦然，故神色舒泰，小人心恒戚戚，神色也随之紧张，看起来高傲，其实是靠高傲来武装自己。

13.27　　子曰：“刚毅、木讷，近仁。”

老师说：“刚强又坚毅、质朴又不善言，具这四种特色的人，就比较接近仁者了。”

此章可与《学而》篇“巧言令色，鲜以仁”相对照。朱注引杨时说：“刚毅则不屈于物欲，木讷则不至于外驰，故近仁。”说得很正确。四字也可分开来讲，但彼此互有联结，王夫之在《四书训义》中说：“刚、毅、木、讷，夫人不时有其质者乎？人之易屈于欲也，而能不屈者何心？人之易怠于终也，而能不怠者何心？人之趋于文而无实也，而能自守于实者何心？人之辨于言而无怍也，而能言之若怍者何心？此非清明之气，依理以任天；恻怛之情，反求而自守者之几乎？此仁之不容昧者也。养其刚毅而裕其木讷，仁岂远乎哉？有是质者，无自限而成乎偏，则学问之不容已也。”这段话，把孔子所说发挥殆尽。有刚、毅、木、讷之性的人，看起来不是极聪慧，然而他们不屈于欲、不懈怠、守实又无怍，可谓把孔子所标榜的人的最崇高价值全都撑持起来了。此章虽简短，但值得细细体会。

13.28　　子路问曰：“何如斯可谓之士矣？”子曰：“切切偲偲，怡怡如也，可谓士矣。朋友切切偲偲，兄弟怡怡。”

子路问道："如何才可以叫作士呢？"老师说："彼此恳挚切磋，认真讨论，也能和悦，这样就可以叫作士了。恳挚切磋以处朋友，和悦以处兄弟。"

1 切切：与人讨论不同意见时，态度恳挚周到。以下皆是指与人讨论意见时的态度。

2 偲偲 (sī)：详勉。切切、偲偲，皆相切责之貌。

3 怡怡：和悦之貌。

此章有问题，很难解释周洽。

子路问士，孔子答以与人讨论问题时的态度问题，就算与问有关，毕竟属于"余事"，所以孔子所答，显得有些答非所问。朱注引胡寅说："皆子路所不足，故告之。又恐其混于所施，则兄弟有贼恩之祸，朋友有善柔之损，故又别而言之。"恐怕是推论太过，不见得真是如此。此章又点明与朋友切磋态度要严切分明，对兄弟则应求和缓，显然是两套标准，即用胡寅的"贼恩"与"善柔"之说，也很难解说得通。也有怀疑本章应止于"可谓士矣"，之后是门人记者加。当然朋友尚义，兄弟尚恩，标准自有不同，但分辨如此，与所问何如斯可以谓之士毕竟无关，强为之说，不免牵拖。

13.29　子曰："善人教民七年，亦可以即戎矣。"

老师说："一个善人在位，教化人民七年之久后，就可以叫他们上战场以保卫国家了。"

1 **教民**：朱注："教之孝悌忠信之行，务农讲武之法。"

2 **七年**：喻长期。

3 **即戎**：上战场作战。

并不是驱民去征伐杀戮，而是当国危时，国人都会知道效命以卫国。此章应与下章一并讨论。

13.30　子曰："以不教民战，是谓弃之。"

老师说："不先教育人民战守之道，却用他们到战场作战，就是抛弃人民。"

1 **以**：用。

2 **不教民**：不教育人民知晓战守之道。

连续两章谈的都是兵戎之事，这在《论语》上很特殊。

但孔子谈到兵戎，都先把重点放在"教"上面。"教"有两层意思，一是思想上教民为何而战，二是技术上教民如何作战，否则驱无知之民众上战场，便是把他们当成炮灰，是极残酷的做法。孔子并不讳言兵事，但不轻言战争，武备是一国不可或缺者，如无法避战，则必须求胜，求胜必须有意志与能力，要使人民具有，都得透过备战的教育。

14.1 宪问耻。子曰："邦有道，谷；邦无道，谷，耻也。"

原宪问何谓耻。老师说："国家有道时，该出来为官食禄；国家无道时，也出来为官食禄，就是耻了。"

1 宪：原宪，即原思。此章直书名不书姓，故疑乃原宪自记。

2 耻：入乎耳，著乎心，即反省。反省可知耻之所在，故亦作耻辱解。

3 谷：古以谷计禄，此指领取俸禄。

"邦有道，谷"有两种解释：一是指邦有道时，只知为官食禄，不知奉献，则为耻；二指邦有道，固当为官食禄，便不是耻了。两解都可通。但《泰伯》篇8.13言："邦有道，贫且贱焉，耻也；邦无道，富且贵焉，耻也。"以邦有道贫且贱为耻，此处以后者解释为佳。

14.2　　"克、伐、怨、欲不行焉，可以为仁矣？"子曰："可以为难矣，仁则吾不知也。"

（原宪又问：）"好胜心、自矜心、忿恨心、贪婪心在一个人身上全都行不通，可以说他仁吗？"老师说："可以说很难了，但要说仁，我可不知道。"

1　克：好胜。

2　伐：自矜。

3　怨：忿恨。

4　欲：贪婪。

5　不行焉：行不通。

6　难：困难。

此章如为原宪又问，当与上章合。《论语正义》即并为一章。克、伐、怨、欲虽不行但在心，时时天人交战，故说难，此境与仁仍相距极远，故不可许以为仁矣。

14.3　　子曰："士而怀居，不足以为士矣。"

老师说:"一个士如果只担心自己居住地方的好坏,那就不足成为士了。"

1 怀居:担心居住的好坏。

士以天下为志,以道之得失为忧,怀居者量小,自非孔子心中之士。

14.4　子曰:"邦有道,危言危行;邦无道,危行言孙。"

老师说:"国家有道时,可正言正行;国家无道时,做事要严正,但说话要谦逊。"

1 危:高峻貌,形容言行,有方正、正直义。
2 孙:同逊,谦逊。

言逊非畏祸,但无端召祸也无益,君子也应谨慎知时。

14.5　子曰:"有德者必有言,有言者不必有德。仁者必有勇,勇者不必有仁。"

老师说:"有德者必有好言论,而有好言论的人不见得有好品德。仁者必定有勇,而勇者不必都是仁者。"

"有德者必有言"的意思是,有德者也许并不长于语言,但其謦欬举止，就是最美之言论，故谓。"仁者必有勇"亦可作如是观。

14.6 南宫适问于孔子曰："羿善射，奡荡舟，俱不得其死然；禹稷躬稼，而有天下。"夫子不答。南宫适出，子曰："君子哉若人！尚德哉若人！"

南宫适问孔子道："羿善于射，奡能荡覆敌船，但两人都不得善终；禹与稷都躬身稼穑，最后都得到了天下。"孔子没有回答。等南宫适走了，孔子说："这个人是君子啊！这个人是尚德的人啊！"

1 **南宫适**（kuò）：即南容。
2 **羿**（yì）：古有穷之君，善射。灭夏后相而篡其位，后被其臣寒浞所杀。
3 **奡**（ào）：传寒浞之子，后为夏后少康所诛。
4 **荡舟**：顾炎武《日知录·奡荡舟》言："古人以左右冲杀为荡阵。"释荡舟为在舟上使力摇动，掀起巨浪，让敌人舟覆。本书采此。
5 **禹稷躬稼**：传说禹与后稷都躬身稼穑。
6 **若人**：如此人。

此章南宫适以两组不同性格的历史人物，比较其"得失"。羿与奡都是勇力型的人物，也许能建短时的奇功，但不耐久远，而且不得善终；禹与稷则靠勤劳德治，非蛮力"而有天下"，并能传之久远。其实这种比喻也有强烈的功利色彩，所以孔子在听了他的话后，暂时不作评论，但最终还是嘉许他，说他至少是个尚德不尚力的君子。

另，本章虽称作"问"，南宫适其实是在陈述意见，考其实，并非在问，故孔子也可以不回答。

14.7 子曰："君子而不仁者有矣夫，未有小人而仁者也。"

老师说："要说君子也会犯不仁之过，应该也是有的吧，但没有一个小人会是仁者。"

1 君子而不仁者：君子也偶有不达仁处。
2 有矣夫：相当现在说的"也是有的吧"。

朱注引谢良佐说："君子志于仁矣，然毫忽之间，心不在焉，则未免为不仁也。"似为君子会犯错作宽解。此章主旨在行仁之事上，将君子与小人作一比较。君子偶有过，但其心存仁，小人则心不存仁。孔子又有"人之过也，各于其党。观过，斯知仁矣"（《里仁》篇4.7）的话，可一并参考。

14.8 子曰："爱之，能勿劳乎？忠焉，能勿诲乎？"

老师说："爱一个人，能不教他勤劳吗？忠于一个人，能不教诲他走上正道吗？"

1 劳：有二义，一为之辛劳，一教之勤劳。今取后者。

2 **诲**：教诲以使之正。

生命并非总是一帆风顺的，必定有许多难关要过，真爱一个人，要让他具有通过考验的能力，所以要使他接受劳苦磨炼，而非逃避劳苦。同样的，在教育中要教导学生认识对错，让他以后有能力选择自己的正确道路，所以真正的爱不是一味地讨好，更不是一味地迎合。

14.9　　子曰："为命：裨谌草创之，世叔讨论之，行人子羽修饰之，东里子产润色之。"

老师说："郑国制定外交文书，是由裨谌起草，再给世叔研讨，后来再经子羽修饰，最后由子产整体润色才告完成。"

1 **为命**：起草外交文书。命，专指外交用的文书，要特别讲究合度的辞令。

2 **裨**（bì）**谌**（chén）**草创之**：由裨谌起草。以下四人，都是郑国大夫。

3 **世叔讨论之**：由世叔研究讨论。

4 **行人子羽修饰之**：由行人子羽加以增损。行人，长使之官。子羽，即公孙挥。

5 **东里子产润色之**：由东里子产加以润色文采。东里，子产所居。

此章一是说郑国处理外交文书之慎重，一是说当时子产的得人善用，同舟共济，以使郑国的政治走上轨道。《论语》

多次称道郑子产，此章叙述为命之恭谨，为其一端。

14.10 或问子产。子曰："惠人也。"问子西。曰："彼哉！彼哉！"问管仲。曰："人也。夺伯氏骈邑三百，饭疏食，没齿无怨言。"

有人问子产如何。孔子说："是个对人民有恩惠的人。"又问子西。孔子说："那个人啊！那个人啊！"又问管仲。孔子说："这个人啊，他削夺了伯氏在骈邑的三百户采邑，让伯氏终身吃粗饭过活，但伯氏到死也没埋怨过他。"

1 **惠人**：施惠爱与人的人。子产为政其实尚严，但民受其惠。朱熹说："子产之政，不专于宽，然其心则一以爱人为主。故孔子以为惠人，盖举其重而言也。"

2 **子西**：朱熹以为是指楚公子申，说："楚公子申，能逊楚国，立昭王，而改纪其政，亦贤大夫也。然不能革其僭王之号。昭王欲用孔子，又沮止之。其后卒召白公以致祸乱，则其为人可知矣。"但子产有同宗兄弟，也叫子西，钱穆以为此处所指应是郑子西。

3 **彼哉彼哉**：那个人啊、那个人啊。不很许可之辞。

4 **人也**：犹言此人也。或说依上"惠人也"之例，人前应脱一仁字，当作"仁人也"。

5 **夺伯氏骈邑三百**：伯氏有罪，齐桓公在管仲建议下，削夺其采邑三百户。伯氏，齐大夫。

6 **饭疏食，没齿，无怨言**：伯氏从此疏食过日，终其一生，无所怨言。没齿，到牙齿都掉光，犹言终其一生。

此章是孔子答人问，评论三个历史人物。其中评子西，虽仅说"彼哉！彼哉！"未作许可，其实也藏许可于其中，整体上，三人都算正面，但评断还是有差别。

14.11 子曰："贫而无怨难，富而无骄易。"

　　老师说："身处贫穷却无怨气很难，身处富裕而无骄态则较容易。"

此话因事而说，没有记事，则往往成为空言。贫而无怨，富而无骄，都各有方便，也各有难度，况某人善于安贫，某人善于守富，并不相同，难易其实不可一概而论。

14.12 子曰："孟公绰为赵魏老则优，不可以为滕薛大夫。"

　　老师说："孟公绰这个人，要他做赵、魏两家的家臣长，能力是绰绰有余的，却不可以去做滕、薛两国的大夫。"

1 **孟公绰**：鲁大夫。朱注："公绰盖廉静寡欲，而短于才者也。"
2 **赵魏老**：晋国两大家赵、魏之家臣。朱注："老，家臣之长。大家势重，而无诸侯之事；家老望尊，而无官守之责。"
3 **滕薛大夫**：滕、薛二国的大夫。滕、薛虽小而政繁，大夫位高责重。

　　　　　　　　　　　　　　　　　　　　　　论语讲析

看下章孔子称孟公绰"不欲"，可知孟公绰是个廉静寡欲的人，像这类人，在官场上都不喜欢揽事，而喜欢避事，对要处理的公务，都显不宜，所以孔子说他适合做大国大家的家臣，不适合做小国的大夫。大国大家的家臣可以有名而无实，但小国的大夫是要处理许多邦国危机的，身旁也有很多琐碎的政治事务，宽松静简的人自不宜担任。

14.13　子路问成人。子曰："若臧武仲之知，公绰之不欲，卞庄子之勇，冉求之艺，文之以礼乐，亦可以为成人矣。"曰："今之成人者何必然？见利思义，见危授命，久要不忘平生之言，亦可以为成人矣。"

　　子路问怎样才能算是全人。老师说："要有臧武仲的智慧，孟公绰的无欲清廉，卞庄子的勇敢，冉求的多才艺，再加上礼乐的修养文饰，也就可以成为一个全人了吧。"又说："现在要求全人，又何必这么严格呢？见到利会想到义，明知危险当前也接受任命，与人约定的事再久也不会忘记，（能做到这些）也可算是个全人了吧。"

1　成人：全人。

2　若臧武仲之知：臧武仲，鲁大夫臧孙纥。知，智。

3　卞庄子：鲁卞邑大夫。

4　文（wèn）之以礼乐：加以礼乐的文饰。

5　久要（yāo）不忘平生之言：过了很久也不忘记曾说过的话。要，约定。

不管叫"成人"还是"全人"，或者后来又叫作"完人"，都指一种人格完整的人，就算只是相对而言，也是一种理想，在现实世界不容易有，要想有也只能拼凑。"臧武仲之知，公绰之不欲，卞庄子之勇，冉求之艺"这四种类型的人，基本上都源自天赋，但都须受到后天礼乐的约束熏陶，所以"成人"要兼具先天与后天才足以有成。因为是理想，标准太高了，这点孔子也知道，所以说现今找不到，只有退而求其次了。只成一德，算不得是子路所问的"成人"，成人须兼具各方优点，是难处也是高处，虽不易至，心向往之。

14.14　　子问公叔文子于公明贾曰："信乎，夫子不言、不笑、不取乎？"公明贾对曰："以告者过也。夫子时然后言，人不厌其言；乐然后笑，人不厌其笑；义然后取，人不厌其取。"子曰："其然，岂其然乎？"

老师问公明贾有关公叔文子的为人，说："是真的吗？先生他是不言、不笑、不取的人吗？"公明贾说："那是告诉你的人说得过分了。先生只是时机到了才说，别人就不会厌恶他说的了；碰到真该乐的事而笑，别人就不会厌恶他的笑了；合乎义理才取，别人就不会厌恶他的取了。"孔子说："真的吗，真能如此吗？"

1 公叔文子：卫大夫公孙拔，其事不可考，但《论语》此章记公明贾以三事称之，应是谨约廉静之士。

2 **公明贾**：公明氏，贾为名，卫人，应是公叔文子门人。

依据公明贾所叙述的公叔文子，其言行举止几乎已经进入圣域，并非万不可能，但能全面做到，确实不容易，所以孔子最后说"其然，岂其然乎"，只表示怀疑，并不全盘否定。不过"时然后言""乐然后笑""义然后取"作为君子勉励成德的方向，是可以确定的。

14.15 子曰："臧武仲以防求为后于鲁，虽曰不要君，吾不信也。"

老师说："臧武仲请求鲁君让他立臧氏之后于防邑，即使说没有要挟其君，我也不相信。"

1 **臧武仲以防求为后于鲁**：鲁大夫臧武仲因得罪奔邾，后自邾回到自己名为"防"的封地，请鲁公许他立后，事见《左传》襄公二十三年冬。防，地名，武仲所封邑。朱注："武仲得罪奔邾，自邾如防，使请立后而避邑。以示若不得请，则将据邑以叛，是要君也。"求为后于鲁，请求鲁君立臧氏之后于防地。

2 **要**〔yāo〕：要挟。

这是孔子批评稍早的历史事件（此事发生在鲁襄公二十三年，当时孔子才两岁）。据《左传》所载，臧武仲态度谦和，其辞甚逊，当时也无人指责其非者，但孔子就事论事，不以为是。朱注引杨时说："武仲卑辞请后，其迹非要君者，而意实要之。夫子之言，亦春秋诛意之法也。"

14.16　　子曰："晋文公谲而不正，齐桓公正而不谲。"

老师说："晋文公诡谲而不正直，齐桓公正直而不诡谲。"

1　**晋文公**：春秋晋国之主，名重耳。

2　**谲**：诡。

3　**齐桓公**：春秋齐国之主，名小白。

有一次齐宣王问孟子齐桓、晋文之事，孟子对答道："仲尼之徒无道桓、文之事者，是以后世无传焉，臣未之闻也。"（《孟子·梁惠王上》）当然孟子的"臣未之闻也"是一句托词，孟子不可能不知道桓、文之事，但不喜欢谈他们，因为他们是春秋的"霸主"，所谓霸，就是以力服人，实施威权统治，这是与孟子主张的"王道"理想背道而驰的。

《论语》此章就是谈桓、文之事的，可见孔子还是谈的，孔子也是历史家，不会忽视历史上的重大事件，所以也必须谈桓、文之事。朱熹说："二公皆诸侯盟主，攘夷狄以尊周室者也。虽其以力假仁，心皆不正，然桓公伐楚，仗义执言，不由诡道，犹为彼善于此。文公则伐卫以致楚，而阴谋以取胜，其谲甚矣。二君他事亦多类此，故夫子言此以发其隐。"这里的"谲"与"正"是比较上言，并不是绝对的意思，以儒家行仁的标准来看，以力服人的霸主，不论晋文、齐桓都是不合正道的，所以之后的孟子耻于谈论他们。

14.17 子路曰："桓公杀公子纠，召忽死之，管仲不死。"曰："未仁乎？"子曰："桓公九合诸侯，不以兵车，管仲之力也。如其仁！如其仁！"

> 子路说："齐桓公杀了公子纠，召忽死了，管仲未死。"问："管仲不能算仁者吧？"老师说："桓公九次会合诸侯，都没有动用武力，全凭管仲之力。这不就是他的仁吗！这不就是他的仁吗！"

1 桓公杀公子纠，召忽死之，管仲不死：齐襄公无道，形成乱局。襄公有二弟，一名纠，一名小白。乱中鲍叔牙奉公子小白奔莒，公子纠也在管仲与召忽陪同之下到了鲁国，之后襄公为无知所杀，小白先回齐而成了齐君，便是桓公。桓公为除后患，请鲁人杀了公子纠，想请召忽与管仲回国，召忽自杀，管仲请囚。后鲍叔牙建议任管仲为相。《公羊》以桓公为篡。

2 桓公九合诸侯：桓公九次会合诸侯。此处九字有三解：一是指实数，确实有九次会合诸侯之举；二指多数，古人用三、九多属虚数，意指多次；三是九乃"纠"之假借，纠，督。朱注采此，纠合，即鸠合。讲析采一说。

3 不以兵车：言不假武力。

论政治当然得论人品，但政治究竟不等于人品，所以如从人品来论政治，得从宽处、大处来论。管仲如与召忽一样殉主而死，后来桓公九合诸侯一匡天下的重任便无法完成。王夫之以为，管仲之仁与不仁，不当以杀公子纠时论，而当于相桓公之后论。可谓择其大处立论。

　　还有一点是孔子从不许人以仁，却为管仲许了两次仁，是《论语》中难以见到的景象，用字之重，可能也有点情绪的作用。此章应与下章连读。

14.18　　子贡曰："管仲非仁者与？桓公杀公子纠，不能死，又相之。"子曰："管仲相桓公，霸诸侯，一匡天下，民到于今受其赐。微管仲，吾其被发左衽矣。岂若匹夫匹妇之为谅也，自经于沟渎而莫之知也。"

　　　　子贡说："管仲不能算是仁者吧？桓公杀了他主人公子纠，他非但不能殉主而死，还做了桓公的相。"老师说："管仲相桓公，使桓公称霸诸侯，又一举匡正了天下，人民到今天还受着他的恩赐。假如没有管仲，我们今天可能就披发左衽了。哪能像寻常百姓为了小信小义就自杀在沟渎之中也没人知道啊。"

1　一匡天下：导天下于正。一，一举。匡，正。

2　微：无。

3　被发左衽：披散头发，穿着左边开襟的服饰。皆夷狄之俗。

4　岂若匹夫匹妇之为谅也：岂可如一般人守着小规矩。匹夫匹妇，指一般民众。谅，诚信，此处指无关紧要的小信小义。

5　自经于沟渎：在沟渎中自杀。自经本指以绳上吊而死，此泛指自杀。沟渎，河沟。

跟上章一样，强调大义所在，小节就不足论了。孔子自认非常重要，显然也因而牵动了情绪。

当然无论齐桓与管仲都可能有缺点，但论政治得放大眼光，应从其成就的大事业论起，管仲的大事业为何？顾炎武言："君臣之分，所关者在一身，夷夏之防，所系者在天下。"《日知录·管仲不死子纠》王夫之曰："威足以信，恩足以孚，尊王室以正大分，合中国以立大防，而倾危涣散之天下一匡焉。"《四书训义》能做到这个地步，一些小信小节，当然不足与议了。

14.19　公叔文子之臣大夫僎，与文子同升诸公。子闻之曰："可以为'文'矣。"

公叔文子推荐他的家臣僎到卫国的朝廷，与自己同朝并列。孔子知道后说："可以给他'文'这谥号了。"

1 公叔文子之臣大夫僎：卫大夫公叔文子的家臣僎。僎，家臣名。

2 与文子同升诸公：与文子一同立于卫国之公朝。朱注："谓荐之与己同进为公朝之臣也。"

3 可以为"文"矣：可得"文"之美谥。古人常以"文"作为最高的谥号。

推荐自己的下属去跟自己并列，让他跟自己有同样的地位，做同样的事，光是以胸襟而言，就算宏大，这种宏大，源于一种对才干的赏识，也源于一种非凡的宽容心，他所推荐的人有可能表现得比他更好，将来也许会抢夺他的地位，而他全不在乎这些，才知道他的胸怀广阔，毫无崖涘，谥号用了最高的"文"，可谓当之无愧了。

14.20　子言卫灵公之无道也，康子曰："夫如是，奚而不丧?" 孔子曰："仲叔圉治宾客，祝鮀治宗庙，王孙贾治军旅。夫如是，奚其丧?"

　　孔子讲起卫灵公的无道来，季康子问道："既是如此，他怎么还没丢了公位呀?" 孔子说："有仲叔圉帮他处理外交，有祝鮀帮他处理祭祀，有王孙贾帮他处理国防，这样子，又怎会失位呢?"

1 **奚而不丧**：不丧有两解，一指亡国，一指失位。今从后解。
2 **仲叔圉治宾客，祝鮀治宗庙，王孙贾治军旅**：仲叔圉，即孔文子。宾客，外交之事。朱注："三人皆卫臣，虽未必贤，而其才可用。灵公用之，又各当其才。"

　　本章论贤臣的重要。孔子在论政的时候，不求全责备，总是从大处立论。昏君可以败身亡国，但如用的人适当，也不见得必定落此下场，可见贤臣的作用。

14.21　子曰："其言之不怍，则为之也难。"

　　老师说："一个人说话老是大言不惭的，做起事来就很困难了。"

1 怍（zuò）：惭愧。

"为之也难"有两解，一是不怍之言很难实现，一是老喜欢开大口的人总不喜欢也不会实实在在做事，期望他把事做成，戛戛乎其难矣。

14.22 陈成子弑简公。孔子沐浴而朝，告于哀公曰："陈恒弑其君，请讨之。"公曰："告夫三子！"

孔子曰："以吾从大夫之后，不敢不告也。君曰'告夫三子'者。"

之三子告，不可。孔子曰："以吾从大夫之后，不敢不告也。"

齐国的陈成子弑其君简公。孔子沐浴后奔赴鲁国朝廷，告诉哀公道："陈恒弑了他国君，请快发兵去讨伐他吧。"哀公说："你去告诉那三位吧！"

孔子（退下后自对自）说："因为我从诸大夫之后，（有这大事）不得不告诉国君。可是我君却跟我说'你去告诉那三位吧'。"

孔子到了三家报告后，却没得到同意。孔子说："我追随在诸大夫之后，不能不告诉你们啊。"

1 陈成子弑简公：陈成子，齐大夫，名恒。简公，齐君。事在春秋鲁哀公十四年。

2 **沐浴而朝**：先沐浴而后朝，以示慎重。沐，洗头。浴，洗身。

3 **告于哀公**：向鲁哀公告诉此消息。时孔子早已致仕。

4 **请讨之**：朱注："臣弑其君，人伦之大变，天理所不容，人人得而诛之，况邻国乎？故夫子虽已告老，而犹请哀公讨之。"

5 **告夫三子**：三子，指三家，当时鲁国权柄掌于三家，哀公不得自专，故使孔子告之。

6 **以吾从大夫之后**：因为我从诸大夫之后。意指我目前虽已退休，但曾是国之大夫，依例也有告示的责任。

7 **之三子告，不可**：之，至。不可，指三家皆不同意。

　　齐国是大国，鲁国是小国，小国要在国际主持正义，十分困难，但不见得事不可为。所以《左传》记孔子之言曰："陈恒弑其君，民之不与者半，以鲁之众，加齐之半，可克也。"孔子是否说了此话，不确知，但此话是从"局势"上立论，恐怕也不是孔子的真意。但当时的观念是弑君之贼，法所必讨，小国也该有勇气以道德为号召，来彰显此不义应讨之事。无奈鲁国君暗臣乱，无意于此，甘心做个无志气的小国，让孔子彻底伤心。

　　此章写孔子心理很有意思，他对鲁国的现况并不是不了解，国君无能，又大权旁落，三家只顾自己私利，不可能有"国际视野"，更不可能以道德自守自居。但想到自己曾为大臣，见此大事，自不能保持沉默，明知事无可为却不能不说。清明的自己告诉自己说，算了吧，这叫多管闲事，而且管了没用；但浪漫又有理想的自己却又说，这事不得不管，两面挣扎。他两次说："以吾从大夫之后，不敢不告也。"其实是说给自己听的。这话听起来有些惨淡，孔子仗义执言并不是因为自己是大夫之后，而是有一种更蓬勃且有点浪漫色彩的正义感在后面驱使自己，但外面的世界实在太坏了，孔子只有设一个理由，把他蓬勃的初志稍稍掩藏起来。

此章发生的事在鲁哀公十四年，当时孔子已七十一岁，两年后，孔子就死了。可见孔子一直到老，仍然有主持正义的信念，还会仗义执言，具有年轻人的血气与冲劲，一点没有一般老人明哲保身的习气，这点尤须注意。

14.23　子路问事君。子曰："勿欺也，而犯之。"

> 子路问事君之道。老师说："不能欺骗他，却可以冒犯。"

1　犯：冒犯。朱注："犯，谓犯颜谏争。"

对国君净说好听的，所言便近欺，欺君便不忠；要告诉国君真实的事，就是国君以为冒犯，也是不得已的。

孔子这句话在历史上发挥了极大的作用。传统中国的人臣，莫不以直言正谏作为人臣的标准，在朝廷上，抗颜直谏不计毁誉的人臣可谓不计其数，应是受到此言的鼓舞。臣是可以冒犯君的，文天祥《正气歌》中言："皇路当清夷，含和吐明庭。时穷节乃见，一一垂丹青。"就是这种情况。臣之冒犯君在于讲理，它的影响力，一方面在提高了政治中的道德意义，一方面在为专制君权增加一种平衡的作用，让政治的解释权不尽落在掌权的一方。

14.24　　子曰："君子上达，小人下达。"

　　　　老师说："君子总是往上处求达（因此德业日进），小人专向
下处求达（所以德业日下）。"

　　此章有两种说法。一说上是达于道，下是达于器，小人
也可各随其业，以达其目标，则君子、小人是就地位而言。
二说即朱熹以为的："君子循天理，故日进乎高明；小人殉人
欲，故日究乎污下。"则君子、小人便是指才德而言了。今
从后说。

14.25　　子曰："古之学者为己，今之学者为人。"

　　　　老师说："古人为自己做学问，今人为别人做学问。"

　　《论语》时代有个语言习惯，两相并举，前者为胜，如
君子/小人、古人/今人，此章所言，当然以古人为对。
　　"为己"不是自私，而是为自己做学问；"为人"不是舍
己，而是为别人、为别的目的做学问。单纯为自己做学问，
可以从吾所好。请回想本书1.1所说："学而时习之，不亦说
乎？"抱着喜悦之情求学问，是自发且自由的，才可以求得
真正的学问；为别人或别的目的做学问，不是心甘情愿的，
学问缺了纯粹性，也做不好。《荀子·劝学》言："君子之学

也，以美其身；小人之学也，以为禽犊。""为禽犊"是指让学问成为礼物，有讨好别人或世俗的意味，与此章之意有相通之处。

学问当然可以济世，但初为学，不必怀有济世之情，因为很可能受到济世"市场"的影响，把学问当成必须获利的投资。当知识有了功能有了目的，就不再单纯也不再"好玩"了，孔子从不鼓励愁眉苦脸的"苦学"。孔门里生活清苦又好学有成的是颜渊，但看孔子怎么形容他："人不堪其忧，回也不改其乐。"颜渊为学，不是为博父母的欢心，不是追求社会的赞誉，只是单纯地为了自己的喜好，而为学的真精神在此，故曰："朝闻道，夕死可矣。"

14.26 蘧伯玉使人于孔子。孔子与之坐而问焉，曰："夫子何为？"对曰："夫子欲寡其过而未能也。"使者出。子曰："使乎！使乎！"

　　蘧伯玉派人来问候孔子。孔子请他坐，问他道："你们家的先生近来都做些什么呀？"使者对答道："我们先生想少犯些过错，但却觉得做不到呢。"使者辞出。孔子说："真是一位好使者啊！真是一位好使者啊！"

1 **蘧**（qú）**伯玉使人于孔子**：蘧伯玉，卫大夫，名瑗。《史记·孔子世家》谓孔子居卫时尝住蘧伯玉家。既而反鲁，固伯玉使人来也。

2 **与之坐**：请使者坐。

3 **夫子何为**：夫子指蘧伯玉。

4 **夫子欲寡其过而未能也**：不曰"无过"而曰"寡过"，又曰"未
  能"，朱熹说："使者之言愈自卑约，而其主之贤益彰，亦可谓深知
  君子之心，而善于辞令者矣。"

　　此章在说明一个好的使者所该具备的条件。使者代表主
人，言行要表现主人的特质，也要充分尊重对方。这位蘧伯
玉的使者，非常谨慎地回答孔子之问，他知道孔子比较重视
道德问题，其答词便也放在道德方面，说他主人有道德的自
律，想"寡其过"，又为主人谦虚说"未能"，各方面都做到
妥帖安适，这就叫作娴于辞令，也叫言语得体，所以孔子连
呼"使乎！使乎！"认为他是最好的使者。

14.27　　子曰："不在其位，不谋其政。"

　　本章重出，见《泰伯》篇8.14。

14.28　　曾子曰："君子思不出其位。"

　　　曾子说："君子要想到，凡事不超出自己职分之外。"

1 **位**：职位、职分。

　　曾子的这句话来自《易·艮》的《象辞》"君子以思不
出其位"。也许是曾子引用，并不是他自己的意思。也有一
种说法是《易》所引《象辞》后出，曾子之言先出。回归本
章，越职出位而思，徒劳无益，并滋纷乱，但如只说这一

句，便止于谨守而已。曾子原是个保守安分的人，照此章所说，最多做到独善其身而已。

14.29 子曰："君子耻其言而过其行。"

老师说："君子以言过其行为耻。"

1 **耻其言而过其行**：此句有二解。一是将"耻其言"与"过其行"当成两回事，朱熹采此，谓："耻者，不敢尽之意。过者，欲有余之辞。"意即君子不敢多言，但要多行。一是以为句中"而"为"之"之误，全句应为"君子耻其言之过其行"，与《里仁》篇4.22"古者言之不出，耻躬之不逮"同义。今采后。

言与行能够相符当然最好，但如有不很相符的时候，宁行过其言，也勿言过其行，这也许比较切合孔子的本意。

14.30 子曰："君子道者三，我无能焉：仁者不忧，知者不惑，勇者不惧。"子贡曰："夫子自道也。"

老师说："君子之道有三，我都还没做成：仁者不忧，智者不惑，勇者不惧。"子贡说："这三者正是老师讲他自己啊。"

1 **君子道者三**：道有二义，一指内涵，一指由此道得以为君子。
2 **自道**：自己说自己。道，陈述、说明。

古人以智、仁、勇为"三达德"，起源于此。智、仁、勇可以分开来看，都是各自独立的，但也可从整体上看，三达德其实彼此相依，缺一不可，所以应将三德视之为"全德"。譬如勇而无仁，则举措无当；勇而无智，只是逞意气的匹夫之勇，暴虎冯河而已；有智无仁，只能卖弄小聪明；有智无勇，则无实行大事之力道。可见彼此相须，不可或缺，当然其中又以仁为中心和骨干，三者之中，是以仁为最不可失的。

14.31　　子贡方人。子曰："赐也贤乎哉？夫我则不暇。"

子贡与别人比较。老师说："赐啊，你比别人贤吗？我是没空跟别人比较的。"

1 **方人**：与人比较。

不与人比较，则怎知自己进步或退步呢？"方人"亦穷理之事，不见得全是坏事，专务于此，不免心驰物外；但缺于自省，疏于比较也是坏事。"方人"也有一说是"谤人"，谓子贡喜言人过，从而讪谤之，如此则为大过，然观孔子言"夫我则不暇"，语甚委婉轻松，不似苛责，可知释为谤是错了。

14.32　　子曰："不患人之不己知，患其不能也。"

老师说："不在乎别人不知道我，只在乎自己没有这能力。"

　　　　　　　　　　　　　　　　　论语讲析

《论语》类似这样的话有多处，不如采孔子因看重而反复叮咛之意。如《学而》篇1.16有"不患人之不己知，患不知人也。"朱熹说："凡章指同而文不异者，一言而重出也。文小异者，屡言而各出也。此章凡四见，而文皆有异。则圣人于此一事，盖屡言之，其丁宁之意亦可见矣。"

14.33　　　子曰："不逆诈，不亿不信。抑亦先觉者，是贤乎！"

　　　　　　老师说："不去料想别人可能对我使诈，也不臆测别人有可能对我不信实。但万一别人真对我使诈或不信实，我也能事先察觉，这便算是一个贤明的人吧！"

1　**不逆诈**：不去料想别人可能对我使诈。逆，朱注："未至而迎之也。"指先猜测对方未施之行为。

2　**不亿不信**：不去臆测别人可能对我不信实。亿，同臆，臆断、猜测。

3　**抑亦先觉者**：但别人如有使诈或不信之行为，我也会很早察觉。

4　**贤**：明。

　　　　不去料想别人使坏，这叫品德高朗，万一别人使坏也能很快察觉，这叫清明。此处的"贤"字，既指品德高，也指头脑清楚，贤字本有明义。

14.34　　　微生亩谓孔子曰："丘何为是栖栖者与？无乃为佞乎？"孔子曰："非敢为佞也，疾固也。"

微生亩对孔子说:"孔丘啊,你为何总是栖栖遑遑的啊,难不成是想做一个以言辩为务的人吧?"孔子说:"非敢以言辩为务,只是不喜欢做个固陋的人啊。"

1 **微生亩**:姓微生,名亩。由他直呼孔子之名甚倨,也许年齿较孔子为高。

2 **栖栖者**:不遑宁处者。栖,原指鸟停于木上,但成语常加遑遑两字,遑意为急促、急迫,栖栖遑遑遂作急忙奔走解。

3 **佞**:以言辩、口给为务。

4 **疾固**:以固为病,讨厌、不喜固陋者。

微生亩对孔子的询问有点不礼貌,孔子便直言回答,也指微生所提的问题固陋。所谓固,刘宝楠《论语正义》的解释是:"'固陋'者,昧于仁义之道,将以习非胜是也。"

14.35 子曰:"骥不称其力,称其德也。"

老师说:"能称作'骥'的,不在于它的力,而在于它的德。"

1 **骥**:良马,据说能日行千里,又称千里马。

骥之为良马,在于它有良马高贵的特性,不在它能力驰千里。人也如此,必须有好的品德,否则再高的能力,对社会也无益处可言。

　　　　　　　　　　　　　　　　　　　　　论语讲析

14.36　　或曰："以德报怨，何如？"子曰："何以报德？以
　　　　直报怨，以德报德。"

> 有人问："用恩惠来报答怨恨，如何？"孔子说："那要
> 如何报答恩德呢？不如以正直来报答怨恨，以恩德来报答
> 恩德。"

1　**以德报怨**：以恩惠报答别人的怨恨。老子《道德经》有"大小多
　　少，报怨以德"之语，或以为孔子此语出自老子，也有孔子尝问学
　　于老子之说。其实不相干，首先老子说的是"报怨以德"，《论语》
　　说的是"以德报怨"，以语言来说，并不完全相同；其次孔子反
　　对"以德报怨"，跟老子主张根本不侔。或此语当时便有，故有人
　　问之。

2　**以直报怨**：以正直报答怨恨。意即该怎样就怎样。

　　此章十分重要，可以见出儒家之施报观念。
　　孔子以理性处理人间恩与怨的问题，既不滥情，也不过
苛。孔子如果说有人以你为敌，你须"爱你仇敌"，"左脸被
打，右脸送上"，就有些是非不分的滥情了；假如说"以怨
报怨，以德报德"，就又稍嫌刻板，比较接近法家的主张了。
"以直报怨"指用正直的方式来面对仇怨。"以怨报怨"当然
是一种正直，但不是所有的正直，假如对方施怨于我却后悔
了，事后也愿意尽力来"赎罪"，那他所施的怨，就并非完
全不可原谅，所以"以直报怨"，该如何便如何，便为后来
留下不少余地。"以直报怨"的施报观，以理性为主，同时

也顾及了情感一面，比较起来，更为周到。

14.37　子曰："莫我知也夫！"子贡曰："何为其莫知子也？"子曰："不怨天，不尤人，下学而上达。知我者其天乎！"

　　老师说："没人知道我啊！"子贡说："怎么说没人知道老师您呢？"老师说："我不埋怨上天，不责怪别人，下学人事而明达天理。知道我的，恐怕只有上天了啊！"

1　下学而上达：下一般形而下的功夫，达到形而上的道的本体。也可说下学是通人事，上达是知天命。

　　这章很有意思，首句"莫我知也夫"如不是埋怨就是牢骚，后面却又说自己"不怨天，不尤人"，看起来有点矛盾。是的，人生是会有矛盾的，尤其在牵涉自我批判时，圣人也不例外。

　　"下学而上达"须讨论。下学指学习应从知识的基础与细节入手，再图达到了解整体意义的境界，求学如在"上达"方面求入手，必定茫然，必定迂阔而不切实际，这便与所有科学或艺术教育，都必须从基础实验与临摹上开始一样。下学不见得上达，但有上达的可能，而可以确定的是，舍下学是绝不会上达的。

　　有关"天"与"天命"的问题，留到下一章一并讨论。

14.38　公伯寮诉子路于季孙。子服景伯以告，曰："夫子固有惑志于公伯寮，吾力犹能肆诸市朝。"子曰：
"道之将行也与，命也；道之将废也与，命也。公伯
寮其如命何！"

公伯寮在季孙面前说子路的坏话。子服景伯把此事告
诉了孔子，说："我看我们夫子季孙已被公伯寮的谗言迷惑
住了，不过我还有力量把这惹是生非的人在街头杀掉。"孔
子说："道如将行，是命；如将废，也是命。公伯寮能把天
命怎么样呢！"

1 **公伯寮**（liáo）：鲁人。
2 **诉**：进谗言、说坏话。
3 **子服景伯**：鲁大夫子服何。
4 **夫子固有惑志于公伯寮**：夫子，指季孙。惑志，言受公伯寮之诉而
心智迷惑。
5 **肆诸市朝**：公开将他杀害。肆，陈尸，言杀害之。市朝，公开场合。

善有善报，恶有恶报，是人间的规则，却不见得是天的
规则，否则司马迁不会感叹说"天之报施善人，其何如哉"
（《史记·伯夷列传》）了。这牵涉到天命的问题，这问题有点玄虚，
有些我们明白，有些我们不明白，但世事往往不是照我们知
晓的方式在运行，连自信的圣人也知道，在许多确定的事情
之外，总还有些例外。

不合我们认知的逻辑，无法作合理的解释，所发生的
事，我们只好归之于天，但"天道无常"，也无从把握，所

以谈不上"信"，只知其有，所以孔子说"五十而知天命"，所谓知天命，包含了一层含义，就是当我们为世上的事情作判断之时，要留有一些例外的余地。

孔子于此章三次说到命："道之将行也与，命也；道之将废也与，命也。公伯寮其如命何！"将道之将行将废归之于命，表面一切委命，缺乏刚健积极的态度，但说这话，主要是阻止子服景伯的莽撞，等于说"恶人自有天来报"之类的话，怕他真的去杀了公伯寮，而把祸事弄得更不好收拾，所以也有不得已处。天命对我有利有不利，对对方也是同样的有利有不利，这里说天、说天命，其用意在此，并不是说一切的人间努力都得放弃。

14.39 子曰："贤者辟世，其次辟地，其次辟色，其次辟言。"

老师说："贤者可能因世界不好而避世，其次因躲避乱世而迁至外地，其次因人主礼貌衰退而去，其次因听到人说坏话而离开。"

1 辟世：即避世，躲避世界。
2 辟地：避居他地，可能因国乱。
3 辟色：人主颜色不好，不以礼待我，因而避之。
4 辟言：因不好的言论而避之。

此章称避世者为贤者，是因为避世为不得已，是为保持理想与原则而不得不避，避世不是目的，而是为维持人格独立不得不采取的手段，所以避世者的清高中犹含有某些刚健的因子。

14.40　子曰："作者七人矣。"

老师说："有避世之举的总共有七人。"

1　作者：做过此事的人。或指上述避世、避地、避色、避言者。

此章不好解，如指避世之贤者，似应与上章并。《论语》记录的高隐之士有长沮、桀溺、荷蓧丈人、石门晨者、荷蒉者、仪封人、楚狂接舆共七人，但此章所言七人是否为此，也不能确定。

14.41　子路宿于石门。晨门曰："奚自？"子路曰："自孔氏。"曰："是知其不可而为之者与？"

子路夜宿石门。（一早经过城门）司门的人问道："是从哪儿来的啊？"子路说："从孔子家来的。"司门的说："就是那个明知不可为，却强要做下去的人吗？"

1　晨门：晨间司门者。
2　自孔氏：自孔子家而来。子路为孔门弟子，自可称来自孔家。

"知其可而不为"，是懒人；"知其不可而不为"，是道家;"知其不可而为之",是儒家。此章"知其不可而为之",出自石门隐者之口,原有讥讽之意,但这句话启迪了孟子的勇气,孟子说:"自反而不缩,虽褐宽博,吾不惴焉?自反而缩,虽千万人,吾往矣!"(《孟子·公孙丑上》)儒门那种只问是非不问成败,又至大至刚的气象,正可以从这里看出。

14.42 子击磬于卫。有荷蒉而过孔氏之门者,曰:"有心哉,击磬乎!"既而曰:"鄙哉,硁硁乎!莫己知也,斯己而已矣。深则厉,浅则揭。"子曰:"果哉!末之难矣。"

孔子在卫国击磬。一个担着草器的人经过孔子门口,听了说:"真有心啊,这个击磬的人!"过了一会又说:"真是鄙陋啊,像石头一样呢!没人知道自己,那就守着自己算了吧。要知道过浅水要卷起衣服,过深水就不必了啊。"孔子说:"真能如此,天下就没有什么难事了呀。"

1 磬:一种石制的乐器,须用木槌敲击成响。特磬(单独一个磬)为节奏乐器,编磬(成组分高低音的磬)可演奏旋律,孔子所击,应是编磬。

2 荷蒉(kuì):担着蒉的人。蒉,草器。

3 有心哉!击磬乎:古人多以音乐寄情,故于所奏音乐中,可知一人的心情志向。

4 鄙哉!硁硁乎:鄙,无识,知识浅陋曰鄙。硁硁,如石头一般,讥讽孔子的音乐太刚强似不知变通。

5 深则厉,浅则揭:出自《诗·卫风·匏有苦叶》。厉,以衣涉水。

揭，摄衣涉水。

6 **果哉**：朱注："叹其果于忘世也。"

　　连续两章都写到不同人士对孔子的评价，两个都是比较接近道家思想的人，对世界都有一种彻底了悟之后的撤离态度，为生活所需，宁愿采用最低的生活方式 (一个看门，一个荷蕢)，说他们是逃避世俗也对，说他们是回归自然也可，他们对儒家不论在顺境与困境都仍一副兢兢业业的生活态度不以为然。"深则厉，浅则揭"就是一种变通，儒门的问题就在不知变通，在他们看来，孔子与他的弟子都是傻瓜。但孔子答荷蕢者说得很妙，他说："果哉！末之难矣。"意即果能如此，就一无困难了，但问题在放弃理想，不再坚持，对儒家而言更是困难，这话的意思是，我既做不到道家的"放"，只有做儒家的"任"了，不如还是照着自己的方式过下去吧。

14.43　　子张曰："《书》云：'高宗谅阴，三年不言。'何谓也？"子曰："何必高宗，古之人皆然。君薨，百官总己以听于冢宰三年。"

　　　　子张问道："《尚书》上说：'高宗居丧，三年不言。'是什么意思啊？"老师说："哪里只是高宗呀，古人都这样。国君亡故了，百官都总摄己职以听命于冢宰三年。"

1 **高宗谅阴，三年不言**：商王武丁居丧，三年都不说话。见《书·无逸》。谅阴，天子居丧之名。

2 君薨：天子亡曰崩，诸侯亡曰薨。

3 总己：总摄己职。

《阳货》篇17.21有宰我之问："三年之丧，期已久矣。"可见在孔子时代，丧期之事便有争议。大约农耕时代，在生活比较悠闲，经济条件也不窘迫的情况下，才可能有三年之丧的礼制，等到社会变得繁密，人多事杂，便不太能允许这制度存在了。孔子赞成三年之丧，理由是"子生三年，然后免于父母之怀"，完全是感情的缘故，从而得出"夫三年之丧，天下之通丧也"的结论。要抬杠的话，父母对子女的昊天之德，岂三年居丧可以报答呢？

此章是谈国君三年之丧的问题，孔子在这方面，态度是比较保守的，他赞成国君也守三年之丧，因为德治是孔子的理想，他主张国君守制时，不妨把政治权力交由冢宰负责，这是古代政令清简的关系，但到西周初年，三年之丧在政治上就已行不通了，到孔子所处的东周，则更不可能贯彻了。这是因为一些"丧制"产生在一定时空之中，超过此时空，就变得荒唐。《论语》中出现子张、宰我之问，其实已见出时空改变的迹象了。

14.44　子曰："上好礼，则民易使也。"

老师说："居上位的人好礼的话，他下面的人民就比较好使唤了。"

解释这章也得"还原"到说此话的时空之中，不能用后来民主观念强加其上。现在听"民易使"会觉刺耳，人民怎能被官员"使唤"，何况"易使"呢？但在民只可使"由"、不可使"知"的时代（《泰伯》篇8.9），比较无知的民必定被比较有知的君（或上）使唤，所以此章"易使"的推论，也就顺理成章了。

君上好礼是对的，不过好礼的目的如仅在让人民"易使"，则太具功利色彩，其实是偏离了孔子真正崇礼的精神的，所以此章的解释应限制在一定范围之内。

14.45　　子路问君子。子曰："修己以敬。"曰："如斯而已乎？"曰："修己以安人。"曰："如斯而已乎？"曰："修己以安百姓。修己以安百姓，尧舜其犹病诸！"

> 子路问要如何做居上位的君子。老师说："以敬来修束自己。"子路说："就这样吗？"老师说："修己后安人。"子路说："就这样吗？"老师说："修己后安百姓。要说修己而安百姓，就是尧舜也不见得能全做到呢！"

1 **君子**：此处指上位者。

2 **修己以敬**：以恭敬修养、约束自己。

3 **病诸**：病于此。病，苦其不足。

在子路眼中，他的老师孔子有时有点近乎迂，有时又过于温吞保守，不够痛快。孔子的话不长，当然是有道理的，但总觉不够淋漓尽致。譬如此章的"修己以敬"，谁不会这么说呢，这不是老生常谈吗？所以子路不断提问，"如斯而已乎"，问话中藏有一些不满与轻视。孔子当然了解，他帮子路不断推演话中的含义，最后如棒头一喝："尧舜其犹病诸！"说你不要瞧不起修己以安百姓（其实是从"修己以敬"来的），就连尧舜都不见得做得周全。要知道所有道德其实都是"庸德"，庸德表示道德为一般人而设，又显示在看起来很一般又平庸的事，其中往往含有至理，不得轻忽。

14.46　原壤夷俟。子曰："幼而不孙弟，长而无述焉，老而不死，是为贼！"以杖叩其胫。

孔子的老友原壤蹲踞在地上等待孔子。孔子说："你年幼时就不逊悌，长大了一无可称述的地方，现在老了，却只晓得在世上偷生，真是社会的祸害！"便用扶杖敲他的小腿。

1　原壤：鲁人，朱注："孔子之故人。母死而歌，盖老氏之流，自放于礼法之外者。"

2　夷俟：蹲踞以待。见孔子来，蹲踞以待，是不礼貌的行径。

3　幼而不孙弟：幼时不知逊悌。孙，同逊。

4　长而无述焉：长大后无可称述者。

5　老而不死：老而无成，不死喻只是偷生。

6　贼：害。

7　以杖叩其胫：膝上曰股，膝下曰胫。以其蹲踞，故叩其胫。

这段文字很有趣，《论语》这样的记录不多，表面在责骂原壤，言行却透露出一些开玩笑的性质，你既"夷俟"，我就"以杖叩其胫"了，有严正的一面，也有轻松的一面，读此不可过于拘泥。钱穆说："礼度详密，仪文繁缛，积久人厌，原壤之流乘衰而起。即在孔门，琴张、曾皙、牧皮，皆称狂士。若非孔子讲学，恐王、何、嵇、阮，即出于春秋之末矣。庄周、老聃之徒，终于踵生不绝。然谓原壤乃老氏之流，则非。"（《论语新解》）意指像原壤这样的人，孔子在世时几乎到处都有，不见得如朱熹言是老氏一辈的人。

14.47 阙党童子将命。或问之曰："益者与？"子曰："吾见其居于位也，见其与先生并行也。非求益者也，欲速成者也。"

　　阙党一童子为主人传命。有人问："这童子可望长进有成吗？"孔子说："我看他大剌剌地跟大人平坐，与大人并行。这不是求长进，不过是想速成的人罢了。"

1 **阙党童子将命**：阙党，或说即阙里，孔子旧里。将命，谓传达宾主之辞命。此处将命有二解，一是传宾主之命给孔子，二是孔子令其传命他人。今取一说。

2 **益者与**：是否有长进之望呢？对童子的疑辞。

3 **居于位**：与成人并坐。古时童子无席位。

　　此章言教育中应教学生谦虚辞让，将来才成人有望，孔子就讥当时有"速成文化"了，在一切讲求速成，更加变本加厉的现代，更令人深思。

15.1 卫灵公问陈于孔子。孔子对曰：“俎豆之事，则尝闻之矣；军旅之事，未之学也。”明日遂行。在陈绝粮，从者病，莫能兴。子路愠见曰：“君子亦有穷乎？”子曰：“君子固穷，小人穷斯滥矣。”

卫灵公问孔子战争的事。孔子恭敬对答道：“有关礼乐的事，我曾听闻过；军旅的事，我从未学过。”第二天就离开了。在陈这地方没了饭吃，跟随的弟子都因饿病倒了，连起身都不能。子路生气地去见老师，说："君子也会这般困穷吗？"老师说："君子在困穷时也会固守品德，而小人碰到困穷就乱来了。"

1 问陈（zhèn）：问战争的事。陈，通阵，战阵。

2 俎（zǔ）豆之事：有关行礼的事。俎豆，礼器。

3 兴：起身。

4 固穷：固然穷，或解作固守其困穷，皆可。

5 滥：行为随便如水之四处乱流。

朱熹谓："圣人当行而行，无所顾虑。处困而亨，无所怨悔。于此可见，学者宜深味之。"此章很有意思，这卫灵公很不聪明，问孔子战争的事，无异在讨骂挨。但孔子因为是客，不好直接骂灵公，就是骂他也不见得听得懂。"在陈绝粮"一段，一方面写孔子倔强一面，一方面写子路有按捺不住的性格，可能饿昏了头，连老师都敢冲撞冒犯。看到"君子固穷"四字，知道孔子是有意气也有血性的，儒者不做和事佬，很多地方是宁死不屈的。

不过朱熹说的"处困而亨"是有问题的，亨，通也，他的意思是孔子知道自己目前虽然处困，而终必通达，因此无所怨悔。其实孔子即使经过陈蔡之厄，也没真正通达过。万一孔子知道后来必定通达，也真的通了，则此有目的的"固穷"，便显得有点装腔作态，缺乏道德的张力了。

15.2　　子曰："赐也，女以予为多学而识之者与？"对曰："然，非与？"曰："非也，予一以贯之。"

老师说："赐啊，你认为我是多学而记忆于心的人吗？"
子贡对答说："是啊，难道不是吗？"老师说："不是的，我
的学问是一贯的。"

1 多学而识：多学而记忆于心。识，同志，记。

"一以贯之"在书中出现了两次，一次是孔子与曾子讨
论"吾道"的问题，这次讨论的是"吾学"的问题，表面看
似有不同，但学与道本身相通，意义相差并不大。"夫子之
道，忠恕而已矣"《里仁》篇4.15）一语是曾子的体悟，但并未
得夫子的认可，也许对也许错。此处孔子又提出"一贯"，
却也一样没作解释，让人猜测孔子所言的一贯，究竟指何
而言。

"一贯"是什么不好猜，但有一个意思很清楚，孔子以
为他的学问有整体性，是可以相互贯穿联结的，当然学问的
方法要从博闻入手，但博闻是手段不是目的。此章孔子不赞
成别人说他的学问是"多学而识"的，所谓多学而识，指的
是学问的方向很广大，说自己不是多闻而识，有些谦虚的含
义，但也不仅是谦虚而已，因为识这个字，古代与志字通，
志，记也，指的就是记忆、记诵，说自己的学问不是"多学
而识"，等于是说我的学问不是记诵之学。但孔子也说过：
"默而识之，学而不厌，诲人不倦，何有于我哉"？"《述而》
篇7.2）于此，岂非矛盾？

一个说的是求学的门径，一个说的是学问的目的，不可不分别来看。此处孔子是强调学问有个更大更整体性的精神在，是这个精神，把所有的也许零碎的东西贯穿起来，也是可以用来印证整体的生命的。至于究竟是什么，孔子并未明说，但孔子从不想操纵知识、卖弄学问，这是可确定的，读者可参考《子罕》篇9.6，孔子曾言："君子多乎哉？不多也。"学问不以多取胜，至少孔子之学绝不是支离破碎的。

也有注本言及一贯，谓孔子告曾子者义深，告子贡者义浅，因而判断曾子、子贡所学有高低深浅之别，其实并不相干。

15.3　　子曰："由！知德者鲜矣。"

老师说："由啊，对德有正确认识的人很少呢。"

孔子这句话说得突然，一是没有对发语的背景作描述，二是既感叹知德者鲜却未对德作解释，可能是孔子本来就语焉不详，也可能是记者漏记，朱熹以为"此章盖为愠见发也"。说是孔子生气后的语言，又因为前面呼了声"由"，便推论孔子所骂的是子路，从而分析子路挨骂的理由，由此穿凿之论不断。个人以为，在无任何证据佐证之下，此章应作寻常看。孔子感叹当时人不知德不知仁，是很正常的，孔子兴感时，正好子路在侧，便叫了声"由"，这兴叹不见得是针对子路而发的，更不能由此推论，说子路只好勇而不好德。

15.4 子曰："无为而治者，其舜也与？夫何为哉？恭己正南面而已矣。"

老师说："要说无为而治的，应该就是舜了吧？他何必有所作为呢？只要恭恭敬敬地端居天子之位就可以了。"

1 **无为而治**：无特殊作为，天下却给治理得很好，此语通常用于统天下的天子。

2 **恭己正南面**：端正其身地坐在朝南的大位。南面指天子坐北朝南，以统天下。

"无为而治"恐怕是当时的流行语，不但老氏之徒谈，连孔子也很爱谈，《为政》篇2.1"譬如北辰，居其所而众星共之"所描写的，与此章"恭己正南面"的意思岂非十分相似？孔子所谈的无为而治，与老氏之徒所谈的并不相同，老氏之徒所说的无为，是对政治真正做到放任且不作为。孔子的无为有个前提，就是"恭己正南面"，持身恭敬，端居南面，其实也是一种"有为"，只是他的所为比较不露形迹而已。

后儒在讨论此章时，多解释舜之可以"无为"的原因，一般认为是能实行分治的缘故，譬如朱熹就说："无为而治者，圣人德盛而民化，不待其有所作为也。独称舜者，绍尧之后，而又得人以任众职，故尤不见其有为之迹也。"所言不见得无理，但恐怕不是此章精义之所在，何况"得人以任众职"，识人得人且任人，也是一种"有为"。

15.5　　　子张问行。子曰："言忠信，行笃敬，虽蛮貊之邦行矣；言不忠信，行不笃敬，虽州里行乎哉？立，则见其参于前也；在舆，则见其倚于衡也。夫然后行。"子张书诸绅。

　　　　子张问怎样才能把事做成。老师说："说话要忠信，行事要笃敬，这样的话，就是到了蛮貊之乡也行得通；说话不忠信，行事不笃敬，就算在自己家乡，也能行得通吗？（那忠信笃敬四字，要念之在兹，须臾不离）当站立的时候，就该把它看得如立在前方一样；乘车时，又好像看到它靠在车前横轭上一样。能这样之后，再去做事吧。"子张把孔子说的话写在衣带上。

1　问行：问该怎么做，其实包括问怎么做才能做成的意思，故朱熹说："犹问达之意也。"

2　蛮貊（mò）之邦：指化外之地。蛮，南蛮。貊，北狄。

3　州里：泛指家乡所近。

4　参于前：在前方与我视觉相参，意指随时可见。

5　倚于衡：倚靠在车前横轭上。衡，车辕上的横木。参于前、倚于衡意指念兹在兹。

6　书诸绅：写在衣带上。绅，衣带。子张觉得孔子所说重要，临时无处可记，只得将之写在衣带上，等回去再行抄录。

　　　孔子教子张要"言忠信，行笃敬"，子张觉得重要，书记以示不忘。此章除了义理之外，又写到师生之间的言语动作，有理有情贯穿其中，特别有滋味。"书诸绅"令人想起临时找书写工具的窘态，十分写实又传神。

本章主要在"言忠信，行笃敬"二语。王夫之解释得很周洽，他说："夫子曰：夫人之所行于天下者，言行而已矣。而吾所以言所以行者，何恃而可行于天下乎？言期乎信也，以释天下之疑；行期乎敬也，以消天下之侮。而信者，信之心也，已无不尽之心，而后保其非妄；敬者，无不敬也，诚无不至，而后动罔不虔。信而忠焉，敬而笃焉，人无所容其疑，无所施其侮，蛮貊之邦，虽若顽而难格，而不可疑、不可侮者，其孰能逆我乎？行矣。"（《四书训义》）读者可于此深思。

15.6　子曰："直哉史鱼！邦有道，如矢；邦无道，如矢。君子哉蘧伯玉！邦有道，则仕；邦无道，则可卷而怀之。"

孔子说："正直啊，史鱼这个人！国家有道时，他直挺挺得像支箭；无道时，他也正直得像支箭。君子啊，蘧伯玉这个人！国家有道时，他出来做官；无道时，他可以把才干卷藏起来。"

1　**史鱼**：卫大夫鳝。史，官名。
2　**如矢**：像箭一样笔直。
3　**卷而怀之**：卷而藏之怀。

这两人，孔子都欣赏，但好像对蘧伯玉更欣赏一些。太过刚直，最后常会惹祸上身，为智者所不取。天下有道则现，无道则隐，说明再高的理想家也得照顾现实。

15.7　子曰："可与言而不与之言，失人；不可与言而与之言，失言。知者不失人，亦不失言。"

老师说："可以跟他说，却不跟他说，这叫作失人；不可以跟他说，却跟他说，这叫作失言。一个聪明人，既不失人，也不失言。"

孔子说的不失人也不失言，指的是智者的行径。度量情势之后，再作最佳的选择，绝不把可用于推广道德的资源给浪费了，聪明人都有几分这种本事的。

但要知道这应是做官，或一般应世的态度，却不是对从事教育的人说的。从事教育的人，宁知其不可教也得教，往往不计成败，教育上，能做多少就做多少，是不可轻言放弃的。孔子曾说"有教无类"，要知道，"类"中包括智与愚，也就是再笨再没反应的人，如不放弃自己，孔子认为也得教他，不过得多方设法而已，如以本章为标准，孔子的施教，岂不既失人又失言呢？平心而论，在教育家与一般智者之间，孔子似乎更会选择做教育家。

15.8　子曰："志士仁人，无求生以害仁，有杀身以成仁。"

老师说："志士仁人，不因求生而伤害仁德，有的还会以杀身来完成仁德。"

1 志士仁人：志士，有志之士。仁人，成德之人，具仁德素养之人。

"杀身成仁"这句成语的来源在此。这句成语，在中国历史上曾发挥很大而且很正面的作用，很多民族气节之士，在生命受到威胁考验时，往往都会想到这一句，从而作出很重大的选择，如宋末文天祥的《衣带赞》写道："孔曰成仁，孟曰取义，唯其义尽，所以仁至。读圣贤书，所学何事？而今而后，庶几无愧！"他本于极高志节，终不屈而死。

此章"无求生以害仁"是没问题的，而"有杀身以成仁"这句不要讲得太僵硬了，请记得"杀身以成仁"之前是一"有"字，不是"必"字，"有"指是有志士仁人会选择这个方式，但并不鼓励所有人都得照此规矩，因为求仁行义有很多不同方式，能活着实现正义，不必死殉的为最好。朱注引程颐说："实理得之于心自别。实理者，实见得是，实见得非也。"是说都得以个人所面对的真实状况作为评断的依据，不是每个人都必须如此。又说："古人有捐躯陨命者，若不实见得，恶能如此？须是实见得生不重于义、生不安于死也，故有杀身以成仁者，只是成就一个是而已。"

15.9　　　子贡问为仁。子曰："工欲善其事，必先利其器。居是邦也，事其大夫之贤者，友其士之仁者。"

子贡问如何行仁。老师说："一个工匠想把工作做好，得先把工具准备妥当。住在这个国家，要在此国的贤者手下做事，并且与此国的仁者相交往。"

1 友：结交某人为友，动词。

此处是成语"工欲善其事，必先利其器"的来源。这句成语，到现在还在普遍使用。朱注引程颐说："子贡问为仁，非问仁也，故孔子告之以为仁之资而已。"所以"工欲善其事，必先利其器"只是方法，而非解释仁的内涵。程颐之有此言，是怕人误会孔子论仁有"工具化"的倾向。

15.10　颜渊问为邦。子曰："行夏之时，乘殷之辂，服周之冕，乐则《韶》《舞》。放郑声，远佞人。郑声淫，佞人殆。"

　　颜渊问治国之道。老师说："用夏代的历法，乘殷代的大车，穿周代的冠服，音乐要用《韶》《武》。禁绝郑地的靡靡之音，远绝会逞口舌的佞人。郑声过当，而佞人太危险了。"

1 问为邦：问如何治国。朱注："颜子王佐之才，故问治天下之道。曰为邦者，谦辞。"这个说法有点多余，其实治国与治天下道理相通，颜子虽贤，但是否真有王佐之才，也待商榷。

2 行夏之时：用夏代的历法。古时有换朝代便换历的做法。夏代以寅为正（zhēng，正月），称人正；商代以丑为正，称地正；周代以子为正，称天正。以寅为正，接近后世的农历，比较合于农时，朱熹说："然时以作事，则岁月自当以人为纪。"故孔子主张行夏之时。

3 **乘殷之辂**：乘坐殷商时的车。辂，也作路，大车。夏时车辆尚很原始，周则过于文饰，孔子尚实，故主乘殷之辂。

4 **服周之冕**：戴周代的冠冕。周代礼乐大兴，冠服可作代表。孔子尊奉周公所制礼乐，故主服周之冕。

5 **乐则《韶》《舞》**：音乐则用舜时音乐《韶》与周初音乐《武》。《舞》为《武》之误。孔子曾在《八佾》篇3.25称《韶》尽美尽善，虽称《武》尽美未尽善，但也十分赞许。《论语正义》采俞樾《群经平议》，认为"舞当读为武"，举《周官·乡大夫五》曰"兴舞归"，《穀梁》作"献武"为证。

6 **放郑声**：禁绝郑地的音乐。

7 **远佞人**：远离喜骋口才、惹是生非的人。

8 **淫**：过当、过分。淫原意水漫延开来之貌，后指一切浸淫过当的状况。

9 **殆**：危险。

政治是处理众人之事，方法不能拘泥，更不能一成不变。此章所言，在于截长补短，以求合理。当然治国治天下，要注意的事很多，急切的或更不在此，"行夏之时，乘殷之辂，服周之冕"，仅是举例说明在制度上取长补短，不是所有治国者之必然。

15.11　　子曰："人无远虑，必有近忧。"

老师说："一个人若无长远的思考，必定会碰到近在眼前的忧困。”

此处的远近，一指时，一指地，都可通。远虑指人要往大处远处看，小处近处不见得必定无忧，但因亲身感受得到，相对好解决一些。

15.12　子曰：“已矣乎！吾未见好德如好色者也。”

老师说：“唉！我没见好德像好色一般的人啊。”

此章与《子罕》篇9.17重出，多“已矣乎”三字，可见此语孔子常说，弟子也反复记录。虽然儒家以为道德发自内心，但好德与好色比较，好德比较幽微，不易展现，好色为生物本能，几乎人人具有，好色并不坏，而且是维系人类生存所必须，但假如人仅好色而不好德，则只停留在一般生物层次，缺乏人的特殊意义，是故孟子说“人之异于禽兽者几希矣”了。

此章说好德者难求，意在表明道德之崇高，并非丧人志气，而是勉人在立德上更加努力，力争上游。

15.13　子曰：“臧文仲其窃位者与？知柳下惠之贤而不与立也。”

老师说：“臧文仲大概是窃居了位子的人吧？不然明知道柳下惠贤，怎会不给他个位置以与自己并立朝廷呢？”

1 **窃位**：窃取官位。

2 **柳下惠**：鲁大夫展获，字禽，食邑柳下，谥惠，故称柳下惠。

3 **与立**：与之并立朝廷。

政治家必须有道德，但政治家的道德跟一般人之不同，在于一般人的道德可以"独善其身"，政治则讲究各方协力，不可唱独角戏。此章主旨在奖励推贤，臧文仲立于朝，不知柳下惠，是不明也，知而不举，是蔽贤，都犯了错，所以孔子责他窃取官位。《论语》多处称道臧文仲，此处却强力谴责，可见孔子是非分明。

15.14   子曰："躬自厚而薄责于人，则远怨矣。"

老师说："责己厚而责人薄，则远离人之怨恨。"

1 **躬自厚**：对待自己严格，责己厚。

此章"自厚"很容易让人误会为对自己丰厚，此处"躬自厚"乃责己严之意，《春秋繁露·仁义法》篇有"以仁治人，义治我，躬自厚而薄责于外"诸语，应是出于此。"远怨"有两义。一是指别人之怨，朱熹说："责己厚，故身益修；责人薄，故人易从。所以人不得而怨之。"是此类。二是指己无怨怼之心。怨怼之情，多是对别人或社会而言，如薄责于人，则可避免，钱穆言："责己厚，责人薄，可以无怨尤。诚能严于自治，亦复无暇责人。"（《论语新解》）类此。

15.15 子曰：“不曰‘如之何，如之何’者，吾末如之何也已矣。”

> 老师说：“从不说‘该怎么办，该怎么办’的人，我对他也不知该怎么办了。”

1 如之何，如之何：该怎么办，该怎么办。朱注：“熟思而审处之辞也。”
2 末：通无。

此章鼓励自省与提问，与《述而》篇7.8“不愤不启，不悱不发”的意思一样，可并读。

短短一句，出现三次“如之何”，有点玩文字游戏的味道，也很幽默，造成语言上特殊的回荡效应，更令人沉思其意。

15.16 子曰：“群居终日，言不及义，好行小慧，难矣哉！”

> 老师说：“一群人成天聚在一块，说的都是不合道义的事，又喜欢耍些小聪明，很难望其成人啊！”

1 群居终日：即终日群聚。
2 难矣：言难以成人。

此章描写众人群聚的状况很传神，到现在，世俗一般人的相处依然是“群居终日，言不及义，好行小慧”，过了两千多年，人类此方面的行为模式与道德处境好像改善得并不多。但不论古代还是如今，做君子的都应要求超越，在这几方面不能从众。

15.17 子曰:"君子义以为质，礼以行之，孙以出之，信以成之。君子哉!"

老师说:"君子要以义为本质，以礼来推行，以谦逊来表现，以忠诚信实来完成。这样才算是君子啊!"

1 义以为质:以义作为君子的本质。义，宜，泛指一切正当的事。

2 孙以出之:以谦逊的态度呈现。孙，同逊。

3 信以成之:以忠诚信实完成所有。

表面看起来是几件事，其实只是一件事的表里、先后而已，故朱注引程颐说:"义以为质，如质干然。礼行此，孙出此，信成此。此四句只是一事，以义为本。"义是一切事的合理状态，但道德家一谈起义，往往热血填膺，凛凛之姿容易给别人形成压力，反而抵消了成果。所以孔子说要很礼貌、很谦逊、很忠信地以求完成，说这才叫作君子。近人李泽厚读此章，认为儒家教义应尽量使现代生活更具人情味，更重协调、和解、合作、互助精神，等等。李的推论很正面，其实这些孔子早预想到了。

15.18 子曰:"君子病无能焉，不病人之不己知也。"

老师说："君子担心没这能力，不担心别人不知道自己。"

1 **病**：以之为病，担心有此毛病。

这话孔子说了又说，如《学而》篇1.1说："人不知而不愠。"又《宪问》篇1.16："不患人之不己知，患不知人也。"汲汲遑遑以求人知，恐怕是世上知识分子共有之通病，孔子知此，故反复说明，不断纠正。

15.19 　子曰："君子疾没世而名不称焉。"

老师说："君子担心死后无可称道。"

1 **疾**：与病通，以之为疾。
2 **名不称**：有二义。一指名不显扬，不足为人称许；二指名实不副，或声名超过事实。今从前解。

前章戒汲汲以求人知，此章则担心不为人知，看起来有矛盾，但孔子之意在一人名声后面的德业真实成就，并不是徒具声名而已。

此章的解读很多，重点略有不同。有人以儒家好名与道家无名为别，如钱大昕在《十驾斋养新录》中言："圣人以名立教，未尝恶人之名也。孟子云：'令闻广誉施于身，所以不愿人之文绣也。'令闻广誉，非名而何？唯声闻过情，斯君子耻之耳。……道家以无为宗，故曰圣人无名，又曰无智名、无勇功。又以伯夷死名与盗跖死利并言，此悖道伤教之言，儒者所弗道也。"说得很对，但孔子的意思其实很简单，也没有与别家互别苗头的意思。还是范祖禹说得比较平实，他说："君子学以为己，不求人知。然没世而名不称焉，则无为善之实可知矣。"（朱注引）

15.20　子曰："君子求诸己，小人求诸人。"

老师说："君子要求自己，小人要求别人。"

杨时以为以上三章其实相连，其义一贯，他说："君子虽不病人之不己知，然亦疾没世而名不称也。虽疾没世而名不称，然所以求者，亦反诸己而已。小人求诸人，故违道干誉，无所不至。三者文不相蒙，而义实相足，亦记言者之意。"（朱注引）此章含义为君子责己周全，一切自求多福，不必看人脸色而已。

15.21　子曰："君子矜而不争，群而不党。"

老师说："君子庄敬自守，不与人争；合群，但不结党营私。"

1　矜而不争：矜，庄重、持重。朱注："庄以持己曰矜。然无乖戾之心，故不争。"

王夫之解释这段文字很好，他说："盖君子之持己也，'矜'也；名节在于我之自立，必不能与流俗同其志趣。而本天以全吾之名节，非与天下之灭廉毁耻者竞得失，'不争'也；则持己严，而于与人也亦无忤矣。君子之与人也，'群'也；和平一因其性情，原不忍弃斯人于异类。而本以养吾之和平，非欲借天下之依附比周者共功利，'不党'也；则与人宽，而于持己终无损矣。"（《四书训义》）说得极周洽又议论堂堂，又有点义愤填膺，王夫之身处在明亡的时代，惧道义之沦丧，很多悲剧是孔子时代没有的，所以感触尤深。

15.22　子曰："君子不以言举人，不以人废言。"

　　　　老师说："君子不会因为一个人会说话而推举他，也不会因为他人品不佳而否定他说的话。"

会说话不见得有好品德，所以不以言举人；而有道理的话，不尽是有德者才能说出来的，所以不以人废言。德与才识，有时应分开来看，是此章的意思。

15.23　子贡问曰："有一言而可以终身行之者乎？"子曰："其恕乎！己所不欲，勿施于人。"

　　　　子贡问："有一个字可以终身遵行的吗？"老师说："应该是'恕'这个字吧！自己不愿意的事，也不愿发生在别人身上。"

1 一言：一字。

2 恕：了解他人的心底，即同情与宽容。

3 施：行。

    一言而可终身行之，恐怕不只恕之一字，孔子此处特标恕字，应有特殊之意涵。

    人格是自己的事，但发展成道德，必须与别人联结，因为道德是建立在人我关系上的，所以应如何对待别人是极重要的。人不能光想自己，也应该想到别人，不光想自己所要，也想到别人所要，这种想法就是恕。道德发挥的极致是国治天下平，想到国治天下平，岂不是恕道的扩展吗？

    恕就是以我之心忖度别人，就是同情，就是推爱。明儒罗汝芳讲平生所学，特别强调恕字的重要，学生问他："孔门恕以求仁，先生如何致力？"他以亲身经验说出下面这段话，特别值得参考："方自知学，即泛观虫鱼，爱其群队恋如，以及禽鸟之上下，牛羊之出入，形影相依，悲鸣相应，浑融无少间隔，辄恻然思曰：'何独于人而异之？'后偶因远行，路途客旅，相见即忻忻，谈笑终日，疲倦俱忘，竟亦不知其姓名。别去，又辄恻然思曰：'何独于亲戚骨肉而异之？'噫！是动于利害，私于有我焉耳。从此痛自刻责，善则归人，过则归己，益则归人，损则归己，久渐纯熟，不惟有我之私，不作间隔，而家国天下，翕然孚通，甚至发肤不欲自爱，而念念以利济为急焉。三十年来，觉恕之一字，得力独多也。"（黄宗羲《明儒学案》）读者可反复斯言。

15.24   子曰："吾之于人也，谁毁谁誉？如有所誉者，其有所试矣。斯民也，三代之所以直道而行也。"

老师说："我对现在的人，毁了谁又誉了谁呢？我如有所誉的，一定是经过考察检验的。现在的这些人，都是三代以来依正道而行的那些人啊。"

1 **吾之于人**：我之对人。人指与孔子同代之人。

2 **谁毁谁誉**：朱注："毁者，称人之恶而损其真。誉者，扬人之善而过其实。"

3 **试**：试验、考察。

4 **三代**：指夏、商、周。

最后一句，有些不明白处。古人以古为尚，书中言及"三代"，都是正面的。也许孔子以为，我不随便予人毁誉，跟现在大多数人是相同的，都是依据三代以来直道而行的传统的。大约有人批评孔子对时人有所毁誉，孔子便作此辩驳与声明。

15.25　子曰："吾犹及史之阙文也，有马者借人乘之。今亡矣夫！"

老师说："有些历史没记上的事，我倒经历过（中间一句含义不清，省略），现在这些都没有了！"

1 **史之阙文**：历史记录所缺的事。

2 有马者借人乘之：此事不知所指，可能是误记或误植，不宜强解。

3 亡：无。

朱注引胡寅言："此章义疑，不可强解。"确实不可解。

15.26　子曰："巧言乱德，小不忍则乱大谋。"

　　老师说："说好听的话会乱人品德，小处不克制忍耐往往有害大事。"

1 巧言：好听之言。

2 小不忍：小处不忍耐。朱注："小不忍，如妇人之仁、匹夫之勇皆是。"

3 大谋：大事。

君子不听细言，要知道那些细言是会扰乱品德的，也应控制感情，不要在小事上任情发作。

15.27　子曰："众恶之，必察焉；众好之，必察焉。"

　　老师说："大家都厌恶他，必得仔细审察；大家都喜欢他，也得仔细审察。"

1 察：仔细审察。

对一个人学识、品德的评价，不能全靠"民调"，不能以众人好恶评判定夺，自己要作仔细的比对与观察，以求得真相。可参考《子路》篇13.24"乡人皆好之"章。

15.28　　子曰："人能弘道，非道弘人。"

　　　　老师说："人能弘扬大道，但大道不是用来弘扬个人的。"

　　此处的"道"，即"朝闻道，夕死可矣"（《里仁》篇4.8）的道，可见其重要。
　　道就是最高的真理，圣人可闻道而死，故这真理是无可取代的。闻道可死，就是献身，所以说"人能弘道"。但道是不能拿来弘扬个人的，拿来弘扬个人，就是把道当成工具，就是将之视作"器"了，要知道在哲学上，道是道，器是器，一者为"体"，一者为"用"，二者不能相混，真理也许是工具，但君子是绝不将真理当作工具来使用的。

15.29　　子曰："过而不改，是谓过矣。"

　　　　老师说："有过不改，就真是过了。"

　　明末清初的大儒李颙，晚年学说特别标举"悔过自新"四字，以为立志力行之标的，他说："杀人须从咽喉处下刀，学问须从肯綮处着力。悔过自新，乃千圣进修要诀，人无志于做人则已，苟真实有志做人，须从此学则不差。"（《二曲集·悔过自新说》) 当是受到此章的启发。

15.30　子曰:"吾尝终日不食,终夜不寝,以思,无益,不如学也。"

老师说:"我曾终日不食,终夜不睡地来思考,发现没有益处,还不如学习来得好呢。"

这段话与荀子说的很接近,《荀子》言:"吾尝终日而思矣,不如须臾之所学也。"或是脱胎于此。

孔子固然主张为学,但这个主学废思的学问方式,似与孔子平日言行有所冲突,因为孔子说过:"学而不思则罔,思而不学则殆。"(《为政》篇2.15)把学问变得过分理论以至玄虚是有问题的,但如过分朝"实学"的方向发展,也限制了学问的规模,所以孔子主张学思之间应求平衡。此章孔子之所以这样说,可能在应付一种特殊的状况,譬如有人在孔子面前强调思比学更重要,强调主观胜过客观,孔子不得不说此话以纠正他。所以朱熹说:"此为思而不学者言之。盖劳心以必求,不如逊志而自得也。"

15.31　子曰:"君子谋道不谋食。耕也,馁在其中矣;学也,禄在其中矣。君子忧道不忧贫。"

老师说:"君子只计谋于道,不计谋于食。耕以求食,也会饿着;去学习(不以求食为念),也会因做官而得食。所以君子只担心道不足不行，不担心穷了会饿肚子。"

1 馁：饿。

2 禄：做官得享俸禄。

　　此章主旨在君子应忧道不忧贫，但中间两句"耕也，馁在其中矣；学也，禄在其中矣"往往遭人误会。一般人常将之解释为耕田反而会饿肚皮，读书可以做大官、发大财，因而延伸出诸如"书中自有千钟粟""书中自有黄金屋"以及"书中自有颜如玉"等俚俗的成语。其实这两句是说，求食不见得会求得到，不求食也不见得会饿死人，要人不要把全身精力都放在谋食一事上，勉人抛开贫富的成见以求真理，所持的理由都极为严正。但这里的"忧道不忧贫"看似严正却并不冰冷，而是安定又优美的。陶渊明的好诗多来自他既恬淡又严正的生活，如《癸卯岁始春怀古田舍》其二有句："平畴交远风，良苗亦怀新。虽未量岁功，即事多所欣。"诗中所写的安穷而笃定，被大多数中国人所接受，认为是极崇高而优美的生命典型，其实陶诗所咏的正是《论语》此章，因为此诗的首二句是："先师有遗训，忧道不忧贫。"

15.32　　子曰："知及之，仁不能守之，虽得之，必失之。知及之，仁能守之，不庄以莅之，则民不敬。知及之，仁能守之，庄以莅之，动之不以礼，未善也。"

　　老师说："知道治民之道，却不能以仁为守，这样就算

得了官位，也必失去。知道治民之道，也会以仁为守，却
不晓得用庄敬的态度面对人民，那样人民也会不服。知道
治民之道，也会以仁为守，对待人民也很庄重，但使民兴
作如不依礼，也不能算是好的。"

1 知及之：智慧足以知晓治民之道。之，指治民之道。

2 莅：临。

3 动之不以礼：不依礼使民。

　　朱熹在做集注的时候，好几次用了"私欲"一词，如：
"知足以知此理，而'私欲'间之，则无以有之于身矣。"又
如："知此理而无'私欲'以间之，则所知者在我而不失矣。"
这是宋儒的习气，将很多间隔、窒碍大道的东西都视作"私
欲"，其实有点不相干。此章是教人治民之道，治民首先要爱
民，不是要小手段，这是最基本的，所以要人"以仁守之"，
仁在这里指的就是爱民。后面的以庄莅之、以礼动之，都是
较下较细的规则，也是从爱民（仁）这个基点发展出来的。

15.33　子曰："君子不可小知，而可大受也；小人不可

大受，而可小知也。"

　　　　老师说："君子不可责以小聪明，但可接受大任务；小
人不能接受大任务，但却可责以小聪明（，使他也能发挥）。"

1 小知：小处的智慧，即小聪明。

2 **大受**：大担当。

朱注："盖君子于细事未必可观，而材德足以任重；小人虽器量浅狭，而未必无一长可取。"这段话说得很好。提起君子、小人，评价往往云泥，但平心而论，世界不可能都是大人物，也不可能都是才德兼美的君子，绝大多数人都有一些欠缺，就事论事，总得让一般或比一般更低的人有发展的机会。小智与大受，在我们社会同样需要，同不可失。后世王阳明提倡良知之学，标举"万物一体"的观念，万物都能一体了，那人间智愚还不能包容吗？王阳明十分强调社会底层"愚夫愚妇"的重要，他说："与愚夫愚妇同的，是谓同德；与愚夫愚妇异的，是谓异端。"（《传习录》）这说法就比较激烈了，当然与王所面对的时代与社会有关，这说法不见得来自孔子，但与此章的含义有互通之处，读者应深知并体会。

15.34 子曰："民之于仁也，甚于水火。水火，吾见蹈而死者矣，未见蹈仁而死者也。"

老师说："仁对人民的重要性，要超过水火。我见过掉到水中火中而死的人，没见过行仁而死的人。"

1 **蹈**：《说文》："蹈，践也。"

此章是说，水火对人有利有害，而蹈仁只有利而无害，人要避水火之害，却无须避蹈仁之害，因为仁无所害。其实行仁与蹈水火本不相干，孔子这样说，有点开玩笑的性质，也可能是在特殊的场合。

15.35　　子曰："当仁不让于师。"

老师说："为了求仁对老师也不见得要谦让。"

1　让：指谦让。

孔子说的这句话虽短，却显得斩钉截铁，又十分严正。

老师传道授业，当然值得尊敬，韩愈说过："吾师道也。"又说："道之所存，师之所存也。"（《师说》）可见"道"的价值意义还超过"师"，所以当着"仁"，自也可"不让于师"。这与古希腊哲学家亚里士多德说过的"吾爱吾师，但吾更爱真理"相通，可见求真理之心无分中外。

有这观念，才可讨论真理的维护。康有为言："礼尚辞让，独至于为仁之事，则宜以为己任，勇往当之，无所辞让。即至于师，亦不必让，师不为，则己为之，不必避长者也。"（《论语注》）儒者本有执着、刚健的精神，于此可见。

钱穆疑此处之"师"为"众"，如采此，语气变弱，不取。

15.36　　子曰："君子贞而不谅。"

老师说："君子行为正直，不必处处求信于人。"

　　　　　　　　　　　　　　　　　论语讲析

1 贞：正。

2 谅：取信于人。

朱注："贞，正而固也。谅，则不择是非而必于信。"《论语正义》说："君子以义制事，咸合正道，而不必为小信之行。"都认为君子如正直无欺，便无须处处求人知求人谅。

15.37　子曰："事君，敬其事而后其食。"

老师说："服事国君，要把官守上该做的事先做好，再想得俸禄的事。"

1 后其食：把食禄的事放在后头。后，与"后获"之后同。食，禄。

古时事君之道，就是从政之道。朱注："君子之仕也，有官守者修其职，有言责者尽其忠，皆以敬吾之事而已，不可先有求禄之心也。"

15.38　子曰："有教无类。"

老师说："一体施教，不分学生的类别。"

此章与《为政》篇2.12"君子不器"同为《论语》中最短，却旗帜鲜明，极其有力。

"有教"，可以说只讲教育，不讲其他。教育是孔子毕生精神所瘁的事业，他曾一度想投身政治，中年之后周游列国，便是打算在政治上追求发展，但后来发现政治的影响再大也有局限，不如教育的作用更大更久，所以毅然束装归鲁，此后就积极从事教育了。

官吏的培养、训练原本需要教育，所以教育古已有之，不是孔子所开创。孔子的教育与同时代的教育是很不同的，不是以训练官吏为主，而是培养社会以德性为根本的各式人才，他的学生来源不同，施教不分贤愚贫富，孔子曾自言道："自行束脩以上，吾未尝无诲焉。"（《述而》篇7.7）这是中国第一个平民教育，教育的目的不仅是造就官吏，而且是造就术德兼修的真正人才。

汉代人看孔子，把他当成政治家，说孔子是"素王"，虽然名高位显，却不是孔子的真相，直到宋朝人称孔子为"至圣先师"，才掌握到了孔子的真精神。孔子之学有不同的面目，也有不同的功能，而命脉其实只在教育一项，所以教师是多么重要的工作！"有教无类"虽仅四个字，却是《论语》一书最高的期许、最重要的宣言。

15.39　子曰："道不同，不相为谋。"

老师说："道的认识不相同，双方就难共聚谋事了。"

1 道不同：朱注："不同，如善恶邪正之异。"

意见不同，可共同商讨，但对道（最基本的真理）的认识不同，就根本没有商讨的机会了。

15.40　　子曰："辞达而已矣。"

老师说："文章修辞，只求达意便可。"

辞达有两层含义：一是指外交上辞令言，奉使传命，只求正确传达，不使人曲解；二是指一般的修饰文辞，不以富丽为工，朱注采此说。如专指外交辞令，影响不大，但用以指一切文辞均以达意为尚，不求富丽，则影响到文学的发展与批评。文学如品德，最好能"文质彬彬"，如不能平衡，到底是以质为重还是以文为重，历来争议不休。

"辞达而已矣"如传达的是孔子的文学思想，在文学上，孔子无疑是"尚质"一派，事实上历来文论，采此意见者甚多，李白《古风·大雅久不作》："自从建安来，绮丽不足珍。圣代复元古，垂衣贵清真。"反绮丽、贵清真，其实就是追慕孔子辞达而已矣的境界。"尚质"就是"尚实"，提倡的就是现在所谓的写实主义。但过于严格写实，时时以现实自限，便往往会缺乏想象，也会影响到文学的发展，从事文学的人，也须知此。

15.41　　师冕见，及阶，子曰："阶也。"及席，子曰："席也。"皆坐，子告之曰："某在斯，某在斯。"师冕出。子张问曰："与师言之道与？"子曰："然，固相师之道也。"

乐师冕来见老师，走到台阶时，老师说："这是台阶。"
到座席时，老师说："这是座席。"等大家都坐定，老师告
诉他说："某人在这里，某人在这里。"师冕出去后，子张
问道："这是与乐师说话的方式吗？"老师说："对，这就是
帮助乐师的方法啊。"

1 **师冕见**：乐师冕来见孔子。师，乐师。冕，乐师名。古乐师皆
盲者。

2 **与师言之道**：与乐师说话的方法。

3 **相**（xiàng）**师之道**：帮助乐师的方法。相，助。

此章记事记言均细致而传神，也可见孔子的善良与细
心。所有德行，须从细微处显现。朱注引范祖禹言："圣人不
侮鳏寡，不虐无告，可见于此。推之天下，无一物不得其所
矣。"钱穆言："孔子与师冕言，其辞语从容，诚意恳至，使
人于二千五百载之下犹可想慕，在孔子则谓相师之道固应如
此而已。然其至诚恳恻之情，则正以见圣人之德养。"（《论语
新解》）

　　　　　　　　　　　　　　　论语讲析

《季氏》篇，共十四章。朱注引洪兴祖说：「此篇或以为《齐论》。」《季氏》起之后五篇，文体与前十五篇多有不同。崔述说：「《季氏》以下五篇，文体与前十五篇不类，其中或似《曲礼》，或似《庄子》……其采之也杂也，其作之也晚矣。」（《洙泗考信录》）是否从《齐论》来，无从确定，但从文体上言，确实如崔述言，应是《论语》中较晚的材料与记录。

16.1 季氏将伐颛臾。冉有、季路见于孔子曰："季氏将有事于颛臾。"

孔子曰："求！无乃尔是过与？夫颛臾，昔者先王以为东蒙主，且在邦域之中矣，是社稷之臣也。何以伐为？"

冉有曰："夫子欲之，吾二臣者皆不欲也。"

孔子曰："求！周任有言曰：'陈力就列，不能者止。'危而不持，颠而不扶，则将焉用彼相矣？且尔言过矣。虎兕出于柙，龟玉毁于椟中，是谁之过与？"

冉有曰："今夫颛臾，固而近于费。今不取，后世必为子孙忧。"

孔子曰："求！君子疾夫舍曰欲之而必为之辞。丘也闻有国有家者，不患寡而患不均，不患贫而患不安。盖均无贫，和无寡，安无倾。夫如是，故远人不服，则修文德以来之。既来之，则安之。今由与求也，相夫子，远人不服而不能来也，邦分崩离析而不能守也，而谋动干戈于邦内。吾恐季孙之忧，不在颛臾，而在萧墙之内也。"

季氏将要进兵攻打颛臾。冉有、季路见到孔老师说："季氏要对颛臾用兵了。"

孔老师说："求啊，这岂不是你的过错吗？说起颛臾，他曾为先王所派去主祭东蒙山，而且在鲁国封域之内是个社稷之臣，怎么能去征伐他？"

冉有说："是我们的主人季氏想这样做的，我们两个做人臣的都不想啊。"

孔老师说："求啊，以前周任说过：'就自己的地位尽力陈述意见，真行不通也就不干算了。'你家主人碰到了危险，你们不去扶持，要跌倒了，不去拉他一把，那他用你们两个家宰干吗？况且你说错了。把危险的老虎或野牛从兽笼中放出来，让珍贵的龟玉在匮中毁了，是谁的过错呢？"

冉有说："现在那颛臾城池坚固又离费城很近，目前不取，一定会成为后世子孙的忧患。"

孔老师说："求啊，君子讨厌那些心里明明有私欲却不敢说，非要造一个借口的人。我曾听人说过，有国的诸侯有家的大夫，不担心少而是担心不均，不忧虑穷困而是忧虑不安。平均了，就没有贫；和睦了，就没有寡；安顿了，就没有倾亡。像这样，远人不服，我就修文德来招徕他们。他们来了，就安顿他们。今天你们两人做家臣，远人不服不能招徕，国家要分崩离析了却守不住，而只计划在国内用兵。我恐怕季孙的忧患不在颛臾，而是在萧墙之内的国君呢。"

1 **季氏将伐颛**(zhuān)**臾**：颛臾，国名，鲁之附庸。季氏将伐颛臾事，崔述怀疑，以为无稽，最主要是子路为季氏宰时在鲁定公世，冉有为季氏宰在鲁哀公时，不可能两人同来问此事，且颛臾之伐经传不载，更为可疑，见《洙泗考信录》。但也有调和意见，如朱熹以为："此云尔者，疑子路尝从孔子自卫反鲁，再仕季氏，不久而复之卫也。"又经传不记伐颛臾事，朱注引洪兴祖说："伐颛臾之事，不见于经传，其以夫子之言而止也与？"这些说法都很勉强。

2 **冉有、季路见于孔子曰**：二人非同时在季氏家服务，似不宜同时来问孔子。又此语言"见于孔子"，文法甚怪，为《论语》书中罕见。梁启超亦甚疑之，见其《古书真伪及其年代》。

3　东蒙主：鲁国东部蒙山之主祭。鲁曾使颛臾主祭于东部之蒙山。

4　邦域：封域。

5　社稷之臣：指颛臾为附庸尚属公家，可算是社稷之臣。朱注："是时四分鲁国，季氏取其二，孟孙、叔孙各有其一。独附庸之国尚为公臣，季氏又欲取以自益。故孔子言颛臾乃先王封国，则不可伐；在邦域之中，则不必伐；是社稷之臣，则非季氏所当伐也。"

6　夫子欲之：夫子，指季氏。

7　周任：古之良史。

8　彼相：指季氏之家宰。

9　虎兕（sì）出于柙：老虎与野牛跑出了笼子。兕，野牛。柙，兽笼。

10　龟玉毁于椟中：灵龟与玉石毁坏在匮中。龟与玉为宝器，椟为盛龟玉之匮。

11　费（bì）：季氏之私邑。

12　萧墙之内：指鲁哀公。古时人君于门后树墙，以为屏障，就是屏风。臣来屏前必保持静肃，故曰萧墙，萧，肃也。萧墙之内，应指鲁君哀公。其后哀公果因越伐鲁而欲去季氏，似被孔子言中。

　　本篇文字驳杂，与《论语》其他篇章比较，很容易看出不同。

　　首先本篇记孔子之言，都说"孔子曰"而非"子曰"，这证明是较晚的记录，应完成于孔子再传弟子或其再传弟子之手，因为到此时，弟子所遇的老师已多，不加姓无以区别。

　　其次是此章篇幅过长，与《先进》篇11.25章都是书中著名的长篇。当然长的文字，在孔子之前如《诗》《书》中都有，不可作为唯一的依据，但总体而言，《论语》文字简单、直捷、不转弯是其特色，而此章文字也确实"不类"《论语》的一般风格。

最重要的是此章内容是否合于史实的问题。一个是子路与冉有仕于季氏时代不同，不可能一同去问孔子，朱熹已有怀疑，但朱熹的结论是猜想子路陪孔子自卫反鲁时，又曾再度仕于季氏，这应是牵合之说。另是"季氏将伐颛臾"事，经崔述指出此事根本与史实不符，崔述对此章的评价，自有根本动摇的作用。

细看此章，记冉有与子路同时去请教孔子，全章都是冉有与孔子在对话，子路在旁一句话也没说，《史记》载子路少孔子九岁，冉有少孔子二十九岁，可见子路年长冉有许多，在弟子之列，辈分高低明显，《论语》记子路个性鲜活，只要有他在，都是抢先第一个说话，夫子待之，也较常人更为亲切，此处却站立一旁而言默，已甚可怪，而孔子之言也只是对冉有而发，仅最后言及"今由与求也，相夫子"，这样的描写，就令人怀疑。

当然此章所记孔子之言都很有道理，譬如孔子说"丘也闻有国有家者，不患寡而患不均，不患贫而患不安"等，到现在还是治国者在处理经济问题时的原则。但此言是否真的是孔子之言，即使是孔子之言，是否专针对季氏将乏颛臾一事所说，还须辨明。要知道，善是建立在真实的基础上的，不真实的善没有价值，假造出来的善更不能算是善。

16.2 孔子曰："天下有道，则礼乐征伐自天子出；天下无道，则礼乐征伐自诸侯出。自诸侯出，盖十世希不失矣；自大夫出，五世希不失矣；陪臣执国命，三世希不失矣。天下有道，则政不在大夫。天下有道，则庶人不议。"

> 孔老师说："天下有道时，一切礼乐征伐都由天子做主；天下无道时，礼乐征伐就由诸侯做主了。由诸侯做主，很少有做到十代还不失国的；由大夫做主，很少有五代的；由家臣做主，则很少能拖过三代。天下有道，主政的不在大夫。天下有道，一般人是不议论政治的。"

1 **礼乐征伐自天子出**：礼乐是天子才能制定的，征伐的权力也操持在天子手中，非天子不得变礼乐、专征伐，此是传统"大一统"的观念。
2 **希**：同稀，少。

在传统"大一统"的观念下，虽讲上下互通，彼此合作，但天下兴亡的命脉还是操持在天子一人手中，"礼乐征伐自天子出"就是这个观念的产物，希冀天下太平，就期许有个像尧舜那样的"圣人"来领导统治天下，否则生灵涂炭，只有认命。

杨伯峻说："孔子这一段话可能是从考察历史，尤其是当日时事所得出的结论。"（《论语译注》）指出越到后代，政治上的权力斗争越为激烈，因此形成乱局，当然这也是一种观察的方式。康有为认为"天下有道，则政不在大夫。天下有道，则庶人不议"句中的两个"不"是衍文，全句应为"天下有道，则政在大夫。天下有道，则庶人议"，无疑更进一步，将近代来自西方的民主或议会政治的观念代入古代，是否能成立自有问题，但如此讨论也很有趣。

16.3 孔子曰："禄之去公室五世矣，政逮于大夫四世矣，故夫三桓之子孙微矣。"

> 孔老师说："爵禄赏罚之权不从鲁君出已五世了，国政下及大夫手里也四世了，所以三桓的子孙到现在也衰微了。"

1 五世：指宣公、成公、襄公、昭公、定公，鲁之大权已旁落。
2 四世：指季孙氏文子、武子、平子、桓子。
3 三桓：指仲孙、叔孙、季孙，皆出于桓公。此三家至定公时皆衰。

此章大约是接上章来的，先感叹天下一统之权已失，后叹孔子自己所在的鲁国也失政于大夫，再加上大夫之后也眼见逐渐凋零，从这方向看，是有些悲观色彩。但读此章应有另种想法，研究历史的人该意识到，旧的不崩解，新的要如何形成呢？新的也许不如故，然而新的包含了更多的可能，是旧的秩序中所见不到的，譬如政治权力的下放，可能形成较大的公平，可能形成人民更大的福利，一个有理想却毫无凭借的人可能有较多"治国平天下"的机会，可惜这些福利的前景，在孔子时代还看不太出来，当时的人，只有凋零之叹，无有新建之望。这证明历史须经过不断进化，任何理想，包括民主，都不是一蹴而就的。

16.4　　孔子曰：“益者三友，损者三友。友直，友谅，友多闻，益矣。友便辟，友善柔，友便佞，损矣。”

　　　　孔老师说：“有益的朋友有三种，有害的朋友也有三种。交正直的朋友，交诚实的朋友，交多见闻的朋友，就有益了。交喜欢装腔作态的人为友，交喜欢讨好人的人为友，交只会说话却无实学的人为友，那就有害了。”

1 谅：诚信。

2 便辟：朱注：“习于威仪而不直。”意即喜欢装腔作态，不够正直。

3 善柔：善于讨好人，朱注：“工于媚悦而不谅。”柔指柔顺以取悦人。

4 便佞：巧言口辩。朱注：“习于口语，而无闻见之实。”

　　孔子之言，自有道理。中国人说话喜欢举三为数，后面的“三乐”“三损”“三愆”“三戒”“三畏”等皆此。三者，多也，其实益友、损友不见得只此三种，仔细区分，有百十种的可能，但合起来讲，以君子之交与小人之交就可以涵盖了。

16.5　　孔子曰：“益者三乐，损者三乐。乐节礼乐，乐道人之善，乐多贤友，益矣。乐骄乐，乐佚游，乐宴乐，损矣。”

　　　　孔老师说：“有好的乐事三个，有坏的乐事三个。乐于以礼乐调节自己，乐于说人好话，乐于多交贤友，这是好的乐。乐于骄纵，乐于放荡，乐于宴享，就是坏的乐了。"

1 益者三乐，损者三乐：乐（lè），乐事、快乐。

2 节礼乐：以礼乐调节自己。

3 骄乐：骄傲逸乐。

4 佚游：放荡游乐。

5 宴乐：安逸或酒食争逐之乐。《说文》："宴，安也。"饮食所以安体，故亦曰宴。

　　同样也各举三项，都是现实社会所存的现象，虽说得有理，但都不是那么必然，整体而言，不免有凑数之嫌，譬如文中的骄乐与宴乐，严格说来并不好区隔。后世的宋明儒学很喜欢谈"孔颜乐处"的话题，孔与颜都困于生活过，但保持向道的乐观，使他们不但渡过了难关，而且寻到了生命的真谛。在这种情况下，孔、颜面对求道的快乐，恐怕不会去想哪些有益哪些有损的问题。

16.6　　孔子曰："侍于君子有三愆：言未及之而言谓之躁，言及之而不言谓之隐，未见颜色而言谓之瞽。"

　　孔老师说："侍奉有德位的君子往往会发生三件错事：还没问到他时他就说了，叫作轻躁；问到他了却不说，叫作隐匿；不看对方颜色就轻易发言，叫作盲目。"

1 侍于君子：指侍奉有德位者。

2 愆（qiān）：过错。

3 瞽：盲目。

同样是三件。这次指人在侍候尊长时容易犯的错，而这三件错，都是说话的时机与方法不恰当，所以朱注引尹焞说："时然后言，则无三者之过矣。"时就是把握适当的时机说话，无不过，亦无不及。

16.7 孔子曰："君子有三戒：少之时，血气未定，戒之在色；及其壮也，血气方刚，戒之在斗；及其老也，血气既衰，戒之在得。"

孔老师说："君子拿三件事来警诫自己：少年的时候，血气未定，要戒惕好色；壮年时，血气刚强，要戒惕好斗；等到年老了，血气已衰了，要戒惕贪得。"

1 戒：警。

2 血气：即生命力、精力之谓。朱注："形之所待以生者，血阴而气阳也。"血如何为阴，气为何为阳，须用另一套方式解释，但说血气是形之所待以生者很对，如无血气，则此形体只算是"臭皮囊"罢了。

3 色：色欲。

4 得：获得、拥有。

这里孔子揭示君子所该戒惕的三件事，都与"血气"有关，也就是与一个人的生命历程有关。少年以色为戒，壮年以斗为戒都好懂，年老血气已衰，生命已到末期，一切都将灰飞烟灭地化有为无了，还有何"得"要戒？

就是因为惊觉所有的即将消亡，所以更为看不开，一切都须紧紧掌握在手中，到死都不放，其实是一种恐惧。孔子是杰出的心理学家，他早看出来了，所以说及老要"戒之在得"。与"得"相反的字是"放"，也就是说孔子主张人老了，就该放下一切，包括权力、金钱、名誉，等等，其实也不由得你不放。陶渊明《形影神三首·神释》："纵浪大化中，不喜亦不惧。"适时放下一切，才能得到不忧不惧的自由。

16.8　　孔子曰："君子有三畏：畏天命，畏大人，畏圣人之言。小人不知天命而不畏也，狎大人，侮圣人之言。"

孔老师说："君子存有三种敬畏：敬畏天命，敬畏大人长上，敬畏圣人所说的话。小人不知道天命不可测，所以不怕，亲狎大人长上，又戏侮圣人之言。"

1　畏：敬畏，非惧怕。

2　天命：人不能了解，无法掌握生命中有关顺吉逆凶的那些事物，称天命，是说由天所掌控，非人所能左右，故须畏之。

3　大人：指居高位者。

4　狎：亲狎怠慢。

此章谈"畏"，指君子应有敬畏之心，所谓敬畏，就是慎重小心，凡事不苟。

王夫之释畏为限制，为什么君子要有这种限制呢，他说："夫子曰：夫人心有畏之一几焉：若有所甚重，而不能胜也；若有所制之，而不敢越也；若有不胜任，而生理且无以自保，一有陨越，而天谴人尤之交至也。此其心，以负荷天下至大之责，而研存亡于毫厘之间，操存之至密者也。"（《四书训义》）因为君子是对天下有责任的，所以才要凡事黾勉敬畏有加。

此章不是要人屈从命运，而是要人敬重天命。当然儒家肯定人如努力就会有好的成就，却不保证所有的努力都必然有成。勤勉好学如颜回，却是"不幸短命而死矣"，证明世事有很多是人无法掌控甚至无法了解的，对这伟大却莫名的秩序，人不能对之如何，只有敬之畏之了。其次说到"畏大人"，如解释成鼓励向大人物靠拢效忠的话，也是错的，孔子不是这样的人。但要知道在孔子的时代，天下国家，还控制在一小撮站在顶端位置的人，人类刚从神权走到君权，还没法一下子走到民权，在那时代，君临天下，是人无法摆脱的事实，那时代的"大人"，其实都有一些"天命"的成分，除了敬畏服从，也无法可想了。圣人之言代表真理之所在，也须敬之畏之，不敢怠慢。

此处的三畏，以现在的观点看，是有些不合理的成分，也有一种妥协安命的色彩，那是古代智识未开时必然有的见解。时代的局限，圣人有时也摆脱不了，读此知古人精神所在即可，无须过于拘泥。

16.9　　孔子曰："生而知之者，上也；学而知之者，

次也；困而学之，又其次也；困而不学，民斯为
下矣。"

孔老师说："生下来就知道，是最上等的；经学习而知
道，是次一等的；遇到困难才去学习，又更次了；假如碰
到困难还不知道学习，这类人大概是最下等的了。"

孔子第一次以学习来划分人的等级。

天下事物不可能齐一，人是有贤愚之别的，但透过学
习，可以稍稍弥补这天生不平之憾，让相对属于愚下不肖的
人，也有平等的机会，所以孔子一直强调学习的重要，《论
语》首章就是"学而时习之"，可见。

虽说生而知之者为上，但这天才有太多属于"天"的
部分，孔子对有关的"天"的事物，是知而不求，而孔子
本身就不是生而知之者（《述而》篇7.19："我非生而知之者，好古，敏以求之
者也。"），所以此章勉人不以非生知而自馁，要以困而不知学
为惕。

16.10　　孔子曰："君子有九思：视思明，听思聪，色思
温，貌思恭，言思忠，事思敬，疑思问，忿思难，
见得思义。"

孔老师说："君子有九件事该考虑：看的时候要考虑看
明白了没，听的时候要考虑听清楚了没，说到脸色要想是

否温和，说到容貌要想是否恭敬，说话时要想是否忠诚，做事时要想是否谨慎，有疑时要想是否该提问了，发怒时要想是否会有灾难性的后果，见到有所得时要想否该得。"

1 **忿思难**：难，灾难。

2 **见得思义**：朱注："思义，则得不苟。"

读此章令人想起《公冶长》篇5.19："季文子三思而后行。子闻之，曰：'再，斯可矣。'"此处不只"三思"，而且要人"九思"，岂不矛盾？其实"三思"所思是一件事，"九思"所思是九件事，并不相同。

"九思"不是要人犹豫不决，而是要人周到地思考各层面的事。《论语》所记，有的有针对性，有的只是一般性，季文子的一章是针对特殊事件所发，而此章没有特别所指，此处所论是一般事物，举九件为例，只能说孔子是个很周密的人吧。

16.11 孔子曰："'见善如不及，见不善如探汤。'吾见其人矣，吾闻其语矣。'隐居以求其志，行义以达其道。'吾闻其语矣，未见其人也。"

孔老师说："说到'看见善，就像赶不及那样地去追求，见到不善，就像探沸汤般地缩手'，我看见过这种人，我也听过这样的话。至于说'我要隐居以求保持自己的志向，做正义的事来完成我的正道'，我是听人讲过，却从未

论语讲析

见过那样的人。"

1 **如不及**：急急忙忙似来不及。

2 **探汤**：如以手探沸汤，急缩手。

　　此章孔子一定有感而发，但是针对何者却不可考。"隐居以求其志"不是儒家的最高理想，儒家还是想要"推己及人"的，但在一切行不通的乱世，"隐居以求其志"比在外头乱来的好，至少能够保持自己独立的人格，当人格独立之后，才能谈到光启后学，于道之续存，实有厚望存焉。儒门人物，随时得有这种涵养与操持。

16.12　("诚不以富，亦祇以异。") 齐景公有马千驷，死之日，民无德而称焉。伯夷、叔齐饿于首阳之下，民到于今称之。其斯之谓与？

　　(《诗经》上说："并不是因为富，而是他品格卓越。") 齐景公有马四千匹，死的时候，人民无可称颂的。可是伯夷、叔齐饿死首阳山下，人民到现在还称道不已，就是这句话的意思吧！

1 **诚不以富，亦祇以异**：称颂人不以富，富亦只是与人不同而已。此语引自《诗·小雅·我行其野》，原在《颜渊》篇12.10章尾，程颐以为是错简，此八字应在此章之首。

2 **千驷**：四千匹马。古时一车四马，驷，车之四马。

3 **无德而称**：无可称颂之德。

4 伯夷、叔齐饿于首阳之下：伯夷、叔齐在首阳山下采薇而食，最后饿死。事见《史记·伯夷列传》。

此章不但有错简的问题，似也有漏字，内容应是孔子说的，但缺了"子曰"或"孔子曰"的字样，也许是记者漏写，也许是传者漏抄。

16.13 陈亢问于伯鱼曰："子亦有异闻乎？"对曰："未也。尝独立，鲤趋而过庭。曰：'学《诗》乎？'对曰：'未也。''不学《诗》，无以言。'鲤退而学《诗》。他日又独立，鲤趋而过庭。曰：'学《礼》乎？'对曰：'未也。''不学《礼》，无以立。'鲤退而学《礼》。闻斯二者。"

陈亢退而喜曰："问一得三，闻《诗》，闻《礼》，又闻君子之远其子也。"

　　陈亢问伯鱼说："你在你父亲那里，听到什么特别的东西吗？"伯鱼恭谨对答说："没有。一次我父亲一个人站着，我从中庭快步走过。父亲问我：'学过《诗》了吗？'我恭敬对答：'没有。'父亲说：'不学《诗》，是不知如何讲话的。'我退下后就学《诗》了。又一次，又见父亲一个人站着，我也是快步走过中庭。父亲问我说：'学过《礼》了吗？'我恭敬对答：'没有。'父亲说：'不学《礼》，是不知如何立身的。'我退下后就学《礼》了。就这两样。"

陈亢退下大喜说："我只问一件事，却得知三事，知道该学《诗》，该学《礼》，还有君子不会私厚自己的儿子。"

1 陈亢：字子禽，孔子弟子。但观此章伯鱼答语作"对曰"，一说应与孔子同辈。

2 伯鱼：即孔子子孔鲤，字伯鱼。比孔子早死，生子曰孔伋，即子思。

3 尝独立：指孔子独立于庭。

4 趋而过庭：很快地走过中庭。趋，快走。

5 远其子：表面是疏远自己的儿子，意即不私厚。

此章"诗、礼"可专指《诗》《礼》二书，也可泛指一般诗、礼，本书解释采前者。当然此章重点在孔子要儿子学《诗》学《礼》，成了后世中国家庭"诗礼传家"的传统。但历来讨论，往往放在孔子对儿子的"态度"问题上，即所谓"君子之远其子也"。

"远"是比较出来的，陈亢觉得孔子待儿子无异于待学生，便觉得远，因为一般父亲都会不自觉地偏私自己的子女，朱熹说："亢以私意窥圣人，疑必阴厚其子。"对陈亢的动机有所怀疑。尹焞也说："孔子之教其子，无异于门人，故陈亢以为远其子。"（朱注引）都有点误会。真相是，孔子待自己儿子，并无厚薄远近的问题。"远其子"其实可以解释为孔子把所有学生都视为己出，因材施教，一体大公，绝无独门秘学之私。

16.14 **邦君之妻，君称之曰夫人，夫人自称曰小童；**

邦人称之日君夫人，称诸异邦日寡小君；异邦人称之亦日君夫人。

国君的妻室，国君称她作"夫人"，夫人自称为"小童"；国人称她"君夫人"，在外国人面前称她"寡小君"；外国人称她也是"君夫人"。

1 寡：国君多自谦称孤、寡，后来这两字成了政治场域的禁忌，非真有国君高位不敢用了。

这段记录其实相当于后世《称谓录》中的一部分，只集中在国君夫人一人身上，是与《论语》无关的杂记，可能是在传抄间不小心被编在书中。

梁启超在《古书真伪及其年代》里说："原书所本无，后人在别处偶有所闻，随手记在这书空白的也有。"又说："《论语》各篇末尾几乎都有一二章不相关的话，那自然是读书在这种情形之下添上去的。不幸无识的编者，一味贪多，所以不但后人记得不对、荒谬不经的都收进去，就是这种毫无关系、随手写在空白上的也都收进去了。"本章与《微子》篇最后一章"周有八士"，都属同样问题。其实吴棫早说过："凡语中所载如此类者，不知何谓。或古有之，或夫子尝言之，不可考也。"（朱注引）

　　　　　　　　　　　　　　　　论语讲析

17.1 　　阳货欲见孔子，孔子不见，归孔子豚。孔子时其亡也，而往拜之，遇诸涂。谓孔子曰："来！予与尔言。"曰："怀其宝而迷其邦，可谓仁乎？"曰："不可。""好从事而亟失时，可谓知乎？"曰："不可。""日月逝矣，岁不我与。"孔子曰："诺。吾将仕矣。"

　　阳货想见孔子，孔子不见他，阳货便送孔子烤乳猪肉。孔子等他不在家时，前往回拜致谢，却相遇在路上。阳货对孔子说："来，我跟你说。"问孔子道："你拥有智慧，却让国人迷失，这可叫作仁吗？"孔子说："不可。""你想做事，又屡屡失掉机会，这可叫作智吗？"孔子说："不可。""日子一天天过去，岁月是不等人的。"孔子说："好的。我这就去做官吧。"

1 **阳货**：鲁季氏家臣，一名虎。

2 **归孔子豚**：送孔子小猪。归，馈。豚，《说文》："豚，小豕也。"此处豚，指烤乳猪之类的食品。

3 **时其亡**：等他不在家时。时，俟。亡，同无，即不在家。

4 **往拜**：回拜。

5 **涂**：通途。

6 **怀其宝而迷其邦**：指有才干却不用于国事。宝，指才干。迷，指人迷惑。

7 **亟**（qì）：屡次。

8 **诺。吾将仕矣**：孔子怕他继续说，便以此五字回答，有搪塞意。诺，肯定的语词。

礼有规定，别人送礼，必须回拜。阳货想登门，老被孔子拒绝，便想送你礼物，你不得不来回拜，这下子就可见着面了。孔子对阳货这样的人十分厌恶，因他曾囚季桓子而专国政，嘴里又满口仁义道德，令人瞧不起，但格于礼节，不能不去回拜，就特别找到阳货不在家的时候前往，不料两人竟相遇于路途。阳货在路上反复说了很多"有道理"的话，让孔子不好回答也不便回答，最后只用"诺。吾将仕矣"来作结。

　　此章的重点不在内容，而在心理与现场气氛的描写，阳货一心怂恿，孔子一再拒绝，最后不得不以一语搪塞而过，孔子心里，其实充满了挣扎，老实说，阳货对孔子并无恶意，孔子不想如此却必得如此，明明心存不屑，表面却要以礼待之，以戏剧言，这戏里的主角是有很多"内心戏"的戏份的，这段短文，把这种难写的情状都表现出来了，所以十分特殊。

17.2　　　子曰："性相近也，习相远也。"

　　　　老师说："人的本质原来是相近的，而经过后天的学习与熏陶，就相去遥远了。"

1 性：生命本质。

2 习：习气，后天经学习、熏染所得。

　　朱注："此所谓性，兼气质而言者也。气质之性，固有美恶之不同矣。然以其初而言，则皆不甚相远也。但习于善则善，习于恶则恶，于是始相远耳。"这是宋儒的习气，喜欢以气质谈性，这是格于之后孟子主张性善、荀子主张性恶的缘故，其实不能把账算在孔子身上。《论语》共出现两次"性"，除此章外，只有《公冶长》篇5.12章"子贡曰：'夫子之文章，可得而闻也；夫子之言性与天道，不可得而闻也。'"全没谈到善恶的问题，所以可以断定在孔子时代，性只指上天给人的本质条件，跟"天赋"（天赋予的、人最基本的）的意思差不多，由于跟"天"有关，为人所难以把握，因此之故，强调人事的孔子便不甚喜欢谈它，这是子贡感叹"不可得而闻"的原因。

朱注引程颐言："此言气质之性，非言性之本也。若言其本，则性即是理，理无不善，孟子之言性善是也，何相近之有哉？"其实也是在宋儒所定下的小圈圈中打转，一言及性，就想到善恶的问题，在孔子时代，性该是善该是恶这问题，还是不存在的，康有为说："孔子则不言善恶，但言远近。"（《论语注》）民间流传甚广的童蒙读物《三字经》"性相近，习相远"脱胎于此章，但前面两句"人之初，性本善"则不是此章含义。

17.3　子曰："唯上知与下愚不移。"

老师说："只有上智与下愚的人是不会改变的。"

很简单，意思是世上大多数人会改变，只有上智与下愚的人不会改变。上智的人很早就把握住善道了，无须改变，下愚的人一生固执，无法改变。但历来注家又太受宋儒影响，多主应与上章合并而言，解释也就不免受到性之善恶论的影响了。如朱注引程颐说："人性本善，有不可移者何也？语其性则皆善也，语其才则有下愚之不移。"这里论人会不会改变，与人是否性善无关，硬要兜拢起来说，便易穿凿，也非此章本意。

17.4 子之武城，闻弦歌之声。夫子莞尔而笑，曰："割鸡焉用牛刀？"

子游对曰："昔者偃也闻诸夫子曰：'君子学道则爱人，小人学道则易使也。'"

子曰："二三子！偃之言是也。前言戏之耳。"

孔子到了武城，听到一片弦歌之声。不禁笑着说："杀鸡嘛，何必用起牛刀来呢？"

子游对答说："以前我听老师说过：'君子学道会知道爱人，小人学道就容易指挥。'"

老师说："各位同学，言偃说的是对的。刚才我说的，只是开玩笑罢了。"

1 **子之武城**：之，至。武城，鲁邑，时子游为武城宰。

2 **弦歌**：弦，琴瑟。以礼乐为教，故邑人皆弦歌。

3 **莞尔**：小笑貌。

4 **割鸡焉用牛刀**：鸡小牛大，杀鸡何必用大刀。言治小邑何须用大道，是一时开玩笑的话。

5 **君子学道则爱人，小人学道则易使也**：此语孔子常言，君子小人以位言，指所有人都得学习。

此章很特别，圣人也承认犯错，而这错是因为开玩笑而来，原来夫子在学生面前，是会开玩笑的，否则不会用"莞尔"一词。凡事一本正经地说，不容易收到好效果，偶尔开个玩笑，不伤大雅，又使听者愉悦，教与学之间，就如沐春风了，所以这个小过错，也许是孔子故意犯的。

17.5 公山弗扰以费畔，召，子欲往。子路不说，曰："末之也已，何必公山氏之之也。"

子曰："夫召我者而岂徒哉？如有用我者，吾其为东周乎？"

公山弗扰据费城谋叛季氏，召孔子前往，孔子打算去。子路不高兴，说："就算没处可去，也何必到公山那儿去啊。"

老师说："他来召我，只是空召吗？如真用我，我岂不可以在东方复兴周室吗？"

1 **公山弗扰以费畔**：公山弗扰占据了费城以叛季氏。公山弗扰即公山不狃，季氏家臣。费为季氏家邑。畔，叛。

2 **末之也已，何必公山氏之之也**：末之也已，有无处可往之意。之，至、往。

3 **岂徒哉**：岂徒为是哉。徒，空。

4 **其为东周**：可在东方复兴周室。费为鲁邑，在东。

朱注引程颐说："圣人以天下无不可有为之人，亦无不可改过之人，故欲往。然而终不往者，知其必不能改故也。"这话说得很勉强。

此章有争议，主要是真假的问题。崔述以为此章所记不合历史。梁启超也说:"《左传》定公十二年公山弗扰以费畔时,孔子正做司寇,和现在的司法总长一样,很用力打平那反畔的县长。以情理论,哪有现任阁员跟县长造反,借口想实行政策（的）?"（《古书真伪及其年代》）意即孔子不可能跟下属一同作乱。钱穆的意见也相同,认为可能是杂记滥入:"《论语》乃经后儒讨论编集成书,其取舍间未必不无一二滥收,不当以其载在《论语》而必信以为实。"但钱穆又以为,此事如据一说谓发生在定公八年,或也有可信之处,不须深疑:"时孔子尚未仕,不狃为人与阳货有不同,即见于《左传》者可证,其召孔子,当有一番说辞。或孔子认为事有可为,故有欲往之意。"（《论语新解》）可参。

17.6

> 子张问仁于孔子。孔子曰:"能行五者于天下,为仁矣。"请问之。曰:"恭、宽、信、敏、惠。恭则不侮,宽则得众,信则人任焉,敏则有功,惠则足以使人。"

子张问孔老师该如何行仁的事。孔老师说:"能在天下推行五种德行,就可以说行仁了。"子张请问是哪五件。老师说:"恭敬、宽厚、信实、勤敏、慈惠。能恭敬,就不受人侮辱;能宽厚,就能得众心;能信实,就受人倚仗;能勤敏,就会做事有成;能慈惠,则人能受我驱使。"

1 **不侮**:不被辱。

2 **人任**:受人倚仗信托。

3 **敏则有功**：勤敏则有绩效。敏，做事敏捷。

此章多可疑处。首先是写法的问题。《论语》后五篇孔子答弟子问，往往将"子曰"写成"孔子曰"，有人怀疑是用了《齐论》的方式，但此事并不可考。就此章子张问仁，孔子言"能行五者于天下，为仁矣"，万一子张不再问，孔子就不会说出恭、宽、信、敏、惠这五件事，后面更不能再作说明了，如果没有后面的说明，此章又有何意义呢？再以内容而言，孔子以恭、宽、信、敏、惠答子张问仁，好像有点答非所问，孔子所答比较接近处理政治的问题，与子张所问的仁，关系稍远。

再如"恭则不侮"也有问题，因为"恭"与"侮"很容易混淆，故有子有"恭近于礼，远耻辱也"(1.13) 之语，提示恭敬必须与礼结合，始能远离耻辱，此处则直言恭则不侮，与《论语》前说似稍有冲突。

17.7 佛肸召，子欲往。子路曰："昔者由也闻诸夫子曰：'亲于其身为不善者，君子不入也。'佛肸以中牟畔，子之往也，如之何！"

子曰："然，有是言也。不曰坚乎，磨而不磷；不曰白乎，涅而不缁。吾岂匏瓜也哉？焉能系而不食？"

佛肸召孔子，孔子想前往。子路说："我曾听老师说：'一个人如做了坏事，君子是不到他那儿去的。'现在佛肸盘踞中牟要叛乱，老师却要去他那儿，这该怎么说呢！"

老师说："是的，我说过这话。我们不是又说，真正硬的东西，怎么去磨也磨它不薄的；真正白的东西，就是放在染剂里也不会给染黑的。我岂是系在瓜棚的一只匏瓜，怎么能老挂着不给人吃呢？"

1 佛（bì）肸（xī）：晋大夫赵氏之中牟宰。

2 亲于其身为不善者：就是"其身不为善"，"亲于"两字疑衍。

3 以中牟畔：据中牟以叛赵氏。

4 磷（lìn）：薄。

5 涅（niè）而不缁：涅，矾石，黑色染剂。缁，黑色。

6 吾岂匏瓜也哉？焉能系而不食：我岂是匏瓜，能系挂一处而不吃不喝吗？可能是当时的俗语。还有一说，言我如是匏瓜，就该供人食，既是人才，就该供人使用，岂能惜才而不用世？译文取后一说。

此章问题更多，看孔子答子路问，最后一句话，真有点耍无赖的感觉，可以判断，应非出于圣人之口。

考以历史，跟前章公山弗扰相召事一样，也不符合史实。崔述说："当鲁定公十四五年孔子在卫之时，中牟方为范中行氏之地，佛肸又安得据之以叛赵氏。"以情理言，则更不符。崔述又言："佛肸以中牟畔，是乱臣贼子也，孔子方将作《春秋》以治之，肯往而助之乎？肸与公山不狃，皆家臣也，孔子，鲁大夫也，孔子往，将臣二人乎？亦臣于二人乎？臣二人则其势不能，臣于二人则其义不可，孔子将何居焉？夫坚者诚不患于磨，然未有恃其坚而故磨之者也；白者诚不患于涅，然未有恃其白而故涅之者也。圣人诚非小人之

所能污，然未有恃其不能污而故入于小人之中者也。"（《洙泗考
信录》）

而且据传佛肸所据的中牟，在晋之赵地，赵在晋北（今
山西、河北之交），与孔子的鲁国或孔子当时所在的卫国都相去
甚远，要孔子到遥远之地去投奔这号小人物，也确实匪夷
所思。

由此可确定此二章是后世之误传，有辱圣门，也应非门
下弟子所记。崔述最后作了一段沉痛至极的总结："此盖战国
横议之士欲诬圣人以便其私，但闻不狃尝叛鲁，则附会之以
为孔子欲往，而不知其年之不符也；但闻佛肸尝叛晋，则又
附会之以为孔子欲往，而不知其世之尤不符也。彼横议者固
不足怪，独怪后世之儒肩相望，踵相接，而但高谈性命，细
摘章句，竟无一人降心考究，肯为我先师孔子辩其诬者，良
可叹也！"动机是否真如崔述所言，不能确定，可确定的是，
此章必定有误。

17.8　　　子曰："由也，女闻六言六蔽矣乎？"对曰："未也。"

"居！吾语女。好仁不好学，其蔽也愚；好知不
好学，其蔽也荡；好信不好学，其蔽也贼；好直不
好学，其蔽也绞；好勇不好学，其蔽也乱；好刚不
好学，其蔽也狂。"

老师问："仲由啊，你听过'六言六蔽'吗？"子路恭敬
对答说："没有。"

老师说："你坐下！我来告诉你。好仁不好学，其蔽就是愚蠢；好知不好学，其蔽就是放荡；好信不好学，其蔽就是易受伤害；好直不好学，其蔽就是急切；好勇不好学，其蔽就是容易作乱；好刚不好学，其蔽就是轻率。"

1 六言六蔽：六言指仁、知、信、直、勇、刚，皆美德，但如不学则有愚、荡、贼、绞、乱、狂之六病。蔽，病。

2 居：坐。古时学生与老师说话必起立以示敬，故孔子如此说。

3 荡：穷高极广而无所止。

4 贼：谓伤害于物。

5 绞：急切。

6 乱：犯上违纪。

7 狂：躁率。

孔子跟子路分析"六言六蔽"，重点放在"学"，假如不学，六种美德就会变成害人的利器，学者不可不慎。

但此章也有个问题，就是如果问子路听过"六言六蔽"吗，子路说听过了，就不可能有下文了，孔子就没说下去的必要，这样读者岂不被蒙蔽了？《论语》前十五篇都不用这方式记言，总是很直接，不拐弯，但最后五篇这种拐弯的状况就经常出现，跟前面17.6孔子答子张问仁时说"能行五者于天下，为仁矣"一样，子张如不再问，就不知孔子所谓"五者"究竟为何了。

这种描写，在《礼记》中很常见，跟《孝经》作比较，也十分近似。《孝经·开宗明义章》一开始是这样写的："仲尼居，曾子侍。子曰：'先王有至德要道，以顺天下，民用和睦，上下无怨。汝知之乎？'曾子避席曰：'参不敏，何足以知之？'子曰：'夫孝，德之本也，教之所由生也。复坐，吾语汝。……'"《孝经》成书很晚，据考证写成应在战国末年到汉初了，《论语》这几章的写法很相似，可能写成较晚，应已不是孔子及门弟子所记的了。

17.9　子曰："小子！何莫学夫《诗》？《诗》，可以兴，可以观，可以群，可以怨。迩之事父，远之事君。多识于鸟兽草木之名。"

> 老师说："学生们啊！怎能不学《诗》呢？学了《诗》，可以感发意志，可以扩充视野，可以用来合群，也可以发抒内心的幽怨。近的话，可以用来侍奉父母；远的话，可以用来服务君上。还可以多识些鸟兽草木的名字。"

1　小子：称弟子。

2　可以兴：可以之兴怀。兴，朱注："感发志意。"

3　观：扩充视野。朱注："考见得失。"

4　群：乐于合群。

5　怨：发抒幽怨之情。

6　迩：近。

　　此章是以《诗》的"功能性"既多又广，来劝学生研习《诗》。

　　"兴、观、群、怨"被后世认为是文学上的重要理论。

　　　　　　　　　　　　　　　论语讲析

朱熹说："学《诗》之法，此章尽之。"其实孔子是以多元的方式，要人从多方面认识《诗》这本书，"兴"是兴感联想，"观"是扩大视野，"群"是认识他人，"怨"抒发忧愁。"兴、观、群"三事比较好理解，最引人注意的是，孔子提出了"怨"这个概念，把人发抒心中的幽怨（说是怨恨也没什么不对）视作合理且正当，这是个极有建设性也极为重要的看法。朱熹释此处的怨为"怨而不怒"，其实太保守了，怨当然也包括怒，怨与怒都是人类感情的一部分，都须合理地尊重，但《诗》的怨怒，是用文学的方式表现，假如连文学上的怨怒都不能展现，那设在人身上的禁制就太多且太大了，"怨"其实是生命中的某些事实，所以也须尊重且正视。

当然孔子的怨是搭配了"兴、观、群"而说的，也无须特别强调"怨"，不能说《诗》的功能只在怨怒，但怨是人所有的情绪，自当与其他情绪一样得到重视。后世讲这问题的人往往混搭着"温柔敦厚"的"诗教"来讲，对孔子提出的"怨"的概念往往忽略或曲解，认为人即使有怨，也该"发乎情止乎礼"地克制住，不让它发出，与此章孔子之言，显然很不相同。何者为孔子之真，读者自可分辨。

17.10　子谓伯鱼曰："女为《周南》《召南》矣乎？人而不为《周南》《召南》，其犹正墙面而立也与？"

> 老师对伯鱼说："你学了《周南》《召南》吗？一个人如不学《周南》《召南》，岂不就像面对着一堵墙而立，哪里都走不出去吗？"

1 为：学。

2 《周南》《召南》:《诗·国风》首二篇名。

3 正墙面而立：面对墙壁站立，喻前进无路，无法通行。

　　前章在说明《诗经》的重要，此章在说明《周南》《召南》的重要。有二解，其一是此"二南"用于乡乐，采众人合唱方式表演，不能歌"二南"，就等于自陷幽独。其二是"二南"多言男女、夫妇之道，人如不知此事，将无法在人群中立足。朱熹说："《周南》《召南》，《诗》首篇名，所言皆修身齐家之事。正墙面而立，言即其至近之地，而一物无所见，一步不可行。"孔子要孔鲤学习二诗，是鼓励他合群，重视齐家之事，有更积极的含义在。

　　但《周南》《召南》以至《诗经》都是文学，与道德有涉却绝不等于道德，后儒解释，有些往往说偏了，此章最直接的解释是，孔子要伯鱼先把"二南"学好，其实是重视文学的意思。

17.11　子曰："礼云礼云，玉帛云乎哉？乐云乐云，钟鼓云乎哉？"

　　老师说："礼呀礼呀，难道只有玉帛吗？乐呀乐呀，难道只有钟鼓吗？"

1 玉帛云乎哉：只玉、帛就够了吗？是疑问句。玉、帛为行礼时使用，但礼之本应不在玉、帛。

朱熹说："敬而将之以玉帛，则为礼；和而发之以钟鼓，则为乐。遗其本而专事其末，则岂礼乐之谓哉？"说得很好。衰世之礼，只有玉帛而没有敬，衰世之乐，只有钟鼓而没有和，而乱世则连玉帛与钟鼓也一并全没了，那就更可浩叹了。

17.12　子曰："色厉而内荏，譬诸小人，其犹穿窬之盗也与？"

老师说："一个外表凶狠其实内心怯懦的人，以小人为况，也只能算越墙的小偷吧？"

1 色厉：表面凶狠。色，表面。厉，威严。

2 内荏：内心怯懦。荏，柔弱。

3 穿窬 (yú) 之盗：越墙而过的宵小。穿，穿壁。窬，逾墙。盗，小偷。

外表凶狠的人往往内心怯懦，外面做出吓人的举动，其实只是在虚张声势。孔子将之与穿窬之徒相比，讥讽中间寓有一些同情与怜悯。

17.13　子曰："乡原，德之贼也。"

老师说："一乡里头人人称好的那种人，其实是道德上的败类啊。"

1 乡原 (yuàn)：同乡愿。一乡人皆称好的人，这种人往往媚世取容，朱熹说："盖其同流合污以媚于世，故在乡人之中，独以愿称。"

为求安身，什么也不得罪，处处都讨好，这种人，当时称为乡原，即后世只计利害不计是非的所谓好好先生。孔子认为这种人是败类，因为他们绝不主持正义，道德心在他们身上早已消亡了。

17.14　子曰："道听而涂说，德之弃也。"

　　老师说："在道路上听闻一事，便随即说出去，就是个被道德所弃的人啊。"

1 涂：通途。

道听途说，往往只是贪求博闻之名，其实没有太大道德上的问题，所以说是被德所弃，十分可惜。但于日期有进的君子而言，则须深戒。王夫之说："耳听之而心受之，则天下之善皆集于吾心；心审之而后口说之，则善虽公于天下而初不忘于心。如其听之于道而即说之于涂，俄顷之不容待，耳入而口旋出，心总无与焉，则虽有善言，过而不留，往来于天下而己无与，自弃其德，而德亦弃之矣。"（《四书训义》）康有为说："若东涂西抹，但以哗众，则虽有所闻，亦非己有。在才为弃才，在德为弃德矣。"（《论语注》）均可参考。

17.15　子曰："鄙夫可与事君也与哉？其未得之也，患得之；既得之，患失之。苟患失之，无所不至矣。"

老师说："一个鄙夫，可以跟他一起服事国君吗？没得到时，担心得不到；得到之后，又担心失去。一个人如果成天担心失去，那什么事就都做得出来了。"

1 **鄙夫**：鄙，本指偏僻之处，无贬义。鄙夫见闻寡，所识浅，往往为世蒙蔽，逐渐有负面含义。朱注："庸恶陋劣之称。"

2 **患得之**：患，担忧、担心。朱注引何晏说："患得之，谓患不能得之。"今采其说。

"事君"只是举例，像这种既患得又患失的人，是任何地方都不可与他共事的，患得患失总是因为自私，人一自私，任何事就都做得出来。朱注引胡安国说："许昌靳裁之有言曰：'士之品大概有三：志于道德者，功名不足以累其心；志于功名者，富贵不足以累其心；志于富贵而已者，则亦无所不至矣。'志于富贵，即孔子所谓鄙夫也。"

17.16 子曰："古者民有三疾，今也或是之亡也。古之狂也肆，今之狂也荡；古之矜也廉，今之矜也忿戾；古之愚也直，今之愚也诈而已矣。"

老师说："古人常见三种毛病，现在人好像都见不大到了。古人狂放，往往是不拘小节，现在人狂的话，就放荡而无所不为了；古人矜持是有棱有角、不与人同，现在人矜持的话，就自以为是、好与人斗了；古人愚笨，往往自以为是、直道而行，现在人愚笨的话，反而挟私妄作、毫不忌惮了。"

1 亡：无。

2 古之狂也肆，今之狂也荡：朱注："肆，谓不拘小节，荡则逾大闲矣。"

3 古之矜也廉：矜，矜持。廉，棱角峭厉。

4 忿戾：多怒又好斗。

5 古之愚也直：愚，暗昧不明。直，径行直遂。

6 诈：欺诈。

本章言"民疾"，是指民众道德层面的事，也是有关民风良窳的问题，将古代与孔子当时所见作比较，结果是"世风日下"。

这种世风日下，与人类智慧的开展及工具的进步有关。越到后来，人就有越多的犯罪知识，也有更多工具帮他遂行其罪行，孟子就举例，说"杀人以梃与刃，有以异乎"（《孟子·梁惠王上》），当人知道以刃杀人可以更多更快时，自然用刃而不用梃了，当然罪行就变大了。

人是不能阻止这些所谓的"进步"的，只有在与人类智慧的开展及工具进步的同时，不断寻求内心的提升，才能建立新的道德价值。

17.17　子曰："巧言令色，鲜矣仁！"

此章重出，见《学而》篇1.3。

17.18　子曰：“恶紫之夺朱也，恶郑声之乱雅乐也，恶利口之覆邦家者。”

老师说：“我厌恶紫色抢夺了正红的地位，厌恶郑声扰乱了雅乐，厌恶利口舌的人颠覆了国家。”

1 恶：厌恶。

2 紫之夺朱：紫色抢夺了红色的地位。古以朱为正色，朱即正红色，既为“正”，就有正确、正统的含义。紫是间色（多色相混），非正色。

3 郑声：《诗·郑风》多描写男女之间的事，常被视为不正的淫声。

4 利口：口齿锐利的人。朱注引范祖禹言：“利口之人，以是为非，以非为是，以贤为不肖，以不肖为贤。人君苟悦而信之，则国家之覆也不难矣。”

《卫灵公》篇15.10：“放郑声，远佞人。郑声淫，佞人殆。”所以此章的后半段讲郑声之乱雅，利口之覆邦家很易懂，但“恶紫之夺朱”就复杂了些，这句话当然有政治上或道德上的影射，却也显示了孔子的一些美学况味。

从直觉上讲，孔子不喜欢紫色而喜欢红色的原因是，红色是“三原色”之一，而紫色是两色以上的调和色（又叫中间色），紫色牵动人的视觉神经比较复杂，喜欢紫色的人要多经历一些心理历程，相较之下，红色就直接又简单许多，如从此推论，便说明孔子比较喜欢简单又直接的东西。孔子的历史观是尚古的，如拿古与今来对比，他赞成与欣赏的以古居多，前面在分析“辞达而已矣”时，已说明了他在文学与艺术的看法是倾向尚"质"的，在文与质作比较时，虽说过"文质彬彬"，却总不经意地流出有一点轻"文"的意思，与他厌紫之夺朱的言论放在一起，就能看出一些类似的倾向。

王应麟《困学纪闻》说："《管子》云：齐桓公好服紫衣，齐人尚之，五素易一紫。郑康成以紫绶为宋王者之后服，贾逵、杜预以紫衣为君服，皆周衰之制也。"间色代表繁缛，正色代表单纯，从历史与道德层面上讲，弃质朴尚繁华，总是用来形容衰败现象的。

文化构成是很复杂的，用这种方式分析不见得完全正确，但这种观点也有部分道理在，不能完全忽略，但引用这种理论必须佐证其他有关资料，且必须十分小心。

17.19　　子曰："予欲无言。"子贡曰："子如不言，则小子何述焉?"子曰："天何言哉? 四时行焉，百物生焉，天何言哉?"

老师说："我不想再说什么了。"子贡说："老师您如不说了，那我们怎样传述老师的思想呢?"老师说："老天说了什么? 四时不是也照常运行，百物不是也照常滋长，老天说了什么?"

1 无言：不说话。是不应说还是不再说? 两者是有别的。不应说，是否定了已经说过的；不再说，是说到此话已尽，以后不再说了。今取后者。

2 述：叙述、陈述。

子贡曰："夫子之文章，可得而闻也；夫子之言性与天道，不可得而闻也。"（《公冶长》篇5.12）孔子罕言天与天道，此处却连续说了两次天——"天何言哉"，到底是什么意思？

人的世界之外，还有个更大的秩序，这个大秩序之所向，是所有人都无法抗逆的，譬如人的生死，还有一部分的福祸，都是这大秩序的一部分，人只能在自己能掌握的那一部分尽心努力，其他只有委之于天，这种看法有一点与现在说的"大气候决定小气候"近似，小气候也许可以有些作用，但须知道绝对"敌"不过大气候。孔子的五十而"知天命"，就是知道除了尽人事之外，还有一个天的因素存在，人当然要奋斗，但"知天命"的人也该知道，人所做的与天相较，到底有限。

绝不妄自菲薄，也绝不狂妄自大。此章表现的是一种情绪，孔子也有情绪低落的时候，有时会觉得说什么也没用，便有干脆不说的叹息。幸好天不言，而四时行、百物生，好像也没耽误了什么。了解了这些，便能如陶渊明诗说的"纵浪大化中，不喜亦不惧"，孔子此时的心情，便有点近乎此。

17.20   孺悲欲见孔子，孔子辞以疾。将命者出户，取瑟而歌，使之闻之。

孺悲想来见孔子，孔子以病推辞。就在传话人出门传达时，孔子取出瑟来弹奏并唱歌，故意让外面的人听到。

1 **孺悲欲见孔子**：孺悲曾从孔子学丧礼。

2 将命者：传达命令的人。

此章与本篇首章一样，都是描写孔子想避开一个不想见的人，没能躲过阳货，只得心不甘情不愿地见了，但却躲过了孺悲。

朱注引程颢说："此孟子所谓不屑之教诲，所以深教之也。"朱熹自己也说："当是时必有以得罪者，故辞以疾，而又使知其非疾，以警教之也。"都说孺悲有错，但错在何处，却未说明，孔子委屈施教，目的在让孺悲自知其错。但《述而》篇7.36不是有"君子坦荡荡，小人长戚戚"之语吗？孺悲有错，孔子如标榜坦荡，为何不召见孺悲而直指其非呢，如此岂不是更好手段？尤其是"取瑟而歌，使之闻之"，故意在里面鼓瑟，让对方听到，不给来访者任何面子，其实有伤正直，更嫌小气，应非孔子之行。此段记录，也可能有其他隐情在其中，记者未能尽之。

17.21　　宰我问："三年之丧，期已久矣。君子三年不为礼，礼必坏；三年不为乐，乐必崩。旧谷既没，新谷既升，钻燧改火，期可已矣。"

子曰："食夫稻，衣夫锦，于女安乎？"曰："安。""女安则为之！夫君子之居丧，食旨不甘，闻乐不乐，居处不安，故不为也。今女安，则为之！"

宰我出。子曰："予之不仁也！子生三年，然后免于父母之怀。夫三年之丧，天下之通丧也。予也有三年之爱于其父母乎？"

宰我问："说起三年之丧这事，我以为满一年就够久了。君子三年不行礼，礼必坏了；三年不奏乐，乐也毁了。旧的粮食吃尽，新的收成已有，钻燧取火也改了周期，所以一年为期应已够了。"

老师说："你吃好的，穿好的，安心吗？"宰我说："安心。""安心的话你就去做吧！君子居丧，好的吃不了，音乐听不进，在屋子里住着也不觉安宁，所以才不这么做。现在你觉得安心，就这么做吧！"

宰我走了。老师说："宰予这个人真不仁啊！小孩生下来要过三年才能脱离父母的怀抱。为父母守丧三年，应该是天下人共通的丧期。难道宰予没得过父母的三年之爱吗？"

1 三年之丧：父母死，守丧三年。

2 期（jī）：周岁。

3 礼必坏、乐必崩：礼乐皆废，势必崩坏。

4 旧谷既没，新谷既升：旧谷已吃尽，新谷已收成，喻正好一年。

5 钻燧改火：古人钻木以取火，所用之木随四季而更动，据皇侃《论语义疏》说，春用榆柳，夏用枣杏，季夏用桑柘，秋用柞楢，冬用槐檀，一年一周转。

6 食夫稻，衣夫锦：吃稻米，穿锦绣，喻生活安逸。

7 怀：怀抱。

8 通丧：通行的丧礼，是孔子认为合理的丧礼，而非确然已有的。

依据此章所记,"三年之丧"在孔子与宰我讨论的时候,应还不是"定制",所以学生有不同意见。

孔子主张父母死子女应守丧三年,理由是"子生三年,然后免于父母之怀",纯粹从感情层面出发,而宰我主张满一年就好了,所持理由是"君子三年不为礼,礼必坏;三年不为乐,乐必崩",而且衡诸大自然的规则,认为"旧谷既没,新谷既升,钻燧改火,期可已矣",所说的理由比孔子还多,平心而言,也较实际。但现实的"话语权"与历史的"话语权"都掌握在孔子手上,孔子在宰我出去后还能展开批评,说"予也有三年之爱于其父母乎",让宰我根本无机会答辩,更重要的是因为孔子在宰我面前说了这一席话,三年之丧果然成了"天下之通丧",影响历史达两千年之久。

当然孔子主张三年之丧,主要着重的是父慈子孝的家庭伦理,以为家庭伦理是一切道德理论的基础,"长丧"的目的一方面是感情无法割舍,另一方面是有益于儒家以孝道为始的教化。但还要考虑的一点是社会的经济力量是否足以支撑?传统三年之丧只适用于知识分子与官吏阶层,农民无须辍耕以守制,手工业者也无须放弃工作,对社会经济的影响是很轻微的,但到后世,知识阶层逐渐扩大,当更多人成为知识分子之后,社会其实已无力支持此一久丧的活动,因为严格的三年之丧足以使社会运作为之瘫痪。

《史记·孔子世家》有记:"孔子葬鲁城北泗上,弟子皆服三年。三年心丧毕,相诀而去。"孔子弟子也为孔子服丧三年,但不论受教讲学、行动作息都如常态,司马迁称之为"心丧"。可见守丧即使有年限,也不必过于拘泥于形式,限制其必要的活动。

　　　　　　　　　　　　　　　　　　论语讲析

17.22　子曰：“饱食终日，无所用心，难矣哉！不有博
弈者乎？为之犹贤乎已。”

　　老师说：“一个人吃饱饭没事干，也不用心，（要他有所成）
那就难了！不是有玩掷骰子跟下棋的人吗？玩这些的比起
不用心的人，还要高出一些呢。”

1 博弈：结局有胜负的游戏。博，古作簿，《说文》：“簿，
局戏也。”有点像后来的掷骰子游戏。奕，即下棋。

　　此章言用心的重要。

17.23　子路曰：“君子尚勇乎？”子曰：“君子义以为上。
君子有勇而无义为乱，小人有勇而无义为盗。”

　　子路问：“君子看重勇气吗？”老师说：“君子看重的是
义气。上位的君子有勇而无义，就会作乱，下位的小人有
勇无义，就会做盗贼。”

1 尚勇：崇尚勇气。尚，上，尚勇即以勇为上。
2 义以为上：即以义为上。此语在纠正子路之言。

　　此处的君子小人是以位而言。“以义为上”不是不重视
勇，而是应把义字放在勇字前面。义者，宜也，一切适当且
应该做的事就毫不犹豫地去做，这就是义，义中其实包括了

勇的成分。

17.24　子贡曰："君子亦有恶乎?" 子曰："有恶：恶称人之恶者，恶居下流而讪上者，恶勇而无礼者，恶果敢而窒者。"

日："赐也亦有恶乎?" "恶徼以为知者，恶不孙以为勇者，恶讦以为直者。"

　　子贡问："君子也有厌恶的事吗?" 老师说："有的。厌恶老说人坏处的人，厌恶自己不求上进却讪笑上进的人，厌恶光有勇气却无礼的人，厌恶只有果敢而凡事不通的人。"

　　老师问："赐啊，你也有什么厌恶的吗?" 子贡说："我讨厌抄袭别人以为自己智慧的人，讨厌不谦逊而自以为勇的人，讨厌把揭人阴私当成正直的人。"

1 恶：厌恶。

2 恶（wù）称人之恶（è）者：厌恶老说人坏处的人。

3 居下流而讪上：在低下位置却讪谤上位的人。也可解作自己不上进，却讥笑求上进的人。

4 果敢而窒：果敢而不通事理。

5 徼以为知：抄袭别人的以为自己的智慧。徼，抄袭。朱注："伺察也。" 伺察人智以为己智。

6 孙：同逊。

7 讦（jié）：恶意揭发。

此章与其他章节有明显的不同，基本上，《论语》喜欢正面立论，再加上孔子也是个比较乐观的人，他所看到的好人好事，总是比坏人坏事要多，所以举例也喜举正面的事例，而此章写出孔子心里讨厌的事，先是子贡问，后来孔子说了又问，逼得子贡也说，可以说是一个举讨厌事的比赛。对讨厌的人或事，不刻意回避，这也是一种正义感，是一切明辨是非曲直所必须采取的手段，由此可见儒门执善勇进的真精神，对就对，错就错，难怪孔子看不惯有和事佬之称的好好先生，说他们是"乡原，德之贼也"。

17.25　子曰："唯女子与小人为难养也，近之则不孙，远之则怨。"

　　　　老师说："只有女子与低下的小人最难缠，过于接近固不合正道，离他们远一点又会遭怨。"

1　**女子与小人**：古时没有男女平权的观念，都认为女子与小人知识低下，无法沟通，故曰"难养"。王夫之认为此处女子小人乃指"妾媵之女子与左右之小人"，泛指仆妾与仆人而言。

2　**难养**：难以相处。

3　**不孙**：不合正道。孙同逊。

　　这是古人"严女子小人之防"的根据，当然是不合理的，不管对女子、小人作何种解释，都不合现在人权的观念，也不合稍早人道主义者所提的人道的观点。不论从人权还是人道的观点来看，都要把人当作跟我一样的人，不能把任何一种人当次等人来看。

但也不能否认，男女平权的观念得以形成是很晚近的事。举例而言，美国妇女到上世纪的1920年才正式有了投票权，以前人视女子不如男子是很普遍的，更不用说古人了，在基督教的《圣经》与佛教的很多经典里，都有类似且更强烈的看法，而《论语》仅此一处。这么说来，衡诸历史，我们的时代确实在进步之中，而我们也须知道，就算是当时圣人，也有不少无法超越的障碍，尤其在观念方面。

17.26 子曰："年四十而见恶焉，其终也已。"

老师说："一个人年到四十还让人嫌恶，大概一辈子都无望了吧。"

1 见恶（wù）：被人厌恶。

孔子说过四十而不惑，但此处说"年四十而见恶"，朱熹说："四十，成德之时。见恶于人，则止于此而已，勉人及时迁善改过也。"四十是成德之时，不知何据？人应随时迁善改过，何必待或不待四十？再好的说法，恐怕也解释得不周全。大约古人的平均寿命不如今人，故有此论。也可能专有所指，或是针对某一特定人物而发，苏轼就说："此亦有为而言，不知其为谁也。"（朱注引）

微子第十八

《微子》篇，共十一章。朱熹指此篇「多记圣贤之出处」。钱穆亦承此意，以为：「此篇多记仁贤之出处，列于《论语》之将终，盖以见孔子之道不行，而明其出处之意。」（《论语新解》）大致而言是不错的，但仔细观察，此说仍嫌不够周洽，原因是在此篇十一章中，除最后一章「周有八士」只有人名而无事迹之外，其他十章，均只谈「去」而很少谈「就」，多强调「出」，而轻言「处」，如强调说是借着描写「去」而谈「就」，也许可成立，但此篇干「去」或「出」立言甚少，确是不可否认之事实。在政治上或社会上强调「去」，在当时多是接近道家的思维方式，而非儒门之正统，此篇中孔子曾感叹说：「吾非斯人之徒与而谁与？」可见孔子仍是坚持其「入世」观的，但一篇之中，大量涌出「去」与「出」的描写或喟叹，置之孔门最重要的经典之中，也是奇事，所以崔述言：「《微子》一篇，本非孔子遗书，其中篇残简断，语多不伦，吾未敢决其必然。」（《洙泗考信录》）读者不能不注意。

18.1　　微子去之，箕子为之奴，比干谏而死。孔子曰："殷有三仁焉。"

微子离开了殷，箕子被囚为奴，比干因谏而死。孔子说："殷曾经有过三个仁人呢。"

1 微子去之：微子避去其国。微子，纣之庶兄。微，殷时方国名。子，爵。

2 箕子为之奴：箕子被囚为奴。箕子，纣叔父。箕，方国名。

3 **比干谏而死**：比干因谏而死。比干亦纣叔父。

　　此章开头是"微子去之"，点出一个很强烈的字，就是"去"，不论微子的"去"是被动还是主动，这"去"字都是离开、背离的意思。微子是商纣的庶兄（同父异母兄弟），纣王主政，理该出力辅政，以尽国事，但商纣暴虐，或者根本不听微子的劝，微子不得不出走，其他箕子、比干的一囚一死，也莫不因此。微子之"去"如是主动，当非回避责任，而是不能兼善天下，只有独善其身地以"去"来维护道德的正当性，如被动，更是不得已。

　　所以此章应是描述黑暗时代中伟大人格的故事。所叙三人，一个流放，一个被囚，一个被杀，都不屈服，以所遇而言，都倒霉到底，但正因倒霉到底，高洁的人格才能够充分展现，因此，"去"字如放在适当的场合，也有极刚健的含义。

18.2　　柳下惠为士师，三黜。人曰："子未可以去乎？"曰："直道而事人，焉往而不三黜？枉道而事人，何必去父母之邦？"

　　　　柳下惠当典狱官，三次被免职。有人说："你怎么不走呀？"柳下惠说："如以直道来事人，到哪里不会被三黜呢？如以枉道来事人，那我又何必离开父母之邦呢？"

1 **士师**：典狱之官。

2 三黜：三次被免职。

3 父母之邦：父母所在的国家，或如父母一样的国家，意指自己的
国家。

此章是柳下惠跟人谈"去"的道理，而柳的"去"与他
的"就"密不可分，可见去就的道理并非一成不变。如果天
下一般黑，外国与父母之国其实都一样，我在此国三黜，在
他国同样会被三黜，真要"前往"的国到底在哪里呢？有趣
的是最后标出"父母之邦"来，王夫之言："惠之可直不可
枉，不易之介也。而必重言'父母之邦'，则君子之仕，非
但欲伸其道，而以义之不可逃者为性之所安。故三黜不去，
有合于圣人之道焉。"（《四书训义》）

18.3　　　齐景公待孔子，曰："若季氏则吾不能，以季、
孟之间待之。"曰："吾老矣，不能用也。"孔子行。

齐景公论及要给孔子的待遇，说："要像鲁君待季氏的
规格，我做不到，可以给你季氏与孟氏之间的待遇。"又
说："我老了，不能用你了。"孔子就离开了齐国。

1 齐景公待孔子：鲁昭公二十五年孔子适齐，齐景公一度想用孔子，
论及待遇。此处待即指待遇言。

2 以季、孟之间待之：鲁季氏为上卿，孟氏为下卿，言将以季、孟之
间的中卿待遇予孔子。

3 行：即去。

孔子于鲁昭公二十五年适齐，当时三十五岁，正是有为的青年，但齐景公对他不算很周到，推说自己年老不能用他，孔子知趣，第二年就走了。当时齐景公六十岁。

待遇当然是指给的俸额福利，但也包括一定的礼节，一般而言，给季、孟之间的待遇已算礼遇了，故朱注引程颐言："以季、孟之间待之，则礼亦至矣。"千不该万不该说了后面一句"吾老矣，不能用也"（不过也是实话），听了这话，就是给季氏的最高待遇也不可留了，孔子想，我来齐国只是混吃混喝的吗？孔子之"去"，其实有大义在的。

18.4　　齐人归女乐，季桓子受之，三日不朝，孔子行。

　　　　齐人送来歌舞伎，季桓子照单全收，鲁国因之三天不举行朝礼，孔子就离开了。

1　归：馈赠。

2　**女乐**：由女子组成的乐舞班子，如后世歌舞伎。

3　**季桓子**：鲁大夫，名斯。

　　此章"孔子行"就是说孔子离开鲁国，也就是"去"了父母之邦了。

　　孔子为何要去国呢？因为鲁君无心治国。

　　鲁定公十四年孔子由鲁大司寇行摄相事，著有政声，《史记·孔子世家》曰："齐人闻而惧曰：'孔子为政必霸，霸则吾地近焉，我之为先并矣，盍致地焉？'黎钼曰：'请先尝沮之，沮之不可则致地，庸迟乎？'于是选齐国中女子好者八十人，皆衣文衣而舞康乐，文马三十驷，遗鲁君，陈女乐文马于鲁城南高门外。季桓子微服往观再三，将受，乃语鲁君为周道游，往观终日，怠于政事。子路曰：'夫子可以行矣。'"所记即此事。此章指季桓子受女乐而三日不朝，其实三日不行朝礼，是国君的事，把责任推给季桓子，有为鲁君讳的意思。

18.5　楚狂接舆歌而过孔子曰："凤兮！凤兮！何德之衰？往者不可谏，来者犹可追。已而！已而！今之从政者殆而！"

孔子下，欲与之言。趋而辟之，不得与之言。

一个号为楚狂名接舆的人，一边唱歌一边经过孔子的车子，唱道："凤啊！凤啊！你怎么落到这种下场啊？已往的事再说也没用了，以后的事恐怕还来得及追吧。算了吧！算了吧！今天从政的人哪个不是充满危险的呢！"

孔子下车，想跟他说话。但他却快步避开跑了，没办法说上话。

1 凤兮！凤兮！何德之衰：凤是用来况孔子的，是极叹息所发之语。古人以为凤乃瑞禽，有道则见，无道则隐，今无道之世居然可见凤，可见凤亦不坚持，是为德衰。此德非品德之德，指遭遇状况而言。

2 趋：快步走。

这位楚狂想要劝孔子不要执着，跟世事最好保持"不即不离"的姿态，以便随时可"去"，但当孔子下车要详加询问的时候，他自己却迅速地离"去"了，可见"去"虽是本章的主题，但其确实的含义也不是那么好捉摸。

"识时务者为俊杰"可能是道家一类人物创造的词语，就像祥瑞的鸟兽，有道时现个身，让大家喝个彩、叫个好，无道时就立刻躲起来，让灾祸永远不临我，"明哲保身"对他们而言是最重要的，天下苍生，其实不干己事。

孔子也说过有道则现无道则隐之类的话，面对世事，也容许"权变"的，但逃离并不是他生命意义的极致，儒家放不下别人的疾苦，更不忍凉凉地在一旁说天下兴亡都事不干己，儒家总强调承担。好在孔子下车后那个人却跑了，要是真谈也谈不起来，就是他的道与孔子的道不同的缘故。

18.6 长沮、桀溺耦而耕，孔子过之，使子路问津焉。长沮曰："夫执舆者为谁？"子路曰："为孔丘。"曰："是鲁孔丘与？"曰："是也。"曰："是知津矣。"

问于桀溺，桀溺曰："子为谁？"曰："为仲由。"曰："是鲁孔丘之徒与？"对曰："然。"曰："滔滔者天下皆是也，而谁以易之？且而与其从辟人之士也，岂若从辟世之士哉？"耰而不辍。

子路行以告。夫子怃然曰："鸟兽不可与同群，吾非斯人之徒与而谁与？天下有道，丘不与易也。"

长沮、桀溺并首在田里耕作，孔子经过，使子路问渡口在何处。长沮问："现在在车上执辔的人是谁？"子路说："是孔丘。"又问："是鲁国的那个孔丘吗？"子路说："是的。"长沮说："那他就该知道渡口在哪儿了。"

　　子路再问桀溺，桀溺问："你是谁？"答："是仲由。"问："是鲁国孔丘的学生吧？"子路恭敬回答说："是的。"桀溺说："你看天下滔滔乱成一团，谁能改变得了呢？你与其跟着这避人祸的人到处跑，还不如跟着避世的人更稳当些。"就继续耙土不理他了。

　　子路回来告诉孔子。孔子有点惆怅地说："我是无法跟鸟兽同群的，我不跟人相与共处还要跟谁呢？假如天下有道，我才不会追求改变啊。"

1　**耦而耕**：两人并首而耕作。耦，并首。

2　**津**：渡口。

3　**执舆者**：犹执辔者。本子路执辔，下车问津，执辔者就变成孔子了。

4　**是知津矣**：是知道渡口在何处的人。是，指孔子。孔子常年在外，当知渡口该在何处。又，渡口其实是象征，指人生该走的方向。

5　**滔滔者**：如洪水波涛起伏。滔，水回旋周流皆是。

6　**易**：改变。

7　**且而与其从辟人之士也，岂若从辟世之士哉**：而指子路，辟人之士指孔子，辟世之士指长沮、桀溺。

　　孔子时尚无正式的道家，但有道家思想倾向的人可不少，此篇人物就是代表。由此章描述可见儒家与道家之不同。当然道家哲学可能有更高的出发点，此章没有谈及，此处所谈是人该选择入世还是出世的问题。

全章最重要的一句话是"鸟兽不可与同群，吾非斯人之徒与而谁与"。人即使可回归自然，也无法真正与鸟兽同群，则何不"正视"人群之可贵呢？你可以耦耕而食，表面上与人群无关，但耕作其实也是接受了人类文明的结果，否则就得如禽兽一般的"弱肉强食"了，真能够做到吗？人其实无法真正离开人群，也无法全然抛弃已建立的文明，既然如此，就不能对人群不关怀、不积极了。有此认识，就得对人类社会有所贡献，这是孔子与儒家思想的真正出发点。

18.7　子路从而后，遇丈人，以杖荷蓧。子路问曰："子见夫子乎？"丈人曰："四体不勤，五谷不分。孰为夫子？"植其杖而芸。子路拱而立。止子路宿，杀鸡为黍而食之，见其二子焉。明日，子路行以告。子曰："隐者也。"使子路反见之。至则行矣。

子路曰："不仕无义。长幼之节，不可废也；君臣之义，如之何其废之？欲洁其身，而乱大伦。君子之仕也，行其义也。道之不行，已知之矣。"

子路从孔子行，却落后了，路上遇见一长者，用木杖挑着竹器担在背上。子路问："请问你见过我的老师吗？"老人家说："看你四体不勤、五谷不分的。谁是你的老师？"

他把木杖插在田里就除起草来。子路拱手站立在一边。后来老人家要子路不必赶路，留他在家过夜，杀鸡做饭给子路吃，又让两个儿子跟子路见面。第二天子路离开，把经过的事告诉了孔子。孔子说："这是一个隐士啊。"要子路回头去找他。再到他家，老人家已出门了。

子路（后来）说："不出仕是不义的。长幼之节不能废，君臣之义又怎样能废呢？有些人为了清高，把人间的大伦都给弄乱了。君子出仕是为了做正义的事。至于大道之不能行，是早就知道的事了。"

1 **子路从而后**：子路从孔子行，而相失在后。

2 **丈人**：老人家。丈同杖，扶杖之人，喻老者。

3 **以杖荷蓧**（diào）：用木杖挑着竹器担在背上。荷，担。蓧，竹器名。

4 **四体不勤，五谷不分**：四体指手足四肢。五谷即稻、黍、稷、麦、菽。朱注："五谷不分，犹言不辨菽麦尔，责其不事农业而从师远游也。"指责子路。钱穆以为是丈人自谦，因为据下文，丈人甚有礼貌。今不取。

5 **芸**：除草。

6 **至则行矣**：行，指老者已离家。朱熹说："孔子使子路反见之，盖欲告之以君臣之义。而丈人意子路必将复来，故先去以灭其迹。"

子路最后一句话"道之不行，已知之矣"，道出儒家"知其不可而为之"的样貌，有点傻劲，也显得不那么聪明圆滑，当然结局也有点无可奈何。世事报此热肠是一无所有，说起来有点残忍。剩下的，恐怕只有求自己的安心吧，儒家的困顿往往是他们精神之所在。

儒家为"道"而执着而献身，想到孔子说"朝闻道，夕死可矣"的神情，真令人不禁想到宗教徒殉教的样子。儒家不是宗教，但还是有些地方具有那种不可言喻的、近乎宗教式献身的力道在的。

当然也不一定要从这方面去思考。此篇连续三章都遇到跟孔子唱反调的人物，与他们对孔子或子路的针锋相对或冷嘲热讽不同，孔子一直保持雍容大度，对自己有充分的自信，对不同于己的也能包容，孔子认为这些避世之徒都洁身自爱，都是值得珍惜的。从此处也可以看出儒者的心怀，很能兼容并蓄，孔子只称他们是求去的"隐者也"，对他们并没有作恶毒的批评，绝不会小鼻子小眼睛地在小处作文章伤害他们。

王应麟在《困学纪闻》中说："沮、溺、荷蓧之行，虽未能合乎中，陈仲子之操，虽未能充其类，然唯孔、孟可以议之。斯人清风远韵，如鸾鹄之高翔，玉雪之不污，视世俗徇利亡耻、饕荣苟得者，犹腐鼠粪壤也。小人无忌惮，自以为中庸，而逸民清士乃在讥评之列，学者其审诸。"可见对这类人，也该珍惜。

隐者也许不够刚健，但绝对是世上的清流，假如没有随时可"去"的想法，"入世"就成为非常媚俗的行径了。前章有"齐人归女乐，季桓子受之，三日不朝，孔子行"的记录，可见处处讲入世济民的孔子，必要时也会选择走开的。

18.8　　逸民：伯夷、叔齐、虞仲、夷逸、朱张、柳下惠、少连。子曰："不降其志，不辱其身，伯夷、叔齐与！"谓："柳下惠、少连，降志辱身矣。言中伦，行中虑，其斯而已矣。"谓："虞仲、夷逸，隐居放言。身中清，废中权。我则异于是，无可无不可。"

逸民有以下几个：伯夷、叔齐、虞仲、夷逸、朱张、柳下惠、少连。老师说："守志不屈，又保其身不辱的，应该是伯夷、叔齐两人吧！"又（批评）说："像柳下惠、少连，就有点降志辱身了。但他们说话合乎伦理，行事也多经考虑，大概就这样吧。"又（批评）说："虞仲、夷逸，隐居又废言。他们处世合乎中道，放言自废也合乎权变之道。我跟他们不同，（只要依道而行，）没什么可也没什么不可的。"

1 逸民：逸，隐逸。民，无位之人。
2 放言：有二义，一指放纵言语，一指放弃言语。今取后说。
3 身中清，废中权：朱注："隐居独善，合乎道之清；放言自废，合乎道之权。"意即其身合乎中道，其放弃言论之举合乎权变之理。

这是记录孔子对七个隐逸之士的批评，都是以"去"为高的人物。这些人有些见于史传，如伯夷、叔齐，也有从未见过经传，如夷逸、朱张等，所举七人，孔子举名批评的有六，独朱张未加一语，不知是孔子遗漏还是记录失误。

钱穆说得很周全，他说："伯夷、叔齐，天子不得臣，诸侯不得友，盖已遁世离群矣。此为逸民之最高者。柳下惠、少连，虽降志而不枉己，虽辱身而非求合，言能合于伦理，行能中于思考，是逸民之次也。虞仲、夷逸，清而不滓，废而有宜，其身既隐，其言亦无闻，此与柳下惠、少连又不同，亦其次也。此等皆清风远韵，如鸾鹄之高翔，玉雪之不污，视世俗犹腐鼠壤耳。惟孔子之道，高而出之。故孔子曰：'我则异于是。'正见其有相同处，故自举以与此辈作比，则孔子之重视逸民可知。小人无忌惮，自居为中庸，逸民清士皆受讥评，岂亦如孔子之有异于此辈乎？"大致将此章的意旨说到了。

但钱穆说"惟孔子之道，高而出之"，并未加以说明。假如指的是孔子自认其道高于他人，就更须说明了。其实孔子只说"我则异于是"，恐怕仅在区别，至少顾及礼貌，并不强调有所谓高低的意思在内。

人的情绪有起落，孔子有时会向往道家那种随遇而安的生活态度（"吾与点也"），也偶尔有离世远遁的想法（"道不行，乘桴浮于海"），但都是一瞬间的突发奇想，孔子终其身都在回应《易》所说的"天行健，君子以自强不息"这句话，他对"天"的取象是积极的、不止息的，对命运给他的考验也从不回避。这一点与他所评论的逸民，绝对是不同的，但孔子似也无意与他们比个高下。

18.9　大师挚适齐，亚饭干适楚，三饭缭适蔡，四饭缺适秦。鼓方叔入于河，播鼗武入于汉，少师阳、击磬襄入于海。

主持乐坛的太师挚到了齐国，亚饭干到了楚国，三饭缭到了蔡国，四饭缺到了秦，司鼓的方叔去了黄河，播鼗的武去了汉水，少师阳、击磬襄入了海。

1 **大师挚**：大师，朝廷的首席乐师。挚，大师名。
2 **亚饭干适楚，三饭缭适蔡，四饭缺适秦**：依据《论语正义》的说法，殷制天子一日四食，食时举乐，称为"侑食"。本章亚饭、三饭、四饭指的是第二顿、第三顿、第四顿饭所奏音乐的主乐者，干、缭、缺是他们的名字。他们分别到了楚、蔡与秦，都已不在国内。
3 **鼓方叔**：司鼓者名方叔。
4 **鼗**（táo）：似拨浪鼓。
5 **磬**：石制乐器，敲击有声。

此章也是写"去"的事，记乱世中乐官四散的状况。

此章为孔门后学所记，与孔子无关，所记也不见得正确。如天子四饭为殷礼，则文中楚、蔡、秦皆后世地名，周朝也无此制，鲁国为春秋时诸侯国，自不可能实施四饭之礼，可见其中问题不小。此记不能考实，只是用以记怀兴叹罢了。朱注引张载说："周衰乐废，夫子自卫反鲁，一尝治之。其后伶人贱工识乐之正。及鲁益衰，三桓僭妄，自大师以下，皆知散之四方，逾河蹈海以去乱。圣人俄顷之助，功化如此。"张载的话，在说孔子对礼乐的贡献，其实这不是此章的主旨。此章所写，正是感慨当时整个社会礼坏乐崩的景象，李白《古风·大雅久不作》曰"王风委蔓草，战国多荆榛"，其境近之。所叹是好的时代过去了，只留下一些痕迹令人追思。

云聚云散，楼起楼塌，好的文学总充满这种感叹的成分，《论语》虽不是文学书，却也偶尔流露此种心情，与最高的文学情调相佐相映。杜甫《江南逢李龟年》诗："岐王宅里寻常见，崔九堂前几度闻。正是江南好风景，落花时节又逢君。"今昔对照，所表现的是同一种对文化、艺术、音乐的寥落之叹。读者不妨深思。

18.10 周公谓鲁公曰："君子不施其亲，不使大臣怨乎不以。故旧无大故，则不弃也。无求备于一人。"

周公跟他儿子鲁公说："君子不要放松了对亲人的亲情，不要让大臣怨己不见用。故旧老臣无恶逆等大过错，不要舍弃。不要在一人身上求全责备。"

1 **鲁公**：周公之子伯禽。
2 **不施其亲**：亲情不弛。施，弛，指松弛、遗弃。
3 **怨乎不以**：以不用为怨。以，用。
4 **大故**：大错。朱注："谓恶逆。"指罪大恶极或严重的叛逆行为。

此章记周公说该如何"不弃"的道理，"不弃"即"不去"。在高位的君子，须顾念亲情，推恩臣属，原谅他人小过又任贤使能，贵不求备。

此相传是伯禽受封至鲁，临行周公训诫之辞，鲁人传诵，久而不忘。也可能是孔子尝与弟子言之，故记于此。

18.11 周有八士：伯达、伯适、仲突、仲忽、叔夜、叔夏、季随、季骝。

　　　　　　　　　　　　　　　　　　论语讲析

周代有八个有教养的人：伯达、伯适、仲突、仲忽、叔夜、叔夏、季随、季骐。

1 周有八士：或言周成王时人，或言周宣王时人。又因名字依照伯、仲、叔、季的顺序排列，遂传"一母四乳而生八子"的话。皆不可考。

本章可能是古人读书时，随手抄了八个人名进《论语》的空白处，后人不察，便以为是书中原文。宋以前，古书的传布都靠手写，很容易发生这种错误。本章可作如是观。

·子张第十九·

《子张》篇，共二十五章。朱熹说：「此篇皆记弟子之言，而子夏为多，子贡次之。盖孔门自颜子以下，颖悟莫若子贡；自曾子以下，笃实无若子夏。故特记之详焉。」却未言及篇首三章有子张之言，可见朱熹虽有理由，尚不够周洽。钱穆说：「盖自孔子殁后，述遗教以诱后学，以及同门相切磋，以其能发明圣义，故编者集为一篇，以置《论语》之后。无颜渊、子路诸人语，以其殁在前。」（《论语新解》）或许近之。

19.1　　　子张曰："士见危致命，见得思义，祭思敬，丧思哀，其可已矣。"

　　子张说："一个为国家服务的官员（做该做的事），遇到危难就是献出性命也在所不惜，看到有得的机会要想到该不该得，祭祀的时候要想到是否恭敬，碰到丧事要想到是否有哀思，这样大概就可以了。"

1 **见危致命**：谓可赴危难。与《宪问》篇14.13"见利思义，见危授

　　　　　　　　　　　　　　　　　　　　　　　论语讲析

命"同义。

2 思：想到。

　　其实子张所说的话，多已见于《论语》的其他篇章之中，如《八佾》篇3.26有"居上不宽，为礼不敬，临丧不哀，吾何以观之哉"句，《宪问》篇14.13有"见利思义，见危授命"句，《季氏》篇16.10有"忿思难，见得思义"句，皆近乎此章所言。可能均是接闻于夫子，当时弟子们各有所记，也各有了悟。

19.2　子张曰："执德不弘，信道不笃，焉能为有？焉能为亡？"

　　　　子张说："一个人只知道执守品德，却不知道要弘扬品德，相信正道，却信得不很笃实，这种人，怎么算他有或是无呢？"

1 信道不笃：朱注："有所得而守之太狭，则德孤；有所闻而信之不笃，则道废。"

　　很多人将此章与《泰伯》篇8.7章比较，指曾子所弘为道，而子张所弘为德，二子之见基本不同，又举本篇后面子游、曾子批评子张"未仁""难与并为仁"诸语，指子张对道的了悟，终欠一层。其实这种判断，理由并不充分。

　　子张所言是劝人执德更要能弘，信道更要能笃，看到了积极奋发的精神，正如王夫之所说："德不弘而成功不大，信不笃而自处不高。"（《四书训义》）其实无须在"弘道"或"弘德"上纠缠，只从字面分析，当然"道"大于"德"，但曾子与子张在说话时，也许根本没考虑到两字的差异，何况假如子张碰到曾子的处境，像曾子一样的话也不见得说不出。至于是说到"未仁"，这种讨论是多余的，七十子之徒几乎无一可曰"仁至"，曾子也不例外，况子张乎？

19.3 子夏之门人问交于子张。子张曰："子夏云何？"对曰："子夏曰：'可者与之，其不可者拒之。'"子张曰："异乎吾所闻：君子尊贤而容众，嘉善而矜不能。我之大贤与，于人何所不容？我之不贤与，人将拒我，如之何其拒人也？"

　　子夏的学生去问子张交友之道。子张说："你们老师子夏是怎么说的？"学生对答道："我们老师子夏说：'可以与他相交的便与他结交，不可相交的就该拒绝。'"子张说："这就跟我听到的有所不同了（我听到的是）：君子应该尊敬贤者，也要宽容众人；应该嘉许别人行善，也要同情那些没能力的人。我如真是大贤的话，有什么人是不能相容的呢？我如不贤，别人就会拒绝我，哪有机会让我拒绝别人呢？"

1 矜：同情、哀矜。

子夏、子张说的都有道理。假如子夏、子张接闻于夫子有所不同，那么就如蔡邕《正交论》所言："子夏之门人问交于子张，而二子各有闻乎夫子。然则以交诲也，商也宽，故告之以拒人；师也褊，故训之以容众。"这与朱熹的意见不同，朱熹以为："子夏之言迫狭，子张讥之是也。"子夏之言迫狭，是个性迫狭之故，与蔡邕的说法"商也宽"，正好相反。

《韩非子·显学》说："自孔子之死也，有子张之儒，有子思之儒，有颜氏之儒，有孟氏之儒，有漆雕氏之儒，有仲良氏之儒，有孙氏之儒，有乐正氏之儒。"又说："孔、墨之后，儒分为八，墨离为三，取舍相反不同，而皆自谓真孔、墨，孔、墨不可复生，将谁使定世之学乎？"说的是战国之初儒、墨两家发展的态势。从《子张》篇所记来看，孔子过世之后不久，几位大弟子之相处，已不甚和谐，彼此批评，而且都显出一些不屑不耐的神情，可见儒家内部已有分裂的迹象。儒学跟其他学术一样，如不消亡，都脱离不了分裂、蜕变的命运。

19.4　子夏曰："虽小道，必有可观者焉；致远恐泥，是以君子不为也。"

子夏说："（如百工众技）虽是小道，都有可观之处；但凭这些来做伟大事业就有困难了，所以君子不走此途。"

1 小道：与大道相反，朱注引杨时曰："百家众技。"朱注："如农圃医卜之属。"

2　泥：窒泥不通。

子夏这席话反映了一部分儒家的职业价值观。君子所从事的是治国平天下的大事，也称为"大道"，其他的百工众技都是"小道"，虽有可观，但当说"君子不为"时，高下已分了。

但这是有弊病的，知识分子一窝蜂地投身政治事业，对其他则不屑一顾，其实有碍社会均衡发展。所幸只是以前人说的，现在的人，已不太受此说的限制了。

19.5　　子夏曰："日知其所亡，月无忘其所能，可谓好学也已矣。"

　　子夏说："每天都知道些未知的，每月都不忘已有的，可以说是好学了。"

1　亡：无，谓己所未有。
2　能：己所能。

日、月指的不是特定的时间，而是随时之意。《为政》篇2.11子曰："温故而知新，可以为师矣。"皇侃《论语义疏》曰："日知其所亡，是知新也；月无忘所能，是温故也。"就是用此章注彼章的。

学要不拘新旧，日积月累，以期豁然贯通。故此处的学，兼指进德与修业而言。

19.6 子夏曰："博学而笃志，切问而近思，仁在其中矣。"

　　子夏说："要博学又立下大志，要问的问题都从心里发出，仁就在其中了。"

1 切问：问仔细。
2 近思：问题要从心里发出。

　　都论到学，可与上章并读。此章"仁"是从实处看的。朱熹说："四者皆学问思辨之事耳，未及乎力行而为仁也。然从事于此，则心不外驰，而所存自熟，故曰仁在其中矣。"

19.7 子夏曰："百工居肆以成其事，君子学以致其道。"

　　子夏说："就像所有工匠都在工作场所中来完成工作，君子也要在自己的学问场域中努力求道。"

1 肆：朱注："谓官府造作之处。"后泛指工匠之工作场所。

　　君子以百工居肆自况，可见也不轻视工匠与制作了。不过也有说"小道"百工都知如此，行"大道"的君子却不知，这是不对的事，语意中还是有些高下之分的。当然，此章的主题在强调学习，成事、致道如真有高下之分，也不是重点所在。

19.8　　子夏曰："小人之过也必文¹。"

> 子夏说："小人犯了错，一定文饰。"

1　文（wèn）：文饰，用好听的话修饰。

文饰、说谎往往是一种直觉式的心理防卫，一般人都有，不见得是"小人"所独有，但"小人"文过饰非的行为也许更直接些、粗糙些，更容易让人看出来。

19.9　　子夏曰："君子有三变¹：望之俨然²，即之也温³，听其言也厉⁴。"

> 子夏说："君子有三种不同面目：远望很严肃，靠近了很温和，说起话来又精准锋利无比。"

1　三变：三种变化。不是指君子在变，而是从三个角度看同一个君子，可能有不同面目。以下所举，是不相同的三种面目。
2　俨然：严肃，容貌庄重。
3　温：平和。
4　厉：精准又确定。

"三变"是给人的三种不同的感受与印象，细分的话，何止三变呢，百变都有可能，但看是站在何种角度，又用什么方式看他，不过无论如何变化，"君子"的内心是始终如一的。这与颜渊称夫子的话接近，仅夫子、君子之差而已："仰之弥高，钻之弥坚；瞻之在前，忽焉在后。"《子罕》篇9.10）颜渊所言孔子忽前忽后、高深莫测的形象，是弟子在不同状态下的心理作用，并不是孔子本身有什么变化，这跟我们观察地球是一样的，虽然有南北四时"表象"之不同，但地球还是一个。

19.10　　子夏曰："君子信而后劳其民，未信则以为厉己也；信而后谏，未信则以为谤己也。"

　　　　子夏说："君子须先取信于民之后再使唤他们，未先取信，人民会觉得是在残害他们；（对国君也一样）要先取信于他然后再进行谏诤，否则国君会觉得在毁谤他。"

1 信：取信。

2 厉：害。

　　互信，则不相干的人都可成为一体；怀疑，则原本一体的也会离心离德，家人也远如路人。所以子夏提出取信的重要，不论对上对下、对左对右，这是置之四海皆准的道理。

19.11　　子夏曰："大德不逾闲，小德出入可也。"

子夏说："大节不可逾越界限，小节有些出入也无妨。"

1 大德、小德：犹言大节、小节。

2 逾闲：超过界限。闲，朱注："阑也，所以止物之出入。"

这是子夏的话，非孔子的话。

此处的大德如指个人，是指人立身的大原则、大方向，如指群体，则指立国的精神、施政的方针等，这些事都影响太大，经确定后就不可稍有逾越，否则就乱了。对这些"大德"必须勤勉谨慎，但在比较小的地方，则建议略可放松，这纯粹是因为人如过分紧绷，反而会误事，影响到大德的完成。在小处不多计较，是为了成就更大的可能。

但有人认为"小德"也是不可随意出入的，特别是宋明儒学强调"戒慎恐惧"(如邹守益)、"慎独"(如刘宗周)的一派，因为从小节上才可以看出君子的"大防"来，这一派的说法，也不是没有道理。因此子夏之言，须从大体上看。

19.12 子游曰："子夏之门人小子，当洒扫、应对、进退，则可矣。抑末也，本之则无。如之何？"

子夏闻之曰："噫！言游过矣！君子之道，孰先传焉？孰后倦焉？譬诸草木，区以别矣。君子之道，焉可诬也？有始有卒者，其惟圣人乎！"

子游说："子夏的门人小子，要他们去做些洒扫、应对、进退的事是可以的。但可能是末节吧，根本的东西没有。这该怎么办？"

子夏听了说："唉，子游错了！我们传君子之道的，哪些该先教，哪些该后教（甚至不教），就跟园中草木一样，各有区别。君子之道，怎可欺罔曲解呢？把所有事都做到有始有终的，恐怕只有圣人吧！"

1 门人小子：即门弟子。或认为"小子"应与后连读，不取。

2 洒扫：即洒水扫地等细事。

3 抑末也：可能是末节吧。抑，疑词，或者是、可能是。

4 孰先传焉？孰后倦焉：倦，朱熹言："如诲人不倦之倦。"指因倦而后传甚至不传了。这是子夏对子游的反质疑。

5 譬诸草木，区以别矣：朱熹释此两句说："言君子之道，非以其末为先而传之，非以其本为后而倦教。但学者所至，自有浅深，如草木之有大小，其类固有别矣。若不量其浅深，不问其生熟，而概以高且远者强而语之，则是诬之而已。"

6 诬：欺罔。

游、夏之争可以说是小问题，但有意发挥，也可成为大问题。

从子游、子夏的争辩，可以看出孔子死后儒学面临分裂的景象。子游认为，在细微处耗去太多精神，往往不能把握道的大体，这叫"小学而大遗"，不能说全无道理，但说子夏之施教"本之则无"四字，语气也太强了点。另一方面，子夏可以婉言解释，但首句就说"噫！言游过矣"，也甚有拒人千里之势，意见不同，当可原谅，但两人似乎不在乎将冲突扩大，这就颇耐人寻味了。

子夏主张教学应从细节入手，然后循序渐进，以达识道之全体，其实也有教育理论的依据，后世以孔门传经之功归之子夏，所以双方意见不同时，多偏向子夏一方，如朱熹说："言君子之道，非以其末为先而先传之，非以其本为后而倦教。"引程颐说："君子教人有序，先传以小者近者，而后教以大者远者。非先传以近小，而后不教以远大也。"都在替子夏说话。

游、夏两派都各有说法与证据，这些争端其实永远解决不了，倒是通过争端显示了孔门弟子间的裂痕，让人不得不注意。《礼记·檀弓》载曾子责子夏"丧子而丧明"，说："吾与女事夫子于洙泗之间，退而老于西河之上，使西河之民，疑女于夫子，尔罪一也。"可见孔子死后，弟子之间相与并不十分相契，彼此似有矛盾存在，有的可能是"理念"不同，有的可能是为抢学生而形成的利益冲突，此章子游、子夏之争，也可以看到一些痕迹。

19.13　　子夏曰："仕而优则学，学而优则仕。"

子夏说："做官有余力就要学习，学习有余力便去做官。"

1 仕：做官。

2 优：有余力。

子夏这两句话在传统文化中有很大的影响力，将"仕"

与"学"的间隔打破，成为一体。"学问为济世之本"有个优点，是让"学"能落实，也有了出路；但也有个缺点，就是助长了学的功利化，对如"纯知识"之类的发展，形成了一些阻力，因为公认纯知识是"无用"或者比较"无用"的。

19.14　　子游曰："丧致乎哀而止。"

　　　　子游说："丧礼的极致是达到哀就该停了。"

1 **致**：极。

　　《八佾》篇3.4孔子曾言："丧，与其易也，宁戚。"简或繁都不是丧礼的重点，丧礼的目的在传达对死者的哀思，所以尽哀才是核心意义。但朱熹对此章中的"而止"有意见，认为此二字"亦微有过于高远而简略细微之弊"，的确，"而止"二字稍强烈了，不如孔子"宁戚"二字之有涵咏。

19.15　　子游曰："吾友张也为难能也，然而未仁。"

　　　　子游说："我的朋友子张之所为已属难能了，但还不能算是达到了仁的地步。"

1 **吾友张也**：即吾友子张。
2 **难能**：赞誉之词，谓子张之所为在他人而言是难能的。

此章的"难能"因无解释，所以有很多不同说法，刘宝楠《论语正义》引《大戴礼》，以为子张容仪过盛，难与并为仁。朱熹则认为子张行过高，而少诚实恻怛之意。这些说法，如没举出具体证据，都不免有点穿凿，即使在他处有类似记录，如下章曾子言"堂堂乎张也，难与并为仁矣"，也不可谓此处言子游之意必在此，所以只得存而不论了。

孔子从不许人以仁，故说一人未及仁，不算责人之过。但子游此时特别标举出来，恐怕心中对子张确实有不尽满意之处。

19.16　曾子曰："堂堂乎张也，难与并为仁矣。"

曾子说："子张仪态堂堂，但难与他一起行仁啊。"

1　堂堂：正当又盛大。此指仪容气度而言。

同样是批评子张，这里曾子说到"堂堂"两字，似指出子张不足行仁的原因，但与上章子游所说的不完全相同，子游不见得会与曾子"同一个鼻孔出气"，上章子游的"难能"应该另有所指。堂堂可指仪态，可指心胸气魄，在一般地方都是正面的形容词，但在"行仁"的标准下，都有些故作姿态的负面含义。

以上连续两章记孔门大弟子对另一大弟子子张的批评，显得有些特殊。这"未仁"或"难与并为仁"如由孔子说出，都是合理的，但由同门说出，就显示出弟子之间有不满与"攻击"的含义在了。

19.17　曾子曰 :"吾闻诸夫子 : 人未有自致者也，必也亲丧乎 !"

　　曾子说 :"我曾听夫子说 : 一个人平时很难有极尽其情的时候，如果有，一定是在丧亲时吧 !"

1 **致** : 极尽宣泄感情。朱注 :"尽其极也。盖人之真情所不能自已者。"

　　是不是孔子真说过，也不能确定，但有一个问题，是儒家后来越来越走向克制自我，羞于表现纯真的至情，只有在丧亲时才允许表露，其实这会对人性产生一些扭曲作用的。有人归之于过分提倡礼教，而礼教又变得僵化，所发挥的作用也不尽正面，礼教与人性渐渐脱轨，遂使后代有"吃人的礼教"之讥。
　　我们看《论语》所述，孔子对感情并不刻意掩饰，极尽其情不见得临丧时才有，可见此章所说可能是有些问题的。

19.18　曾子曰 :"吾闻诸夫子 : 孟庄子之孝也，其他可能也 ; 其不改父之臣与父之政，是难能也。"

　　曾子说 :"我曾听夫子说 : 孟庄子的孝，是他人也可能做到的 ; 而他不改父亲所用之臣与所行之政，那就是一般人难以做到的了。"

孟庄子：鲁大夫仲孙速。其父献子，名蔑，有贤德。

此章可与《学而》篇1.11"三年无改于父之道，可谓孝矣"并读。

但曾子为何独以"其不改父之臣与父之政"为难能，并未作进一步解释。朱熹说："（其父）献子有贤德，而庄子能用其臣，守其政。"表示此语成立应有先决条件，假如父亲在时"政通人和"，便属必然，万一父之政为荒政，父之臣如和珅，则孝子应如何？康有为说："若其非也，则禹之治水，尽易鲧道。"（《论语注》）恐怕是较正确的补足说明。

19.19 孟氏使阳肤为士师，问于曾子。曾子曰："上失其道，民散久矣。如得其情，则哀矜而勿喜。"

孟氏用阳肤做典狱官，阳肤问曾子的意见。曾子说："在上位的已失其道了，民心离散很久了。你判狱的时候如知道了这些人的真实情况，要哀矜他们，不要（以自己明觉而）自喜。"

1 孟氏：生平不详。《论语正义》引郑玄注云："庆父辄称死，时人为之讳，故云孟氏。"称死即寻死，自杀，但为何称他孟氏，也无解答。杜预谓庆父是鲁庄公之长庶兄，故称孟氏。朱注及他注皆未注此人。

2 阳肤：曾子弟子。

3 士师：典狱之官。

4 **民散**：指民心离散。

5 **如得其情**：如知其实。情，实。

6 **哀矜而勿喜**：哀怜而不可高兴。或以为矜当作矜，怜也。

朱注引谢良佐说："民之散也，以使之无道，教之无素。故其犯法也，非迫于不得已，则陷于不知也。故得其情，则哀矜而勿喜。"曾子以为人民入罪的原因是居上者失其道，所以使政治上轨道才是根本，这与孔子所说"政者，正也。子帅以正，孰敢不正"（《颜渊》篇12.17）相通。

19.20　　子贡曰："纣之不善，不如是之甚也。是以君子恶居下流，天下之恶皆归焉。"

子贡说："商纣的坏，并没有一般人说的那么多。所以君子不肯居于下流之地，怕天下的恶名都归在他身上。"

1 **纣**：殷商最后之主。

2 **下流**：地形卑下之处。朱熹说："喻人身有污贱之实，亦恶名之所聚也。"

3 **恶皆归焉**：卑下之处，众流所归，人如有恶声，众恶皆归之。

顾颉刚曾有《纣恶七十事的发生次第》一文（见《古史辨》），统计古史中对商纣"恶"事的描述共有七十项，但考之最原始的记录《尚书》中只有两项，其余六十八项均是历年所"层累造成的"，也就是此章子贡所言"纣之不善，不如是之甚也"，顾的论述也为"君子恶居下流"作了证明。

此章所言其实有些不得已，明知众恶归之，没人想自居下流，只是有时由不得人。譬如纣就不见得是自居下流，而是在历史上不幸被认作是下流。他最大的"下流"是被武王所灭，成了个亡国之君。要知道历史有时跟盲目的众人一样，是喜欢打"落水狗"的，当亡了国之后，就成了众恶所集的人，这是"成者为王，败者为寇"的命运模式。子贡说此话有点"宿命"的含义，劝人不要堕入下流之中。但天命是人无法完全掌控的，在这方面，商纣命不好，成了亡国之君，即使人再英明，恐怕也是白搭。

19.21　子贡曰："君子之过也，如日月之食焉：过也，人皆见之；更也，人皆仰之。"

　　　　子贡说："君子有过失，就像日月之有蚀：有过错，人都能看见；当他改过，人皆仰望。"

1　日月之食：指日蚀、月蚀。食，通蚀。
2　更也，人皆仰之：更，改。仰，仰望，有期盼的含义。

　　日月有蚀，不伤长照，人有过失，不害其明，有过贵改，善莫大焉。但从文末"人皆仰之"看，此处的君子可能专指国政的领导者而言。此章也可与本篇19.8章并看，可知君子小人之分别。

19.22　卫公孙朝问于子贡曰："仲尼焉学？"子贡曰："文

武之道，未坠于地，在人。贤者识其大者，不贤者识其小者，莫不有文武之道焉。夫子焉不学？而亦何常师之有？"

卫公孙朝问子贡说："仲尼的学问从哪儿来的？"子贡说："文王、武王的大道，并没有沉埋在地下，仍在人间流传。贤人知道其大者，不贤的知道其小者，他们的身上莫不有文、武之道。我们夫子哪里不能学习呢？又哪里有固定的老师呢？"

1 **卫公孙朝**：卫大夫。春秋时鲁、郑、楚皆有公孙朝，故加卫字以别。

2 **仲尼**：钱穆说："尼，乃孔子卒后之谥。孔子卒，鲁哀公诔之，称之曰尼父。盖尼本孔子之字，古人有即字为谥之礼也。《论语》惟此下四章称仲尼，篇末且有'其死也哀'之语，似皆在孔子卒后，故称其谥。"（《论语新解》）

3 **文武之道**：周文王、武王之道。

4 **常师**：固定的老师。

此章是子贡说明孔子的为学态度，即天下之大，处处可习，人人可为师，不泥于一物，不限于一人，是故"圣人无常师"。朱熹《大学·格物补传》先言"众物之表里精粗无不到"，后言"吾心之全体大用无不明"，可资佐证。王夫之以为孔子之伟大，不在生而知之，而在学而知之，说孔子为"集千圣之学以为学，而圣学乃大"（《四书训义》）。

19.23　　叔孙武叔语大夫于朝曰："子贡贤于仲尼。"子服景伯以告子贡。子贡曰："譬之宫墙，赐之墙也及肩，窥见室家之好。夫子之墙数仞，不得其门而入，不见宗庙之美，百官之富。得其门者或寡矣。夫子之云，不亦宜乎！"

　　叔孙武叔在朝廷上当着很多大夫的面说："子贡比孔子还贤。"子服景伯把这话告诉了子贡。子贡说："就以房屋的围墙为譬吧，我的墙只有及肩的高度，人在墙外，家里有什么好坏都可以给人看个透。我们老师家的围墙有好几仞之高，如果不得其门而入，在墙外是看不到里面的宗庙之美、百官之富的。能得其门而入的人少之又少，所以那位叔孙先生这样说，也没什么好奇怪的了。"

1 **叔孙武叔**：鲁大夫叔孙州仇。

2 **子服景伯**：鲁大夫子服何，谥景，号景伯。

3 **仞**：古七尺为一仞。

4 **宗庙之美，百官之富**：宗庙、百官指朝廷建筑宏伟富丽，并非指孔子所居，因前有"譬之"二字。

5 **夫子之云**：此处夫子，是指叔孙武叔。

　　后代孔庙照壁往往题有"万仞宫墙"四字，实脱胎于此章。子贡以宫墙为况，真是极妥帖的比喻。之所以如此妥帖，一方面是子贡本身就善于言语，另一方面是此言发自肺腑至诚，令人动容。

子贡是孔门很特殊的一个学生，他善于言语，又会"货殖"，孔子在时就在各地做过官，是个极有办事能力的人，被孔子称道为"瑚琏"之才 (《公冶长》篇5.3)。但他与子夏、曾子不同，孔子死后没有开门立派，也没四处讲学，《孟子·滕文公上》言："昔者孔子没，三年之外，门人治任将归，入揖于子贡，相向而哭，皆失声，然后归。子贡反，筑室于场，独居三年，然后归。"可见他对孔子较其他人更有情有义，今曲阜孔林孔子墓旁犹有子贡庐墓处供人凭吊。崔述认为此章可代表孔门为孔子所作的"定调"："按《论语·子张》篇，子贡之推尊孔子至矣。则孔子之道所以昌明于世者，大率由于子贡，其功不可没也。"(《洙泗考信录》)

19.24　　叔孙武叔毁仲尼。子贡曰："无以为也，仲尼不可毁也。他人之贤者，丘陵也，犹可逾也；仲尼，日月也，无得而逾焉。人虽欲自绝，其何伤于日月乎？多见其不知量也！"

　　　　叔孙武叔诋毁仲尼。子贡说："不用如此，仲尼是无法诋毁的。别人的贤，再高也跟丘陵一样，是可以跨越过去的；仲尼却像日月一样，是无法跨越的。一个人要自绝于日月，对日月又有什么伤害呢？只不过让人多看出一点他的不自量力吧！"

1 **无以为也**：犹言不用如此。

2 **丘陵**：土高曰丘，大阜曰陵。

3 **自绝**：自己宣告与彼无关系。

4 **不知量**：不知计量，犹言不知高低、不明深浅。

还是在维护孔子之价值上发言，立场与强度，与上章十分相同。

子贡与宰我，在"孔门四科"中，被认为是长于语言者。由上章宫墙之喻到此章日月之比，就知道子贡之善譬，这是好文学的必要手段。

19.25 陈子禽谓子贡曰："子为恭也，仲尼岂贤于子乎？"子贡曰："君子一言以为知，一言以为不知，言不可不慎也。夫子之不可及也，犹天之不可阶而升也。夫子之得邦家者，所谓立之斯立，道之斯行，绥之斯来，动之斯和。其生也荣，其死也哀，如之何其可及也！"

陈子禽对子贡说："你是恭敬的缘故吧，其实仲尼哪有你贤呢？"子贡说："君子只要听人一言，就明白那人是知道或不知道了，所以说话不可不谨慎啊。我们老师是无人可及的，就像要上天不能靠梯子一样。我们老师假如有机会治理国家，那他要建立什么就能建立什么，要领导人民前行人民就前行，远人经他安抚就都来归，鼓舞大众就都雍熙和平起来。他活着大家都称荣他，他死后大家都哀痛他，这样的人叫别人怎么赶得上呢！"

1 **陈子禽**：不可考，应与前叔孙武叔、子服景伯同为鲁人。

2 **子为恭也**：也，犹耶、邪，疑词。

3 **夫子之得邦家者**：夫子如得邦家之任以骋其政治才干。

4 **道之斯行**：道，导。

5 **绥之斯来**：绥，安。

6 **动之斯和**：朱注："动，谓鼓舞之也。和，所谓于变时雍。言其感应之妙，神速如此。"

前文言及孔子死后，孔门儒学有分裂的迹象，读此篇诸章亦可见到。但儒学不能仅停在一处，开枝散叶，才是继续发展之途。因此彼此有异见，正表示有更深探讨之可能，是以该用更积极的态度视之。

子贡虽没有建立自己的学派，却为维护孔子之学不遗余力，钱穆说："独子贡三章，列为本篇之殿，盖子贡之称道圣人，已被视为后起孔门之公论矣。"（《论语新解》）可见本篇数章对后来儒学之定位与开展，至为重要，不能以仅弟子之言而轻忽之。

·尧曰第二十·

《尧曰》篇，共三章。钱穆以为此篇「章节之间，多留罅缝」又「疑辨遂滋，定论难求」。（《论语新解》）

20.1 尧曰："咨！尔舜！天之历数在尔躬，允执其中。四海困穷，天禄永终。"舜亦以命禹。

曰："予小子履，敢用玄牡，敢昭告于皇皇后帝：有罪不敢赦。帝臣不蔽，简在帝心。朕躬有罪，无以万方；万方有罪，罪在朕躬。"

周有大赉，善人是富。"虽有周亲，不如仁人。百姓有过，在予一人。"谨权量，审法度，修废官，四方之政行焉。兴灭国，继绝世，举逸民，天下之民归心焉。所重：民食、丧、祭。宽则得众，信则民任焉，敏则有功，公则说。

尧说："啊！舜啊！上天所显的历数在你身上了，要好好地把握那中庸之道。四海人民穷困的话，上天给你的位置也就永远不保了。"后来舜也把这番话说给禹听。

（汤在放逐了夏桀之后祷天）说："我小子汤履，不敢不小心地用黑公牛来祭天，不敢不恭谨地向高高在上的天帝祷告：人有罪，我不敢擅赦。那些伏事天帝的臣子，我是不敢蒙蔽的，要赏要罚，一切由天帝决定。我个人有罪，希望不牵动万方；要是万方有罪，就请处罚我一人。"

周武王得到上天的恩赐，就让所有善人都安享富贵。（他说：）"就算有至亲，也不如有仁人。百姓有过，责任在我一人身上。"他谨修度量衡，恢复乱世荒废了的官吏制度，使四方行政都又运作起来。他又让灭亡的国家再兴，已绝的世族再续，并且提拔遗落的贤才，天下民心都向着他。他所看重的是民众的饮食生活，还有丧礼与祭礼。（他知道）宽宏就能得众，有信民众就信任他，敏勉做事就可以有成，公平就会让人心悦诚服。

1 尧曰：朱注："此尧命舜，而禅以帝位之辞。"

2 咨：嗟叹声。

3 天之历数在尔躬：历数，指帝王相继之次第。尔躬，你身上，犹言天命在汝身。

4 **允执其中**：允，信，真的。中，中庸、中正之道。

5 **四海困穷，天禄永终**：古时四海、八荒、中国、天下大致同义。

6 **曰予小子履**：曰字前当脱一汤字，应作汤曰。履，汤名。小子，呼己名前所加之谦称。

7 **敢**：不敢而必须，古人极恭谨之用语。

8 **皇皇后帝**：后即帝。皇皇后帝即皇帝，战国之前，皇与帝不指人，而指上帝。

9 **有罪不敢赦**：凡有罪，汤自不敢赦，唯上帝之命是听。

10 **简在帝心**：简，选择。

11 **朕**：古者贵贱皆可自称，秦后方为帝王专用。

12 **大赉**（lài）：天所赐之大礼物，指得天下。以下叙周武王。

13 **周亲**：至亲。

14 **谨权量，审法度**：权量，称重之用具。法度，量长短之工具。

15 **兴灭国，继绝世，举逸民**：兴灭继绝，谓封黄帝、尧、舜、夏、商之后。举逸民，谓释箕子之囚，复商容之位。

16 **公则说**：《阳货》篇17.6孔子答子张问仁，曰："恭、宽、信、敏、惠。"由于《论语》一书从未将"公"列为德目，虽一说此处公应为惠字之误，但译文部分仍采公字义。

　　此章十分特殊，从内容上看不出任何与孔子或弟子有关。与《微子》篇18.9章一样，说的都是别人的事。但此章与18.9不同的是，18.9只记了几个音乐家"沦落"的消息，通章没有任何一句评论与主张，此章就充满了意见与主张，而意见与主张又集中在君得天之助佑以治民，以及敬天爱民的一些细节。钱穆以为此章最后数语是孔子之语，说："本篇（章）历叙尧、舜、禹、汤、武王所以治天下之大端，而又以

孔子之言继之。"(《论语新解》)其实此章最后几句与《阳货》篇
17.6"恭、宽、信、敏、惠"近似，却不能说等同，不能遽
判定是或非为孔子之言。

正如钱穆所说，本章"历叙尧、舜、禹、汤、武王所以
治天下之大端"，把相传是古代的圣君联成彼此"心传"的
一条线，后来在中国文化(尤其儒家文化)中形成了所谓"道统"
的观念，其中最重要的是所谓的"十六字心传"，也就是
《尚书·大禹谟》中说的"人心惟危，道心惟微，惟精惟一，
允执厥中"。其实这十六字是后人依据《论语》"允执其中"
之语而改编混入的，但对从尧、舜以来圣贤一脉的观点，增
加了说明性，而这圣贤一脉的观点包含了道德的诠释权与对
人民的统治权，君不只是君，而且是万民的道德表率，这个
观点对后世造成了很深远的影响。

然而也不能说跟孔子完全无关，因为孔子曾说过："文
王既没，文不在兹乎？"(9.5) 又说："久矣吾不复梦见周公。"
(7.5) 可见孔子自认的思想来源，以及强烈的继承文、武、周
公的心愿。如果说"统"是指延续而言，那么在孔子身上虽
无道统之名，却已含道统之实，不过这道统是指道德的延续
而言，而且是"软性"的，不是全靠政治力来维护的。

但孔子在意的是周道(以周公为代表)绝续的问题，他说过：
"郁郁乎文哉！吾从周。"(3.14) 却从未说过要"祖述尧舜"的
话，这可能是因为周之后的历史在孔子而言是信而有征的，
殷以前就不那么可靠了(《八佾》篇3.9；"殷礼吾能言之，宋不足征也。")，
尧、舜则更为遥远。

20.2　　　子张问于孔子曰："何如斯可以从政矣？"子曰：

"尊五美，屏四恶，斯可以从政矣。"

子张曰："何谓五美？"子曰："君子惠而不费，劳而不怨，欲而不贪，泰而不骄，威而不猛。"

子张曰："何谓惠而不费？"子曰："因民之所利而利之，斯不亦惠而不费乎？择可劳而劳之，又谁怨？欲仁而得仁，又焉贪？君子无众寡，无小大，无敢慢，斯不亦泰而不骄乎？君子正其衣冠，尊其瞻视，俨然人望而畏之，斯不亦威而不猛乎？"

子张曰："何谓四恶？"子曰："不教而杀谓之虐；不戒视成谓之暴；慢令致期谓之贼；犹之与人也，出纳之吝，谓之有司。"

　　子张问孔子说："要怎么样才能从政啊？"老师说："尊尚五美，屏除四恶，就可以从政了。"

　　子张问："什么叫五美呢？"老师说："君子做到惠而不费、劳而不怨、欲而不贪、泰而不骄、威而不猛这五件事，就算有五美了。"

　　子张问："什么叫惠而不费？"老师说："依据人民利益所在而给他福利，这不是给了人民恩惠而不用自己破费吗？选择有能力的人担当职务（政事得以推行），你又有谁可怨呢？你想行仁也行了仁，又有什么贪求的呢？君子不论人多人少，也无视他权位的大小，都不敢怠慢，这岂不是舒泰而不骄傲吗？君子要整齐衣冠，重视仪容，让人见了俨俨然生敬畏心，这岂不是威严而不暴猛吗？"

　　子张问："什么叫四恶呢？"老师说："不先施教，有罪就杀他，就叫作虐；不先告诫，却要检查别人是否完成，就叫作暴；政令下得慢，却要人在短期做到，就叫作贼；已说好要均分给人的，但临出纳之际却吝啬起来，就叫作把官做小，把自己当成小官员了。"

1　**惠而不费**：使民得利，而上无所费。

2　**欲而不贪**：有所期望，却不贪多。

3　**又谁怨**：多解释作又有谁会埋怨，意为有谁会埋怨我，但审其他四事，结语为"斯不亦惠而不费乎""又焉贪""斯不亦泰而不骄乎""斯不亦威而不猛乎"，皆是指君子而言。故君子"劳而不怨"，不怨的主语是君子，而非他人，此处"又谁怨"乃"又怨谁"之意。

4　**尊其瞻视**：重视仪容。

5　**犹之与人也，出纳之吝，谓之有司**：犹之，犹言均之。朱注："均之以物与人，而于其出纳之际，乃或吝而不果。则是有司之事，而非为政之体，所与虽多，人亦不怀其惠矣。项羽使人，有功当封，刻印刓，忍弗能予，卒以取败，亦其验也。"

　　此章是孔子对子张讲从政之道，但有许多可疑之处。

　　其一是称呼的问题，前面是"子张问于孔子"，后面就用"子曰"了，这是体例不统一。

　　其二是孔子先言"尊五美，屏四恶"，并未作解释，等子张问了何谓五美、四恶时，才作解释。有趣的是当子张问"何谓惠而不费"时，孔子不待他续问，便把以后的"四美"

也和盘托出，跟前面的叙述方式又有所不同。

　　子张经常问孔子要如何从政的问题，《论语》有关"问政"的话题也很多，同时《论语》中也多"问仁"的话题，正好可以看出儒家有关"内圣外王"的两层面向。"内圣外王"出自《庄子·天下》篇，原本不是专论儒家的，但后来常用来解释儒家思想的两层关怀，也算周洽。这两层关怀第一个是指个人的，要求个人品德提升，以达圣人境界，另一个是社会的，是要将个人的品格发挥极致，以造福全世界。做法有两种，一种是比较消极的，就是"己所不欲，勿施于人"，而积极的是"己欲立而立人，己欲达而达人"的"推己及人"，把"德"尽数地发挥在政治事业上，《大学》从"格""致"讲到"治""平"，其实就是这回事。

　　此章讲了比较多为政的细节，有些地方显得琐碎了些，而文字也很特殊。由于体例与叙事多有可疑之处，也有人怀疑是战国时人所作。崔述认为，《论语》的后五篇有很多为后世杂凑之材料，不可尽信为孔子之亲言，我们对此章所说，也只得以此态度视之。

20.3　　子曰："不知命，无以为君子也。不知礼，无以立也。不知言，无以知人也。"

　　　　老师说："不知天命的话，是无法成为君子的。不知礼的话，是无法在社会立足的。不知一人之言的话，就无法知道这个人了。"

1 **知命**：知道有天命这回事。

2 **知言**：知道别人所言的正确意涵，不会曲解。

3 **知人**：知道别人的真正意图，便可以判断其长短优劣。

此章是《论语》最后一篇最后一章，相传《鲁论》并无此章，是郑玄以《古论》校《鲁论》而补上的，是否如此，现已无法考其实了。就算为郑玄所补，置于全书之后，在意义上可能也有其特殊性。

又有一说是此章开首古本原作"孔子曰"，是朱熹在《四书章句集注》中改为"子曰"的，真是如此，别处不改，只改此处，也很特别。

此章只三句，其实前面都说过。知命的事，《为政》篇2.4有"五十而知天命"语，说"知命"不说"认命"，也不说"信命"，表示孔子重视人的主动性，却也不排除人生在立志与遂行之间，有许多自己无法掌握的因素，这因素可名之曰命，既有此因素，可见人间的"英雄"是不能以成败来论的。"知命"使得孔子"知其不可而为之"（见《宪问》篇14.41），更具严肃性，"知其不可而为之"有点接近西方文学"悲剧英雄"的行为，这种英雄常与命运相抗，而结果多是失败的。不过在孔子所言的命运中，却刻意不让英雄朝悲剧方向去发展。整体来说，孔子比较宽容，不主张凡事依命而行，总是为人的作为留下余地，又认为敌不过命运并不可耻，人只要完成人的那一部分就够了，意志万一战胜不了命运，也不鼓励人硬冲。

"不知礼，无以立也"，此意亦见《季氏》篇16.13。礼是一种秩序，这秩序有点接近近代法律的含义，却也不全然就是法律，礼更具有比较高的道德自觉性，也就是讲礼的话，比讲法律更懂得要尊重自己也尊重别人，这尊重如说是法律所规定，不如说是人"主动"要去做的，即便没有罚则，人也会去做的，这便是礼与法的不同处。人必须依循这种既存的秩序或原则，才可与他人共处。所以礼制对一个社会而言，是极为重要的，如忽略，社会便无法形成，而人在混乱中也无法立身了。

"知言"是与"知人"合起来说的。当然知道了别人言与意之间的关系，也会知道自己该如何"发言"了，这是另一层意思。《孟子·公孙丑上》说："我知言，我善养吾浩然之气。"又说："诐辞知其所蔽，淫辞知其所陷，邪辞知其所离，遁辞知其所穷。"做到这些便可谓知言了。可见对君子来说，知言是极为重要的。

此章的君子，是指德、位兼具的人，从德的角度谈，无须谈到知人，但从位的角度言，就必须谈到。如前面所说的，君子也追求有"外王"的事功的。"外王"就是从事福国利民的工作，不能独立完成，必须与人合作，团队越大，组织越强，就越有成效，所以知言与知人都极为重要。

虽然只三句话，却从一个君子的独处，谈到走向社会与人共处的三层经验。反省命运在自己一生所具的影响，往往是独处的时候，而"以立"与"知人"，就是跟别人或社会相处的经验了。此章说的，可以说由内到外，由我到人，都涵盖进去了。回顾《论语》之前所谈，大约也都是在此范围之内，因此视此为《论语》一书的总结，亦不为过。朱注引尹焞言："知斯三者，则君子之事备矣。弟子记此以终篇，得无意乎？学者少而读之，老而不知一言为可用，不几于侮圣言者乎？夫子之罪人也，可不念哉？"

551B.C.　鲁襄公二十二年　孔子一岁

孔子生于鲁昌平乡陬邑。其先宋人。六世祖孔父嘉后，始姓孔氏。四世祖孔防叔之孙叔梁纥即孔子父。相传孔子父与母颜氏尝祷于尼山而生孔子，故名丘，字仲尼。

549B.C.　鲁襄公二十四年　孔子三岁

父叔梁纥卒。

533B.C.　鲁昭公九年　孔子十九岁

娶宋亓官氏女。

532B.C.　鲁昭公十年　孔子二十岁

生子孔鲤，字伯鱼。

525B.C.　鲁昭公十七年　孔子二十七岁

郯子朝鲁，孔子见之，从学古官制。

522B.C.　鲁昭公二十年　孔子三十岁

琴张从游，或更早，孔子始设教。之后颜无繇、仲由、曾点、冉伯牛、闵损、冉求、仲弓、颜回、高柴、公西赤等人先后从学。

518B.C.　鲁昭公二十四年　孔子三十四岁

孟僖子将卒，命其二子孟懿子与南宫叔敬师事孔子，初习礼。

517B.C.　鲁昭公二十五年　孔子三十五岁

鲁昭公伐季孙氏，季孙、叔孙、孟孙三家抗之，昭公不敌，奔于齐。孔子亦于此年适齐，在齐闻《韶》乐。齐景公问政孔子。

516B.C.　鲁昭公二十六年　孔子三十六岁

齐景公表明不用孔子，孔子返鲁。

515B.C.　鲁昭公二十七年　孔子三十七岁

吴季札适齐返，长子卒，葬之嬴博之间（齐鲁之间地），孔子尝往观其葬礼。

505B.C.　鲁定公五年　孔子四十七岁

鲁季孙氏卒，家臣阳货执其子季桓子，专权鲁政。阳货欲见孔子，促其出仕，孔子不允。

502B.C.　鲁定公八年　孔子五十岁

鲁三家攻阳货，阳货奔阳关。是年传说公山弗扰召孔子，不果行。

501B.C.　鲁定公九年　孔子五十一岁

孔子出仕，为鲁中都宰，有政声。

500B.C.　鲁定公十年　孔子五十二岁

孔子由中都宰为司空，又为大司寇。相鲁定公，与齐景公会于夹谷。

498B.C.　鲁定公十二年　孔子五十四岁

孔子鉴于鲁三家长期据地为乱，建议堕三都，起初成功，后进展迟缓，终告失败。

497B.C.　鲁定公十三年　孔子五十五岁

孔子在鲁志不行，去鲁适卫。卫人端木赐从游。

496B.C.　鲁定公十四年　孔子五十六岁

离卫过匡，畏于匡。传说晋佛肸来召，孔子欲往，不果。再返卫。

495B.C.　鲁定公十五年　孔子五十七岁

见卫灵公，出仕。亦见灵公夫人南子。

493B.C.　鲁哀公二年　孔子五十九岁

卫灵公问战阵之事，孔子答以未学，已而决计去卫。后灵公卒，果去卫。

492B.C.　鲁哀公三年　孔子六十岁

由卫至曹，又适宋。在宋遇桓魋欲杀之，后去宋适陈，遂仕于陈。

489B.C.　鲁哀公六年　孔子六十三岁

吴伐陈，孔子去陈，与弟子绝粮陈、蔡间。后适蔡。又自蔡反陈，自陈反卫。之间尝经楚，见楚叶公。在陈时有"归与"之叹。

488B.C.　鲁哀公七年　孔子六十四岁

再仕于卫。

484B.C.　鲁哀公十一年　孔子六十八岁

季康子召孔子，孔子返鲁。此后绝意仕进，专心教育。有若、曾参、言偃、卜商、颛孙师先后从学。

483B.C.　鲁哀公十二年　孔子六十九岁

子孔鲤卒。

481B.C.　鲁哀公十四年　孔子七十一岁

鲁西狩获麟，孔子《春秋》绝笔。颜回卒。齐陈恒弑其君简公，孔子请讨之，不果。

480B.C.　鲁哀公十五年　孔子七十二岁

仲由死于卫。

479B.C.　鲁哀公十六年　孔子七十三岁

周历四月己丑（十一日），孔子殁。

・后记・

《论语讲析》这本书的正式写作，大约花了我半年的时间，但从酝酿、构思到准备，时想时停，断断续续，算算竟花了三四十年的光景，是很长的一段时间了。

《论语》大约是中国最重要的书，其重要可与西方的《圣经》相较，这是公认的事实。然而我读《论语》很晚，上小学时，受五四新文化运动的影响，语文课本上全是"的了吗呢"的白话文，一篇文言文都没有。大约到初一，我才接触到一点有关《论语》的讯息，好像在国文课第一册的第四课吧，选了篇《孔子与弟子言志》，便是《论语·公冶长》

里"盍各言尔志"那章。教我们课的老师口才一般，没说出什么令我们折服的道理来，而我们乡下小孩储备的知识不够，其实也没"折服"的本领，也就含糊而过，未作深思。我中学之前的语文教育，不论中外，那些惊人的文化、文学的精华，几乎一项都没有碰到过，现在回想起来，那真是个荒凉的时代！

我读高中时，国文课除了课本之外，还有一种书名叫《中国文化基本教材》，必须上的，六个学期六本，内容全是从"四书"选出，其中《论语》的部分最重，篇幅占了全部六册的三册，也就是教材的一半，这是我真正接触到《论语》的起始。但那时青春的烈火始炽，有许多"外骛"要竞驰，我的外骛是阅读令我目眩神迷的西方文学巨作，由英、法的小说开始，终于苏俄的屠格涅夫、陀思妥耶夫斯基、托尔斯泰和高尔基，一本一本，阅读不尽，眼前不断翻转着异国迷人的风景。我生活艰困，有时三餐不继，弄得骨瘦如柴，身上的一点维持生存的养分，被阅读带来的那些昊天的幻想燃烧殆尽，我日复一日捧着那些书本，几乎过着不见天日的生活。

除了翻译小说之外，我也一度沉迷胡适，那段时间正是自己的叛逆期，我读完他四大部的《胡适文存》，深深被他反传统的理由所吸引。台湾在中国的边陲，当时我住的地方，更是台湾偏僻的一角，而我脑中萦回的，却是包括广大领域与绵长历史的中国。但我脑中的那个中国，是个被吸鸦片的男人、裹小脚的女人所充满，又是个被吃人的礼教所严控的扭曲社会，中国没有人身的自由，更缺乏人性的尊严，中国的道德虚假，历史充满了迷信，而我四周的现实世界虽然狭小，却也历历在目地证实了其中的一部分……

那时候我读《论语》的条件还没形成。我对中国抱着轻视的态度，不论当代或古代，在这种情况下，是不可能展开我传统文化的壮阔旅程的。

我很早就对上古历史有兴趣，青年时读到中国古史，里面说最早的帝王都不是正常出生的，《史记》记殷以契为始祖，其母简狄行浴之间，见玄鸟堕卵，"简狄取吞之，因孕生契"。周的始祖后稷，其母为姜原，姜原一次在野外，见到一巨人足迹，也许为了好玩，将自己脚践在足迹上，《史记》写道："践之而身动，如孕者，居期而生子。"其后秦的先祖母亲又步殷契的后尘，吞了玄鸟所生之卵。这些记录充满明显错误与迷信，都为我心中负面的情绪作了精准的注脚。

幸好碰到一个机会，让我有反省的可能——正遇上举世欢腾的圣诞节，连贫穷的台湾也跟着疯。圣诞节是庆祝基督教教主耶稣基督生辰的重大节日，所有基督徒都坚信他们的主是上帝之子，耶稣基督的母亲是以非一般人受孕的方式生下耶稣的，据《圣经》记载，是上帝借"圣灵"(Holy Spirit)让耶稣的母亲怀孕。我突然想到，我们如"尊重"西方人说他们的教主非人所生，为什么不能"容忍"中国人说我们帝王的母亲是践巨人之迹或吞玄鸟之卵而生的呢？古史往往是跟神话杂糅在一起的，这是一个由神权过渡到君权时代的必然产物呀。西方人用"三位一体"(Trinitas)的理论来解释他们神人同栖的方式，为何中国人用了同样方式就不可以？

书逐渐读多了，怀疑还是不变，但怀疑的主轴有点不同了，方向也随之改变。后来我渐渐知道，谈起吃人的礼教，五四人憧憬的西方，也是有"礼教"存在的。西方的礼教不像中国，是由缙绅之士为主导，而是由更具权柄的教会来带头，不要说你不信教得受惩罚，解释教义与权威有冲突，就得火刑伺候，以致死人无算，而且极其残忍，就是科学家的主张有点与《圣经》所载不同，也要备受制裁，天文家哥白尼与数学家伽利略都是有名的受害者，证明西方礼教"吃人"的程度，比中国有过之而无不及。还有西方也有极不公平的司法，也有极愚昧的历史诠释。这些事都很不光彩，要说也绝对是说不完的。历史有偶尔蹦出的智慧火花，也有许多愚昧与不幸，不论东西方世界都一样。

我读高中的时候，对《论语·阳货》篇的一章十分反感，便是孔子说"唯女子与小人为难养也，近之则不孙，远之则怨"那章，当时平权的想法甚盛，心中以为，孔子怎能把女子与小人同视，男女不该天生是平等的吗？后来读了《圣经》，也读了一些通俗的佛教读物，原来在伟大的宗教中，男跟女是完全不平等的，西方的民主观念，也是到了二十世纪之后才比较"落实"到女性同胞身上，譬如美国，到一九二〇年之后，女子才有了政治上的投票权。总之，男女是"该"平等的，但这平等不是"天生"就在那儿，是靠人类凭理性与努力，不断争取得来的，正如萨义德在《东方主义》(Edward W. Said, 1935—2003: *Orientalism*) 一书中所说："现代化、启蒙与民主之类的，绝不会像在客厅找复活节彩蛋一样，是那么简单明了、普遍接纳的观念。"圣人是人，也受制于时代，不是凡事都能超越的，譬如孔孟时代的人不知道有现代的民主政治，也不知道现代人有手机可用、有飞机可乘。体悟到这些，才能用比较宽容的态度看中国与世界的历史。

五四时代的人还喜欢作不当的切割，譬如说文言是落伍的，白话是进步的，更因为文言难懂，白话易懂，便说文言是"死文学"，白话是"活文学"，又说中国的一切落伍、外国的一切进步，东方的一切有罪、西方的一切可原谅。其实这样"一刀切"是错误的。就先以文言白话之争来看吧，我们拿《论语》中的"老者安之，朋友信之，少者怀之"与徐志摩的《我所知道的康桥》中的某些句子作比较，哪个更易懂、哪个更难懂呢？李白的"床前明月光，疑是地上霜"，还有许多古诗古文，恐怕一直"活"在大多数中国人的心灵之中，到现在依旧灵动又生活化，并不如他们所说是"死文学"吧。

　　这种憬悟是逐渐形成，而非成于一日，厘清迷雾，用了我不少时间，但整体而言，是值得的。

　　回头来谈《论语》。我读大学后，开始比较能用心平气和的方式看这本书了。不只是《论语》，也包括其他中西的书籍，慢慢地让我看出了一点端倪。我逐渐觉察出《论语》是一本非常亲和的书，里面所记孔子与弟子的对话，都是平常话，所记孔子跟弟子的生活，也是很平常的生活，但里面含有不少大道理。原来平常的语言、平常的生活是可以寓有大道理的。

　　《论语》可以匆匆读，也可慢慢读，不论怎么读，都可以开启智慧，也可开启心胸。清人以义理、考据、词章来分析文章，细读《论语》，可以得到各方面的满足，所以我主张要慢慢读这本书。读者会发现，我在这本《论语讲析》书上用了"老者安之，朋友信之，少者怀之"作为全书的题词，这一方面是纪念我与《论语》的初次相遇，另一方面是这三句话包括了太多的含义，值得我们反复思考。我就以此章为例，以义理、考据、词章的方式作一说明吧。

此章记的是孔子跟两个弟子颜回与仲由聊天，聊到各人志愿的事。首句是"颜渊、季路侍"，"侍"是晚辈陪长辈的礼貌用词，颜渊名颜回，字子渊，此处不直接叫他颜回而叫他颜渊，同样仲由字子路，此处不直接叫他仲由，而叫他季路或子路，是为什么呢？是这样的，假如此章为颜回或仲由所记，当然得自称是"回"或"由"了，但此章是由颜回或仲由的弟子或再传弟子所记，依礼，同辈或晚辈不得直呼其名，所以文中都以字称之了，但孔子如叫他们，就直接叫"回"或"由"了，《论语》中有很多这样的例子。由这样小的地方，都看得出古人有条不紊，丝丝入扣，可见孔门是如何讲究"礼"的。

当然此章的主旨不在言礼，而是知道讲起礼来，礼可以无处不在的。此章所谈是人生的方向，《毛诗序》言："诗者，志之所之也，在心为志，发言为诗。"人生的方向岂不是最该关怀的吗？子路与颜渊，一个大气慷慨，一个狷介清守，都相当与众不同，等到子路问老师的志向，孔子不急不缓地说："老者安之，朋友信之，少者怀之。"这平行又平稳的三句话，看起来听起来一点也不觉得有什么特别，但要细看细思，就知道其中的含义有多么丰富了。就像听贝多芬第九号交响曲的第三乐章，标题是《如歌的柔板》(Adagio molto e cantabile)，你千万不要因为字面的意思而将其轻轻带过，没有这如歌般的慢板乐章，最后一个乐章的主题《欢乐颂》就无法展开。其实"善听"的人在这缓缓的乐音中，已经听到不久就要到来的大消息了。贝多芬用了德国大诗人席勒 (Johann

Christoph Friedrich von Schiller, 1759—1805）终极关怀的诗做交响曲的结尾合唱，诗的主题是"世人都将成为兄弟"（Alle Menschen werden Brüder），其实席勒的这句诗像极了《论语》里面的"四海之内，皆兄弟也"，也跟《礼记·礼运》篇所记的大同理想极为近似，不同的是《论语》说得更具体，而《礼记》说得更全面。还有最大的差别是，席勒是十八到十九世纪的人，而《论语》或《礼记》都是两千多年前中国人所写的书。

其实孔子的这三句话，平稳无波得跟贝多芬的第三乐章一样，而内容则如惊涛骇浪般地包含了第四乐章的所有，我们试着细细推演一下："老者安之"是指要使老年的人过安定的生活，老人曾对我们的社会有所贡献，理该在老年时过承平的好日子；"朋友信之"指与我平行的人都能以诚信相待，朋友都能诚信相待，世上便无虚假的事；"少者怀之"指少年人要懂得怀恩，这一方面是要少年人谦逊，要懂得饮水思源，这是少年人的修养，另一方面是要让少年人有恩可怀，这便是"大人"的责任了。三句话没一句唱高调，都是非常诚恳踏实的话。空间上，孔子关心世上的老、少，还扩及一般人，几乎包括了我们社会的所有。老者、朋友与少者，又象征了时间上的过去、现在与未来，从时间上看，孔子的关怀更是久远，这三句话与《礼记》说的"人不独亲其亲，不独子其子，使老有所终，壮有所用，幼有所长，鳏寡孤独废疾者皆有所养，男有分，女有归"的说法是完全一致的，但却更有力，因为还包括了时间的因素。

孔子关心所有的"人"，也关心人的所有层面，却从不谈怪力乱神的事，这是中国很早就走入"人文"社会的原因。西方自十四世纪文艺复兴之后，史家常以"人文"程度为标准来检视人类文明的进步与否，这一点我们不得不注意，在《论语》写成五六百年之后，《圣经·新约》还有耶稣以五饼二鱼来喂饱五千男众，以及耶稣在水上行走的记录，相形之下，孔子一无神迹可显，他不是神，其实也做不到，但他却作出最高远的人文关怀。我们可以说，人文精神是《论语》最珍贵之处，也是传统中华文化最珍贵之处。

除了人文关怀之外，《论语》还记录了孔子的宽容与博大，以及优美。我常觉得，孔子的道德是一种美学，道德在孔子而言不只是规范，更是优美的生活。孔子说："逝者如斯夫！不舍昼夜。"语气有点无奈，有点哀伤，但临流感叹，不是也带着美的意涵吗？孔子又说："不义而富且贵，于我如浮云。"指不义的富贵与我无干，算起来也很平常，区别是一般人说这话时往往陈义过高，又严词逼人，而孔子说这话时，却把情绪放缓了，以天空的浮云相况，是多么高明又优美的境界！

这优美其实还包含着宽容，也就是儒家所说的"恕"，意思是我虽绝对不要这不义的富贵，但世上有些人竟要了，也许是有不得已的苦衷在的，假如是生存所寄，我也无须指责其鄙薄过甚，这是孔子谦和宽大之处。还有，儒家十分注意"礼"这个字，孔子答颜渊问虽说过"非礼勿视，非礼勿听，非礼勿言，非礼勿动"，但在孔子的说法里，礼并不是那样硬邦邦的。礼是一种秩序，人虽向往自由，但人对秩序的要求也是天生自成的，所以礼不见得与人性冲突，人既生活于社会，自须有些秩序的节制。儒家强调的礼是与人的至高感情结合的，是自觉而非他律的，不合至高感情的礼，才可能"吃人"，有情有礼的结果，人才可以在世上"立身"，

故曰 :"不学礼,无以立。"

《论语》记的是孔子与弟子的言行,不是孔子所自记,应该是孔门弟子或再传弟子所记,但整体上言,可信的居多,不可信的很少,不可尽信的如《季氏》篇的"邦君之妻"章与《微子》篇的"周有八士"章,应是与《论语》无关的杂记,由于都在两篇的最后,也许是后人在抄写时无意抄入的。

但如置于一篇的中间,那些表面无关的章节,则可能是有意放进的,而非误入。譬如《微子》篇中有"大师挚适齐"一章,写的是几个宫廷乐师散落各方的情形,朱注引张载言:"周衰乐废,夫子自卫反鲁,一尝治之,其后伶人贱工识乐之正。及鲁益衰,三桓僭妄,自大师以下,皆知散之四方,逾河蹈海以去乱。"张载认为是写孔子在时的鲁国衰败,其实此章与孔子或孔门弟子一无关系,因为文中的"亚饭""三饭""四饭"都不是周朝更不是鲁国的制度,所以从考据学上言,此章有很多问题。《论语》为何存有此章呢?我以为《论语》的编者有更高的目的,或是想要让《论语》这本书具有文学或美学的性格,此章主要是显示《论语》编者对孔子所处的时代有强烈的沦丧感或寥落感。孔子本人也有意志消沉的时候,当然他终于克服了,但他毕竟对他的时代是有沦丧感的,《子罕》篇记孔子叹曰:"凤鸟不至,河不出图,吾已矣夫!"可见伤心的程度。我总觉得最高贵的人与最高贵的文学,都有这种情愫在其中,杜甫的《秋兴》、刘禹锡的《乌衣巷》与普鲁斯特的《追忆似水年华》(Marcel Proust, 1871—1922: *À la recherche du temps perdu*) 都有强烈的沦丧感,这种沦丧感的目的不在让我们堕落,而是让我们体会人生在世最深沉的一面，让我们知道，就算是圣人也会有遭时不顺、意志消沉的时候，王阳明说过："圣人居此，更有何为？"罗曼·罗兰在他的《约翰·克利斯朵夫》(Romain Rolland, 1866—1944: Jean-Christophe) 的前言上写道："战士啊，当你知道世上受苦的不止你一个时，你定会减少痛苦，而你的希望也会在绝望中再生！"我想，要的就是这种体会。

《论语》值得作更多的美学探索，例子是举不完的，我在书中试图点出，读者可细看全书。我后来读《论语》，觉得比读其他的书，内心更感到踏实与饱满，而又洋溢着美感，这是我无论旅行或居家，身边总会带着的一本书。我常读的是《论语》的白文，不太看别人的注解，当然反复的阅读，也必会接触到历来的各种注本，有时涌出一些自己的意见，与他人的说法有所不同，心想何不记下来呢，有这念头，是自己刚开始在中学执教鞭的时候，真想写，大约有三四十年之久了。

因为积累久了，真要写时，心中有太多言语，下笔往往不能自休，也偶尔因过于强大的感怀或联想而停下笔来，便这样断断续续地花了半年的工夫，每天伏案几乎十个小时，写时累人，不写时更伤神，终于完成了这本《论语讲析》。两千年来留下的资料实在太多了，但因为目的在为普通读者讲析，必须要言不烦，我还是用朱熹的《四书章句集注》作底本，因为这本最为通行，解说也较为允当，其间也参酌了古人时贤的一些有关著作。我读《论语》时有自己的看法与想法，太属于个人的意见，或者有些动了情绪的，我想放在之后要写的《读论语札记》中吧，也就不放在此书中了。

但一些不得不明说，譬如历来解释错了的，还是得指出。像《学而》篇子夏说"贤贤易色"一章，朱熹认为贤贤易色是指"贤人之贤，而易其好色之心"，把色字当成好色的意思解了，问题是当一人见贤者在座，是"很难"起好色之心的，所以朱熹的说法是有问题的，但不幸后儒多从朱说，当代的钱穆先生也解作："谓以尊贤心改好色心。"（《论语新解》）明显是采用了朱说，李泽厚先生虽有修正，引《论语正义》"犹言好德如好色也"之说而改成"爱好德行如同爱好容貌"（《论语今读》），但还是不很清楚。我认为此处的"贤贤易色"是见到贤人在前，要收起平常轻漫之容色而肃然起敬。这例子不难找到，《为政》篇有："色难。有事弟子服其劳，有酒食先生馔，曾是以为孝乎?"其中"色难"的色字即指人的容貌颜色而言。

还有历来的注家都太在意儒家的纯粹性，一涉及书中载有道家或其他派别的思想，就怀疑《论语》记载有误，譬如《先进》篇有名的"浴沂归咏"一章，后世就有人认为孔子不该称许有道家思想的曾皙，而忽略了走儒家"正路"的子路、冉有、公西华等人，便有了像崔述一般的论断说："此章乃学老庄者之所伪托而后儒误采之者。"（《洙泗考信录》）其实道家很多思想不见得与儒家冲突，其中所涉的精神层面，也是高度相同的，孔子一生，也有"道不行，乘桴浮于海"的喟叹，在"凤鸟"久盼不至的年代，圣人也偶会兴起萧瑟之感。还有此章写的是孔子与弟子游赏风景，正沐浴在怡然的春风之中，心情自不免随之放松，便暂时放下修身、治国的心事，孔子赞叹曾皙"浴沂归咏"，认为他的说法更优美而自然，就并非不可思议了。在孔子或稍后的时代，儒家与道家思想是可以兼容的，这一方面可从《论语》中找到材料，一方面也可由《庄子》书中找到材料。譬如"庄学"中最重要的理论"心斋""坐忘",都是举孔子与颜渊为例的,这些都看得出来早期儒、道之间彼此兼容的性格。这类观点,我在书中都试图点明出来。我想在这一部分,我的《论语讲析》也许能起到点化解壁垒的作用。

像这样的例子很多,譬如礼与美学的关系。《论语》后半部偶尔出现孔门弟子冲突的问题,我常有与传统不很相同的意见,这些意见,我在书中都点了出来。《论语》不是放在博物馆的陈列品,它是活着的。《论语》既活着,就应让它流转不息,该让它容许一些新的解释在其中,这是我的想法。但传统的注本也是极重要的,绝不可抛弃,为了求真,解释可以修正,不可全盘否定,因为是它使经典的生命延续下来,没有传统的注本,《论语》早就消失了。

写这样一本书,有些是我个人的因素,还有外在的原因——我总是想到我们当今中国人的处境。

有什么当今中国人的处境要说的呢?要说这就比较复杂了。与其他历史悠久的民族相较,当今中国人所面对的问题有点特殊,像犹太与阿拉伯民族,到现在还要面对相当程度的生存压力,百年前的中国是一样的,否则便没有梁启超《爱国歌》"每谈黄祸我且慄,百年噩梦骇西戎"之言了,而目前的中国,可以说已挣脱那个压力了。另外如印度,能够生存无虞,但却缺乏一种强而有力的文化传统来维系他们的心,大部分印度人无法说祖先的语言,用祖先的文字,他们虽然继承着祖先的血液,却大多数已与祖先断了音讯。中国不同,所有认识汉字的中国人,几乎可以透过书籍相当"直接"地与我们的祖先沟通,我们历代祖先建构的文化价值,仍不绝如缕地存在于我们的生命之中，比起那些种族，中国人的血管不仅流着祖先的血液，神经也如电网般传递着古早的讯息，直接又快速，而且一刻也未曾停止，整体而言，中华民族是"有根"的民族。这种现象在世界的文化圈中，是很少见的。

对当今中国的忧虑不是传统消亡，而是扭曲。扭曲有时是无意的，有时是有意的。扭曲的祸害，比一点不剩的消亡更甚。完全消亡了传统的人成了另一种人，也可以简单地活着，而扭曲了的人就成了不断自毁自残的人，结局可能就更为可惧了。这是我写这本书的最大的动机。我辛勤写作，勉励我的是这本《论语讲析》也许能为有心的中国人找出更多历史的真相，让我们重新认识一些既有的传统。我相信，当我们不再扭曲我们的祖先与我们自己，我们便能更自信而且毫无愧怍地面对当今的世界。

有几个朋友看了本书的部分，说写得还不错，认为一些地方恐怕有"超越"古人时贤之处，我说不敢当，我知道是奖掖鼓励我的意思。我虽对一些历来的解释不以为然，有时不得已用了些批判的字眼，但态度是恭谨的，偶有一得之见，是因为我思考得够久，而这本书又是新作，被我批评的古人时贤，不是没有机会，就是来不及答辩，对他们而言，也有不公平处。也许再等些时候，有人认为我写错了，我曾自以为是的意见也是千疮百孔的，也会用同样方法对我了，我觉得，要是这样也很好，不是说学问是天下的公器吗？

戊戌冬至（2018/12/22）写于台北市永昌里旧居